SAS

高级统计分析教程

（第2版）

◎ 胡良平　主编

◎ 高　辉　审校

统计分析系列

电子工业出版社·
Publishing House of Electronics Industry
北京·BEIJING

内 容 简 介

本书基于 SAS 9.3 版本，内容丰富且新颖，适用面宽且可操作性强，涉及统计学基础和现代多元统计分析。这些内容高质量、高效率地解决了各种多元统计分析、数据挖掘、遗传资料统计分析和 SAS 实现及结果解释等人们迫切需要解决却又十分棘手的问题。

本书内容共 6 篇，第 1 篇包括第 1～4 章，回答了 4 个基础性问题，即"如何确保数据是值得分析的"、"如何选择统计图并用 SAS 绘制"、"如何给统计分析方法分类与合理选用统计分析方法"和"如何基于偏好数据确定多因素的最佳水平组合"；第 2 篇包括第 5～12 章，介绍了研究变量之间相互和依赖关系的 8 种多元统计分析方法；第 3 篇包括第 13～16 章，介绍了评价样品间亲疏、优劣或相对位置的 4 种多元统计分析方法；第 4 篇包括第 17～19 章，介绍了评价变量与样品之间关联性的 3 种多元统计分析方法；第 5 篇包括第 20～24 章，第 6 篇包括第 25～26 章，介绍了数据挖掘、生物信息学和遗传资料分析 3 大领域方面的知识和技术。另有配套的辅助资料，可在华信教育资源网 www.hxedu.com.cn 查询。

本书适合需要运用现代多元统计分析以及数据挖掘和遗传资料分析等相关领域知识解决实际问题的本科生、研究生、博士生、科研和管理工作者、临床医生和杂志编辑学习和使用。

未经许可，不得以任何方式复制或抄袭本书之部分或全部内容。
版权所有，侵权必究。

图书在版编目(CIP)数据

SAS 高级统计分析教程/胡良平主编. —2 版. —北京：电子工业出版社，2016.1
(统计分析系列)
ISBN 978-7-121-27640-8

Ⅰ. ①S⋯ Ⅱ. ①胡⋯ Ⅲ. ①统计分析-应用软件-高等学校-教材 Ⅳ. ①C819

中国版本图书馆 CIP 数据核字(2015)第 281679 号

策划编辑：秦淑灵
责任编辑：苏颖杰
印　　刷：三河市鑫金马印装有限公司
装　　订：三河市鑫金马印装有限公司
出版发行：电子工业出版社
　　　　　北京市海淀区万寿路 173 信箱　邮编　100036
开　　本：787×1092　1/16　印张：24.25　字数：621 千字
版　　次：2016 年 1 月第 1 版
印　　次：2016 年 1 月第 1 次印刷
印　　数：3000 册　　定价：55.00 元

凡所购买电子工业出版社图书有缺损问题，请向购买书店调换。若书店售缺，请与本社发行部联系，联系及邮购电话：(010)88254888。

质量投诉请发邮件至 zlts@phei.com.cn，盗版侵权举报请发邮件至 dbqq@phei.com.cn。

服务热线：(010)88258888。

编　委　会

主　编　胡良平

审　校　高　辉

副主编　葛　毅　李长平　柳伟伟　胡纯严　郭　晋

编　委（以单位及姓氏笔画为序）

广东医学院	徐秀娟
山西医科大学	张岩波　罗艳虹
中日友好医院	周诗国
天津中医药大学	赵铁牛
天津医科大学	李长平
北京邮电大学	张晓航
军事医学科学院	李伍举　柳伟伟　胡良平　胡纯严
解放军卫生信息中心	葛　毅
解放军 95969 部队	高　辉
哈尔滨医科大学	李　霞　张瑞杰
济南军区疾控中心	李子建
首都医科大学	刘惠刚　罗艳侠　郭秀花　郭　晋
第三军医大学	伍亚舟　易　东
PPD 医药公司	毛　玮

第 2 版前言

本书第 1 版于 2010 年 6 月由电子工业出版社正式出版后的 2~3 年间，经受住了市场的考验，得到了广大读者的褒奖、支持和鼓励。大约在 2013 年下半年，因市场上此书脱销，故出版社征求本人意见后，重印了数千册。最近我在主讲全国统计学培训班期间，听见部分学员说此书在全国各大网店缺货。对于可能出现脱销现象，在 2014 年年底，此书编辑早就预见到了，并敦促我抓紧时间修订。因为 SAS 软件内容更新很快，第 1 版主要基于 SAS 9.1.3 版本，而现在，SAS 9.2 和 SAS 9.3 版本较之前增添了许多新功能。另外，本书第 1 版出版后，在使用过程中也发现了个别不妥和疏漏之处，有必要对其中的差错之处进行纠正；同时，有必要结合 SAS 软件的特点和实际使用统计学的需求，对全书内容和布局进行必要的修改、补充和调整。

由于增加的新内容比较多，修订后的篇幅大大超过了原书，本书编辑提出了一个大胆的方案——将第 2 版改为两册出版，书名分别为《SAS 常用统计分析教程(第 2 版)》与《SAS 高级统计分析教程(第 2 版)》，本书是后者。

本书的核心内容是现代多元统计分析(不包括多元方差和协方差分析、判别分析，这些内容已被收录入《SAS 常用统计分析教程(第 2 版)》中)，其内容散布在第 2~4 篇共 15 章之中，分别冠以篇名"变量间相互与依赖关系分析"、"样品间亲疏优劣或相对位置分析"和"样品与变量或原因与结果之间的关联性分析"，以使条理更加清楚，便于读者学习和使用。

为了适应科学技术的发展对统计学提出的需求，书中保留了数据挖掘、生物信息学和遗传资料统计分析这三大领域方面的知识和技术，有利于开拓读者思路和激发其对统计学更广泛的兴趣。

在本书出版之际，我情不自禁地要提及，本室 2013 和 2014 级硕士研究生刘一松、胡完和郭春雪，他们对全书做了认真的校对。最后，请允许我感谢直接和间接为本书第 1 版和第 2 版付出过辛勤劳动的所有同志和朋友！

由于编者水平有限，书中难免会出现这样或那样的不妥，甚至错误之处，恳请广大读者不吝赐教，以便再版时修正。为便于与读者沟通和交流，特将我的电子邮箱地址和有关网址呈现在此：lphu812@sina.com；www.statwd.com；www.huasitai.com。

主编 胡良平

于北京军事医学科学院

2015 年 8 月 10 日

第 1 版前言

众所周知，统计学内容非常丰富，学习和正确使用它难度很大；SAS 软件功能非常强大，实用面极宽，SAS 语言又十分繁杂，学习和全面掌握其用法并非易事；显然，实际工作者要想在较短的时间内，学会用 SAS 软件方便快捷且正确地解决各种实验设计、统计表达与描述、常见和多元统计分析、现代回归分析、数据挖掘和基因表达谱分析等问题，几乎是天方夜谭，然而，本书却使其成为现实！

笔者有何灵丹妙药呢？"面向问题"的思维模式和写作手法是解决复杂问题、并使其化繁为简、实用方便的"锦囊妙计"。本书各章针对拟解决的每个具体问题，首先给出"问题、数据和统计分析方法的选择"，接着，用编制好的 SAS 程序分析给定的资料，并给出程序修改指导、主要输出结果及其解释。为了降低书的出版费用，笔者千方百计对书稿进行精简，使以纸质印刷的篇幅约为原稿的三分之一，而原稿中三分之二的内容以附录的形式放在与本书配套的光盘上。本书正文内容共分 8 篇 47 章。第 1 篇 对定量结果进行差异性分析；第 2 篇 对定性结果进行差异性分析；第 3 篇 对定量结果进行预测性分析；第 4 篇 对定性结果进行预测性分析；第 5 篇 多变量间相互与依赖关系分析；第 6 篇 变量或样品间亲疏关系或近似程度分析；第 7 篇 数据挖掘技术与基因表达谱分析简介；第 8 篇 用编程法绘制统计图与实现实验设计。各章末尾均注明参编者详细名单。值得一提的是：本书中的所有计算基于 SAS 9.2 版本，少量 SAS 过程（特别是涉及 SAS/Genetics 模块）在 SAS 9.2 以前的环境下不能正常运行。

与本书配套光盘上的内容有：附录 1 与 SAS 语言有关的内容简介，包括第 48 章 SAS 语句简介、第 49 章 SAS 过程简介、第 50 章 SAS 函数简介、第 51 章 SAS 宏简介、第 52 章 SAS ODS 简介、第 53 章 SAS SQL 简介、第 54 章 SAS 数组简介和第 55 章 SAS/IML 简介；附录 2 四个非编程模块简介，包括第 56 章 SAS/ASSIST 模块用法简介、第 57 章 SAS/ANALYST 模块用法简介、第 58 章 SAS/INSIGHT 模块用法简介和第 59 章 SAS/ADX 模块用法简介；附录 3 数据挖掘技术与基因表达谱分析，包括第 60 章 数据挖掘的概念及常用统计分析技术、第 61 章 基因表达谱的概念及数据分析技术和第 62 章 生物信息学；附录 4 各章实例和数据；附录 5 各章 SAS 程序；附录 6 各章 SAS 输出结果；附录 7 各章计算原理和计算公式；附录 8 各章参考文献和附录 9 胡良平统计学专著与配套软件简介。

在本书即将出版之际，笔者真挚地感谢为本书作出过突出贡献的来自全国十多所高等院校的教授、副教授和青年学者，如山西医科大学张岩波、余红梅和郭东星教授，中山医科大学张晋昕教授，武汉大学毛宗福教授，哈尔滨医科大学李霞和张瑞杰教授，第三军医大学易东教授，首都医科大学郭秀花教授，北京大学医学部曹波副教授，北京邮电大学张晓航副教授等；还要感谢所有为本书付出过辛勤劳动的人们，他们的名字被写在本书的编委名单之中。特别是高辉、柳伟伟、周诗国、郭晋为本书的审阅工作付出了大量细致而又卓有成效的劳动，而本室 2009 级四名硕士研究生（鲍晓蕾、贾元杰、关雪、梦冰）也为本书的校对做出了很多贡献。正是由于他们的积极参与、不懈努力和真心奉献，才使这部历时四年的专著能够问世！

由于笔者水平有限，书中难免会出现这样或那样的不妥，甚至错误之处，恳请广大读者不吝赐教，以便再版时修正。

主编　胡良平
于北京军事医学科学院
生物医学统计学咨询中心
2010 年 1 月 14 日

目　　录

第1篇　统计分析基础

第3篇　样品间亲疏、优劣或相对位置分析

第4篇　样品与变量或原因与结果之间的关联性分析

第 5 篇　数据挖掘与分析

第6篇　遗传资料统计分析

附　录

— XVI —

第1篇 统计分析基础

第1章 应确保数据是值得分析的

一提起统计分析，很多人脑海中闪现出来的第一个问题是：应该选择什么统计分析方法分析面前的资料？这是对统计学一知半解的一个明显标志！统计分析应该被使用在"值得分析的资料"上，而不是被使用在任何资料上，更不是被使用在不知任何专业背景的所谓"大数据"上！

1.1 什么是数据和/或统计资料

1.1.1 数据不等于统计资料

【问题】 下面列出了300个数据，请问：利用这些数据可以做哪些统计分析？

0.6	0.8	0.9	1.1	1.2	1.4	1.5	1.6	1.8	1.9	2.1	2.2	2.4	2.5
2.6	2.8	2.9	3.1	3.2	3.4	3.5	3.6	3.8	3.9	10.1	10.2	10.4	10.1
4.2	4.2	4.3	4.4	4.5	4.5	4.6	4.7	4.8	4.8	4.9	5.0	5.1	5.2
5.2	5.3	5.4	5.5	5.5	5.6	5.7	5.8	5.8	5.9	6.0	6.1	6.2	6.2
6.3	6.4	6.5	6.6	6.6	6.7	6.8	6.8	6.9	7.0	7.1	7.2	7.2	7.3
7.4	7.5	7.5	7.6	7.7	7.8	8.1	8.1	8.2	8.3	8.3	8.4	8.5	8.5
8.6	8.7	8.7	8.8	8.8	8.9	9.0	9.0	9.1	9.2	9.3	9.3	9.4	9.5
9.5	9.6	9.7	9.7	9.8	9.9	9.9	10.0	10.1	10.1	10.2	10.3	10.3	10.4
10.5	10.5	10.6	10.7	10.7	10.8	10.9	10.9	11.0	11.1	11.1	11.2	11.3	11.3
11.4	11.5	11.5	11.6	11.7	11.7	11.8	11.9	12.1	12.2	12.2	12.3	12.4	12.5
12.5	12.6	12.7	12.8	12.8	12.9	13.0	13.1	13.2	13.2	13.3	13.4	13.5	13.5
13.6	13.7	13.8	13.9	14.0	14.1	14.1	14.3	14.4	14.4	14.5	14.6
14.7	14.8	14.8	14.9	15.0	15.1	15.2	15.2	15.3	15.4	15.5	15.5	15.6	15.7
15.8	15.8	16.1	16.2	16.3	16.4	16.4	16.5	16.6	16.7	16.8	16.9	17.0
17.1	17.2	17.3	17.3	17.4	17.6	17.7	17.7	17.8	17.9	18.0	18.1	18.2
18.3	18.3	18.4	18.5	18.6	18.7	18.8	18.8	18.9	19.0	19.1	19.2	19.3	19.3

19.4　19.5　19.6　19.7　19.8　20.2　20.3　20.5　20.7　20.8　21.0　21.2　21.3　21.5
21.7　21.8　22.0　22.2　22.3　22.5　22.7　22.8　23.0　23.2　23.3　23.5　23.7　24.2
24.4　24.7　24.9　25.1　25.3　25.6　25.8　26.0　26.2　26.4　26.7　26.9　27.1　27.3
28.3　28.6　28.9　29.1　29.4　29.7　30.0　30.3　30.6　30.9　31.1　31.4　32.4　32.8
33.2　37.6　34.0　34.4　34.8　35.2　35.6　27.8　27.7　37.7　38.2　38.8　39.3　　9.9
40.6　　9.9　41.9　42.5　45.3　46.5

【解答】　研究奥林匹克数学的人们会试图找出任何几个相邻数据之间的内在关系，最理想的结果是"推导"出一个"递推公式"，给定数据所在的序号 i，就能推算出 x_i 等于多少。而纯数理统计学家们会不假思索地说，可以绘制频数直方图或箱式图，形象化地呈现这些定量数据的频数分布规律；还可计算三种区间（即置信区间、容许区间和预测区间），进而做出某些统计推断；若给定了标准值，还可对样本所抽自的总体均值与给定标准值之间差别是否具有统计学意义进行差异性分析，简称为单样本均值的假设检验。

　　其实，上面两种人所做的"统计工作"都有一个重要的前提条件，那就是此数据是值得分析的。然而，并非所有数据都是值得分析的！换一句话说，对数据进行分析之前，必须证明前提条件是成立的，否则，就是数字游戏！

　　事实上，值得分析的数据最起码要明确如下几条前提条件：收集这些数据的目的是什么？数据取自的总体是什么？这些数据分别在哪些条件下收集到的？数据的专业含义是什么？数据的名称是什么？数据的性质（定量或定性）是什么？若属于定量数据其单位是什么？测量数据的精确度有多高？由此可知，不明确这些前提条件的"一串数"可以称为"数据"；而明确这些前提条件的"一串数"才可以称为"统计资料"。

　　现在，全球有很多人在炒作"大数据"。大多数人或研究课题所呼喊的"大数据"，其实对应的正是前述提及的"数据"，而不是值得分析的"统计资料"！

1.1.2　统计资料的要素

1.统计资料的基本要素

　　统计资料的基本要素有三条，即变量名称、专业含义和度量单位。例如，前面提及的那 300 个数据。若用变量 x 代表每个数据，且已知其专业含义为"尿汞值"，又知其单位是"μg/L"，此时就可以说，这 300 个数据提供的信息已基本清晰了，它们基本上可以被称为一组统计资料了。

2.统计资料的全部要素

　　严格地说，仅仅知道一组统计资料的基本要素还是不能确定它是否值得分析。例如，前面提及的那 300 个数据，即使知道了它们是 x（尿汞值，μg/L）的具体取值，但不知道收集这些数据的目的是什么、这些数据所测自的受试对象是什么、这些受试对象是否来自同一个总体。如果研究目的是估计某地区正常成年人尿汞值的 80% 参考值范围，这个地区全部正常成年人构成了一个特定的总体，而这 300 个数据所测自的受试对象正是从这个总体中完全随机或按重要非试验因素分层随机抽取的（目的是为了提高样本对于总体的代表性），那么便有理由认为，对这 300 个数据组成的统计资料进行各种统计表达与描述和各种统计分析，是值得的。

　　由此可知，统计资料的全部要素除了它应具备基本要素外，还应具备：有明确定义的与特定研究目的对应的总体；采取随机的方法从总体中获取足够大样本含量的样本；确保样本对于总体具有极好的代表性。总而言之，统计资料的全部要素应包括以下八条：

①研究目的；②特定总体；③合适的样本含量；④随机获取样本；⑤样本对于总体有极好的代表性；⑥变量名称；⑦专业名称；⑧单位（一般仅在定量变量时要求提供变量的单位，在一定程度上反映了测定数值的准确程度）。

1.2　确保数据值得分析的第一道关——制订科学完善的课题设计方案

1.2.1　什么叫科学研究

科学研究就是人类探索未知事物和现象内在规律和变化与发展规律的一个漫长而又艰辛的过程。在这个过程中，人类前仆后继，不断求索，提出了一个又一个科学问题，通过不懈努力，攻克了一个又一个科学堡垒，使人类社会不断进步，不断迈向新的征程。

1.2.2　科学研究与课题之间是什么关系

古人常出自个人兴趣和爱好，自觉地开展某些研究，一般都是小规模的；而当今人类，绝大多数都出自某个集团（如某个国家、军队）的利益需求，开展大规模的科学研究，一般都需要一个团队来共同实施，有时甚至需要全球共同齐心协力，方可实现，如人类基因组计划项目。显然，大规模的科学研究计划，参与的人员多、耗时长、需要的经费多，必须在物质条件和精神条件都处于极好的配置状态下，才有可能实现预期的研究目标，获得预期的研究成果，而体现这种"配置"的具体研究计划或任务被称为"课题"。从而，"科学研究"这一笼统的概念，就被一系列具体的科研课题所取代了。所以，一般来说，科学研究都需要以课题或项目的方式来体现或落实。

1.2.3　做课题之前为什么要制订课题设计方案

一个大中型科研课题，虽然只有一个最终的研究目标，但通常该目标都可被分解成若干甚至几十或几百个具体的小目标，需要具有多学科知识结构的众多人才进行一年甚至数年艰苦卓绝的探索和研究，才有可能实现（当然，也有可能失败）。事实上，任何科研课题都是一个"系统工程"。如果边做边看，干不下去再重新开始，这种思维方式和做事风格，会使失败的概率必然大于成功的机会。所以，要想尽可能有把握做好一个科研课题，事先必须制订出科学完善的课题设计方案。

1.2.4　课题设计方案有哪些种类

课题设计方案包括课题框架设计方案和课题技术设计方案两大类。对于任何一个科研课题而言，要想圆满地完成事先确定的研究目标，要考虑的问题或方面往往都是很多的，稍有不慎，一旦拉下了某些重要的方面或在某些方面考虑不周，就可能导致整个课题研究前功尽弃，因此，事先制订出科学完善的科研设计方案，显得尤为重要。

科研设计的涵盖面非常广，其基本内容概括起来如图 1-1 和图 1-2 所示，分别是从结构上和功能上来划分的。图 1-2 实际上就是图 1-1 中"课题技术设计方案"的一种变形。

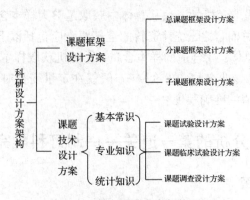

图 1-1　科研设计方案架构图

　　在图 1-2 中，专业设计包括基本常识与专业知识；统计设计包括试验性和观察性研究设计，而试验性研究设计又根据受试对象的不同，可进一步划分为试验设计（以动物或样品为受试对象）和临床试验设计（以健康人或某病患者为受试对象）。

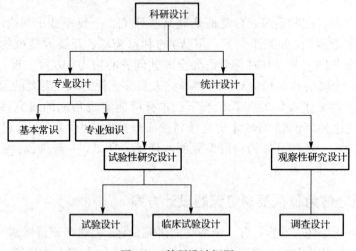

图 1-2　科研设计框图

　　在图 1-2 中，似乎仅涉及统计学知识，其实不然，任何一个科研课题，只具备统计学知识而不具备与拟研究问题有关的专业知识的制订者，制订不出"有用"的"统计设计方案"。事实上，制订统计设计方案的人，不仅需要具备丰富的专业知识，更需要具备正常人的思维和心态，要用够用足"基本常识"，并且要会将基本常识、专业知识和统计知识相互融合，才有可能制订出具有极高使用价值的统计设计方案，如图 1-3 所示。

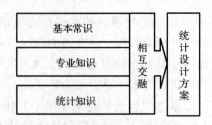

图 1-3　课题统计设计方案的内核

1.2.5　科学完善的科研设计方案的标志

在科研课题获得批准之后且课题正式实施之前，应制订出科学完善的课题设计方案。

一个课题设计方案制订得是否科学完善，应有一些重要的标志。其具体内容如下：

（1）人力、物力、财力和时间满足设计要求。也就是说，申请书上计划的科研条件，在实际科研环境中均能一一兑现。例如，检测某种物质需要一种昂贵的仪器设备，而本课题组已经拥有、可以借到或可以请他人代为检测，若国内没有一个单位拥有，则属于"空头支票"，不具备完成科研课题的基本条件。又比如，完成此科研课题需要 10 个专业领域的专家参与，而现有研究人员仅涉及 6 个专业领域，另外 4 个专业领域的研究人员目前几乎不可能得到。笔者在检查重大和重点科研课题时经常发现，一些涉及多因素多指标的复杂科研课题，按照所制订的研究目标，必须有高水平的统计学专家和计算机专家花较多时间自始至终参与，并花大气力研究和攻关，方可达到事先确定的研究目的。然而，在那些课题组的全部参与人员中，却找不到这两类专家，这属于人力或技术水平上达不到设计要求。再比如，要想完成某项难度较大的科研课题，至少需要 5 年时间，而申请时考虑不周，计划 3 年完成，这属于时间上不符合设计要求，事先夸下海口，而无力实现。

（2）试验设计的"三要素（受试对象、影响因素、试验效应）"、"四原则（随机原则、对照原则、重复原则、均衡原则）"、"设计类型（安排因素及其水平的一种架构）"和"质量控制（确保所获得的科研数据准确可靠的措施）"均符合专业和统计学要求。这方面的内容很多，请参见《医学统计学》相关专著。这里仅举一例，拟使用某种动物制造一种用于试验的动物模型，但这种动物很特殊，根据目前的条件无法获得，这就属于三要素中的"受试对象"不符合设计要求。

必须强调指出的是，三要素中的"受试对象"，应选定合适的种类并把握质量标准和数量要求。质量标准中包括五类标准的制订（纳入标准、排除标准、中止标准、终止标准、剔除标准）；数量要求指有根据地估算出每个小组中需要的合适样本含量。"影响因素"中应特别重视找全找准重要非试验因素，并尽可能按重要非试验因素对受试对象进行分层随机化。"试验效应"方面，注意三类指标（诊断性指标、疗效评价指标和安全性评价指标）都应有主次之分，还应注意指标的测定时间和测定方法。

在四原则方面，应巧妙地使用分层随机化，确定合理的对照组，有根据地估计各小组所需要的样本含量和确保组间具有高度的均衡性。

（3）重要的影响因素（包括试验因素和非试验因素）和观测指标没有遗漏，并做了合理安排。影响因素和试验效应属于三要素中的两个重要要素，再一次特别提出来，是为了强调其重要性。因为在很多科研课题的设计中，研究者常将某些重要的试验因素和体现试验效应的观测指标遗漏掉了，导致科研结果回答不了需要回答的问题，甚至很容易得出错误的结论。

（4）必须找准找全重要的非试验因素并使之都得到很有效的控制。很多科研课题的结论经不起时间和实践的检验，问题的症结就在于重要的非试验因素未得到有效的控制，它们"污染"了试验结果，从而得出了不够正确甚至错误的结论。

（5）研究过程中可能出现的各种情况都已考虑在内，并有相应的对策。这点也是至关重要的。比如，在新药临床试验研究中，若中途退出的受试者人数较多，可能会导致整个临床试验前功尽弃，一旦发现可能出现较高比例的受试者退出临床试验，应预先想好对策，尽可能降低退出比例。再比如，某些受试者的某些测定指标的数值明显偏高或偏低，应事先对此种可能的异常现象有所警惕，必要时，应对所有受试者进行多次重复观测，用每位受试者该指标多次测定值的平均值取代其测定指标的数值，以降低个别受试者在个别时间点上出现难以处理的异常值。有时，极少数异常值可能会颠覆整个研究结论。

（6）对操作方法，试验数据的收集、整理、分析等均有一套明确的规定和方法。尤其是有多个单位、多位研究者合作的研究课题，统一规定试验操作规程，统一培训，仪器和试剂统一质量指标和校准，有规范化且符合试验设计要求的收集和整理资料的表格，对获得准确可靠试验资料是极其重要的。有了数据后，由谁来进行数据处理、采用哪些统计分析方法分析，事先都应做到胸中有数，不要等到试验都做完了，再来考虑请谁做数据分析。因为到那时，很可能这个科研课题的数据已无分析的价值了。为什么会这样呢？若科研设计有严重错误或质量控制有问题或收集资料的方法不正确，都可能得到包含很多错误信息的资料，无论用何种高级的统计分析方法去分析，其结论都是荒谬的。也就是说，做统计分析的人应参与开始的科研设计，应在科研过程中参与质量控制，应协助研究人员确保科研资料的原始性和准确、可靠、完整。

1.3　确保数据值得分析的第二道关——实时进行严格的过程质量控制

1.3.1　必须严格控制课题实施过程中的质量

至于科研课题实施过程中的质量控制，事先考虑的内容和拟采取的对策应该包含在科研设计方案之中。若在实施过程中新出现一些影响结果正确性的问题但的确未包括在事先制订的科研设计方案之中，应临时补充和修改与之有关的科研设计方案的内容，尽可能把"突发事件"所造成的坏影响降到最低程度。

在科研工作中，较多的属于试验性研究。首先，通过图 1-4 粗略地了解质量控制的大致内容；然后，针对试验研究过程中如何做好质量控制进行详细论述。

图 1-4　课题实施过程中质量控制的内容

1.3.2　进行质量控制的必要性

由图 1-4 可知，无论试验设计方案制订得多么科学严谨，它毕竟是纸上的东西，要把纸上写的东西落到实处，需要通过实施者所持有的态度和采取的具体行动，需要受试对象（特别是人）的全力配合，需要环境和条件处于设计者所希望的状态。然而，在较长时间的试验过程中，有诸多方面都或多或少会发生一些变化，一旦这些变化超出了"允许"的范围，试验结果就会偏离其真实值较远，结论的可信度就必然会大打折扣。因此，对试验过程中出现的可能会影响结果准确度的任何问题，都应能及时发现，并能在尽可能短的时间内消除其影响。因此，在试验过程中，进行质量控制是非常必要的。

1.3.3 进行质量控制的环节与措施

需要进行质量控制的环节包括：控制研究者的责任心、心理状态和技术水平，控制受试者的心理状态和不依从性，控制环境的变化（如温度、湿度、光线、清洁度等），控制试验条件的改变（如仪器的状态发生改变、试剂过期、观测指标的单位不同、测定的方法不同等）。这些环节都对试验结果可能造成不利影响。

对试验过程的质量进行控制的措施有：对不同单位的多名研究者应进行统一的培训，内容包括增强责任心教育、调适好心理状态（在言行上不应有个人的倾向性或偏好）、接受正规的技术培训，并要求每位研究者应自觉遵守统一的操作规程。对于动物或样品类受试对象而言，应当选用与研究目的和试验因素相对应（同质）的动物或样品；对于某病患者类受试对象而言，应当制订严格的纳入与排除标准；应尽可能采取双盲法（受试对象和研究者都不知道具体的分组结果）或三盲法（受试对象、研究者和数据统计分析者都不知道具体的分组结果）分配受试对象，尽可能减少或消除来自研究者，特别是受试者心理的影响。对于环境因素，应尽可能创造条件，使试验研究在特定的温度、湿度、光线和清洁度条件下进行；对于仪器设备、试剂应尽可能校准，并经常对其进行检查和调试；对于指标的测定单位、测定方法应完全统一，实在不能统一的，应采取合适的方法进行换算；对于主要评价指标，若测定方法无法统一，应确定一个有资质的测定部门来完成测试，称为"中心试验室"，这是消除多个试验研究单位测定结果参差不齐的重要措施之一。

1.4 确保数据值得分析的第三道关——确保数据的原始性没有被破坏

1.4.1 应有切实可行的措施确保收集的数据具有原始性

对于试验研究课题，应有与试验设计方案匹配的记录原始数据的规范化表格；对于临床试验研究课题，应有与临床试验设计方案匹配的临床病例报告表（简称CRF）；对于调查研究课题，应有与调查设计方案匹配的调查表。

1.4.2 与常见试验设计类型对应的规范化统计表

1. 单组设计

【例1-1】 为探讨结核病患者的营养状况，某研究者对2000年收治的45例病人的营养状况进行了调查，调查的指标包括白蛋白（ALB）、白蛋白/球蛋白（A/G）比值。数据见表1-1，已知这些指标的下限分别为：白蛋白35g/L、白蛋白/球蛋白1.5。试评价结核病患者的营养状况。

2. 配对设计

【例1-2】 对血小板活化模型大鼠以ASA进行试验性治疗，以血浆TXB_2（ng/L）为指标，其结果见表1-2。

表1-1　45例结核病患者的营养状况

ID	ALB	A/G	ID	ALB	A/G	ID	ALB	A/G
1	30.2527	0.9332	16	29.4046	0.4953	31	37.1407	0.4976
2	37.2461	1.1546	17	31.7185	1.3290	32	24.2056	1.0685
3	31.9332	1.1154	18	26.3070	0.9545	33	34.1015	0.6992
4	38.2970	0.8270	19	42.2041	1.0580	34	36.4848	0.8745
5	29.7258	1.4642	20	28.2290	0.8142	35	41.3322	1.0341
6	40.2492	1.1738	21	32.0035	0.9595	36	28.3449	1.1210
7	29.6518	1.7670	22	33.4976	0.8141	37	41.3502	1.1723
8	33.9290	0.7915	23	28.7575	0.9331	38	47.1740	0.5704
9	35.8982	1.4726	24	23.6329	1.3659	39	25.1091	0.9331
10	33.2792	1.2376	25	32.3452	0.7535	40	30.5990	0.9196
11	33.0777	0.3949	26	35.2587	0.7430	41	33.3743	0.6501
12	23.7641	0.8388	27	33.1799	1.3128	42	28.5072	0.6796
13	41.5968	1.1160	28	34.1699	0.8658	43	34.8188	0.9514
14	39.0836	1.2769	29	31.8015	1.2527	44	29.3374	0.6549
15	33.1353	1.2509	30	31.5403	0.9285	45	33.9863	1.0733

3. 单因素 K 水平设计（$K \geq 2$）

【例1-3】　试就表1-3资料说明大白鼠感染脊髓灰质炎病毒后，再进行伤寒或百日咳预防接种是否影响生存日数。

表1-2　大鼠血小板活化模型ASA治疗前后血浆TXB$_2$的变化（ng/L）

大鼠号	血浆 TXB$_2$（ng/L）	
	给 药 前	给 药 后
1	250	184
2	226	205
…	…	…
10	176	176

表1-3　感染脊髓灰质炎病毒后的3组大鼠接受不同处理后的生存情况

编号	生 存 日 数		
	处理：接种伤寒疫苗	接种百日咳疫苗	空白对照
1	5	6	8
2	7	6	9
3	8	7	10
4	11	10	12
5	11	16	14
6	12	11	16

4. 无重复试验随机区组设计

【例1-4】　某研究者欲比较3种抗癌药物对小白鼠肉瘤的抑瘤疗效，先将15只染有肉瘤的小白鼠按体重大小配成5个区组，使每个区组内的3只小白鼠体重最接近，然后随机决定每个区组中的3只小白鼠接受3种药物的治疗，以肉瘤的质量为指标，试验结果见表1-4。试比较不同抗癌药物对小白鼠肉瘤的抑瘤效果之间的差别是否有统计学意义。

5. 有重复试验随机区组设计

【例1-5】　现有3种降低转氨酶的药物A、B、C，为了考察它们对甲型肝炎和乙型肝炎患者转氨酶降低的程度之间的差别是否有统计学意义，收集到的试验数据见表1-5（即从两型患者的总体中各随机抽取9例，然后分别随机均分入3个药物组中去）。此为具有3次独立重复试验的随机区组设计（以前称为3×2析因设计，但不够严格，因为"型别"是一个属性因素）。其中，药物是试验因素，型别是属性因素。

表 1-4　不同药物作用后小白鼠肉瘤质量

区　组	肉瘤质量(g)		
药物种类：	A	B	C
1	0.82	0.65	0.51
2	0.73	0.54	0.23
3	0.43	0.34	0.28
4	0.41	0.21	0.31
5	0.68	0.43	0.24

表 1-5　3 种药物对两型肝炎患者转氨酶降低效果的试验结果

肝炎型别	转氨酶降低值(kPa)		
药物种类：	A 药	B 药	C 药
甲型	100　85　90	120　90　110	50　60　40
乙型	65　75　100	45　30　50	50　60　45

6. 具有一个重复测量因素的单因素设计

【例 1-6】　某外科医生在每个病人手术过程中的 3 个不同阶段测得病人的门静脉压力资料见表 1-6。研究者希望考察 3 个阶段门静脉压力之间差别是否具有统计学意义。

表 1-6　10 名病人在手术过程中的 3 个不同阶段门静脉压力的测定结果

病　例　号	门静脉压力(cmH_2O)		
A(阶段)：	A_1	A_2	A_3
1	40	36	36
2	19	17	18
…	…	…	…
10	36	37	38

7. 平衡不完全随机区组设计

【例 1-7】　用 4 种方法治疗脚气，受试者为两脚都患脚气的患者，每只脚接受一种处理，观察指标为治疗效果评分。设计格式和资料见表 1-7。

表 1-7　四种方法治疗脚气的评分

受试者编号	疗　效　评　分			
治疗方法：	甲	乙	丙	丁
1	5	3	—	—
2	—	—	—	7
3	2	—	6	—
4	—	4	—	8
5	3	—	—	7
6	—	—	5	—

8. 无重复试验的双因素设计

【例 1-8】　将落叶松苗木栽在 4 块不同的苗床(B)上，每块苗床的苗木又分别使用 3 种不同的肥料(A)以观察肥效差异，2 年后，于每一苗床的各施肥小区内用随机方法抽取一株，测量其高度，资料见表 1-8。

表 1-8　不同肥料 A 和不同苗床 B 对落叶松苗高影响的测定结果

肥　料　A	苗高（cm）				
苗床 B：	B_1	B_2	B_3	B_4	合计
A_1	55	47	47	53	202
A_2	63	54	57	58	232
A_3	52	42	41	48	183
合计	170	143	145	159	617

【特别提示】　当试验中同时涉及两个试验因素时，通常都需要先考察它们之间的交互作用是否具有统计学意义；而当未做独立重复试验时，对其定量指标的试验结果进行统计分析是无法考察交互作用项的效应大小的。因此，基于此设计所得出的结论是否正确取决于以下两点：其一，两试验因素之间的交互作用是否可忽略不计；其二，各试验条件下的试验结果是否十分稳定，其误差在专业上允许的范围之内。

9. 不可拆分的单个体型无重复取样的拉丁方设计

【例 1-9】　试评价 4 台秤的测定结果是否一致。样品质量为观测指标，设计和资料见表 1-9。

表 1-9　4 台秤称样品质量的一致性试验

样品代号	秤的代号（样品质量，mg）			
测定顺序：	1	2	3	4
1	C（　）	B（　）	A（　）	D（　）
2	B（　）	A（　）	D（　）	C（　）
3	A（　）	D（　）	C（　）	B（　）
4	D（　）	C（　）	B（　）	A（　）

【特别提示】　表中括号内填写样品质量；所选取的 4 个样品的质量最好不等，且包含实际使用时质量的最小值和最大值，这样有利于评价结果在一定质量范围内的准确性。

10. 可以拆分的单个体型有重复取样的拉丁方设计

【例 1-10】　观察 A、B、C 3 种中药的促凝作用，以生理盐水作为对照（D）。每次试验时，从动物身上抽取血样，往血样中加入不同药物（包括生理盐水），观测指标为"血凝时间（s）"。现取品种相同、体重接近的雄性白兔 4 只，每只白兔的血样被均分成 4 份，以不同的顺序接受不同的药物处理，以血浆复钙凝固时间（s）为指标，设计和资料见表 1-10。

表 1-10　不同中药组测得的血凝时间

白兔编号	中药代号（血凝时间（s））			
试验顺序号：	1	2	3	4
1	C（85）	D（102）	A（90）	B（100）
2	D（108）	A（88）	B（110）	C（80）
3	A（95）	B（98）	C（82）	D（110）
4	B（105）	C（78）	D（104）	A（92）

11. 多个体型无重复试验的拉丁方设计

【例 1-11】　为了研究 5 个不同剂量的甲状腺提取液对豚鼠甲状腺重的影响，考虑到鼠的种系和体重对观测指标可能有一定的影响，设计试验时，最好将这两个重要的非处理因素一并安排。根据专业知识得知，这三个因素之间的交互作用可忽略不计，设计格式和收集的资料见表 1-11。注意：每种种系的鼠随机抽取了 5 只。

表 1-11　5 个不同剂量的甲状腺提取液对豚鼠甲状腺重的影响

种　系	甲状腺提取液的剂量（字母）（甲状腺重（g/200g 体重））				
体重：	1	2	3	4	5
1	C(65)	E(85)	A(57)	B(49)	D(79)
2	E(82)	B(63)	D(77)	C(70)	A(46)
3	A(73)	D(68)	C(51)	E(76)	B(52)
4	D(92)	C(67)	B(63)	A(41)	E(68)
5	B(81)	A(56)	E(99)	D(75)	C(66)

注：A、B、C、D、E 所代表的具体剂量从略。

12. 单个体型有重复试验的成组与配对 2×2 交叉设计

【例 1-12】　某麻醉科医生研究催醒宁对氟哌啶的作用，选用生理盐水（记为 C）作为催醒宁（记为 T）的对照药，拟用 6 只大鼠作为受试对象。先将 6 只大鼠随机均分成两组，每组 3 只；再用随机方法决定第 1 组 3 只大鼠接受两种处理的顺序，第 2 组中的 3 只大鼠接受两种处理的顺序相反。设计格式与资料见表 1-12。

【例 1-13】　为研究 A（90402 中药复方）、B（安慰剂）两种处理对提高高原劳动能力的影响，以条件近似的 10 名健康人作为受试对象，把受试对象和测定顺序（冬季、春季）作为两个重要的非处理因素，每人都服用两种药物各一次。试验设计方案如下：将条件最接近的每两人配成一对，用随机的方法确定每对中一人使用 A、B 药物的顺序，另一个人服药的顺序相反。设计格式和试验结果见表 1-13，其观测指标为 PWC170（即把心跳校正到 170 次/min 时能做的功）。

表 1-12　考察催醒宁对氟哌啶的作用的试验结果

大鼠编号	是否用催醒宁与出现蹲和走动的时间（单位）		
试验顺序：	第 1 次	第 2 次
1	T(15)	C(27)
3	T(17)	C(28)
6	T(5)	C(26)
2	C(31)	T(25)
4	C(30)	T(14)
5	C(25)	T(18)

注：(1，2)、…、(5，6) 号分别为配对组；T 为用催醒宁，C 为不用催醒宁。

表 1-13　两种药物对提高高原劳动能力的试验结果

受试者编号	药物与 PWC170			
试验时间：	冬　季		春　季	
1	A	159.4	B	153.8
2	B	129.4	A	159.8
3	B	122.1	A	137.6
4	A	130.4	B	137.8
5	A	150.7	B	140.2
6	B	129.9	A	146.1
7	B	166.3	A	210.9
8	A	208.7	B	169.9
9	A	180.1	B	150.7
10	B	143.4	A	150.8

注：(1，2)、…、(9，10) 号分别为配对组；A 为 90402 中药复方，B 为安慰剂。

13. 多个体型有重复试验的 2×2 交叉设计

【例 1-14】　假定某公司原生产药物 B，现对其剂型进行改造，生产药物 A。用 AUC（血药浓度 – 时间曲线下面积）作为评价指标。试验目的是为了评价 A 药与 B 药是否具有相等的生物利用度。试验设计方案如下：选取 24 个双胞胎家庭（每个家庭有两个受试者属于同一组双胞胎），将他们随机均分成两组，用药顺序为：第 1 组每个家庭中的两个受试者在第 1 与第 2 试验周期分别接受 A 药与 B 药，用 AB 表示；第 2 组每个家庭中的两个受试者在第 1 与第 2 试验周期分别接受 B 药与 A 药，用 BA 表示。在两个试验周期间设立"洗脱期（无实际意义）"。设计格式与资料见表 1-14。

表 1-14　A、B 两种剂型药物影响下的血药浓度－时间曲线下面积（AUC，μg/mL）

组　别	家庭编号	AUC，μg/mL		组　别	家庭编号	AUC，μg/mL	
		周　期 1	周　期 2			周　期 1	周　期 2
AB	1	84.4	70.9	BA	3	66.6	63.6
	2	101.0	92.7		5	117.0	107.3
	…	…	…		…	…	…
	21	65.4	63.0		22	56.8	61.5
	23	61.9	51.9		24	74.7	76.0

14. 嵌套（系统分组）设计

（1）试验因素存在自然属性上的嵌套关系。

【例 1-15】　嵌套设计的第一个例子。为研究萝卜叶子中 M 物质的含量，随机采集了 3 棵萝卜（设为 A_1、A_2、A_3），各棵萝卜中随机取几片叶子（设为 B_1、B_2、B_3）做测定，结果见表 1-15。显然，M 物质含量的多少，不仅取决于所取自的叶子，更主要地取决于所取自的萝卜，即不同萝卜之间的变异大于同一棵萝卜不同叶子之间的变异。

表 1-15　萝卜叶子中 M 物质的测定结果

编　号	M 物质含量（单位）						
	$A_1(B_1)$	B_2	$A_2(B_1)$	B_2	B_3	$A_3(B_1)$	B_2
1	3.28	3.52	2.46	1.87	2.19	2.77	3.74
2	3.09	3.48	2.44	1.92	2.19	2.66	3.44
3	3.31	4.07		2.10			

（2）试验因素对定量结果指标的影响存在主次关系。

【例 1-16】　为了研究两种药物［人参二醇皂苷（PSD）、人参三醇皂苷（PTSD）］，分别取 6 个不同剂量对生物体骨髓红系祖细胞增殖的影响情况，每个生物体仅接受一种药物的一个特定剂量的处理，设计格式见表 1-16（药物种类之间的差别大于药物浓度之间的差别）。

表 1-16　PDS 与 PTS 对骨髓红系祖细胞的增殖作用（$\bar{x} \pm s$, $n=10$）

药物种类	骨髓红系祖细胞的含量（个/0.5×10^5）					
药物浓度（ng/ml）:	0.0	2.5	12.5	25.0	50.0	100.0
PDS	115.2 ± 20.6	143.8 ± 20.8	144.3 ± 29.6	154.3 ± 28.2	178.5 ± 30.2	165.9 ± 22.4
PTS	115.2 ± 20.6	95.9 ± 12.9	89.1 ± 14.0	85.8 ± 14.3	49.5 ± 12.9	6.5 ± 2.7

15. 裂区（分割）设计

（1）试验因素施加于受试对象时存在先后顺序之分。

【例 1-17】　嵌套设计的第一个例子。为研究不同瘤株的生瘤效果和不同浓度蛇毒的抑瘤作用，先将 48 只小鼠按原始体重分成 3 个随机区组（每个区组内的 16 只小鼠体重最接近），将每个区组内的 16 只小鼠随机地均分成 4 组，分别接种 4 种不同的瘤株，观察肿瘤生长情况。1d 后再对接种同一种瘤株的 4 只小鼠分别腹腔注射 4 种不同浓度的蛇毒，连续用蛇毒抑瘤 10d，停药 1d 后解剖测瘤重。设计格式和资料见表 1-17。

表 1-17　不同瘤株与不同浓度的蛇毒共同作用后对小鼠抑瘤效果的影响

瘤株 A	蛇毒浓度 B	瘤重(g)		
		随机区组: 1	2	3
A_1 (S180)	B_1	0.80	0.76	0.36
	B_2	0.36	0.26	0.31
	B_3	0.17	0.28	0.16
	B_4	0.28	0.13	0.11
A_2 (HS)	B_1	0.74	0.43	0.57
	B_2	0.50	0.46	0.32
	B_3	0.42	0.20	0.20
	B_4	0.36	0.26	0.32
A_3 (EC)	B_1	0.31	0.55	0.32
	B_2	0.20	0.15	0.20
	B_3	0.38	0.18	0.26
	B_4	0.25	0.21	0.14
A_4 (ARS)	B_1	0.48	0.57	0.33
	B_2	0.18	0.30	0.29
	B_3	0.44	0.27	0.27
	B_4	0.22	0.30	0.37

注：在本例中，瘤株先作用于受试对象，蛇毒后作用于受试对象。

（2）一个完整试验被整批重复。

【例 1-18】　嵌套设计的第二个例子。在某项试验中，涉及药物种类和药物剂量，但试验需要在不同时间重复进行。显然，时间改变是较慢的，而在每个确定的时间点上，药物种类与剂量的水平改变都是很方便的。若用大鼠作为受试对象，可选取来自大鼠的重要非试验因素作为子区组因素，还可以不同天做试验作为大区组因素，将药物种类与剂量进行组合构成析因结构，在以天为大区组因素的各水平下，再以时间段和时刻为两层子区组因素，按含区组因素析因设计分配大鼠。设计格式和资料见表 1-18。

表 1-18　不同药物、剂量和作用时间下大鼠胸膜腔内积液量

日 期	时 段	时 刻	剂 量	胸膜腔内积液量(x, ml, $n=5$)							
				药物: 1	2	3	4	5	6	7	8
第1天	上午	1	1	5.7	8.6	6.9	6.6	6.7	7.4	5.7	6.7
		1	2	5.1	7.2	6.8	6.4	6.6	8.7	6.7	7.0
		2	1	8.4	9.6	9.3	11.1	121.5	8.7	9.3	9.5
		2	2	7.3	8.7	7.9	6.9	8.9	9.5	8.3	11.3
…	…	…		…	…	…	…	…	…	…	…

续表

日　期	时　段	时　刻	剂　量	胸膜腔内积液量($\bar{x}$, ml, $n=5$)							
			药物：	1	2	3	4	5	6	7	8
第2天	…	…	…	…	…	…	…	…	…	…	…
	下午	1	1	5.8	6.8	7.0	8.5	7.8	7.3	6.4	8.5
		1	2	5.4	7.9	8.0	6.4	8.4	7.1	6.4	7.2
		2	1	9.1	10.4	6.9	12.2	9.9	10.4	10.6	10.5
		2	2	5.3	10.4	8.2	8.1	10.9	9.8	8.4	14.6

说明：第1行的省略号代表省略了第1天下午的4行结果，第2行的省略号代表省略了第2天上午的4行结果。

16. 重复测量设计

（1）"时间"为重复测量因素。

【例1-19】　具有一个重复测量因素的单因素设计实例。某外科医生在每个病人的手术过程中的3个不同阶段测得病人门静脉压力资料见表1-16，该资料所代表的试验属于具有一个重复测量的单因素设计。

【例1-20】　具有一个重复测量因素的两因素设计实例。资料见表1-19，每行中的3个数据测自同一只大鼠。该资料属于具有一个重复测量的两因素设计。值得注意的是，若第1个时间点是用药前，则将该列数据作为"协变量"的值更为妥当。

表1-19　大鼠分别接受某药物3种不同剂量后在3个不同时间点上心率的测定结果

药物剂量	鼠　号	心率（次/分）		
		给药后时间（min）： 0	2	4
低剂量组	1	205	246	215
	2	313	338	340
	…	…	…	…
中剂量组	7	277	268	275
	8	339	296	284
高剂量组	13	221	193	205
	14	278	245	253
	…	…	…	…

【例1-21】　具有一个重复测量因素的三因素设计实例。某研究者为了探讨两种不同处理（因素A）和不同剂量（因素B）作用下不同时间点（因素T）上 NFS－60 细胞凋亡情况，将全部样品随机均分为6个组，每组含3个样品。对各组中的每个样品在处理后5个不同时间点上观测200个细胞，数出凋亡细胞个数。因素A分为 A_1（单纯照射）、A_2（照射＋过钒酸钠（Perv）），各处理组的照射剂量（因素B，Gy）又分为0、3、10。设计格式和资料见表1-20。

（2）"处理"与"部位"组合起来构成复合型重复测量因素。

【例1-22】　具有两个重复测量因素的两因素设计实例。用贲门癌患者的标本制成液体，在3种不同处理条件下观测鸡胚背根神经节与鸡胚交感神经节中长出突起的神经节的比例。现有贲门癌患者10例，将每人的标本均分成3份，分别给予3种不同的处理（因素A），即 A_1（加入100ng/ml 神经生长因子）、A_2（加入200ng/ml 神经生长因子）和 A_3（单用贲门癌培养液）；并对每种处理后的标本中的两种类型神经节（因素B），即 B_1（背根神经节）与 B_2（交感神经节），观测长出突起的神经节的比例（Y）。设计格式和资料见表1-21。

表 1-20　不同处理和不同剂量作用下不同时间点上 NFS-60 细胞凋亡情况

处理组（因素 A）	照射剂量（Gy）	样品编号	200 个细胞中凋亡细胞数				
			时间 T(h)：T_1(12)	T_2(24)	T_3(36)	T_4(48)	T_5(60)
A₁（照射）	0	1	3	7	7	10	17
		2	5	3	5	7	18
		3	5	6	8	14	14
	3	1	4	7	10	20	33
		2	3	4	14	22	37
		3	3	5	9	19	31
	10	1	6	18	38	83	101
		2	4	16	42	91	120
		3	5	18	45	92	117
A₂（加 Perv）	0	1	4	6	4	12	14
		2	2	4	6	14	17
		3	3	7	3	11	19
	3	1	5	7	7	14	17
		2	3	5	9	12	19
		3	4	6	6	15	16
	10	1	5	10	16	33	49
		2	4	12	12	37	44
		3	3	9	14	36	52

表 1-21　贲门癌患者的标本经 3 种处理后两种神经节中长出突起的神经节的比例

病例号	Y（长出突起的神经节的比例）					
	A₁（B₁）	B₂）	A₂（B₁）	B₂）	A₃（B₁）	B₂）
1	0.50	0.43	0.50	0.43	0.80	0.50
2	0.63	0.38	0.55	0.50	0.71	0.63
3	0.50	0.50	0.54	0.50	0.83	0.67
4	0.43	0.43	0.50	0.38	0.70	0.57
5	0.50	0.40	0.50	0.57	0.70	0.71
6	0.44	0.38	0.63	0.50	0.77	0.63
7	0.43	0.50	0.50	0.50	0.69	0.50
8	0.63	0.44	0.40	0.38	0.70	0.50
9	0.44	0.50	0.50	0.44	0.67	0.54
10	0.44	0.43	0.45	0.40	0.60	0.75

（3）"处理"与"时间"组合起来构成复合型重复测量因素。

【例 1-23】　具有两个重复测量的三因素设计实例。某研究者为了研究阿托品累计用量对有机磷药物中毒后的治疗效果，将 10 只大鼠随机均分成两组，第 1 组 5 只接受有机磷农药使之中毒，第 2 组 5 只未接受有机磷农药。两组大鼠均给予 1 次乙酰胆碱，同时，4 次给予阿托品治疗，每次均为 2mg/kg，在每次给予阿托品治疗后的 2min、5min、10min 观测膈肌对电刺激产生的反应，用"面积"表示，面积越大，治疗效果越好。设计格式和资料见表 1-22。

表 1-22　连续 4 次给阿托品治疗不同时间点上膈肌对电刺激产生反应的观测结果

| 中毒与否(A) | 大 鼠 编 号 | 面积(mm²) | | | | | |
		B 与 C：B_1(2	5	10)	B_2(2	5	10)
是	1	48.0	48.6	51.0	52.8	50.6	49.7
	2	45.1	47.7	48.7	47.1	45.7	42.3
	3	45.1	47.7	48.7	46.0	46.0	43.7
	4	41.4	41.1	42.0	39.1	38.0	35.4
	5	57.7	60.6	61.4	58.6	56.8	52.0
否	1	64.8	66.3	67.1	66.0	65.1	62.0
	2	59.7	59.7	59.1	59.4	59.1	59.4
	3	53.1	54.6	54.6	52.3	51.7	49.1
	4	61.1	62.9	60.6	56.8	52.8	47.1
	5	84.6	85.1	84.3	80.3	77.1	72.3

注：表中右边还有 6 列数据未列出，其表头为"B_3(2　5　10)min"和"B_4(2　5　10)min"。

【分析与解答】　在前面介绍的 5 个重复测量的实例中，例 1-6 和例 1-21 中没有试验分组因素。这 5 个实例的共同特点是：至少有 1 个重复测量因素，还有 1 个单个体型区组因素(测自每 1 个个体的多个数据形成区组因素的 1 个水平，它们必须按先后顺序写在同一行上)。

17.析因设计

【例 1-24】　2×2 析因设计实例。将 40 只雌性小鼠完全随机地均分为 4 组，每组 10 只。第 1 组为空白对照组，即不给予任何药物治疗；第 2 组为仅给予一定剂量的激素治疗；第 3 组为仅给予一定剂量的某种中药治疗；第 4 组为既给予激素又给予中药(剂量同前面两组)治疗。观测指标为"排卵数"。设计格式见表 1-23。

表 1-23　中药用否与激素用否对雌性小鼠排卵数的影响情况

| 中药用否 | 排卵数(个，$\bar{x} \pm s$) | |
	激素用否：用	否
用	38.40±26.91	10.10±5.32
否	37.90±27.18	8.90±5.20

【例 1-25】　2×3×4 析因设计实例。某试验同时涉及 A、B、C 3 个地位平等的试验因素，A 分为 2 个水平，B 分为 3 个水平，C 分为 4 个水平，观测指标为 OD 值，受试对象为样品，不同试验条件下均独立地重复做了 2 个样品，设计格式和资料见表 1-24，此为三因素析因设计。

表 1-24　3 个试验因素作用下 OD 值的测定结果

| 因素 A 与 B | | OD 值 | | | | | | | |
		因素 C：	C_1		C_2		C_3		C_4
A_1	B_1	0.39	0.41	0.37	0.39	0.42	0.38	0.44	0.41
	B_2	0.37	0.36	0.43	0.45	0.41	0.37	0.42	0.39
	B_3	0.45	0.43	0.46	0.39	0.38	0.35	0.39	0.37
A_2	B_1	0.36	0.41	0.45	0.36	0.41	0.45	0.41	0.46
	B_2	0.42	0.37	0.38	0.41	0.38	0.36	0.43	0.38
	B_3	0.37	0.43	0.36	0.39	0.43	0.42	0.35	0.37

特别说明，标准的析因设计具有如下 7 个特点：

第一，试验因素的个数≥2。

第二，每个试验因素的水平数≥2 且可以不等。

第三，不同的试验条件数（或组合数）等于全部试验因素的水平数之乘积。

第四，各试验条件下至少要做两次独立重复试验。

第五，全部受试对象被完全随机地分配进入任何一个试验条件组中去，各小组中的受试对象个数可以不等，但最好相等。

第六，试验时，任何一次试验都将涉及任何一个试验因素的某个水平，即全部试验因素同时施加。

第七，进行统计分析时，假定全部试验因素对观测结果的影响是地位平等的，即没有主次之分。

上述特点决定了析因设计分别具有一个明显的优点和缺点。优点：可以分析每个试验因素的主效应和试验因素之间各级交互作用的效应大小；缺点：总试验次数太多，试验费用增大且费时费力。

18. 含区组因素的析因设计

【例 1-26】　有人研究猪食用不同饲料对体重增加量的影响。A（大豆粉 + 不同含量的蛋白质）：A_1（加 14% 蛋白质）、A_2（加 12% 蛋白质）；B（玉米中己氨酸的含量）：B_1（含 0.6% 己氨酸）、B_2（缺乏己氨酸）。共有 4 种不同的饲料配方。用 24 头猪作为受试对象，按猪的初始体重由轻到重排序，并形成 6 个随机区组，每组中的 4 只猪体重接近，随机地分入 4 个饲料组中去，在喂养期间，尽可能使每只猪每餐都能吃饱。设计格式和资料见表 1-25，该资料所取自的试验设计类型为含区组因素的析因设计。

表 1-25　两种饲料的不同配方对猪平均日增重量的影响结果

随机区组编号	平均日增重量（×500g）			
	$A_1（B_1$	$B_2）$	$A_2（B_1$	$B_2）$
1	1.38	1.52	1.22	1.11
…	…	…	…	…
6	1.47	1.53	1.16	0.99

说明：因篇幅所限，其他设计类型（如分式析因设计、正交设计和均匀设计等）从略。

1.5　常见不值得分析的数据种类

1.5.1　人为编造的数据是不值得分析的

当我们试图运用统计分析方法处理数据时，首先要问的问题不是选择什么统计分析方法处理此数据合适，而是此资料是否值得分析。

【例 1-27】　对于表 1-26 所示资料，有人曾采用 3 种分析策略（参见下面张飞给出的处理方法）得出了两个相互矛盾的结论，这一命题被称为"Symposon 悖论"。事实上，对于该命题，具有聪明脑瓜的人（简称张飞）和具有正常心态、思维的人（简称百姓）会给出截然不同的解读方法和答案。

表 1-26　同时按年龄和性别分层后吸烟与否与是否患肺癌的调查结果

年龄（岁）	吸烟与否	例　数				
		男性：	患	未　患	女性：	患	未　患
≤40	吸烟	5	5	40	50
	不吸烟	60	55	5	5
>40	吸烟	30	10	5	55
	不吸烟	30	5	5	35

【分析与解答】　张飞这样处理：分别按 3 种策略分析此资料，即策略 1：只考察吸烟与不吸烟患肺癌的概率之间的差别；策略 2：在按性别分层的基础上，再采用策略 1 分析；策略 3：先按性别分层，后按年龄分层，再采用策略 1 分析。得到两种自相矛盾的结论，结论 1：吸烟有利于健康（策略 1 与策略 3）；结论 2：吸烟有害于健康（策略 2）。

百姓这样处理：首先提出一个问题，此资料是否值得分析？经过审读，发现它不值得分析，因为它是造假的产物！何以见得？此资料中有两个疑点，由此可推测其纯属人为编造的"调查资料"。疑点之一，调查了 ≤40 岁男性吸烟者 10 人，居然有一半人患了肺癌；调查了 ≤40 岁女性不吸烟者 10 人，居然也有一半人患了肺癌。这样的调查结果只有在"肺癌病房"中才有可能获得，因为肺癌病房中有 5 位患者，另 5 位是照顾病人的家属或护工。疑点之二，随机调查 400 位对象，再按"年龄"、"性别"、"吸烟与否"和"是否患肺癌"将其划分成 16 个小组，每个小组中的人数的个位数不是 0 就是 5（由基本常识可知，一个正整数的个位数有 0、1、2、…、9 共 10 种可能性），出现这种"奇特现象"的概率是极低的，大约为 $P = \left(\dfrac{2}{10}\right)^{16} = (0.2)^{16} = 6.5536 \times 10^{-12}$。以如此低的概率出现的"奇特现象"，在实际调查资料中几乎是不可能出现的！

另外，即便表 1-26 中未出现上述两个疑点，而且调查资料是在科学完善的调查设计方案指导下获得的，张飞的 3 个分析策略都是不正确的，它们均属于"用单因素分析方法取代多因素分析方法"的错误。正确的分析方法是直接分析 3 个原因（"年龄"、"性别"、"吸烟与否"）对"是否患肺癌"这个"二值结果变量"的影响是否具有统计学意义。具体地说，可以选用对数线性模型分析，也可以选用多重 logistic 回归模型分析。若分析目的仅仅是希望考察吸烟与不吸烟得肺癌的概率之间差别是否具有统计学意义，还可以选用 CMH 校正的 χ^2 检验。此法是把性别和年龄视为两个分层因素，对每一层（研究层内吸烟与不吸烟患肺癌概率之间的差别）做一些基本计算，然后再进行合并计算，最后得出汇总分析的结果和结论（即在消除分层因素影响的前提下，分析吸烟与不吸烟患肺癌概率之间的差别是否具有统计学意义）。

事实上，基于表 1-26 的调查设计，即使在样本含量、样本的代表性和资料的准确性等方面都做得很好，统计分析方法选用得也正确，其结论也不一定就很科学。因为导致一个人是否患肺癌，还有很多可能的影响因素未加以考察，如是否有肺癌的家族史、生活环境（如空气污染情况、饮水的质量、饮食构成、饮食习惯、生活习惯）、锻炼身体情况、职业、劳动强度、家庭经济状况、家庭生活是否幸福美满、人际关系是否良好、心态是否平稳、睡眠质量和每晚平均深睡眠时间长短等。这一切也都与一个人"是否患肺癌"有很大关系，它们被统称为"重要的非试验因素"。在任何一项调查或试验研究中，很关键的一个问题是：是否"找准找全"了影响研究目的实现的主要评价指标的"重要非试验因素"；不仅如此，还必须在尽可能大的样本含量且对总体有极好代表性的受试对象身上准确地获得试验因素、全部重要非试验因素和主要评价指标的数值。所有这一切，都与"数据是否值得分析"有密切关联。

　　由此可知，统计学与纯数学(这里特指数理统计)是有本质区别的！纯数学所研究的数据是有很多隐含的假定的，在这些隐含假定(即所给定的数据是值得分析的)成立的条件下，直接研究数据之间内在的规律性；而统计学则不然，在使用者分析数据之前，必须对那些"隐含假定"逐一进行考证。例如，这些数据是否来自与研究目的相符合的总体(即数据是否具有同质性、样本对于总体的代表性如何)？它们是一个指标的不同取值还是多个指标的不同取值(即是一元资料还是多元资料)？它们是定量的还是定性的(即资料的性质是什么)？它们受到多少个因素的影响(即数据是受单因素影响还是受多因素影响的结果，是什么设计类型下收集的资料)？它们是怎样被收集到的(即是随意或人为选取的还是随机获得的)？所提供的数据对要揭示的问题是否足够地多(即样本含量是否充足)？不同组数据之间是否具有可比性(即是否有合理的对照组，组间所受影响是否均衡)？在实施研究或进行试验或调查过程中的质量控制是否严格(即难以控制的众多非试验因素的影响是否被控制在尽可能低的水平上，至少应有可靠的方法确保所有非试验因素在试验因素的不同水平组中处于基本平衡状态)？只有弄清了上述诸多疑问之后，当答案是"此资料值得分析"时，才能选择具体的统计分析方法(首先是进行探索性统计分析，以了解资料的基本情况；然后，再进行正式的统计分析，以便达到合理的统计分析目的)对资料予以处理。

　　然而，上述看似烦琐的"循证"过程并非是正确应用统计学的全部"法宝"，它仅仅适用于有了数据之后。在更多情况下，是在仅仅有了研究课题和确定了研究目标之后，就能够"多快好省而又科学严谨"地实现为既定的研究目标提供"强有力的保证和具有可操作性的做法"，这才是统计学的精华之所在！也就是说，统计学的精华是如何制订出科学完善、严谨高效、经济可靠的设计方案。在此方案的指导下，注意试验或调查过程中的质量控制，才有望获得值得进行统计分析的研究数据。

　　应当清楚，这里所说的"数据"是广义的，正确的表述应当是"科研资料"。有时，科研资料是"纯文本"的，更多情况下，科研资料包括"原因变量"、"结果变量"、"变量的具体的取值"和"变量的专业含义"。也就是说，变量、变量的取值(含单位)和变量的专业含义构成了科研资料的三要素。

　　怎样才能确保所制订的设计方案质量高、可操作性强呢？这离不开正确的统计思想的指导，离不开"透过现象看本质"的具体措施保驾护航，离不开"基本常识"的鼎力相助，离不开"各科专业知识"这个坚如磐石的后盾。

　　【例 1-28】　下面有两组试验记录，试审查此类资料是否值得分析。第 1 组试验记录见表 1-27，第 2 组试验记录见表 1-28。

表 1-27　某项试验的试验记录

某药浓度(?)	?	?	?
0	72	97.042	6987.024
25	72	93.431	6727.032
50	72	98.056	7060.032
100	72	96.056	6916.032
200	72	130.694	9409.968
300	72	139.403	10037.020

　　注：表中"?"号处为空白，读者不知道其下方的数据代表什么含义，也不知道它们的单位分别是什么。

表 1-28　某项试验的试验记录

动物编号	性　别	体　重（g）	X	Y	Z
1	1	230	3.73	300	16
4	1	225	3.73	600	24 ~36
5	1	231	3.73	510	16 ~24
6	0	211	3.73	540	16
12	0	220	3.73	570	24 ~36

注：X 代表"气溶胶浓度（mg/L）"，Y 代表"翻正反射消失持续时间（min）"，Z 代表"恢复时间（h）"；Z 的取值为"16"的还有 7 只动物，即共有 9 只动物都在 16h 恢复。

【分析与解答】　在表 1-27 中，第 3 列上有 2 个数据的小数部分都是"056"，而第 4 列上有 3 个数据的小数部分都是"032"，这种巧合令人难以置信！在表 1-28 中，有 9 只动物的恢复时间都是 16h，还有 3 只动物的恢复时间的跨度很大，前者过度精确，后者过度不准，都说明结果不真实。如此不真实的试验结果是不值得分析的！

1.5.2　产生于质量控制不严的数据是不值得分析的

有些大型科研课题，需要划分成大约 10 个分课题，每个分课题下面又可能还需要再分成 5 个子课题。这样一来，子课题的总数目大约有 30 ~ 50 个。其中，有相当多的观测指标是相同的或在专业上是有联系的，为了探讨这些指标之间的相互关系和依赖关系，常常需要把它们合并在一起进行统计分析。很显然，完成这些子课题的研究者的责任心、技术水平等可能相差很多，若事先没有统一的操作规程（SOP）和严格的技术培训，所收集到的试验数据必然是参差不齐，甚至是杂乱无章的。

【例 1-29】　笔者曾参与评审过一种新药的临床试验项目，该项目由 5 个临床试验中心（通常是 5 所规模相当的医院）共同完成。其中，有一个主要安全性评价指标是某种不良事件发生率（%），一所医院的试验结果为 22.3%，一所医院的试验结果为 78.2%，其他医院的试验结果介于这两个数据之间。同一个重要的评价指标在不同医院之间相差如此之大，表明此项临床试验研究的质量控制很差。其整个临床试验数据的准确性非常值得怀疑。因此，质量控制做得不好的任何科研课题（最常见的是多中心临床试验研究课题）所产生的数据都是不值得分析的。

1.5.3　经过错误的方法加工整理后的数据是不值得分析的

【例 1-30】　有些医生常需要采用两种或多种方法对疑似患有某种疾病的患者或患者的标本同时进行检测，以便诊断患者是否确实患了预先推断的某种疾病。某医生收集了同时用 B 超和 CT 检查的 94 例某病患者的检测资料，将检查结果整理成表 1-29 的形式。收集和分析此资料的目的是希望回答可否用 B 超取代 CT。基于表 1-29，这位医生选择什么统计分析方法可以实现其分析目的呢？

【分析与解答】　与这位医生的分析目的对应的统计分析方法属于"一致性检验或称为 Kappa 检验"，然而，该医生将两种仪器检测 94 名患者的结果按表 1-29 的形式整理后，就无法实施一致性检验了。因为表 1-29 属于"结果变量为多值有序变量的 2×4 列联表资料"，本质上是"单因素 2 水平设计一元定性资料"，就是

表 1-29　B 超及 CT 检查结果

检查方法	例　　数			
	轻　度	中　度	重　度	正　常
B 超	18	3	3	70
CT	38	7	3	46

人们习惯表述的"两个独立样本资料"。针对此资料，只能采用秩和检验，其分析结果只能回答"两种仪器检测结果之间的差异是否具有统计学意义"。事实上，实际收集资料是这样操作的：用两种仪器检测每位患者，每种仪器检测结果都可能出现 4 种结果（正常、轻度异常、中度异常、重度异常）之一，故对每位患者而言，两种仪器就有 16 种可能的组合结果之一出现，即应按"配对扩大形式"来列表，见表 1-30。

表 1-30　B 超及 CT 检查结果比较（例数）（表 1-29 的正确表达形式）

B 超检查结果	例　　　数				
	CT 检查结果：	正　　常	轻　　度	中　　度	重　　度	合　　计
正常		f_{11}	f_{12}	f_{13}	f_{14}	70
轻度		f_{21}	f_{22}	f_{23}	f_{24}	18
中度		f_{31}	f_{32}	f_{33}	f_{34}	3
重度		f_{41}	f_{42}	f_{43}	f_{44}	3
合计		46	38	7	3	94

注：表中各 f_{ij} 为第 i 行第 j 列上的例数，由于原始资料整理错误而无法知道。

基于表 1-30（注意：表中 16 个格子上必须是具体的频数）采用 Kappa 检验，就可回答两种仪器检测结果之间是否具有一致性。

1.5.4　不符合特定统计分析方法要求的数据是不值得分析的

【例 1-31】　表 1-31 中是某市工业部门 13 个行业 8 项指标的数据，拟采用主成分分析方法确定 8 项指标的样本主成分（综合变量），要求损失信息不超过 15%。现分别基于相关系数矩阵、协方差矩阵进行计算。

表 1-31　某市工业部门 13 个行业 8 项指标的数据

编　号	行　　业	X_1	X_2	X_3	X_4	X_5	X_6	X_7	X_8
1	冶金	90342	52455	101091	19272	82.00	16.100	197435	0.172
2	电力	4903	1973	2035	10313	34.20	7.100	592077	0.003
3	煤炭	6735	21139	3767	1780	36.10	8.200	726396	0.003
4	化学	49454	36241	81557	22504	98.10	25.900	348226	0.985
5	机械	139190	203505	215898	10609	93.20	12.600	139572	0.628
6	建材	12215	16219	10351	6382	62.50	8.700	145818	0.066
7	森工	2372	6572	8103	12329	184.40	22.200	20921	0.152
8	食品	11062	23078	54935	23804	370.40	41.000	65486	0.263
9	纺织	17111	23907	52108	21796	221.50	21.500	63806	0.276
10	缝纫	1206	3930	6126	15586	330.40	29.500	1840	0.437
11	皮革	2150	5704	6200	10870	184.20	12.000	8913	0.274
12	造纸	5251	6155	10383	16875	146.40	27.500	78796	0.151
13	文教艺术用品	14341	13203	19396	14691	94.60	17.800	6354	1.574

备注：X_1 表示年末固定资产净值（万元）；X_2 表示职工人数（人）；X_3 表示工业总产值（万元）；X_4 表示全员劳动生产率（元/人年）；X_5 表示百元固定原资产值实现产值（元）；X_6 表示资产利税率；X_7 表示标准燃料消费量；X_8 表示能源利用效果。

以下是算法 1（基于相关系数矩阵）进行主成分分析的第一部分计算结果：

Eigenvalues of the Correlation Matrix

	Eigenvalue	Difference	Proportion	Cumulative
1	3.10491252	0.20747090	0.3881	0.3881
2	2.89744162	1.96722608	0.3622	0.7503
3	0.93021555	0.28809329	0.1163	0.8666
4	0.64212226	0.33803813	0.0803	0.9468
5	0.30408413	0.21748637	0.0380	0.9848
6	0.08659776	0.05441338	0.0108	0.9957
7	0.03218438	0.02974261	0.0040	0.9997
8	0.00244178		0.0003	1.0000

从这部分分析结果可以看出，取前 3 个主成分就可以解释全部原始数据 86.66% 的信息。
以下是算法 2（基于协方差阵）进行主成分分析的第一部分计算结果：

Eigenvalues of the Covariance Matrix

	Eigenvalue	Difference	Proportion	Cumulative
1	5.44387E10	4.63867E10	0.8668	0.8668
2	8052070898	7827548141	0.1282	0.9950
3	224522758	136007774	0.0036	0.9986
4	88514983.7	86405779.1	0.0014	1.0000
5	2109204.6	2105915.97	0.0000	1.0000
6	3288.62949	3274.59278	0.0000	1.0000
7	14.0367172	13.9062234	0.0000	1.0000
8	0.13049382		0.0000	1.0000

从这部分分析结果可以看出，只需取 1 个主成分，就可以解释原始数据 86.68% 的信息。
算法 2 的分析结果看上去似乎更为合理，更好理解。

【分析与解答】　一般而言，根据上述算法 2 中的这个第 1 主成分的值，可以对 13 个行业进行排序和分档。而且，由于这个第 1 主成分主要包含的是 X_7 的信息，因此，本资料可以根据 X_7 的信息对 13 个行业进行排序和分档。

【对差错的辨析与释疑】　表面上，基于算法 2 分析本资料后已得到了一个令人兴奋的结果，其实不然，在上面的分析和解释过程中，已经犯了一个不可饶恕的错误！

显然，由算法 2 所得的结果与算法 1 所得的结果很不一样。算法 1 是基于相关系数矩阵进行的主成分分析；算法 2 是基于方差协方差矩阵进行的主成分分析。按照统计学的基本常识，这两种算法所得结果不应相差很大，而对本资料而言，其结果却相差悬殊，问题出在哪里呢？出在资料不符合主成分分析的要求上！

严格地说，主成分分析适用于单组设计多元定量资料。所谓单组设计，即受试对象或样品来自于同一个总体，他们（或它们）对于研究目的和全部评价指标而言应具有相同的性质。此时，可以考察不同定量指标之间内在的相互和依赖关系，甚至包括他们与隐变量（即主成分变量）之间的关系。而在本例中，13 个"行业"之间存在着本质区别，X_7 一个指标就可明显区分出哪些行业是以"燃料消费多"为标志性的行业。用 1 个指标就可对 13 个行业进行排序，这是十分片面的，甚至是相当错误的，因为它仅能反映哪些行业燃料消耗量大、哪些行业燃料消耗量小，并不能反映其他任何方面！

所以，进行主成分分析时，务必要强调受试对象或样品应具有同质性。不要盲目地滥用主成分分析。若分析本资料的目的是为了基于给定的 8 项定量指标进行综合考虑,给 13 个行业进行排序,建议采用"综合评价"方法,如秩和比法。

综上所述,什么样的数据值得进行统计分析呢? 数据必须满足以下四个前提条件:其一,数据是真实的,不是造假的,也不是随意添加或删除某些数据而形成的;其二,数据所取自的试验(或调查)设计无严重错误;其三,数据在收集和整理过程中没有出现任何严重的失误或偏倚;其四,数据应满足拟选用的统计分析方法的要求(或前提条件)。

以上四点都是十分重要的,对事先确定的研究目的来说:

第一点关系到研究者或数据分析者的科研道德和科研作风问题,无论出入什么目的,造假数据或随意添加、删除数据都是绝对不允许的!

第二点关系到对总体的定义是否清楚,所抽取的样本对于总体的代表性是否很好,样本中个体的同质性是否好,样本是否足够大,所考察的影响因素是否"找准找全"了,所观测的指标是否涵盖了与研究目的对应的全部主要指标,指标的测定时间是否合适和测定结果是否准确。课题设计的质量成为所收集的数据是否值得分析的第一道防线。

第三点关系到试验(或调查)过程中可能会受到来自环境、试验条件(仪器设备、试剂等)、研究者和受试者的心理等因素或条件的改变对观测结果造成的歪曲实际的影响。"质量控制"的严格程度成为所收集的数据是否值得分析的第二道防线。

第四点应当注意的是,应根据设计类型、比较类型(如新药临床试验中,还有非劣效性检验、等效性检验、优效性检验,通常的假设检验称为差异性检验)和统计分析目的,选择最合适的统计分析方法,而不应当盲目套用。例如,有些人针对某病患者与正常人的多项定量指标的数值,进行变量聚类分析和样品聚类分析,这是很不合适的。若研究目的是考察全部定量指标的平均值(即均值向量)在两组之间的差别是否具有统计学意义,就应当选用成组设计定量资料多元方差分析处理资料;若研究目的是希望构造出函数式,以便对新个体究竟属于某病患者还是属于正常人进行判定,就适合选用判别分析。还有些人面对多项二值变量及其取值,采用主成分分析和探索性因子分析,这完全忽视了这些多元统计分析方法要求拟分析的资料应当是多元定量资料的前提条件。考察拟分析的科研数据与拟选用的统计分析方法是否吻合成为所收集的数据是否值得分析的第三道防线。

1.5.5　盲目解释基于误用统计分析方法所得到的分析结果是不可取的

有些研究者习惯于脱离实际或无中生有地解释多元统计分析的计算结果。有些多元资料并不适合所选用的某些多元统计分析方法,得出的计算结果是解释不清的。然而,分析者却凭自己对多元统计分析方法的一知半解,盲目解释计算结果,不仅牵强附会,更严重的是对未来的研究工作或政策制订会产生歪曲的指导。

【例 1-32】　原文题目《过敏性紫癜患儿血清白三烯 B4 白介素 –5 的测定及其临床意义》,测得患儿 31 例,正常儿 27 例的血清 IL-5、LTB4、CRP 的结果,见表 1-32。

表 1-32　两组血清 IL-5、LTB$_4$、CRP 的检验结果($\bar{x} \pm s$)

组　　别	例　　数	IL-5(pg/ml)	LTB$_4$	CRP
正常组	27	12.7 ± 3.2	17.6 ± 5.7	4.75 ± 2.85
患儿组急性期	31	53.8 ± 4.2	95.3 ± 12.0	36.10 ± 11.78
恢复早期	31	37.8 ± 3.9	45.7 ± 10.1	18.35 ± 6.43

原文作者对此资料做了多种统计分析,其中包括直线相关分析,给出了相关系数的计算结果,见表1-33。表1-33中的计算结果可信吗?

【分析与解答】　表1-33中的计算结果是不可信的!因为所做的线性相关分析是错误的。道理很简单,由表1-32可知,任何两个定量变量的89对数据实际上来自58名儿童,"89"是"例次"而不是"例数",因为有31名儿童被重复测量了两次。即使都是不同的个体,把它们的数据放在一起进行线性相关分析也是错误的。因为它们是"不同质的"。正常儿童与患病儿童、处于不同时期的患病儿

表 1-33　血清 IL-5、LTB$_4$、CRP 的相关系数(r)(n =89)

	IL-5	LTB$_4$	CRP
IL-5	—	0.772	0.715
LTB$_4$	0.772	—	0.735
CRP	0.715	0.735	—

童,在与所研究疾病有关的指标上的取值大小是不同的,而进行线性相关与回归分析有两个隐含的前提条件:其一,数据所测自的受试者必须具有"同质性";其二,所研究的变量或指标在专业上应有联系(例如,若研究人的身高与转氨酶之间的相关关系或回归关系就缺乏专业依据了)。

1.5.6　缺失值过多的数据是不值得分析的

有些课题在实施过程中出现了不可控的严重问题,导致所收集的科研数据严重缺失。例如,在新药临床试验研究中,可能由于未采用盲法分配受试对象或盲法执行得不够严格,导致有相当比例的受试者在试验过程中要求更换治疗方案或干脆脱离此项临床试验研究,这些受试者的试验数据就不完整,较多变量或较多时间点上的变量表现为缺失值。当具有缺失值的受试者数目的比例占总例数的20%以上时,应宣布此临床试验失败。又例如,在一个调查研究课题中,若发出的问卷调查表的数目为10万份,而收回的调查问卷有1万份,其中各项内容填写有效的问卷有3000份。若仅依据这3000份有效调查问卷,即使采用各种正确的统计分析方法予以处理,得出的结论很可能是无用的,甚至有可能是有严重错误的,因为有效问卷的回收率仅为3%,这些被调查者很可能在全部10万名被调查者中对"调查目的或其中某项项目"具有很强的"倾向性"。换句话说,有效问卷回收率低的调查数据是不值得进行统计统计分析的。

1.6　本 章 小 结

本章着重强调一组值得分析的数据必须经过三道关的历练,简单地说,这三道关就是制订出科学完善的课题设计方案、对实施过程进行实时严格的质量控制和必须确保科研资料的原始性和准确性。

(胡良平　刘惠刚　李子建)

第2章　绘制统计图

SAS 中的很多模块都可以提供统计图的绘制,其中以 GRAPH 模块为主,它能够完成多种绘图功能,如直方图、圆图、星形图、散点图、线图、曲线图、三维曲面图、等高线图和地理图等。本章将结合实例介绍如何使用 SAS/GRAPH 模块完成各种统计图的绘制。

2.1　问题、数据及统计描述方法的选择

2.1.1　问题与数据

【例2-1】　表2-1 中列出了 1995 年不同地区制造业的工资和福利,试用合适的统计图将其表达出来。

【例2-2】　甲、乙两医院某传染病各型治愈率见表 2-2,试用合适的统计图将其表达出来。

表2-1　1995 年不同地区制造业的工资和福利

7 个地区	制造业的工资和福利(美元/h)
德国	31.88
…	…
印度	0.71

表2-2　甲、乙两医院某传染病各型治愈率

疾病类型	病　人　数		治　愈　数		治愈率(%)	
	甲	乙	甲	乙	甲	乙
普通型	300	100	180	65	60.0	65.0
重型	100	300	40	135	40.0	45.0
暴发型	100	100	20	25	20.0	25.0
合计	500	500	240	225	48.0	45.0

【例2-3】　某医院 1990 年和 1998 年住院病人死于 5 种疾病的人数见表 2-3,试用合适的统计图将其表示出来。

表2-3　某医院 1990 年和 1998 年住院病人的 5 种疾病死亡人数和百分比

5 种疾病	死亡人数		百分比(%)	
	1990 年	1998 年	1990 年	1998 年
恶性肿瘤	58	40	30.53	26.85
循环系统疾病	44	44	23.16	29.53
呼吸系统疾病	37	29	19.47	19.46
消化系统疾病	19	18	10.00	12.08
传染病	32	18	16.84	12.08
合计	190	149	100.00	100.00

【例2-4】　某研究者对某年某地 1560 例后天性聋哑的病因构成情况进行了研究,具体结果见表 2-4。试用合适的统计图将其表达出来,要求以百分比为绘图的统计指标,并力求反映局部与整体的关系。

【例2-5】　一种用于微型电动机上的新型绝缘材料，要了解其寿命特性，在温度190℃、220℃和260℃下分别投入10部微型电动机做寿命试验，测得它们的失效时间见表2-5，试用合适的统计图将该资料表示出来。

表2-4　某年某地1560例后天性聋哑病病因构成情况

病　　名	例　数	百分比（%）
高烧、抽风	434	27.82
传染病	264	16.92
中耳炎	193	12.37
脑膜炎	101	6.47
其他	568	36.41
合计	1560	100.00

表2-5　三种温度下绝缘材料的失效时间（小时）

190℃	220℃	260℃
7028	1764	600
…	…	…
10051	3208	1896

【例2-6】　某地150名正常成年男子红细胞数（10^{12}/L）的资料见表2-6，试用合适的统计图表达其频数分布情况。

表2-6　某地150名正常成年男子红细胞数（10^{12}/L）频数分布表

组段/（10^{12}/L） (1)	频数 f (2)	组中值 X_0 (3)	$f X_0$ (4) = (2)×(3)
3.7 ~	1	3.8	3.8
…	…	…	…
5.7 ~ 5.9	1	5.8	5.8
合计	150	—	719.8

【例2-7】　想要研究施化肥量与水稻产量之间的关系，测得一组数据见表2-7。试用合适的统计图呈现两者之间的变化关系。

表2-7　不同施肥量时的水稻产量

编　号	1	2	3	4	5	6	7
施化肥量	15	20	25	30	35	40	45
水稻产量	330	345	365	405	445	450	455

【例2-8】　下面是某地居民1950—1968年伤寒与结核病死亡率（1/10万）资料，试用合适的统计图表示这两种疾病的变化幅度和速度：

年份：1950—　1952—　1954—　1956—　1958—　1960—　1962—　1964—　1966—1968

伤寒：31.3　22.4　18.0　9.2　5.0　3.8　1.6　0.8　0.3

结核：174.5　157.1　142.0　127.2　97.7　71.3　59.2　46.0　37.5

【例2-9】　有一批电子元器件，共21个，其使用寿命（月）数据见表2-8，试用统计图考察该组数据是否服从指数分布。

表2-8　21个电子元器件使用寿命的数据分布

产 品 号	使用寿命	产 品 号	使用寿命	产 品 号	使用寿命
1	1	8	5	15	10
…	…	…	…	…	…
7	4	14	10	21	34

2.1.2 对数据结构的分析

在例 2-1 的数据中，包含两个变量，其中地区为定性变量，它是分组变量；制造业的工资和福利是定量变量，可以看作是结果变量。

表 2-2 是由两个定性变量组合而成的复合统计表，一个定性变量是医院类别，分为甲、乙两个水平；另一个定性变量是疾病类型，分为普通型、重型、暴发型。观测指标为治愈率。

例 2-3 的资料中涉及两个分类变量，分别是年份和疾病类型，想要考察的指标为每种疾病死亡人数在总人数中所占的构成比。

在例 2-4 的资料中，后天性聋哑的病因是一个定性的分组变量，要考察的指标为每种病因所对应的人数在总例数中的构成比。

表 2-5 中的资料属于单因素 3 水平设计定量资料，温度为定性的分组变量，有 3 个水平，每个水平下进行了 10 次独立重复试验；失效时间是想要考察的定量指标。

例 2-6 中的资料是单组设计定量资料，想要考察的定量指标是正常成年男子红细胞数，表 2-6 将原始数据整理成了频数分布表的形式。

例 2-7 中包含两个在专业上有联系的定量变量，分别是施化肥量和水稻产量。表 2-7 中有 7 对数据，需要注意的是两个定量变量在每一对数据中都是相互对应的，它们的次序不能被随意改变。

例 2-8 中涉及的定量观察指标为疾病死亡率，同时也包括一个连续性变量年份。此外，由于要考察伤寒和结核两种疾病，所以还存在一个定性的分组变量，即疾病类型。

例 2-9 中的资料可以看作是单组设计定量资料，观测指标为电子元件的使用寿命。

2.1.3 分析目的与统计描述方法的选择

如果要表达定性变量各水平组中的数量大小，可以使用条图。当只有一个定性的分组变量时，选择单式条图；当存在两个或两个以上定性的分组变量时，选择复式条图。如果要反映局部与整体之间的关系，同时要求各部分百分数之和为 100% ，可以使用百分条图或圆图。如果想要粗略表达定量资料的分布情况，特别是多组数据分布的比较，可以选择箱式图，也称盒须图。如果要表达一组定量资料在不同取值范围内的频数分布情况，可以选择直方图。如果要表达两个在专业上有联系的定量指标同时变化的趋势，可以选择散点图。如果要表达某种事物或现象随时间推移的变化幅度，可以选择普通线图；若是要表达变化速度，可以选择半对数线图。如果要考察定量观测指标是否服从某特定概率分布，可以选择 P-P 图和 Q-Q 图。

根据以上的方法使用原则，例 2-1 是想反映不同地区制造业的工资和福利水平，只有一个定性的分组变量，可以选择单式条图进行表达；例 2-2 是想反映不同医院、不同类型疾病的治愈率，涉及两个定性的分组变量，可以选择复式条图进行表达。这两个例子中，分组变量都是定性变量，注意不能使用线图来表达。用线图表达原本适宜用条图表达的资料，这是实际中经常出现的错误。例 2-3 是想反映两个年份死于 5 种不同疾病的人数构成情况，可以选择百分条图或圆图。考虑到存在两个不同年份构成情况的对比，用百分条图来表达效果更好。例 2-4 反映的是后天性聋哑病因的内部构成情况，可以选择百分条图或圆图。题意中明确力求反映局部与整体的关系，用圆图来表达该资料更加直观。例 2-5 是想反映三组失效时间的分布情况，同时也想了解不同温度下失效时间的差异情况，可以选择箱式图进行表达。例 2-6 是想要直观地表示一组正常成年男子红细胞数的频数分布情况，可以选择直方图。例 2-7 想直观地表示施化肥量和水稻产量这两个定量变量的依存变化关系，可以选择散点图。例 2-8 想要反映伤寒与结核这两种疾病死亡率随时间推移变化的幅度和速度，由于时间是连续性变量，可以分别使用普通线图和半对数线图进行表达。这个例子中的资料不能使用条图来表达，误用条图取代线图，也是一种比较典型的错误。例 2-9 是要考察电子元器件使用寿命是否服从指数分布，可以使用 P-P 图和 Q-Q 图。

2.1.4　统计图概述

统计图的种类很多，可以按它能表达的资料性质划分如下：表达离散资料的统计图有单式条图、复式条图、百分条图、圆图等；表达连续资料的统计图有盒须图、直方图、多边图、二维散布图、三维散布图、普通线图、半对数线图、等势面图等；表达事物或现象在区域或空间上分布情况的统计图有统计地图、曲面图等。

2.2　绘制单式条图

2.2.1　程序及说明

设对例 2-1 中资料绘制单式条图的程序名为 SASTJFX2_1.SAS，程序如下：

```
data prg2_1;
input area $ wage@@ ;
cards;
德国 31.88 日本 23.66 美国 17.20
英国 13.77 韩国 5.25 墨西哥 1.51
印度 0.71
;
run;

goptions hsize = 6 vsize = 4 ftext =
'宋体';

footnote '图2-1  1995 年不同地区制造业的
工资和福利';

axis1 label = ('地区')
    order = ('德国' '日本' '美国' '英国'
                '韩国' '墨西哥' '印度')
    minor = none
    major = none
    offset = (6,6);
axis2 label = (angle = 90 '制造业的工资
                和福利（美元/小
                时)')
    offset = (0,0);

proc gchart data = prg2_1;
vbar area/sumvar = wage
    maxis = axis1
    raxis = axis2;
run;
```

【程序说明】　首先建立数据集 prg2_1，录入绘图所需要的数据，使用变量 area 和 wage 分别表示地区与工资，其中 area 为字符变量。

在数据步之后，使用通用图形控制语句对图形进行设置，此处包括系统控制语句 GOP-TIONS，坐标轴控制语句 AXIS 以及脚注语句 FOOTNOTE。在 GOPTIONS 语句中，使用 hsize 和 vsize 选项设置图形的宽度和高度，这里分别定义为"6"和"4"，当然，也可以采用默认设置而无须写出这两个选项；选项 ftext 定义图形中文本的字体，此处为"宋体"。由于图的标题是在图形的下方，所以使用脚注语句 FOOTNOTE 定义图的标题。坐标轴控制语句 AXIS1 和 AXIS2 分别定义横轴和纵轴，选项 label 指定坐标轴的标签，两坐标轴的标签分别为"地区"与"制造业的工资和福利（美元/h）"，在纵轴上，还对标签进行了 90°的旋转；选项 order 指定坐标轴上不同取值的次序；选项 major 和 minor 分别设置主要刻度标度与次要刻度标度，本图中横轴的主要刻度标度与次要刻度标度都定义为"无"，纵轴使用默认设置；offset

选项指定刻度标度或直条与坐标轴边界的距离，本图横轴上直条与两侧边界的距离都是"6"。

最后是图形绘制过程语句，方块图、水平和垂直条形图、圆图和圆环图、星形图使用 GCHART 过程。这里，VBAR 语句完成垂直条形图的绘制，该语句中需要至少列出一个绘图变量，也就是定性的分组变量，这里为变量 area。VBAR 语句中的斜杠"/"之后列出的是不同的选项，sumvar 选项在这里指定纵坐标代表变量 wage，选项 maxis 和 raxis 分别指定横轴和纵轴由前面已经设置好的坐标轴 axis1 和 axis2 来表示。

2.2.2　输出单式条图

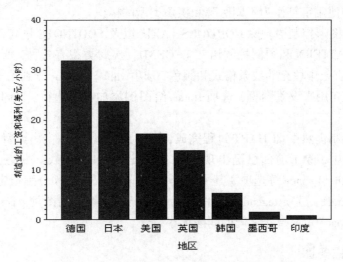

图 2-1　1995 年不同地区制造业的工资和福利

2.3　绘制复式条图

2.3.1　程序及说明

设对例 2-2 中资料绘制复式条图的程序名为 SASTJFX2_2.SAS，程序如下：

```
data prg2_2;
input hospital kind curep@@ ;
cards;
1 1 60 1 2 40 1 3 20
2 1 65 2 2 45 2 3 25
;
run;
data prg2_21;set prg2_2;
length hospital1 kind1 $ 8;
if hospital =1 then hospital1 ='甲';
if hospital =2 then hospital1 ='乙';
if kind =1 then kind1 ='普通型';
if kind =2 then kind1 ='重 型';
if kind =3 then kind1 ='暴发型';

pattern3 value =x1 color =red;
axis1 label =none
      minor =none
      major =none
      offset =(6,6);
axis2 label = (angle =90 '治愈率(% )')
      minor = (height =0.4 number =1)
      major = (height =0.8)
      offset =(0,0);
legend1 frame label = ('疾病类型:');
proc gchart data =prg2_21;
   vbar kind1/sumvar =curep
        group =hospital1
        subgroup =kind1
```

```
label hospital1 = '医院';                        legend = legend1
run;                                             maxis = axis1
goptions hsize = 6 vsize = 4 ftext = '宋          raxis = axis2
体';                                              width = 5
footnote '图2-2  甲、乙两医院某传染病各型          space = 2;
治愈率';
pattern1 value = r1 color = blue;        run;
pattern2 value = l1 color = orange;
```

【程序说明】 首先建立数据集 prg2_2，使用变量 hospital、kind 和 curep 分别表示医院、疾病类型与治愈率；然后在 prg2_21 中将数值变量 hospital 与 kind 转化为字符变量 hospital1 和 kind1，因为图形中使用字符作为不同医院和疾病类型的标识。

本例中的通用图形控制语句除 GOPTIONS、AXIS 以及 FOOTNOTE 语句外，还包括绘图填充模式控制语句 PATTERN 和图例控制语句 LEGEND。疾病类型有 3 种，所以使用 3 个 PATTERN 语句来设置直条中填充的线条格式和颜色，选项 value 和 color 分别用来指定填充模式和颜色。LEGEND 语句用来设置图例，选项 frame 给图例添加一个边框，label 用来指定图例的标签。

复式条图的绘制仍然由 GCHART 过程完成，使用 VBAR 语句，疾病类型 kind1 被指定为绘图变量。在选择项中，除了前面已经出现过的 sumvar、maxis 和 raxis 外，还包括 group、subgroup、legend、width 与 space 等选项。其中，选项 group 和 subgroup 分别指定两个定性的分组变量 hospital1 与 kind1，选项 legend 定义图例为前面已经设置好的图例 legend1，width 定义直条的宽度为"5"，space 定义直条之间的间隔大小。

2.3.2 输出复式条图

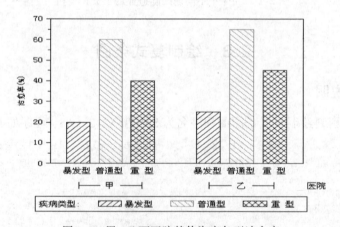

图 2-2 甲、乙两医院某传染病各型治愈率

2.4 绘制百分条图

2.4.1 程序及说明

设对例 2-3 中资料绘制百分条图的程序名为 SASTJFX2_3.SAS，程序如下：

```
data prg2_3;                                    pattern4 value = e color = black;
input year kind pp@@ ;                          pattern5 value = x1 color = red;
cards;                                          axis1 label = ('年份')
1990 1 30.53 1990 2 23.16 1990 3 19.47              minor = none
1990 4 10.00 1990 5 16.84 1998 1 26.85              major = none
1998 2 29.53 1998 3 19.46 1998 4 12.08              offset = (5,5);
1998 5 12.08                                    axis2 label = ('构成比(%)')
;                                                   minor = (height = 0.3 number = 1)
run;                                                major = (height = 0.6)
data prg2_31;set prg2_3;                        order = (0 to 100 by 10)
length year1 kind1 $ 20;                        value = ('0' '10' '20' '30' '40' '50'
if year = 1990 then year1 = '1990 年';              '60' '70' '80' '90' '100')
if year = 1998 then year1 = '1998 年';              offset = (0,0);
if kind = 1 then kind1 = '恶性肿瘤';            legend1 frame label = ('疾病类型:');
if kind = 2 then kind1 = '循环系统疾病';        proc gchart data = prg2_31;
if kind = 3 then kind1 = '呼吸系统疾病';          hbar year1/sumvar = pp
if kind = 4 then kind1 = '消化系统疾病';                subgroup = kind1
if kind = 5 then kind1 = '传染病';                      legend = legend1
run;                                                    maxis = axis1
goptions hsize = 5 vsize = 4;                           raxis = axis2
footnote '图 2-3   住院病人的 5 种疾病死                 width = 2
亡人数和构成比';                                        space = 3
pattern1 value = r1 color = blue;                       nostats;
pattern2 value = solid color = pur-             run;
ple;
pattern3 value = l1 color = orange;
```

【程序说明】   建立数据集 prg2_3 和 prg2_31，变量 year1、kind1 和 pp 分别代表年份、疾病类型和构成比。

GOPTIONS 语句和 FOOTNOTE 语句定义图形的大小和标题。5 个 PATTERN 语句定义不同疾病对应直条的填充模式和颜色，可以使用不同方向的线条填充，也可以是实心或者无填充的，这些都通过选项 value 的不同取值来实现。在 AXIS 语句中，用选项 value 定义主要刻度标度的取值。

百分条图也是由 GCHART 过程实现的，只不过这里是水平条形图，使用 HBAR 语句，指定年份为纵轴上的绘图变量。选项 sumvar 定义横轴代表构成比，subgroup 指定疾病类型为亚组变量，legend、maxis、raxis、width 和 space 的用法同前，选项 nostats 表示在图形中不出现描述性的统计量。

2.4.2   输出百分条图

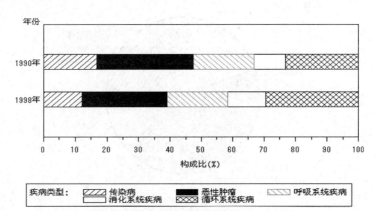

图 2-3   住院病人的 5 种疾病死亡人数构成比

2.5 绘 制 圆 图

2.5.1 程序及说明

设对例2-4中资料绘制圆图的程序名为SASTJFX2_4.SAS，程序如下：

```
data prg2_4;
inputcause frequency@@ ;
cards;
1434 2 264 3 193 4 101 5 568
;
run;
data prg2_41;set prg2_4;
lengthcause1 $ 20;
ifcause =1 then cause1 ='高烧、抽风';
ifcause =2 then cause1 ='传染病';
ifcause =3 then cause1 ='中耳炎';
ifcause =4 then cause1 ='脑膜炎';
ifcause =5 then cause1 ='其他';
run;
```

```
goptions hsize =5 vsize =4;
footnote '图2-4  1560 例后天性聋哑病因
构成情况';
pattern1 value =p2n0 color =blue;
pattern2 value =p2x0 color =orange;
pattern3 value =p2n0 color =green;
pattern4 value =p2x180 color =red;
pattern5 value = solid color = cx-
cd0369;
proc gchart data =prg2_41;
    piecause1/sumvar =frequency
            percent =arrow
            coutline =black
            noheading;
run;
```

【程序说明】 建立数据集 prg2_4 和 prg2_41，变量 cause1 和 frequency 分别代表不同病因和发生例数。

GOPTIONS 语句和 FOOTNOTE 语句定义图形的大小和标题。圆图中不同部分的填充模式与颜色也是由 PATTERN 语句定义，在选项 value 的取值 p2n0 和 p2x180 中，第一个字母 p 表示饼图，也就是圆图；第二个数字 2 表示线条的稀疏程度，其取值范围是 1~5；第三个字母 n 或 x 分别代表平行线或交叉的排线；最后的数字 0 或 180 表示线条旋转的角度，取值范围是 0~360。

圆图同样由 GCHART 过程完成，使用 PIE 语句，指定病因 cause1 为分组变量。这里的选项 percent 定义打印各个部分对应百分比的样式，此处使用箭头（arrow）来表示；coutline 用来定义图形中各部分外部轮廓的颜色，这里指定为黑色（black）；noheading 表示不输出图形的标题，因为默认在图形上方产生一个标题。

2.5.2 输出圆图

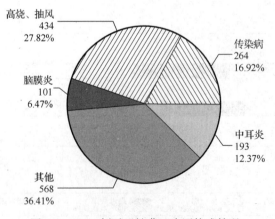

图 2-4 1560 例后天性聋哑病因构成情况

2.6　绘制箱式图

2.6.1　程序及说明

设对例 2-5 中资料绘制箱式图的程序名为 SASTJFX2_5.SAS，程序如下：

```
data prg2_5;                          goptions hsize = 5.5 vsize = 4 ftext =
do a = 1 to 3;                        '宋体';
input x@@ ;                           footnote '图2-5　三种温度下绝缘材料的失
output;                              效时间';
end;                                  symbol1 interpol = boxt00 width = 1.8
cards;                                bwidth = 5 co = blue;
7028 1764   600 7228 2036   744       axis1 label = ('温度(℃)')
7228 2130   804 8448 2436   844          value = ('190' '220' '260')
8567 2436   912 9061 2436 1128           minor = none
9167 3108 1320 9167 3108 1464            offset = (10,10);
10032 3108 1608   10051 3208 1896     axis2 label = (angle = 90 '失效时间(h)')
;                                        offset = (0,0);
run;                                  proc gplot data = prg2_5;
                                         plot x* a/haxis = axis1
                                              vaxis = axis2;
                                      run;
```

【程序说明】　建立数据集 prg2_5，变量 a 和 x 分别代表不同温度和失效时间。

GOPTIONS 语句和 FOOTNOTE 语句定义图形的大小和标题。与前述几种图形不同的是，箱式图的外观设置由图形符号及线条控制语句 SYMBOL 完成。在本例的 SYMBOL 语句中，interpol 选项用来选择图形类型，其具体取值 boxt00 中的 box 表示要绘制箱式图，也就是盒须图，t 表示要绘出顶端和底端的须线；选项 width 与 bwidth 分别定义图中线条与盒子的宽度；co 选项定义盒子以及须线的颜色。

箱式图的绘制是由 GPLOT 过程实现的，使用 PLOT 语句，该语句后面至少要有一个绘图要求，可以写为 PLOT y * x，y、x 分别为纵坐标轴和横坐标轴所表示的变量，在本例中分别是失效时间与温度。选择项 haxis 和 vaxis 分别定义横坐标轴和纵坐标轴。

2.6.2　输出箱式图

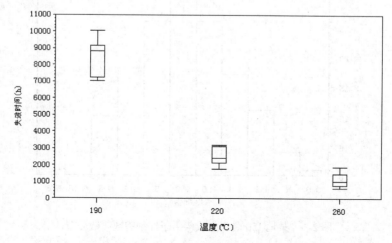

图 2-5　三种温度下绝缘材料的失效时间

2.7　绘制直方图

2.7.1　程序及说明

设对例 2-6 中资料绘制直方图的程序名为 SASTJFX2_6. SAS，程序如下：

```
data prg2_6;
input x fre@@ ;
label x = "红细胞数";
cards;
3.7 1 3.9 4 4.1 11 4.3 17 4.5 26 4.7 32
4.9 26 5.1 18 5.3 10 5.5 4 5.7 1
;
run;
goptions hsize = 4 vsize = 4 ftext = '宋
体';
footnote '图 2-6　某地 150 名正常成年男
子红细胞数频数分布';

proc univariate data = prg2 _ 6 no-
print;
  histogram x/normal (color = red no-
print)
          midpoints =3.8 to 5.8 by 0.2
          cbarline =blue
          cfill =white
          vaxis =0 to 35 by 5
          vscale =count
          vaxislabel ='人数/组距'
          vminor =4;
  freq fre;
run;
```

【程序说明】　建立数据集 prg2_6，变量 x 和 fre 分别代表组中值和各个组段的频数。GOP-TIONS 语句和 FOOTNOTE 语句定义图形的大小和标题。直方图的绘制使用 UNIVARIATE 过程，由 HISTOGRAM 语句来完成，组中值 x 是绘图变量。normal 选项表示拟合一条正态曲线，也就是图中的红色曲线，其颜色由选项 color 定义；midpoints 选项定义组中值，这里是 3.8 ~ 5.8；选项 cbarline 定义直条边框的颜色，此处设置为蓝色（blue）；选项 cfill 定义直条的填充颜色，此处设置为白色（white）；选项 vaxis 和 vaxislabel 分别定义纵坐标轴的取值和标签；vscale 选项定义纵轴上的绘图尺度，这里使用每个组段中的频数，当然，也可以是构成比；选项 vminor 设置两个主要刻度标度之间的次要刻度标度数目。FREQ 语句说明 fre 为频数变量。

2.7.2　输出直方图

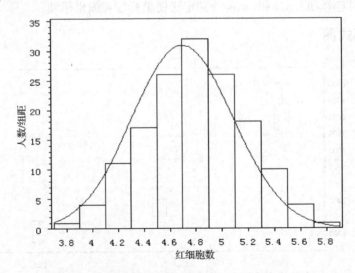

图 2-6　某地 150 名正常成年男子红细胞数频数分布

2.8　绘制散点图

2.8.1　程序及说明

设对例 2-7 中资料绘制散点图的程序名为 SASTJFX2_7. SAS，程序如下：

```
data prg2_7;                          axis1 label = ('施肥量')
input x y@@ ;                              minor = none
cards;                                     offset = (1,0);
15 330 20 345 25 365 30 405           axis2 label = (angle = 90 '水稻产量')
35 445 40 450 45 455                      order = (300 to 480 by 20)
;                                         minor = none
run;                                      offset = (1,0);
goptions hsize = 5 vsize = 4 ftext =  proc gplot data = prg2_7;
'宋体';                                     plot y* x/haxis = axis1
footnote '图2-7  不同施肥量时的水稻产量';              vaxis = axis2;
symbol1 interpol = rl value = dot col- run;
or = blue ci = red
            width = 1.8;
```

【程序说明】　建立数据集 prg2_7，变量 x 和 y 分别代表施肥量和水稻产量。散点图的外观设置也是由 SYMBOL 语句完成，该语句主要用于线图及散点图中。interpol = rl 表示拟合一条回归直线；选项 value 指定所绘制的各个点的符号，这里 dot 代表实心的圆点；选项 ci 定义回归直线的颜色为红色(red)；选项 color 指定整个图形的颜色为蓝色(blue)，由于又单独设置了回归直线的颜色，所以这里只有各点显示为蓝色。散布图的绘制由 GPLOT 过程完成，使用 PLOT 语句。

2.8.2　输出散点图

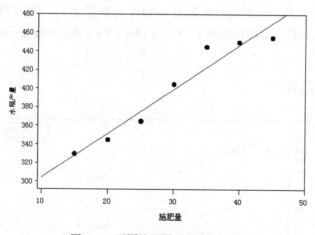

图 2-7　不同施肥量时的水稻产量

2.9　绘制普通线图

2.9.1　程序及说明

设对例 2-8 中资料绘制普通线图的程序名为 SASTJFX2_8. SAS，程序如下：

```
data prg2_8;                          axis1 label = ('年份')
input t x zb@@ ;                          value = ('1950' '1952' '1954'
cards;                                             '1956' '1958' '1960' '1962'
1950 31.3 1 1952 22.4 1 1954 18.0 1                '1964' '1966' )
1956 9.2 1 1958 5.0 1 1960 3.8 1          minor = (number = 1 height = 0.4)
1962 1.6 1 1964 0.8 1 1966 0.3 1          major = (height = 0.8)
1950 174.5 2 1952 157.1 2 1954 142.0 2    offset = (0.5,0.5);
1956 127.2 2 1958 97.7 2 1960 71.3 2  axis2 label = (angle = 90 '死亡率(1/10万)')
1962 59.2 2 1964 46.0 2 1966 37.5 2       order = (0 to 180 by 10)
;                                         minor = (number = 1 height = 0.4)
run;                                      major = (height = 0.8)
goptions hsize = 5 vsize = 4 ftext = '宋  offset = (0.5,0);
体';                                   legend1 across = 1
footnote '图2-8　某地居民1950—1968       cborder = black
年伤寒与结核病死亡率';                     label = none
symbol1 color = blue interpol = join      value = ('伤寒' '结核')
       value = triangle                   position = (top right inside)
       width = 1.5;                       mode = protect;
symbol2 color = red interpol = join   proc gplot data = prg2_8;
       value = circle                    plot x* t = zb/haxis = axis1
       width = 1.5;                            vaxis = axis2
                                               legend = legend1;
                                      run;
```

【程序说明】　建立数据集 prg2_8，变量 t、x 和 zb 分别代表年份、死亡率和疾病类型。由于本例中有两条折线，所以使用两个 SYMBOL 语句分别对其外观进行设置。选项 interpol = join 表示各个数据点之间用直线连接，也就是绘制线图；选项 value 的取值"triangle"和"circle"分别表示三角和圆形。在 LEGEND 语句中，选项 across 指定图例条目中的列数；选项 cborder 定义图例边框的颜色为黑色(black)；选项 value 指定图例中每个条目的名称，这里分别为"伤寒"与"结核"；position 选项指定图例在图形中的位置，此处为图中右上方；选项 mode 指定图例与输出图形的位置关系。普通线图也是由 GPLOT 过程绘制的，使用 PLOT 语句，这里由于要分别绘制两种疾病的线图，所以语句的写法为 plot x * t = zb，等号之后的变量为定性的分组变量，即疾病类型。

2.9.2　输出普通线图

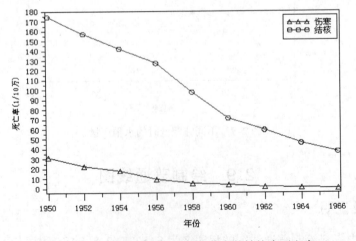

图2-8　某地居民1950—1968年伤寒与结核病死亡率

2.10　绘制半对数线图

2.10.1　程序及说明

设对例 2-8 中资料绘制半对数线图的程序名为 SASTJFX2_9.SAS，程序如下：

```
goptions hsize =5 vsize =4 ftext =
'宋体';
footnote '图 2-9　某地居民 1950—1968
年伤寒与结核病死亡率';
symbol1 color =blue interpol =join
        value =triangle
        width =1.5;
symbol2 color =red interpol =join
        value =circle
        width =1.5;
axis1 label = ('年份')
    value = ('1950' '1952' '1954'
            '1956' '1958' '1960'
            '1962' '1964' '1966' )
    minor = (number =1 height =0.4)
major = (height =0.8)
    offset = (0.5,0.5);
axis2 logbase =10 logstyle =expand
    label = (angle =90 '死亡率(1/10 万)')
    value = ('0.1' '1.0' '10.0'
            '100.0' '1000.0')
    minor = (height =0.4)
    major = (height =0.8)
    offset = (0.5,0);
legend1 across =1
    cborder =black
    label =none
    value = ('伤寒' '结核')
    position = (top right inside)
    mode =protect;
proc gplot data =prg2_8;
    plot x* t =zb/haxis =axis1
        vaxis =axis2
        legend =legend1;
run;
```

【程序说明】　本程序中沿用了 2.9 节中程序产生的 SAS 数据集 prg2_8。除了纵坐标轴的设置以外，绘制半对数线图的 SAS 程序与普通线图基本相同，这里仅就纵轴的定义做一说明。在 AXIS 语句之后的选择项中，logbase 指定对数坐标轴的底数，这里设定为以 10 为底；选项 logstyle = expand 指定坐标轴的次要刻度标度为对数尺度，同时主要刻度标度依次显示的是"0.1"、"1.0"、"10.0"、"100.0"等，也就是 10 的各阶乘方的具体取值。

2.10.2　输出半对数线图

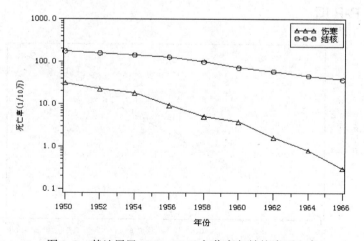

图 2-9　某地居民 1950—1968 年伤寒与结核病死亡率

2.11 绘制 P-P 图和 Q-Q 图

2.11.1 程序及说明

设对例 2-9 中资料绘制 P-P 图和 Q-Q 图的程序名为 SASTJFX2_10. SAS，程序如下：

```
data prg2_9;
input t i@@ ;
cards;
1 11 2 2 3 2 4 3 5 4 6 4 7 5 8 5 9 6 10 8 11
8 12 9 13 10 14 10 15 12 16 14 17 16 18
20 19 24 20 34 21
;
run;
goptions hsize=5 vsize=4 ftext=
'宋体';
footnote '图2-10   21个电子元器件寿命
数据的 P-P 图';
/* footnote '图2-11   21个电子元器件寿
命数据的 Q-Q 图';* /
symbol v=square height=2.5pct;
```

```
axis1 label=(angle=90 '实际累积频率');
axis2 label=('理论累积频率');
axis3 label=(angle=90 '使用寿命(月)');
axis4 label=('理论分位数');
proc capability data=prg2_9 no-
print;
  ppplot t/exponential (sigma=est
          theta=est)
     vaxis=axis1 haxis=axis2 ;
/*  qqplot t/exponential (sigma=
    est theta=est)* /
/*      vaxis=axis3 haxis=axis4
        nolegend;* /
run;
```

【程序说明】 建立数据集 prg2_9，变量 t 与 i 分别表示使用寿命和产品号。SYMBOL 语句中的选项 v=square 实际上是 value=square 的简写；选项 height 指定图形符号的高度。4 个 AXIS 语句分别定义 P–P 图和 Q–Q 图的横纵坐标轴。另外，FOOTNOTE 语句中定义了图 2-10 的标题，图 2-11 的标题只要做相应改动即可(启用程序中的注释语句替代上一条语句即可)。与前述其他图形不同的是，P–P 图与 Q–Q 图的绘制使用 SAS/QC 模块中的 CAPABILITY 过程，分别由 PPPLOT 语句和 QQPLOT 语句完成。这两个语句之后都定义了绘图变量 t，即电子元器件的使用寿命；选项 exponential 指定绘制指数分布的 P–P 图或 Q–Q 图，如果是正态分布的话则使用选项 normal；括号中的 sigma 与 theta 选项定义指数分布中的参数，如果是正态分布则为 mu 与 sigma 选项，这里 sigma=est 和 theta=est 表示这两个参数由数据估计得到；选项 vaxis 和 haxis 分别定义纵轴和横轴；选项 nolegend 表示不输出图例。

2.11.2 输出 P-P 图

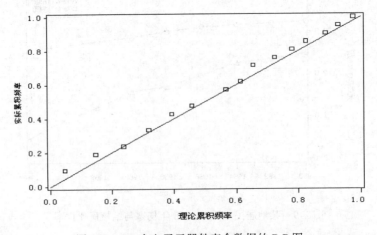

图 2-10   21 个电子元器件寿命数据的 P-P 图

说明：限于篇幅，Q - Q 图输出结果从略。

2.12　本章小结

SAS/GRAPH 模块中的语句可以分为通用图形控制语句和图形绘制过程语句。由通用图形控制语句可以对图形外观、坐标轴、图形填充模式、图形符号及线条、图例及标题等进行详细的设置。图形绘制过程中的 GCHART 过程和 GPLOT 过程可以完成大多数常用统计图的绘制，其中 GCHART 过程绘制方块图、水平和垂直条形图、圆图和圆环图、星形图，GPLOT 过程绘制散点图、气泡图和各种线图。SAS 的绘图语句虽然纷繁复杂，但是在采用默认输出状态时，只需要写出一些最基本的语句，初学者较容易掌握。

（柳伟伟）

第3章 统计分析方法的分类与合理选用的关键技术

当数据分析者有理由确信面前的数据是值得分析时，接下去的任务就是快速、准确、合理地选用某个或某些具体的统计分析方法。此时，应把握好以下两点：其一，明确统计分析方法的分类；其二，掌握合理选用统计分析的关键技术。

3.1 统计分析方法的分类

3.1.1 概述

从把"估计量"视为"固定参数"还是"随机变量"角度来划分，统计分析方法可分为两大类，每大类又可分为若干个中类，每个中类再分成若干个小类。两大类分别为一水平统计分析方法与多水平统计分析方法。它们之间的区别就在于全部拟被分析的数据是仅来自单一层次，还是来自两层或多个层次。而每大类统计分析方法又都可以分成 5 个中类，即描述性统计分析、探索性统计分析、广义差异性统计分析、广义相关与回归分析、广义综合评价。值得注意的是，每个中类中，还时常会伴随运用"区间估计"的统计分析方法，因为此法是对前已述及的主要功能统计分析方法的补充和完善。

有人可能会问：为何没有包括多因素统计分析和多元统计分析？那是因为这两种说法都是非常含糊的，多因素统计分析强调的是考察的原因变量的个数大于等于 2 的所有统计分析方法，它们通常包括多因素差异性分析方法和一元多重回归分析方法；而多元统计分析则强调的是每次分析的结果变量的个数大于等于 2，但也有一些统计学家常把"一个因变量多个自变量的统计分析方法"稀里糊涂地装进了多元统计分析的"口袋"中。而多元多重回归分析方法既属于多因素统计分析方法，又属于多元统计分析方法。事实上，从功能上来划分，现有的多元统计分析方法中至少包括了三类统计分析方法，即传统差异性统计分析方法、广义相关与回归分析方法和广义综合评价方法（其中，传统综合评价方法中多数属于非参数统计分析方法）。

3.1.2 描述性统计分析

描述性统计分析，就是采用表格、图形和一般统计量（如平均指标、变异指标、各种区间）来概括呈现所获得科研资料的方法。其中，表格常称为统计表。表达科研资料的统计表常分为简单统计表、分组统计表、复合统计表、频数分布表、列联表、与各种设计类型对应的统计表等（参见本书第1.4.2节）；图形常称为统计图。表达科研资料的统计图常分为单式条图、复式条图、百分条图、圆图、箱式图、直方图、线图等（参见本书第 2 章）。

3.1.3 探索性统计分析

探索性统计分析，就是了解资料的基本情况的描述性统计分析，通常是通过编制统计表、绘制统计图、用简化方法呈现科研资料中各定量变量的平均水平、离散程度和变化趋势。探索性统计分析的作用是：第一，呈现单组设计一元定量或定性变量的频数分布规律；第二，同时呈现两个或多个定量变量同时变化的趋势。探索性统计分析的目的，是为拟进行的正式的某一类统计分析"探路"，即了解资料是否满足某些参数检验的前提条件，寻找合适的变量变换方法（例如，对呈正偏态分布的定量资料取对数变换、对呈负偏态分布的定量资料取倒数变换，目的都是希望变换后的定量资料能接近对称分布，最理想的结果是服从正态分布；对算术均值接近方差的计数资料常取开方变换，变换的目的前已述及），为是否需要引入某种形式的派生变量提供线索（例如，引入某些变量的平方项、某些变量之间的交互作用项），产生哑变量前选定基准水平等。

3.1.4　广义差异性统计分析

传统差异性统计分析是指判断两个或多个同类统计量之间的差量与 0 之间的差别是否具有统计学意义的一大类统计分析方法的统称。有些统计分析方法从表面上看似乎不属于差异性统计分析方法的范畴，在本质上仍属于此范畴，如一致性检验、对称性检验等。最明显的是非劣效性检验、等效性检验和优效性检验这三种特殊的检验方法，它们似乎"绝对"不属于差异性检验，但在本质上，它们仍然属于差异性检验的范畴。只不过，在这些特殊检验的场合下，前面提及的"差量"不是直接与"0"比较，而是与一个"非 0 的 δ 值"比较而已（在非劣效性检验和优效性检验中，都只涉及一个在临床上有意义的界值 δ，分别叫作非劣效界值 δ_L 或优效界值 δ_U，δ_L 常取负值，δ_U 常取正值，正负号仅代表"方向"，在本质上都是一个非 0 的数值；在等效性检验中，同时涉及两个在临床上有意义的界值，分别叫作等效下界值 δ_L 与等效上界值 δ_U）。所以，笔者把传统差异性统计分析方法、一致性和对称性检验方法、前述提及的三种特殊检验方法等，统称为广义差异性统计分析方法。

可用于单因素两水平设计以下且为一元定量资料的差异性检验方法有：参数检验法包括以正态分布为其理论根据的 Z 检验、以 t 分布为其理论根据的 t 检验（包括用于非劣效性检验、等效性检验、优效性检验），非参数检验法包括多种基于不同赋值方法的秩和检验法、经验分布法和精确检验法。

可用于单因素两水平设计以下且为一元定性资料的差异性检验方法有：参数检验法包括以正态分布为其理论根据的 Z 检验（主要用于非劣效检验、等效性检验、优效性检验），半参数检验法包括以 χ^2 分布为其理论根据的各种 χ^2 检验，非参数检验法包括多种基于不同赋值方法的秩和检验法、经验分布法和精确检验法。当然，还应该包含实现一致性检验（也叫 Kappa 检验）、对称性检验等方法。

可用于单因素多水平设计或某种特定的多因素设计且为一元定量资料的差异性检验方法有：参数检验法包括以 F 分布为其理论根据的 F 检验和基于其他诸多不同分布的两两比较方法；非参数检验方法非常少，迄今为止，比较成熟的非参数检验方法基本局限于解决单因素设计一元定量或定性资料的差异性分析之中。

至于多因素某种设计下收集的多元定量资料的差异性检验，目前基本上依靠"Wilk's λ 检验"，常将其转换成 F 检验，故应归属于参数检验法。在单因素两水平设计以下的多元定量资料的差异性检验中，也可采用 Hotelling's T^2 检验，只不过此检验完全可被 Wilk's λ 检验所取代。

3.1.5　广义相关与回归分析

1. 相关与回归分析之间的关系

相关与回归分析在本质上是两大类统计分析方法，但它们往往被同时用于同一个资料中，因此，还是将它们归属于一大类更有实用价值。

相关分析重在强调变量之间的"相互"关系，而回归分析重在强调变量之间的"依赖"关系。适合进行相关分析的变量，在理论上都应当是随机变量，而且，它们之间的地位是平等的，不存在因果关系。而适合进行回归分析的变量，其用作因变量的变量，在理论上应当是随机变量，用作自变量的变量可以是随机的，也可以是非随机变量。一般来说，自变量是导致受试对象出现某种或某些结果出现的原因，而因变量恰好正是用来度量某种或某些结果的。

在有些实际问题中，人们可以将相关分析与回归分析决然分开予以实现；而在另一些实际问题中，人们常习惯于将二者融合在一起，以"回归方程"的形式呈现，但却从"相关"的角度去解读变量之间的关系。例如，在典型相关分析中，对于单个典型变量而言，它是一个"隐变量"（不可直接观测的变量），是一组性质接近的可测显变量的线性组合（在本质上就是一个回归方程）；而对于级别相同的一对典型变量而言，人们又希望考察它们之间的相关性的大小和方向。

2. 纯相关分析的种类

单纯的相关分析方法有如下几种：简单相关分析（可分为 3 种，即 Pearson 相关分析、Spearman 秩相关分析和 Kendall's tau-b 秩相关分析）、偏相关分析和复相关分析、典型相关分析、自相关分析（用于时间序列资料）、多项相关分析（用于双向有序属性不同的二维列联表资料。简单的方法可用 Spearman 秩相关分析，引入隐变量的复杂相关分析法称为多项相关分析）和广义相关分析（基于线性关联矩阵导出的 5 种广义相关系数的定义式），后两种在实际应用中很少出现。

3. 纯回归分析的种类

回归分析在统计分析中占有极其重要的地位，因为绝大部分统计分析方法在本质上都属于回归分析的范畴。例如，t 检验、方差分析等方法都是线性模型的特例；即便在看上去与回归分析毫无关系的变量聚类分析中，"类成分"（隐变量）却是由所有显变量标准化后的线性组合；更不用说各种多因素回归分析和其他一些多元统计分析方法了。值得注意的是，通常人们所讲的回归分析，强调的是"单纯回归分析"，即因变量和自变量都是可观测的显变量，而且，采用自变量的线性组合或非线性组合形式来呈现因变量。下面简单介绍一下单纯回归分析的种类。

（1）单个计量因变量依赖单个计量自变量的回归分析

在这种情形下，依据两计量变量之间的变化趋势可分为以下 4 种具体情形分别处置。第一，反映两计量变量之间关系的散布图呈现近似圆饼图的形状或所有的散点在一条平行于或垂直于横坐标轴的直线上，表明两计量变量之间没有任何直线或曲线关系，这意味着不必进行回归分析；第二，反映两计量变量之间关系的散布图呈现近似直线变化趋势（所有的散点在一个不太宽的带内随机地分布着，此带既不平行于也不垂直于横坐标轴），这意味着可用一条直线回归方程来描述它们之间的数量关系；第三，反映两计量变量之间关系的散布图呈现某种初等曲线关系(如指数曲线、对数曲线、幂函数曲线、双曲线、多项式曲线、S 形或倒 S 形曲线等),这意味着可用一种被称为曲线直线化的方法来呈现两计量变量之间的曲线关系;第四,反映两计量变量之间关系的散布图呈现某种非初等曲线关系(如类似于 χ^2 分布或 F 分布概率密度曲线族中的一条曲线或比它们更复杂的曲线),这意味着两计量变量之间存在着某种难以确定的曲线关系,只能用人们可以想到或可以构造出的某些曲线方程去近似描述它或干脆让计算机去模拟、逼近。

(2) 单个计量因变量依赖多个计量("计量"常毫无根据地被删除)自变量的回归分析

这是实际工作者使用得非常多的一种回归分析,常称为多重线性回归分析。然而,在实践中,人们又"不假思索"地将"计量自变量"堂而皇之地扩充为任意形式的自变量(通常包括 4 类,即计量的、二值的、多值有序的、多值名义的)。从基于最小平方方法原理导出回归系数估计值的过程来看,前述"扩展"的数理依据是不够充分的,这是回归分析没有很好解决的一大现实问题。

特别说明:以下所有在之前冠以"计量"二字的自变量,实际使用时,目前都假定可以将其删除,即允许任何形式的自变量。

当单个计量因变量的取值可以充满 $(0,1)$ 区间(如每个个体身上可以观测到某种细胞的阳性率)时,就需要基于一定假设成立的条件下去建立一元多重回归方程,其特例就是 probit 多重回归分析。

多个计量自变量并非总是以线性形式与计量因变量建立联系,在很多场合下,以非线性形式出现。此时,非线性的形式是很难确定的。通常,只能是用各种猜想的形式或结构去套用现实的资料,在一定精度和标准的前提下,找到相对合适的表达形式并给出回归系数的估计结果。

(3) 多个计量因变量依赖单个计量自变量的回归分析

这是所谓的多元一重线性回归分析问题,此问题是下面情形的特例。

(4) 多个计量因变量依赖多个计量自变量的回归分析

这是所谓的多元多重线性回归分析问题,就是在一个实际问题中,同时存在多个计量因变量,它们都依赖同一组计量自变量的变化而变化,可将它们视为一个整体,同时建立多个计量因变量依赖同一组多个计量自变量变化的回归方程。其回归系数的参数估计值的求法常有一般最小平方方法和偏最小平方方法两种。

路径分析实际上就是一种特殊的多元多重线性回归分析,它与前面所述及的多元多重线性回归分析相比,其不同点在于,在作为因变量的变量中,有两种情形:中间变量或纯因变量。纯因变量只能作为某些自变量的因变量,而那些中间变量在某些方程中只能作为自变量,而在另一些方程中也可作为因变量。

(5) 单个计数因变量依赖多个计量自变量的回归分析

这是所谓的一元多重 Poisson 回归分析问题,一元一重 Poisson 回归分析是其特例。此类回归分析最大的特点是因变量为计数的。例如,在某个实际问题中,因变量为不同条件下(即自变量不同水平组合)某事物或现象出现的次数,若随着条件的改变,因变量的全部取值近似服从 Poisson 分布时,建立因变量随自变量变化而变化的依赖关系,可选择此种回归分析。当发现各观测点上因变量取值的离散度很大(称为过离散)时,就需要对回归模型进行修改,通常改用负二项回归分析。

(6) 单个生存时间变量依赖多个计量自变量的回归分析

这是所谓的生存资料回归分析问题。由于生存资料有两个明显特点：第一，生存资料中存在不完全的数据(也叫删失数据或截尾数据)；第二，生存时间通常偏离正态分布很远。

鉴于此，普通的统计分析方法已不再适合用来分析生存资料，取而代之的是生存分析。

生存分析方法通常可以分为4类：第一类，可以分析单因素生存资料的非参数统计分析方法，常用的有乘积极限法(也称 Kaplan – Meier 法)或寿命表法；第二类，Cox 比例风险模型分析法(半参数模型分析法之一)；第三类，Cox 非比例风险模型分析法或称为含时变协变量的 Cox 风险模型分析法(半参数模型分析法之二)；第四类，参数模型分析法(当生存时间所服从的某种分布能被准确地鉴定出来且有相应的建模方法，如对数正态分布模型、威布尔分布模型等)。

值得一提的是，在对生存资料建模时，并不是直接以生存时间 t 为因变量，而是以 t 的某种函数为因变量，通常以危险率函数 $h(t)$ 为因变量，建立此种因变量关于全部自变量的依赖关系。

(7) 单个时间序列数据的回归分析

当人们关心的事物或现象随着时间的推移，整体上在特定的时间点上出现的数量大小是随机的，但的确又存在一定的规律性时，就可称其为时间序列数据，如每年天空中某指定区域内出现的太阳黑子数目、全世界每年某急性传染病的发病率等。若仅呈现某数量指标对应的一串时间序列数据，属于简单的时间序列数据；若在呈现时间序列数据的同时，还收集了那些可能与时间序列数据有关的其他因素的数据，就属于多因素时间序列问题。

研究一串时间序列数据前后之间相依关系的方法就称为时间序列分析，在本质上，就是一种特殊的回归分析。根据时间序列数据之间关系的复杂程度不同，也可分为线性时间序列分析与非线性时间序列分析。

(8) 单个定性因变量依赖一个或多个计量自变量的回归分析

定性因变量有3种表现：二值因变量、多值有序因变量和多值名义因变量。这3种场合下对应的回归分析都叫多重 logistic 回归分析，根据回归方程复杂程度的不同，分别叫作因变量为二值变量的多重 logistic 回归分析(对于某种特定的结局而言，只有一个普通的多重 logistic 回归方程)、因变量为多值有序变量的多重累计 logistic 回归分析(对于某种特定的结局而言，有 $k-1$ 个普通的多重 logistic 回归方程，k 为多值有序变量的水平数，它们的截距项不同，但相同自变量前的回归系数是相同的)和因变量为多值名义变量的多重扩展 logistic 回归分析(对于某种特定的结局而言，有 $k-1$ 个普通的多重 logistic 回归方程，k 为多值名义变量的水平数，它们的截距项不同且相同自变量前的回归系数也不相同，而且，logistic 曲线回归方程的分母上的指数函数的项数也不同)。

(9) 以隐变量为因变量的回归分析

绝大多数多元统计分析方法所对应的数据结构为单组设计多元定量资料，即资料仅涉及单因素一水平多个结果变量。在实际处理资料时，常将"对个因变量"视为原因变量或自变量，而将那些"躲藏"在它们背后间接起作用的变量(统计学上称其为隐变量)视为因变量，构造出回归方程，如主成分分析中的主成分表达式、变量聚类分析中的类成分表达式、探索性因子分析中的因子得分模型表达式、典型相关分析中的典型变量表达式、判别分析中的判别表达式等。

3.1.6　广义综合评价

1.传统综合评价——数据结构中只有结果变量及其取值

（1）无层次结构的传统综合评价

某研究者收集了东南大学附属中大医院1990—1999年住院医疗质量资料，见表3-1，试对各年度就9项医疗质量指标进行综合评价。

表3-1　东南大学附属中大医院1990—1999年住院医疗质量指标

年　　度	x_1	x_2	x_3	x_4	x_5	x_6	x_7	x_8	x_9
1990	99.3	99.8	99.9	99.7	72.0	94.1	71.2	1.8	20.7
1991	99.1	99.6	99.7	99.4	73.8	93.9	81.5	2.1	21.2
1992	99.2	99.6	99.7	99.5	70.5	94.3	86.0	1.7	20.0
1993	99.5	99.7	99.9	99.9	71.9	94.3	85.2	2.1	19.7
1994	99.3	99.5	99.7	99.4	73.2	94.6	86.1	2.1	19.1
1995	99.4	99.5	99.8	99.8	73.2	94.2	89.7	2.1	17.9
1996	99.7	99.7	99.9	99.8	71.0	88.0	90.6	1.8	16.5
1997	99.7	99.7	99.8	99.7	72.2	94.9	92.9	1.9	16.0
1998	99.8	99.8	99.8	100.0	66.1	94.6	94.9	2.1	15.2
1999	99.6	99.8	99.9	99.9	67.2	94.8	94.0	2.0	14.9
w	0.102	0.111	0.131	0.094	0.091	0.079	0.114	0.084	0.194

注：$x_1 \sim x_8$ 分别表示门诊与出院符合率（%）、入院与出院符合率（%）、术前后诊断符合率（%）、临床病理诊断符合率（%）、治愈率（%）、好转率（%）、抢救成功率（%）、病死率（%）；x_9 表示平均治愈天数；w 表示各指标权重。

本例中观测了东南大学附属中大医院在10年里9项与医院医疗质量有关指标的取值，这些指标所测自的受试对象（即该医院）来自一个层次，仅在"时间"因素进行了重复测量，本质上是性质相同或接近的9个时间序列数据的"平行展示"。若统计分析的目的是希望基于9项定量指标来给该医院在10年里的表现好坏进行综合评价，可以采用多种多元统计分析方法（如主成分分析、探索性因子分析等）来间接实现，但在样本含量较小时，人们更习惯于采用简单的非参数统计分析方法，如秩和比法、熵值法、Topsis法等，它们统称为无层次结构的传统综合评价方法。

（2）有层次结构的传统综合评价

某市领导拟对该市6所综合医院的工作质量进行评估，主要从医疗工作、护理工作和膳食供应3个方面来进行评价。这3个方面均通过相关详细指标来反映，医疗工作通过医疗制度、医疗质量和病床使用情况来反映，护理工作通过护理制度来反映，膳食供应通过膳食质量来反映。另外，医疗质量可细分为重症收容和一般治疗疗效两方面。有关指标数据见表3-2和图3-1。

表3-2　某市6所医院工作质量评价情况

医　　院	病床使用率（%）	治疗有效率（%）	重症收容率（%）	医疗制度执行优良率（%）	护理制度执行优良率（%）	膳食供应优良率（%）
A	95.0	88.1	15.4	74.7	54.7	41.3
B	92.0	91.2	8.3	53.4	20.7	41.4
C	94.8	90.0	7.9	61.9	26.1	22.8
D	95.6	94.0	3.1	50.0	20.0	20.0
E	89.1	93.6	9.5	61.9	27.4	34.0
F	77.4	92.2	3.7	67.1	35.5	30.3

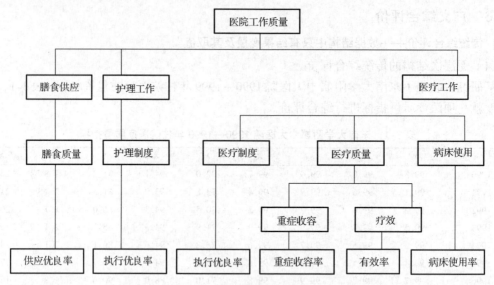

图 3-1　具有 3 个层次的医院医疗质量指标体系

由图 3-1 可知,供应优良率、护理制度执行优良率、医疗制度执行优良率、病床使用率这 4 个指标仅具有两级结构,而重症收容率和治疗有效率这 2 个指标却具有三级结构。

对于这种指标具有多层次结构的管理类科研资料,若希望得到综合性的评价指标,并据此对全部 6 所医院进行优劣排序或分档,最好采用层次分析法这种综合评价方法。

2. 传统综合评价——数据结构中有原因和结果变量及其取值

国家会给一个科研单位或大学或企业等机构或部门很多投入(如人员的配置和引入国内外高端人才、场所和房屋建造与维护、仪器设备和其他各种研究和试验条件的装备、日常经费和研究经费及专项经费的拨付等),产生了什么呢?每年培养了各种层次的人才有多少?创造出的精神和物质财富有多少(诺贝尔奖获得者有几人、新增院士有几人、获国际大奖的有几人、高水平的科研成果有多少项、创造的实际价值有多少、对人类文明的贡献有多大)?

前者称为"投入",后者称为"产出"。在绝大多数情况下,人们都希望产出远远大于投入!然而,如何评价每个单位的产出是否真的大于其投入?如何基于每个单位的投入和产出,将一定范围(如全球、全国、某省市、某直辖市、某县镇、某街道)内且具有可比性的全部单位或随机抽取的一部分单位进行排序,乃至分成几档,实现此任务的统计分析方法被称为绩效评价。其实,就是数据结构中原因和结果变量及其取值的另一种传统综合评价。例如,世界 500 强企业是如何评选出来的?世界学术水平最靠前的 10 所大学是如何评选出来的?其评选方法的关键在于以下几点:

其一,先定义好具有可比性的单位,如全世界的企业中,哪些企业有资格参加世界 500 强企业的评比。

其二,事先定义好哪些内容属于应考量的投入。

其三,事先定义好哪些内容属于应考量的产出。

其四,按照前面三点,收集各单位有关的数据,即全部投入和产出中的各变量及其取值。

其五,基于线性规划等数学原理构造出来的绩效评价方法对全部单位进行评估,并给每个被评价单位赋一个定量的数值或打一个分, 将得分由小到大或由大到小排序, 进而, 对一串有序数列进行分档(可以采用有序变量聚类分析来实现)。

3. 现代综合评价

（1）差异性分析

当研究者收集到多项同类研究, 其中每项研究都属于一个差异性分析问题时, 就可运用 meta 分析将这多项同类研究合并在一起, 得出一个概括性的差异性分析的结论来。而有时, 多项同类研究是基于一个定量指标数值由小到大取不同数值而产生的, 此时, 不适合采用 meta 分析将多项研究合并在一起(因为这些研究项目之间可能存在本质区别), 而需要采用 ROC 曲线分析法, 用动态的眼光寻找到差异非常明显或区分度很大(同时参考灵敏度和特异度两项诊断指标)定量诊断指标的"分割点(cut-off point)"。

（2）直接或间接实现样品聚类分析

在表 3-1 中, 若将 10 个年份视为 10 个个体, 9 项指标仍视为从每个个体上观测的 9 项定量指标, 就可以采用无序样品聚类分析将 10 个个体分成若干类; 也可以运用主成分分析和探索性因子分析等多元统计分析方法间接实现样品聚类分析。若依据各变量的取值求出任何两个个体之间的"距离"并构造出"相似度矩阵", 还可采用多维尺度分析, 将全部个体之间的相对位置关系呈现在二维平面上。

（3）直接或间接实现变量聚类分析

采用变量聚类分析可以直接实现变量聚类, 而采用典型相关分析、主成分分析和探索性因子分析可间接实现变量聚类。

（4）同时研究变量与样品之间可能存在的某些关系

在表 3-1 中, 若人们关心的问题是, 10 个个体与 9 个指标之间的关系, 这个问题的更具体的问法是: 哪些个体在哪些指标上的取值规律相同或接近? 可以采用对应分析法来较好地回答。

3.2 合理选用统计分析方法的关键技术

3.2.1 合理选用统计分析方法的四要素

当有理由认为所给定的科研资料值得分析时, 接下去的一个关键性问题是如何合理选用统计分析方法。要想做到这一点, 必须明白: 合理选用统计分析方法有四个要素, 是"问题与数据结构"、"统计分析目的"、"由统计分析方法定义的数据子集"和"数据子集与拟选用的统计分析方法所要求的前提条件是否吻合"。

1. 问题与数据结构

问题与数据结构是统计分析的对象, 在选用统计分析方法之前, 必须对分析对象有一个全面而深入的了解, 否则, 就是盲人打靶、无的放矢。

2. 统计分析目的

对于给定的科研资料, 可能存在多个不同的统计分析目的。若分析目的不明确, 就无法或无依据去选择某种具体的统计分析方法, 稍不留神, 就可能南辕北辙、背道而驰。

3. 由统计分析目的定义的数据子集

若科研资料以数据库的形式呈现,一般来说,其行数就是样本含量(除重复测量设计资料外),而其列数接近拟参与统计分析的变量数(一般指原因变量和结果变量;排除不参与统计分析的"编号"和"家庭住址"或"联系方式"等一般变量)。与每个具体的统计分析目的对应的数据,通常是全分析集中的一部分。例如,一个科研资料包含正常人和某病患者相同的一组变量的取值,当统计分析目的为"研究正常人各指标之间的内在关系"时,就从全分析集中删除某病患者对应的那些行上的数据,构成了与此分析目的对应的一个统计分析的数据子集;当统计分析目的为"研究正常人与某病患者在 5 项血脂指标上的差异是否具有统计学意义"时,就可以从全分析集中删除其他变量所对应的那些列。

4. 数据子集与拟选用的统计分析方法所要求的前提条件是否吻合

数据子集中的观测数目是否符合拟选用的统计分析方法所要求的"样本含量"?数据子集中的某些变量的取值是否满足拟选用的某些统计分析方法所要求的前提条件(例如,若是某种设计下收集的定量资料,选用参数检验法分析资料时,要求资料应满足独立性、正态性和方差齐性;若是列联表资料,一般 χ^2 检验要求列联表资料中小于 5 的理论频数的个数不应超过此列联表中总格子数的 1/5)。

把握好以上四个要素,轻松实现合理选择统计分析的目的就是一件水到渠成的事了。

3.2.2　合理选用统计分析方法的实例演示

1. 问题与数据结构

问题:有人对 103 例冠心病患者($G = 1$)和 100 例正常对照者($G = 2$)进行了多项指标的观测。试依据前述的合理选用统计分析方法的"四要素"进行举例说明。

数据结构:见表 3-3。

表 3-3　冠心病人与正常人多项指标的观测结果

编号	组别	性别	年龄	高血压史	吸烟史	胆固醇	甘油三酯	低密度脂蛋白	高密度脂蛋白	脂蛋白α	载脂蛋白 As	载脂蛋白 B	基因型 xbaI	基因型 EcoRI	服药情况
N	G	X_1	X_2	X_3	X_4	X_5	X_6	X_7	X_8	X_9	X_{10}	X_{11}	X_{12}	X_{13}	X_{14}
1	1	男	60	无	无	223	205	122	30	106	0.92	0.74	−/−	−/−	未服
2	1	女	46	无	无	166	51	84	57	56	1.14	0.54	+/−	+/−	β 阻滞剂
3	1	男	55	有	无	273	155	197	34	58	1.01	0.93	+/−	+/+	β 阻滞剂
4	1	男	30	无	有	193	99	70	37	85	0.94	0.70	−/−	+/+	降血脂药
…	…	…	…	…	…	…	…	…	…	…	…	…	…	…	…
102	1	女	66	无	无	194	77	107	54	43	0.98	0.61	−/−	+/+	未服
103	1	男	76	有	有	195	101	135	42	302	0.91	0.65	−/−	+/+	β 阻滞剂
104	2	女	39	无	无	223	48	157	55	32	1.06	0.71	+/+	+/+	未服
105	2	男	40	无	无	152	91	100	46	62	1.00	0.55	−/−	−/−	未服
106	2	男	59	无	有	168	84	106	33	205	0.67	0.69	−/−	+/+	未服
…	…	…	…	…	…	…	…	…	…	…	…	…	…	…	…
203	2	男	69	有	有	224	110	58	49	132	1.10	0.96	−/−	+/+	未服

2. 统计分析目的

根据研究者或分析者的需要，可以提出许许多多不同的统计分析目的。现假定有人提出了下面 4 个不同的统计分析目的：

① 分别按"冠心病患者"与"正常人"了解各个变量的频数分布规律。

② 仅考察"冠心病患者"与"正常人"在 x_5 这项血脂指标之间的差别是否具有统计学意义，但希望尽可能消除年龄和性别所造成的不利影响。

③ 同时考察"冠心病患者"与"正常人"在 7 项血脂指标（$x_5 \sim x_{11}$）之间的差别是否具有统计学意义。

④ 重点希望揭示冠心病患者 7 项血脂指标（$x_5 \sim x_{11}$）之间的相互关系和依赖关系。

3. 由统计分析目的定义的数据子集

下面依据前面提出的 4 个不同的统计分析目的，分别给出由它们定义的数据子集。

① 与第 1 个分析目的对应的数据子集。删除全分析集中的前两列和最后一列后所得到的那些数据组成的数据子集，但是，每次提取数据信息时，要么选用前 103 行与"冠心病患者"对应的所有各列数据中的某一列，要么选用后 100 行与"正常人"对应的所有各列数据中的某一列。

② 与第 2 个分析目的对应的数据子集。在全分析集中，仅保留表中 G、x_1、x_2、x_5 4 列数据后所得到的那些数据组成的数据子集。

③ 与第 3 个分析目的对应的数据子集。在全分析集中，仅保留表中 G、$x_5 \sim x_{11}$ 8 列数据后所得到的那些数据组成的数据子集。

④ 与第 4 个分析目的对应的数据子集。在全分析集中，仅保留表中前 103 行且 $x_5 \sim x_{11}$ 7 列数据后所得到的那些数据组成的数据子集。

4. 数据子集与拟选用的统计分析方法所要求的前提条件是否吻合

有了统计分析目的和与之对应的数据子集，再结合统计分析方法的分类知识，就可以初步确定拟选用的大致统计分析方法所在的"种类"，检查或判断数据是否满足备选统计分析方法中某些方法所要求的前提条件。分别根据资料是否满足特定的前提条件，最终确定应选择什么具体的统计分析方法。

① 与第 1 个分析目的对应的统计分析方法的选择。这是探索性统计分析的目的，只需注意选择定性还是定量的统计表达与描述方法来呈现资料即可。

② 与第 2 个分析目的对应的统计分析方法的选择。应检查以年龄作为自变量、x_5 作为因变量所得到的回归直线在由性别与受试者种类所形成的 4 个组之间是否分别平行，若平行，则可选用具有一个协变量（即年龄）的两因素析因设计（注：非标准的析因设计）定量资料一元协方差分析处理资料；否则，可能需要考虑采用非线性混合效应模型处理。

③ 与第 3 个分析目的对应的统计分析方法的选择。若资料在两种受试对象之间满足方差协方差矩阵齐性要求，可选择单因素两水平设计定量资料七元方差分析处理；否则，就应设法寻找到合适的变量变换方法使其满足前提条件，再对变换后的数据采用前述的多元方差分析处理。

④ 与第 4 个分析目的对应的统计分析方法的选择。此时，数据结构被称为单组设计七元定量资料。可以选用的多元统计分析方法很多，它们一般对资料没有特殊的要求，但最好全是

定量资料(在实际使用中,也有人盲目将定性资料混杂在其中)。

不提供任何附加信息的前提下,可选择主成分分析、探索性因子分析、变量聚类分析、无序样品聚类分析、对应分析;提供少量附加信息的前提下,可选择单组设计定量资料多元方差分析、典型相关分析、路径分析、证实性因子分析和结构方程模型分析;提供较多附加信息(相似度矩阵或不相似度矩阵)的前提下,可选择多维尺度分析。

3.3   面对实际问题合理选用统计分析方法的要领

3.3.1   描述性统计分析

1. 平均指标与变异指标的合理选用

在《新英格兰医学杂志》2013 年 10 月第 368 卷第 9 期 806 - 813 页有一篇题为 *High - Frequency Oscillation for Acute Respiratory Distress Syndrome*(高频振动治疗急性呼吸困难综合征)的论文,其内有如下的表达方式:

在 CVD 组(即传统通气治疗组)与 HFOV 组(即高频振动通气治疗组),神经肌肉阻滞药使用的天数分别为(2.0 ± 3.4)天与(2.5 ± 3.5)天(注意:标准差 > 算术平均值),两者之间的差别为 $P = 0.02$。同样的情况再一次出现,在原文"结果(RESULTS)"部分的"指标(OUTCOMES)"标题之后的正文中,清楚地写道:"在 CVD 组与 HFOV 组,总住院时间分别为(33.1 ± 44.3)天与(33.9 ± 41.6)天,两者之间的差别为 $P = 0.79$"。显然,原文作者在这里采用表达呈正态分布定量资料的方法表达了实际上呈非正态分布定量资料,并进一步误用 t 检验给出了 P 值。正确的表达方式应为" $M(Q_1 \sim Q_3)$ ", M 为中位数, Q_1 和 Q_3 分别为第一四分位数与第三四分位数,而正确的差异性统计分析方法应该是秩和检验。在表达统计分析结果时,仅给出 P 值是不够的,还应给出检验统计量的名称及其具体的取值(如 $t = 3.482$, $P = 0.023$; $\chi^2 = 9.654$, $P = 0.0018$)。

2. 统计表编制得不规范,不便于显露真实的试验设计类型

前文提及的那篇论文中,有如表 3-4 所示的统计表。

表 3-4   研究开始后前 3 天通气设备的参数变化

变 量	参 数					
	第 1 天		第 2 天		第 3 天	
	HFOV	CVD	HFOV	CVD	HFOV	CVD
1	370	392	326	374	240	348
2	26.9 ± 6.2	30.9 ± 11.0	25.3 ± 5.5	29.5 ± 10.7	25.1 ± 5.4	28.5 ± 11.2
…	…	…	…	…	…	…
10	173 (43.5)	177 (44.6)	158 (40.0)	146 (36.8)	126 (31.7)	112(28.2)
11	390 (98.5)	388 (97.7)	371 (93.2)	363 (91.4)	341 (85.7)	335(84.4)

注:1.病例数(No. of patients);2.平均气道压(HFOV)或平稳压(CVD) - 水深(cm);3.总呼吸频率 - 赫兹(HFOV)或呼吸次数/分钟(CVD);4. 循环容量(HFOV, ml)或潮气量(CVD,ml/kg,以理想体重计算);5.正向末端呼出压 - 水深(cm, CVD);6. Pao2:Fio2 比值(mm Hg);7. Paco$_2$(mm Hg);8.动脉 pH;9.神经肌肉阻滞剂;10.血管活性剂或收缩剂;11.镇静剂。

从表 3-4 很难看出它所对应的究竟是什么样的试验设计类型。表左边第 1 列的"变量"有多种含义,有些是样本含量,有些是合并用药情况,有些是定量的原因变量,还有些是定量的结果变量。再来看表头,显示出 3 层,其中,最高层的"参数"是何意? 令人费解;第 2 层的"第

1 天"、"第 2 天"和"第 3 天"又是何意？同样令人费解！此表存在的问题很多，其根本问题在于所编制的统计表很不规范。采用正确编制方法产生的统计表见表 3-5。

表 3-5　表 3-4 中定量变量的另一种呈现方式

设备种类	平均气道压（HFOV）或平稳压（CVD）			每分钟呼出的风量（L/min）		
	第 1 天	第 2 天	第 3 天	第 1 天	第 2 天	第 3 天
HFOV	26.9±6.2	25.3±5.5	25.1±5.4	7.30±0.10	7.32±0.09	7.34±0.01
CVD	30.9±11.0	29.5±10.7	28.5±11.2	7.35±0.10	7.37±0.01	7.39±0.09

注：1. 表中的数据分别与表 3-4 中第 2 行和第 8 行数据对应；中间省略了与表 3-4 中第 3～7 行对应的数据。

　　2. 表格对应的试验设计类型称为具有一个重复测量因素的两因素设计。

3.3.2　探索性统计分析

1. 统计资料的概况

某人收集到某地 50 人的有关信息，即观测了每人的种族、性别、年龄（岁）、接受教育年限、体重（kg）、身高（cm）、抽烟情况、收缩压（mmHg）、体重指数（kg/m^2），具体数据见表 3-6。

表 3-6　从某地随机抽取 50 名正常成年人观测多个变量的取值

No	R	S	A	E	W	H	T	B	I	No	R	S	A	E	W	H	T	B	I
1	1	1	28	16	68	160	7	111	24.33	26	1	2	26	16	59	105	1	114	21.21
2	1	1	26	12	68	165	1	101	25.09	27	1	2	51	13	64	119	7	130	20.43
3	2	2	31	15	68	175	1	120	26.61	28	2	2	29	16	62	98	7	105	17.92
4	2	2	18	12	76	265	7	158	32.26	29	4	1	26	0	64	150	7	117	25.75
5	1	1	50	17	67	145	1	125	22.71	30	1	2	60	12	64	175	1	124	30.04
6	1	2	42	12	69	247	1	166	36.48	31	1	2	22	9	70	190	1	122	27.26
7	1	2	20	12	66	156	2	114	25.18	32	1	2	19	12	65	125	1	112	20.80
8	1	1	29	12	76	180	1	143	21.91	33	1	2	39	12	73	210	1	135	27.71
9	1	2	35	12	63	166	2	111	29.41	34	1	2	77	4	62	138	7	150	25.24
10	1	1	47	16	66	169	1	133	27.28	35	1	2	39	12	73	230	2	125	30.34
11	1	2	20	14	69	120	7	95	17.72	36	1	1	40	11	69	170	1	126	25.10
12	1	2	33	16	68	133	7	113	20.22	37	1	2	44	13	62	115	7	99	21.03
13	4	1	24	13	71	185	1	128	25.80	38	1	2	61	12	64	140	7	114	26.45
14	1	2		14	72	150	1	110	20.34	39	1	1	29	14	73	220	1	139	29.03
15	1	2	32	8	61	126	1	117	23.81	40	1	2	78	11	63	110	7	150	19.49
16	2	1	21	10	68	190	1	112	28.89	41	1	2	62	13	65	208	7	112	34.61
17	1	2	28	17	71	150	1	110	20.92	42	1	2	22	10	71	125	1	127	17.43
18	1	2	60	12	61	130	1	117	24.56	43	1	2	37	11	64	176	2	125	30.21
19	1	1	55	12	66	215	1	142	34.70	44	1	1	38	17	72	195	2	136	26.45
20	2	2	74	15	65	130	1	105	21.63	45	3	2	22	9	65	140	7	108	23.30
21	1	2	38	12	66	126	7	94	19.16	46	1	2	41	0	65	125	2	108	23.62
22	1	1	26	14	66	160	2	131	25.82	47	1	2	24	12	62	146	1	108	26.70
23	1	1	52	9	74	328	2	128	42.11	48	1	2	32	13	67	141	2	105	22.08
24	1	2	25	16	69	125	7	93	18.46	49	1	1	42	16	70	192	7	121	27.55
25	1	2	24	12	67	133	1	103	20.83	50	1	2	42	14	68	185	7	126	28.13

注：1. No（编号）、R（种族）、S（性别）、A[年龄（岁）]、E（接受教育年限）、W[体重（kg）]、H[身高（cm）]、T（抽烟情况）、B[收缩压（mmHg）]、I[体重指数（kg/m^2）]。

　　2. 此资料取自：Ronald N F, Eun Sul Lee, Mike Hernandez. Biostatistics：A Guide to Design, Analysis, and Discovery, P370。

2. 需要了解的有关情况

面对表 3-6 中所呈现的统计资料，假定某人希望以收缩压（B）为因变量，以 R（种族）、S（性别）、A［年龄（岁）］、E（接受教育年限）、W［体重（kg）］、H［身高（cm）］、T（抽烟情况）、I［体重指数（kg/m²）］为自变量，建立多重线性回归方程，需要事先对各自变量进行一些必要的了解。例如，R（种族）、S（性别）、T（抽烟情况）这 3 个定性变量的频数构成情况如何；A［年龄（岁）］、E（接受教育年限）、W［体重（kg）］、H［身高（cm）］、I［体重指数（kg/m²）］、B［收缩压（mmHg）］这 5 个定量变量的频数分布情况、是否服从正态分布、它们之间是否存在多重共线性关系。对这些情况进行实际考察的过程称为探索性统计分析。

3. 了解定性变量的频数构成情况

实现这个任务所需要的 SAS 程序名为：HSASTJFX3_1. SAS。

```
DATA aaa;
   INPUT No race sex age edu weight height tobaco sbp bmi;
CARDS;
1 1 1 28 16 68 160 7 111 24.33
2 1 1 26 12 68 165 1 101 25.09
(说明：此处省略了表 3-6 中第 3～48 行的数据)
49 1 1 42 16 70 192 7 121 27.55
50 1 1 42 14 68 185 7 126 28.13
;
RUN;
ODS HTML;
PROC FREQ;
   TABLES race sex tobaco;
RUN;
ODS HTML CLOSE;
```

【程序输出结果】

race	频数	百分比	累积频数	累积百分比
1	38	76.00	38	76.00
2	5	10.00	43	86.00
3	5	10.00	48	96.00
4	2	4.00	50	100.00

此第 1 部分给出了种族的频数构成情况。显然，此资料在抽样上存在一定的偏性，第 1 种种族的人抽取得很多，而后 3 种种族的人抽取得很少。若种族对收缩压影响较大，则该资料可能就属于不值得分析的资料。

sex	频数	百分比	累积频数	累积百分比
1	27	54.00	27	54.00
2	23	46.00	50	100.00

此第 2 部分给出了性别的频数构成情况。可以看出，两种性别的构成比较接近。

tobaco	频数	百分比	累积频数	累积百分比
1	16	32.00	16	32.00
2	7	14.00	23	46.00
7	27	54.00	50	100.00

此第3部分给出了抽烟量的频数构成情况。可以看出，3种抽烟量的构成比相差比较大，若抽烟量对收缩压影响较大，则该资料可能就属于不值得分析的资料。

4. 了解定量变量的频数分布情况

需要将上述 SAS 程序中的过程步换成下面的内容：

```
PROC UNIVARIATE NORMAL;
    VAR age edu weight height bmi sbp;
    HISTOGRAM age edu weight height bmi sbp;
run;
```

【程序输出结果】

由图 3-2 可看出，年龄呈正偏态分布。

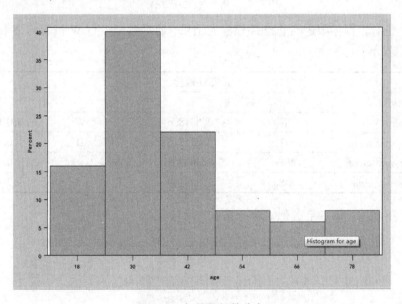

图 3-2 年龄的频数分布

以下部分是对年龄进行正态性检验的结果，通常看第1行 W 检验的结果（提示：年龄不服从正态分布）。

正态性检验				
检验	统计量		P 值	
Shapiro-Wilk	W	0.873182	Pr < W	<0.0001
Kolmogorov-Smirnov	D	0.156355	Pr > D	<0.0100
Cramer-von Mises	W-Sq	0.32111	Pr > W-Sq	<0.0050
Anderson-Darling	A-Sq	2.015673	Pr > A-Sq	<0.0050

由图 3-3 可看出，教育年限呈负偏态分布。

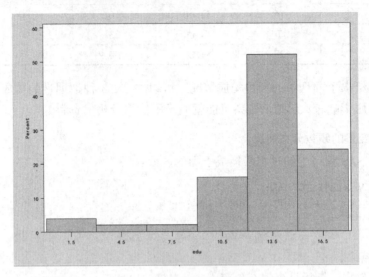

图 3-3　教育年限的频数分布

以下部分是对教育年限进行正态性检验的结果，通常看第 1 行 W 检验的结果（提示：教育年限不服从正态分布）。

正态性检验				
检验	统计量		P 值	
Shapiro-Wilk	W	0.831806	Pr < W	<0.0001
Kolmogorov-Smirnov	D	0.231316	Pr > D	<0.0100
Cramer-von Mises	W-Sq	0.381505	Pr > W-Sq	<0.0050
Anderson-Darling	A-Sq	2.324149	Pr > A-Sq	<0.0050

由图 3-4 可看出，体重呈近似对称分布。

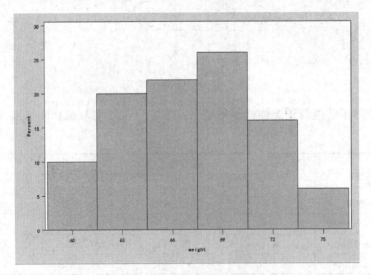

图 3-4　体重的频数分布

以下部分是对体重进行正态性检验的结果，通常看第 1 行 W 检验的结果(提示：体重服从正态分布)。

正态性检验				
检验	统计量		P 值	
Shapiro-Wilk	W	0.976298	Pr ＜ W	0.4085
Kolmogorov-Smirnov	D	0.07094	Pr ＞ D	＞0.1500
Cramer-von Mises	W-Sq	0.045628	Pr ＞ W-Sq	＞0.2500
Anderson-Darling	A-Sq	0.326691	Pr ＞ A-Sq	＞0.2500

由图 3-5 可看出，身高呈正偏态分布。

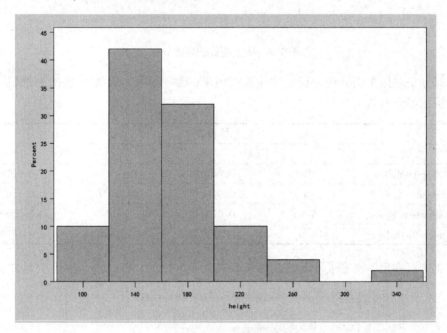

图 3-5　身高的频数分布

以下部分是对身高进行正态性检验的结果，通常看第 1 行 W 检验的结果(提示：身高不服从正态分布)。

正态性检验				
检验	统计量		P 值	
Shapiro-Wilk	W	0.907522	Pr ＜ W	0.0009
Kolmogorov-Smirnov	D	0.116229	Pr ＞ D	0.0897
Cramer-von Mises	W-Sq	0.159936	Pr ＞ W-Sq	0.0182
Anderson-Darling	A-Sq	1.061657	Pr ＞ A-Sq	0.0082

由图 3-6 可看出，体重指数呈正偏态分布。

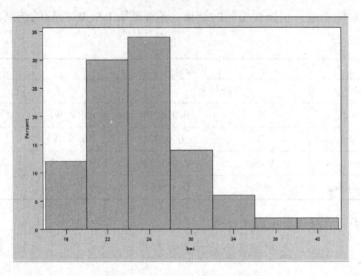

图 3-6　体重指数的频数分布

　　以下部分是对体重指数进行正态性检验的结果，通常看第 1 行 W 检验的结果（提示：体重指数不服从正态分布）。

正态性检验				
检验	统计量		P 值	
Shapiro-Wilk	W	0.947668	Pr < W	0.0274
Kolmogorov-Smirnov	D	0.078285	Pr > D	>0.1500
Cramer-von Mises	W-Sq	0.070278	Pr > W-Sq	>0.2500
Anderson-Darling	A-Sq	0.553009	Pr > A-Sq	0.1494

　　由图 3-7 可看出，收缩压呈正偏态分布。

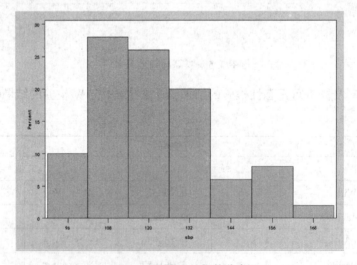

图 3-7　收缩压的频数分布

　　以下部分是对收缩压进行正态性检验的结果，通常看第 1 行 W 检验的结果（提示：收缩压服从正态分布）。

正态性检验				
检验	统计量		P 值	
Shapiro-Wilk	W	0.962648	Pr < W	0.1148
Kolmogorov-Smirnov	D	0.107621	Pr > D	>0.1500
Cramer-von Mises	W-Sq	0.089156	Pr > W-Sq	0.1556
Anderson-Darling	A-Sq	0.56273	Pr > A-Sq	0.1424

值得注意的是，上面关于收缩压频数分布情况的图示法与 W 检验的结果不一致，应以 W 检验的结果为准。

5. 了解定量自变量之间是否存在多重共线性

需要将前述 SAS 程序中的过程步换成下面的内容：

```
PROC REG;
    MODEL sbp = age edu weight height bmi/VIF;
RUN;
```

【程序输出结果】

Parameter Estimates					
Variable	DF	Parameter Estimate	Standard Error	t Value	Pr > |t|	Variance Inflation
Intercept	1	90.05845	149.00991	0.60	0.5487	0
age	1	0.39962	0.12963	3.08	0.0035	1.23795
edu	1	−1.21715	0.57668	−2.11	0.0405	1.18587
weight	1	0.18202	2.17934	0.08	0.9338	22.61068
height	1	0.25479	0.42596	0.60	0.5528	97.94677
bmi	1	−0.89180	2.90729	−0.31	0.7605	60.95941

这部分结果中的第 1 行显示：截距项与 0 之间的差别无统计学意义，故需要将截距项删除后，再考察定量自变量之间是否具有多重共线性。此时，过程步可修改如下：

```
PROC REG;
    MODEL sbp = age edu weight height bmi/NOINT VIF;
RUN;
```

不难看出，只需要在 MODEL 语句中增加一个选择项"NOINT"。

以下部分的最后一列叫作方差膨胀因子，此值大于 20 的那些定量自变量之间存在一定程度的多重共线性，此值大于 30 的那些定量自变量之间存在很严重的多重共线性。本例显示，体重、身高和体重指数 3 个定量自变量之间存在很严重的多重共线性。

Parameter Estimates					
Variable	DF	Parameter Estimate	Standard Error	t Value	Pr > |t|	Variance Inflation
age	1	0.41253	0.12695	3.25	0.0022	7.59199
edu	1	−1.23397	0.57193	−2.16	0.0363	15.08433
weight	1	1.49301	0.20901	7.14	<0.0001	55.72494
height	1	0.00430	0.09762	0.04	0.9651	76.93186
bmi	1	0.79884	0.78645	1.02	0.3152	116.30193

3.3.3 传统差异性统计分析

1. 定性变量的差异性统计分析

基于表 3-6 所示的资料，试检验两种性别组受试对象在种族构成之间的差别是否具有统计学意义。在前述 SAS 程序的数据步基础上，加上如下的过程步程序即可：

```
PROC FREQ;
    TABLES sex* race/chisq fisher;
RUN;
```

【程序输出结果】

Sex	1	2	3	4	合计
1	19	3	3	2	27
2	19	2	2	0	23
合计	38	5	5	2	50

这是由性别与种族两个定性变量构造出来的一个 2×4 列联表的简化表达形式。

Fisher 精确检验	
表概率（P）	0.0327
Pr < = P	0.7901

样本大小 = 50

由于在 $2 \times 4 = 8$ 个格子上，有 75% 的格子内的理论频数小于 5，故一般 χ^2 检验无效，需要采用 Fisher 的精确检验。其双侧概率 $P = 0.7901$，说明 2×4 列联表两行上频数构成接近相同。

2. 定量变量的差异性统计分析

基于表 3-6 所示的资料，试检验两种性别组受试对象在年龄平均值之间的差别是否具有统计学意义。在前述 SAS 程序的数据步基础上，加上如下的 4 个过程步程序即可：

```
PROC SORT; By sex; RUN;
PROC UNIVARIATE NORMAL;
    CLASS sex;
    VAR age;
    BY sex;
run;
PROC TTEST COCHRAN;
    CLASS sex;
    VAR age;
RUN;
PROC NPAR1WAY WILCOXON;
    CLASS sex;
    VAR age;
RUN;
```

【程序说明】 第 1 个过程步对资料按性别变量取值的升序排列。第 2 个过程步分别在两个性别组对年龄进行正态性检验。第 3 个过程步包含了年龄在两个性别组是否满足方差齐性的检验、两种近似 t 检验、标准的单因素两水平设计一元定量资料（年龄）t 检验。第 4 个过程步直接对两性别组中的年龄进行 Wilcoxon 秩和检验。

【程序输出结果】

分别在 sex = 1 和 sex = 2 时对年龄进行正态性检验

Shapiro-Wilk	W	0.896208	Pr < W	0.0110
Shapiro-Wilk	W	0.846136	Pr < W	0.0023

输出结果表明,两组的年龄都不服从正态分布。此时,只需要给出秩和检验的结果即可。

以下是基于 χ^2 近似法给出的秩和检验的结果,即 $\chi^2 = 0.0343$,df = 1,$P = 0.8532$,说明两个性别组年龄的平均秩之间的差别无统计学意义,即男性与女性的平均年龄接近相等。

Kruskal-Wallis Test	
Chi-Square	0.0343
DF	1
Pr > Chi-Square	0.8532

同理,还可进行其他各种差异性统计分析,因篇幅所限,此处从略。

3.3.4 相关分析

1. 相关分析概述

研究 $k(k \geq 2)$ 个定量(至少为有序)变量之间相互关系的统计分析方法被称为相关分析。结合表 3-6 所示资料,可以采用简单相关分析中的 Pearson 相关分析研究身高与体重之间是否存在直线相关关系,可以采用简单相关分析中的 Spearman 秩相关分析研究教育年限与收缩压之间是否存在直线相关关系,可以采用偏相关分析和复相关分析研究收缩压与年龄、身高、体重、体重指数之间的关系。这个资料不具备采用简单相关分析中的 Kendall's Tau − b 秩相关分析的条件(试验设计类型应属于配对扩大形式),也不具备采用典型相关分析的条件。

2. 相关分析的 SAS 实现

上述提及的各种相关分析,都可采用 SAS 软件轻松实现。这些内容可参阅本书的姊妹篇,即《SAS 常用统计分析教程(第 2 版)》中的有关章节,因篇幅所限,此处不再赘述。

3.3.5 回归分析

1. 回归分析概述

研究 $k(k \geq 1)$ 个定量或定性变量随另外的变量变化的依赖关系的统计分析方法被称为回归分析。结合表 3-6 所示资料,可以采用简单直线回归分析研究身高与体重之间的直线回归方程;可以以收缩压(最好也应寻找到合适的变量变换方法,使其近似服从正态分布)为因变量,以其他变量为自变量(当然,对偏离正态分布的定量自变量应采取合适的变量变换,使其近似服从正态分布),进行多重线性回归分析;还可以 140mmHg 为界限,将收缩压划分成两档,大于等于 140mmHg 的取 Y = 1,否则取 Y = 0,于是,Y 就是一个二值的结果变量。可采用一般多重 logistic 回归分析研究 Y 依赖其他自变量变化的规律。

2. 回归分析 SAS 实现

上述提及的内容,如何用 SAS 软件实现呢?可参阅本书的姊妹篇,即《SAS 常用统计分析教程(第 2 版)》中的有关章节,因篇幅所限,此处不再赘述。

3.3.6　广义综合评价

就表 3-6 所示资料而言，显得过于简单。若将体重、身高、体重指数、收缩压这 4 个定量变量同时纳入考虑，可以采用如下的广义综合评价。

第一，采取传统综合评价方法（如秩和比法、Topsis 法等），可给 50 名受试对象进行排序，进而可将他们分成几档。这些方法及其应用可参见本书第 13 章相关内容。

第二，采取样品聚类分析，可以直接对 50 名受试对象进行分类。这个方法及其应用可参见本书第 14 章相关内容。

第三，采取主成分分析或探索性因子分析，可对 50 名受试对象间接实现分类。这些方法及其应用可参见本书第 6、10 章相关内容。

第四，采取变量聚类分析，可按变量之间的亲疏关系把变量分成两类或多类。这个方法及其应用可参见本书第 7 章相关内容。

3.4　本 章 小 结

本章将统计分析方法划分成 5 大类，即描述性统计分析方法、探索性统计分析方法、广义差异性统计分析方法、广义相关与回归分析方法和广义综合评价方法，进而又给出了合理选用统计分析方法的关键技术，其中的核心内容是合理选用统计分析方法的四要素。

（胡良平　胡纯严）

第4章 结合分析

当多因素影响下的结果是评价者给出的评分或偏好时，显然，此结果变量是有序资料。既然是评分或偏好，就不一定是高优指标（数值越大越好）或低优指标（数值越小越好）。此时，若研究目的是寻找最合适的因素水平组合，就需要采用结合分析。

4.1 问题与数据结构

4.1.1 实例

【例4-1】 在一项关于计算机消费的调查中，假设被调查计算机的主要属性有4个：品牌、内存、CPU、价格，每个属性分别有3个水平，见表4-1。

表4-1 属性和水平

属 性	因素各水平的具体内容		
水平:	1	2	3
品牌	联想	惠普	宏碁
内存(MB)	512	1024	2048
CPU(GHz)	1	2	4
价格(元)	4200	4800	5600

若将各属性的所有水平进行随机组合，一共有 $3 \times 3 \times 3 \times 3 = 81$ 种组合形式，若要对81种组合的产品分别进行评价，难度非常大。为了既能减少评价次数，又能反映因素的主效应，通常采用正交设计来安排试验。利用SAS软件产生一个组合数为18的正交设计表，经过转换后见表4-2。

表4-2 经转换后的正交设计表

组 合	品 牌	内存(MB)	CPU(GHz)	价格(元)
1	联想	2048	1	4800
2	惠普	512	2	5600
3	惠普	512	4	4800
4	宏碁	2048	2	4800
5	联想	1024	2	5600
6	宏碁	2048	4	5600
7	宏碁	512	2	4200
8	联想	2048	2	4200
9	惠普	2048	1	5600
10	联想	512	4	5600
11	惠普	1024	2	4800
12	宏碁	512	1	4800
13	惠普	1024	1	4200

续表

组　合	品　牌	内存(MB)	CPU(GHz)	价格(元)
14	联想	1024	4	4800
15	宏碁	1024	4	4200
16	惠普	2048	4	4200
17	宏碁	1024	1	5600
18	联想	512	1	4200

调查时让消费者对 18 种产品组合做出偏好选择,以数字 1~5 来表示消费偏好程度(最愿意购买、愿意购买、可以考虑购买、不愿意购买、最不愿意购买)。假定一位消费者的产品偏好打分见表4-3。

表 4-3　某消费者的评价结果

组　合	1	2	3	4	5	6	7	8	9	10	11	12	13	14	15	16	17	18
偏好打分	3	5	5	1	4	2	3	1	3	5	2	4	3	2	2	1	4	4

根据该消费者的偏好情况,试对产品相关 4 种属性及水平的相对重要性进行分析。

【例4-2】　在一项关于轮胎的消费情况的调查中,假定轮胎主要属性有 4 个:品牌、价格、使用寿命、有无公路意外保险计划,各属性的水平见表4-4。

表 4-4　属性和水平

属　　性	因素各水平的具体内容		
水平:	1	2	3
品牌	goodstone	pirogi	machismo
价格(美元)	69.99	74.99	79.99
使用寿命(km)	50000	60000	70000
公路意外保险计划	有	无	—

若将各属性的所有水平进行组合,一共有 $3 \times 3 \times 3 \times 2 = 54$ 种可能的组合,数目较多,因此采用正交设计来安排试验。利用 SAS 软件产生一个组合数为 18 的正交设计表,经过转换后见表4-5,其中最后两列为两名顾客的偏好顺序,用 1~18 来表示(1 表示最愿意购买,18 表示最不愿意购买)。

表 4-5　经转换后的正交设计表

组　合	品　牌	价格(美元)	使用寿命(km)	公路意外保险计划	偏好顺序(顾客 A)	偏好顺序(顾客 B)
1	goodstone	69.99	60000	有	3	4
2	goodstone	69.99	70000	无	2	1
3	goodstone	74.99	50000	无	14	15
4	goodstone	74.99	60000	无	10	10
5	goodstone	79.99	50000	有	17	17
6	goodstone	79.99	70000	有	12	14
7	pirogi	69.99	50000	无	7	8
8	pirogi	69.99	70000	无	1	2
9	pirogi	74.99	60000	有	8	7
10	pirogi	74.99	70000	有	5	3
11	pirogi	79.99	60000	有	13	12

续表

组　合	品　牌	价格(美元)	使用寿命(km)	公路意外保险计划	偏好顺序(顾客 A)	偏好顺序(顾客 B)
12	pirogi	79.99	60000	无	16	16
13	machismo	69.99	50000	有	6	5
14	machismo	69.99	60000	有	4	6
15	machismo	74.99	60000	无	15	11
16	machismo	74.99	70000	有	9	13
17	machismo	79.99	50000	无	18	18
18	machismo	79.99	70000	无	11	9

根据以上两位顾客的偏好情况，试对产品相关 4 种属性及水平的相对重要性进行分析。

4.1.2　对数据结构的分析

例 4-1 的资料涉及 4 个定性的原因变量：品牌、内存、CPU、价格，以及 1 个结果变量：消费者对每种组合所对应的产品偏好的赋值；原因变量为多值名义或多值有序变量，各自有 3 个水平，结果变量为多值有序变量，有 5 个取值。试验设计类型属于正交设计，这种设计下的因素各水平的组合具有平衡性、正交性的特点。

例 4-2 的资料涉及 4 个定性的原因变量：品牌、价格、使用寿命、有无公路意外保险计划，前 3 个为 3 水平因素，最后一个为 2 水平因素；以及 1 个结果变量：顾客偏好的赋值(不同顾客的偏好结果相当于重复试验)，共有 18 个取值(此处相当于给 18 种组合按消费者偏好进行了排序)。试验设计类型同样属于正交设计，被挑选出来的产品属性的水平组合有 18 种组合(注：本例 4 个属性水平的全面组合总共有 54 种)。

4.1.3　统计分析目的与分析方法的选择

例 4-1、4-2 的研究目的均为对产品相关属性及水平的相对重要性进行分析，可以采用结合分析来解决。其中例 4-2 的资料中有两名顾客对产品的偏好结果，可以单独分析，也可以把两次评分取平均值进行整体分析。

结合分析(Conjoint Analysis)又称联合分析，其思想最早是 1964 年由数理心理学家卢斯(Luce)和统计学家图基(Turkey)提出的，1971 年由格林(Green)和劳(Rao)将其引入市场营销领域，成为描述消费者对多个属性的产品或服务做出决策的一种重要方法。近几十年来，经过不断完善和发展，结合分析的理论日趋成熟，目前此方法在许多领域已得到广泛的认可和应用。

值得注意的是，若多因素影响下的结果变量属于高优指标(结果变量取值越大越好)或低优指标(结果变量取值越小越好)时，不适合采用结合分析，而应当采用线性模型分析法(如多因素析因设计一元定量资料方差分析，属于寻找最优生产工艺或试验条件问题)。

4.2　结合分析内容简介

4.2.1　基本概念

结合分析是已知消费者对产品或服务的评价排序结果，经过分解来估计其偏好结构的一种多元统计分析方法，它用于对属性或水平的重要程度做出量化的评价，从而便于产品设计或市场预测等研究。效用(Utilities)是结合分析中用于反映属性及水平的相对重要性的定量指标，分值效用(Part-worth Utilities)是指产品或服务的某一属性中各水平上的效用。轮廓(Profiles)是另外一个专用术语，它是全部属性的某个水平构成的一个组合，全轮廓(Full Profiles)是由产品或服务的全部属性的各种水平组合构成的。

4.2.2　基本原理

1. 基本思想

结合分析的基本思想是：通过假定分析对象具有某些属性(特征)，让消费者根据自己的喜好对这些虚拟的对象进行评价或排序，然后采用数理统计的方法将这些属性与属性水平的效用分离，从而对每一属性以及属性水平的重要程度做出量化的评价，使评价结果与消费者的评价尽可能的一致，以便分析和研究消费者的选择行为。它是在已知消费者对全轮廓的评价结果的基础上，用分解的思想去估计偏好结构的一种分析法。其中，组成轮廓的不同属性构成自变量，全轮廓的评价排序结果作为因变量。有时全轮廓难以实现，人们通常采用正交设计的方法来安排试验，以便在能够分析全轮廓主效应的前提下，减少被评价的组合数目。

值得一提的是，前面提及的"全轮廓"实际上就是全部试验因素水平的全面组合。例如，假定有 4 个 3 水平试验因素，则它们的全面组合数就有 $3 \times 3 \times 3 \times 3 = 81$ 种。若各种组合条件下，只有一个评价者给出打分的结果，实际上，就是一个无重复试验的 4 因素析因结构；若各种组合条件下，有多个评价者给出打分的结果，实际上，就是一个有重复试验的 4 因素析因结构，此结构称为标准的析因设计。

2. 基本模型

结合分析中最常用的是普通最小平方法估计的回归模型，每个自变量的各取值水平都用取值为 0 或 1 的哑变量代替并引入模型。模型可以表示如下：

$$Y = a + \sum vx \tag{4-1}$$

式中，Y 为某种属性组合下被评对象的总效用，即轮廓的总效用；a 为截距；v 为各水平的分值效用；x 为取值为 0 或 1 的哑变量，当它代表的属性水平出现时，$x = 1$，否则 $x = 0$。

若模型中属性水平的分值效用的差值(最大效用与最小效用之差)越大，则该属性的相对重要性越高。一般用百分比的形式来描述各属性的重要性，即

$$W_j = \frac{\max(v_j) - \min(v_j)}{\sum_{j=1}^{m} [\max(v_j) - \min(v_j)]} \times 100\% \tag{4-2}$$

式中，m 为属性个数；W_j 为第 j 个属性的相对重要性；$\max(v_j)$ 和 $\min(v_j)$ 分别为第 j 个属性各水平中最大和最小的分值效用。

3. 实施步骤

结合分析的实施步骤如下：

① 确定产品或服务的属性及属性水平。属性的确定是非常关键的，因为属性过多不仅加重消费者评价的负担，而且有可能降低研究的质量；属性过少又会降低模型精度及预测能力。

② 试验设计和产品模拟。通常采用正交设计法，但要注意试验设计的轮廓数不宜太少。

③ 数据收集。让消费者对虚拟产品进行评价，通过打分或排序的方式反映消费者的喜好以及购买可能性。

④ 确定计算属性和水平的效用。一般采用最小平方法回归模型。

⑤ 模型的评价，主要依据是决定系数的大小。此外，还可以对因变量的实测值和预测值进行等级相关分析。

⑥ 结果的解释和应用。

值得一提的是，前面所讲的"属性"，其实就是试验设计中所讲的"因素"。当然，属性水平，就是因素的水平。"全轮廓"是指拟考察的因素水平组合种数，若具备析因设计结构，则全轮廓数就是全部因素的水平数的乘积。

4.3　结合分析的应用

4.3.1　用 SAS 分析例 4-1 中的资料

【分析与解答】　对例 4-1 进行结合分析的 SAS 程序如下（设程序名为 sastjfx4_01.sas）：

```
options validvarname = any;
proc format;
  value brandf1 = '联想' 2 = '惠普' 3 =
      '宏碁';
  value memoryf1 = ' 512MB ' 2 =
      '1024MB' 3 = '2048MB';
  value cpuf1 = '1GHZ' 2 = '2GHZ' 3 =
      '4GHZ';
  value pricef1 = ' 4200RMB ' 2 =
      '4800RMB'3 = '5600RMB';
run;
% mktex(3 3 3 3,n =18,seed =2011);
% mktlab (vars = brand memory cpu
price,out =design,
statements = format brand brandf6.
memory memoryf6. cpu cpuf6. price
pricef9.);
% mkteval;
proc print data =design;
run;
data score;
input rank @@ ;
cards;
3 5 5 1 4 2 3 1 3 5 2 4 3 2 2 1 4 4
;
data computer;
merge score design;
run;
proc print data =computer;
run;

ods html;
proc transreg utilities cprefix = 0
lprefix =0 data =computer;
ods select fitstatistics utilities;
model identity ( rank/reflect ) =
class(brand memory cpu price/zero =
sum);
output out =out1 replace predicted;
run;
proc print data =out1;
var rank prank brand memory cpu
price;
run;
proc transreg utilities maxiter =50
cprefix =0 lprefix =0 data =comput-
er;
ods select testsnote convergences-
tatus fitstatistics utilities;
model monotone ( rank/reflect ) =
class(brand memory cpu price/zero =
sum);
output out = out2 ireplace predic-
ted;
run;
proc print data =out2;
var rank trank prank brand memory
cpu price;
label prank ='predicted ranks';
run;
ods html close;
```

【程序说明】　SAS 系统选项 options validvarname 用于规定变量名称的格式，规定变量名中还可以包含特殊字符。FORMAT 过程用于定义变量的输出格式。% mktex 是能产生正交设计表的自动调用宏语句，括号里面的语句用于指定因素及水平的取值、因素各水平的组合数以及随机种子数。% mktlab 和% mkteval 也是自动调用的宏语句，分别用于定义变量名和对正交设计方案进行评估。PRINT(打印)过程用于把数据集显示到结果输出窗口。label 语句用于指定输出变量的标签。TRANSREG(变换回归)过程用于实现结合分析，utilities 是结合分析时的必选项，用于输出效用值；cprefix 和 lprefix 选项分别规定 class 变量的变量名和标签名前缀。ods select 语句用于指定输出结果。model 语句用于指定模型的格式，本例采用两种建模方法来进行结合分析，其中 identity 表示不对因变量做转换，而 monotone 表示对因变量作单调变换(最优变换方法中的一种，在结合分析中比较常用)。选项 reflect 是在因变量取值越小越好时使用(本例中，1 表示最愿意购买，5 表示最不愿意购买)，保证得到的效用值越高对应的选择偏好越大；选项 maxiter = 50 用于规定最大迭代次数，SAS 系统默认为 30 次；class 语句用于指定自变量，这些自变量的各取值水平在结合分析时均被转换为哑变量，选项 zero = sum 用于规定每个因素各水平的分值效用和为 0。output out = 语句用于指定输出数据集，选项 replace 用于规定输出数据集中用转换后的变量代替原来的所有变量；选项 ireplace 用于规定输出数据集中用转换后的自变量代替原来的自变量；选项 predicted 用于指定在输出数据集中显示因变量的预测值。ods html 和 ods html close 语句用于把结果以网页格式输出。

【主要输出结果及解释】

Root MSE	0.54433	R-Square	0.9167
Dependent Mean	3.00000	Adj R-Sq	0.8426
Coeff Var	18.14437		

以上是第一种模型拟合(对因变量不做变换)的一些统计指标。其中，R-Square 为决定系数，反映模型的拟合效果。

Label	Utility	Standard Error	Importance(% Utility Range)	Variable
Intercept	3.0000	0.12830		Intercept
联想	− 0.1667	0.18144		Class. 联想
惠普	− 0.1667	0.18144	9.375	Class. 惠普
宏碁	0.3333	0.18144		Class. 宏碁
512MB	− 1.3333	0.18144		Class. 512MB
1024MB	0.1667	0.18144	46.875	Class. 1024MB
2048MB	1.1667	0.18144		Class. 2048MB
1GHZ	− 0.5000	0.18144		Class. 1GHZ
2GHZ	0.3333	0.18144	15.625	Class. 2GHZ
4GHZ	0.1667	0.18144		Class. 4GHZ
4200RMB	0.6667	0.18144		Class. 4200RMB
4800RMB	0.1667	0.18144	28.125	Class. 4800RMB
5600RMB	− 0.8333	0.18144		Class. 5600RMB

以上是第一种模型下结合分析的主要结果。其中，utility 对应的是因素各水平的分值效用，反映的是因素各水平的相对重要程度；Importance(% Utility Range)反映因素之间的重要性，其值越大说明该因素的相对重要性越大。

Root MSE	0.46953	R-Square	0.9380
Dependent Mean	3.00000	Adj R-Sq	0.8829
Coeff Var	15.65086		

以上是第二种模型拟合(对因变量做单调变换)的一些统计指标。其中,R-Square 为决定系数,反映模型的拟合效果。

Label	Utility	Standard Error	Importance(% Utility Range)	Variable
Intercept	3.0000	0.11067		Intercept
联想	-0.1679	0.15651		Class.联想
惠普	-0.0546	0.15651	7.298	Class.惠普
宏碁	0.2224	0.15651		Class.宏碁
512MB	-1.2458	0.15651		Class.512MB
1024MB	-0.0749	0.15651	47.987	Class.1024MB
2048MB	1.3207	0.15651		Class.2048MB
1GHZ	-0.3832	0.15651		Class.1GHZ
2GHZ	0.3926	0.15651	14.505	Class.2GHZ
4GHZ	-0.0094	0.15651		Class.4GHZ
4200RMB	0.7603	0.15651		Class.4200RMB
4800RMB	0.0952	0.15651	30.211	Class.4800RMB
5600RMB	-0.8555	0.15651		Class.5600RMB

以上是第二种模型下结合分析的主要结果。

【专业结论】　由以上结果可知,两种结合分析模型的结果基本一致,从决定系数来看,第二种模型拟合效果稍好一些。计算机的4个属性的相对重要性为内存 > 价格 > CPU > 品牌。内存是最受消费者关注的因素。对于品牌,消费偏好最大的是宏碁,联想和惠普大致相当(两种模型此处结果略有不同);对于内存,消费偏好最大的是2048MB,其次为1024MB,最后是512MB;对于 CPU,消费偏好最大的是2GHz,其次为4GHz,最后是1GHz;对于价格而言,消费偏好最大的是4200RMB,其次为4800RMB,最后为5600元。根据属性各水平的分值效用,任何属性组合的产品都可以根据总的效用值来排序。其中,最受消费者欢迎的产品为宏碁 + 内存2048MB + CPU 为2GHz + 4200元,最不受欢迎的是联想 + 内存512MB + CPU 为1GHz + 5600元。

4.3.2　用 SAS 分析例4-2中的资料

【分析与解答】　对例4-2进行结合分析的 SAS 程序如下(设程序名为 sastjfx4_02.sas):

```
options validvarname=any;
proc format;
    value brandf1 = 'goodstone' 2 =
        'pirogi' 3 ='machismo';
    value pricef1 = ' $69.99 ' 2 =
        ' $74.99 ' 3 =' $79.99';
    value lifef1 = ' 50,000 ' 2 =
        '60,000' 3 ='70,000';
    value hazardf1 ='yes' 2 ='no';
run;
data tires;
```

```
input brand price life hazard rank1
rank2 @@ ;
format   brand   brandf9.   price
pricef9.   life   lifef6.   hazard
hazardf3.;
cards;
1 1 2 1 3 4
1 1 3 2 2 1
1 2 1 2 14 15
1 2 2 2 10 10
1 3 1 1 17 17
1 3 3 1 12 14
```

```
2 1 1 2 7 8                          proc transreg utilities cprefix = 0
2 1 3 2 1 2                              lprefix = 0;
2 2 1 1 8 7                          ods select convergencestatus fit-
2 2 3 1 5 3                              statistics utilities;
2 3 2 1 13 12                        model identity ( rank1 rank2/re-
2 3 2 2 16 16                            flect) = class (brand price life
3 1 1 1 6 5                              hazard/zero = sum);
3 1 2 1 4 6                          output out = out replace predicted;
3 2 2 2 15 11                        run;
3 2 3 1 9 13                         proc print label data = out;
3 3 1 2 18 18                        var rank1 rank2 prank1 prank2 brand
3 3 3 2 11 9                             price life hazard;
;                                   run;
ods html;                           ods html close;
```

【程序说明】 该程序与例 4-1 的程序基本类似，不同之处在于省去了正交设计的步骤，直接把资料输入 SAS 系统。另外，因变量 rank1 和 rank2 分别表示两名顾客对产品的偏好顺序，在 Model 语句中可以同时进行定义。ods select 语句中 convergencestatus 选项用于输出模型的收敛状态 (是否收敛)。

【主要输出结果及解释】

Root MSE	1.72562	R-Square	0.9385
Dependent Mean	9.50000	Adj R-Sq	0.8955
Coeff Var	18.16446		

Label	Utility	Standard Error	Importance (% Utility Range)	Variable
Intercept	9.5000	0.40673		Intercept
goodstone	− 0.1667	0.57521		Class. goodstone
pirogi	1.1667	0.57521	10.986	Class. pirogi
machismo	− 1.0000	0.57521		Class. machismo
$ 69.99	5.6667	0.57521		Class. $ 69.99
$ 74.99	− 0.6667	0.57521	54.085	Class. $ 74.99
$ 79.99	− 5.0000	0.57521		Class. $ 79.99
50,000	− 2.1667	0.57521		Class. 50,000
60,000	− 0.6667	0.57521	25.352	Class. 60,000
70,000	2.8333	0.57521		Class. 70,000
yes	0.9444	0.40673	9.577	Class. yes
no	− 0.9444	0.40673		Class. no

Root MSE	3.03864	R-Square	0.8094
Dependent Mean	9.50000	Adj R-Sq	0.6760
Coeff Var	31.98568		

Label	Utility	Standard Error	Importance(% Utility Range)	Variable
Intercept	9.5000	0.71621		Intercept
goodstone	−0.6667	1.01288		Class. goodstone
pirogi	1.5000	1.01288	12.963	Class. pirogi
machismo	−0.8333	1.01288		Class. machismo
$69.99	5.1667	1.01288		Class. $69.99
$74.99	−0.3333	1.01288	55.556	Class. $74.99
$79.99	−4.8333	1.01288		Class. $79.99
50,000	−2.1667	1.01288		Class. 50,000
60,000	−0.3333	1.01288	25.926	Class. 60,000
70,000	2.5000	1.01288		Class. 70,000
yes	0.5000	0.71621	5.556	Class. yes
no	−0.5000	0.71621		Class. no

以上输出结果的含义与例4-1完全相同，解释从略。

Obs	rank1	rank2	rank1 Predicted Values	rank2 Predicted Values	brand	price	life	hazard
1	16	15	15.2778	14.1667	goodstone	$69.99	60,000	yes
2	17	18	16.8889	16.0000	goodstone	$69.99	70,000	no
3	5	4	5.5556	5.8333	goodstone	$74.99	50,000	no
4	9	9	7.0556	7.6667	goodstone	$74.99	60,000	no
5	2	2	3.1111	2.3333	goodstone	$79.99	50,000	yes
6	7	5	8.1111	7.0000	goodstone	$79.99	70,000	yes
7	12	11	13.2222	13.5000	pirogi	$69.99	50,000	no
8	18	17	18.2222	18.1667	pirogi	$69.99	70,000	no
9	11	12	8.7778	9.0000	pirogi	$74.99	50,000	yes
10	14	16	13.7778	13.6667	pirogi	$74.99	70,000	yes
11	6	7	5.9444	6.3333	pirogi	$79.99	60,000	yes
12	3	3	4.0556	5.3333	pirogi	$79.99	60,000	no
13	13	14	12.9444	12.1667	machismo	$69.99	50,000	yes
14	15	13	14.4444	14.0000	machismo	$69.99	60,000	yes
15	4	8	6.2222	7.5000	machismo	$74.99	60,000	no
16	10	6	11.6111	11.3333	machismo	$74.99	70,000	yes
17	1	1	0.3889	1.1667	machismo	$79.99	50,000	no
18	8	10	5.3889	5.8333	machismo	$79.99	70,000	no

以上是输出数据集的情况，rank1 Predicted Values 和 rank1 Predicted Values 分别代表因变量 rank1 和 rank2 的预测值，模型拟合越好，预测值与原始值越接近。

【专业结论】 由以上结果可知，两名顾客的结合分析结果非常接近，从决定系数来看，对第 1 名顾客的模型拟合效果稍好一些($R^2 = 0.9385$)。产品的 4 个属性的相对重要性为价格 >

使用寿命 > 品牌 > 是否有公路意外保险计划。对于价格，越便宜越受消费偏好；对于使用寿命，使用寿命越长消费偏好越大；对于品牌，消费偏好最大的是 pirogi，其次为 goodstone，最后是 machismo；对于是否有公路意外保险计划，顾客更偏好有保险计划的产品。最受顾客欢迎的产品属性组合为 pirogi + 使用寿命 70000km + 价格为 69.99 美元 + 有公路意外保险计划。

4.4　本 章 小 结

本章介绍了结合分析适用的应用场合、数据结构和基本原理，通过购买合适品牌的某种产品为实例，展示了如何用 SAS 实现结合分析的过程和实际应用。

（毛玮）

第2篇　变量间相互与依赖关系分析

第5章　路径分析

本章拟介绍的统计分析方法称为路径分析或通径分析(Path Analysis)，此法是依据专业知识所提供的关于变量之间可能存在的因果关系，基于调查或试验得到的各变量的具体取值，将相关分析与回归分析结合起来，用路径图的形式来呈现变量之间的相互和依赖关系。

5.1　问题与数据结构

5.1.1　实例

【例5-1】　某人随机调查了长期居住在某地区的2000名25~35岁正常成年人的5项指标的数据，即父亲的教育程度(X1)、父亲的职业价值(X2)、自己在儿童时的早期智商(X3)、自己的儿童教育程度(X4)、自己成年后的智商(Y)。假定所有变量的取值都是定量的，有人已对这5个定量变量求出了两两之间的Pearson相关系数，其相关系数矩阵如下：

	X1	X2	X3	X4	Y
X1	1.000	0.509	0.300	0.382	0.305
X2	0.509	1.000	0.300	0.420	0.314
X3	0.300	0.300	1.000	0.550	0.830
X4	0.382	0.420	0.550	1.000	0.630
Y	0.305	0.314	0.830	0.630	1.000

请问：如何处理这样的调查数据？

【例5-2】　《中国统计年鉴2007》中有一组关于粮食产量及其影响因素的统计数据(1990—2005年共16年的资料)，其数据概况如下(详细数据见后面的SAS程序)：

年份	X1	X2	X3	X4	X5	X6	X7	X8	Y
1990	47403.1	2590.3	844.5	28707.7	113465.9	38474.0	33336.4	3932.8	44624.3
1991	47822.1	2805.1	963.2	29388.6	112313.6	55472.0	34186.3	4205.9	43529.3
…	…	…	…	…	…	…	…	…	…
2005	55029.3	4766.2	4375.7	68397.8	104278.4	38818.2	29975.5	5224.6	48402.2

各变量的说明：X1 为"有效灌溉面积（千公顷）"，X2 为"化肥施用量（万吨）"，X3 为"农村用电量（亿千瓦时）"，X4 为"农业机械总动力（万千瓦）"，X5 为"粮食作物播种面积（千公顷）"，X6 为"受灾面积（千公顷）"，X7 为"从业人口数（万人）"，X8 为"作物单产（公斤/公顷）"和 Y 为"粮食总产量（万吨）"。

请问：如何处理这样的统计资料？

5.1.2　对数据结构的分析

对于例 5-1、例 5-2，从表面上看数据结构相差较大，前者称为相关矩阵结构的数据，后者称为数据库结构的数据。事实上，它们在本质上是完全相同的，都可称为单组设计多元定量资料。所谓单组设计，就是一组性质相同或接近的受试对象未按任何定性因素被分成几个组，在对它们进行分析的过程中，始终把它们视为来自一个总体的样本。

例 5-1 中，2000 名被调查者应随机抽自同一个地区，年龄在 25 ~ 35 岁（最好他们属于同一个历史时期）的正常成年人，关键点是他们长期居住在该地区，故可认为他们具有同质性。

例 5-2 中，受试对象是中国，其具体表现是中国每年在所述的 9 个定量指标上具体取值决定的一组数据。严格地说，此资料所对应的试验设计类型为具有一个重复测量的单因素设计九元定量资料，因为是对同一个国家在 16 年里对 9 项定量指标的重复观测的结果（属于时间序列资料，若希望考察每个定量指标随时间推移的动态变化规律，应采用时间序列分析，参见本书的姊妹篇《SAS 常用统计分析教程（第 2 版）》第 27 章）。然而，只有当人们把 16 年里观察到的 9 项定量指标的取值近似视为来自条件近似的 16 个国家的资料时，才可将其视为单组设计九元定量资料，这样就忽视了"时间"对定量指标的影响作用。值得注意的是，将此资料视为"单组设计九元定量资料"的前提是这 16 年的资料应具有同质性，即在这 16 年间不应该有影响全国粮食产量和有关指标发生根本性改变的"事件"（如某些年里出现全国范围内严重的洪涝灾害）。事实上，在此期间的确没有发生这样的事件，故可认为这 16 年的数据具有一定的同质性。因此，可以将它们放在一起进行分析。

5.1.3　分析目的与统计分析方法的选择

面对单组设计多元定量资料，如何选择统计分析方法不能一概而论。一要看有无附加信息，二要看附加信息的多少，三要看分析目的。

其一，没有任何附加信息。此时，意味着全部定量资料之间没有自变量与因变量之分，事先对那些无法观测但却又有一定影响的"隐变量"不做任何明确的限定，仅就给定的那些定量变量及其取值，研究它们之间的相互和依赖关系，即使涉及某些"隐变量"，它们也仅仅是全部显变量（可观测变量）的线性组合而已，可选择的统计分析方法有变量聚类分析、样品聚类分析（注意：基于相关矩阵的数据结构无法实现样品聚类分析的计算）、主成分分析、探索性因子分析、定量资料对应分析、多维尺度分析，但它们所能达到的分析目的是不尽相同的。

其二，仅有少量附加信息且不考虑无法观测但却又有一定影响的"隐变量"的作用。

① 仅知有一个变量是人们关心的结果变量，其他变量全为可能对结果变量有影响的自变量，此时，可选用的统计分析方法有多重线性回归分析、主成分回归分析、路径分析（这是本章将要介绍的统计分析方法），它们的分析目的大同小异。

② 仅知全部定量变量从属性或功能上可分为两部分，分析目的是希望研究这两部分定量变量之间的相关关系，此时，可选用典型相关分析。

其三，关于定量变量彼此之间关系的信息，分析者知道得比较多。

① 能够明确告知哪些显变量属于真正的外生变量（它们只会影响其他变量，而其他变量不会影响它们），哪些显变量属于中间变量（它们不仅受某些变量的影响，而且，它们还会影响另外一些变量），哪些显变量属于真正的结果变量（它们不仅受外生变量和中间变量的影响，还受到某些隐变量的影响），此时，为了定量地描述结果变量如何依赖外生变量、中间变量和隐变量的依赖关系，可选用证实性因子分析。

② 在可用证实性因子分析的资料中，若依据专业知识，还知道隐变量之间的相互和依赖关系，此时，为了定量地描述结果变量如何依赖外生变量、中间变量和隐变量的依赖关系，可选用结构方程模型分析。

以上所提及的很多多因素分析方法和多元统计分析方法分散在本书及其姊妹篇《SAS 常用统计分析教程（第 2 版）》的有关章节中，本章仅介绍路径分析方法。

5.2　路径分析内容简介

5.2.1　路径分析概述

路径分析是一种特殊的多元多重线性回归分析。因为通常的多元多重线性回归分析是研究一个定量结果变量向量 $(y_1, y_2, \cdots, y_m)'$ 与一个定量原因变量向量 $(x_1, x_2, \cdots, x_k)'$ 之间的线性依赖关系，换句话说，就是要基于样本数据求出下面的回归方程组中的全部系数，并检验各回归系数是否等于 0：

$$\begin{cases} \hat{y}_1 = a_{11}x_1 + a_{12}x_2 + \cdots + a_{1k}x_k \\ \hat{y}_2 = a_{21}x_1 + a_{22}x_2 + \cdots + a_{2k}x_k \\ \quad\vdots \\ \hat{y}_m = a_{m1}x_1 + a_{m2}x_2 + \cdots + a_{mk}x_k \end{cases} \tag{5-1}$$

路径分析的模型或回归方程组中的因变量并非仅出现在每个线性回归方程等号的左边，而是依据实际问题中的全部变量的专业含义和相互作用方向，来构建每一个多重线性回归方程。构造的原则是：若 x_A 的变化可能会引起 x_B 的变化，就写成 $x_A \rightarrow x_B$；若 x_B 的变化又能引起 x_C 的变化，就可写成 $x_A \rightarrow x_B \rightarrow x_C$；若 x_B 和 x_C 的变化都能引起 x_D 的变化，则可以写成 $x_B \rightarrow x_C \rightarrow x_D$。于是，可以写出下面 3 个回归方程：

$$\hat{x}_B = a_{0B} + a_{1B}x_A \tag{5-2}$$

$$\hat{x}_C = a_{0C} + a_{1C}x_A + a_{2C}x_B \tag{5-3}$$

$$\hat{x}_D = a_{0D} + a_{1D}x_B + a_{2D}x_C \tag{5-4}$$

由式(5-2) ~ 式(5-4)不难看出，某个回归方程中的因变量可能是其他回归方程中的自变量，也就是说，只发出"箭头"的变量只能充当自变量（如 x_A），只接受"箭头"的变量只能充当因变量（如 x_D），而既发出"箭头"又接受"箭头"的变量（也叫中间变量）在不同的回归方程中充当的角色是不同的（如 x_B 和 x_C）。

基于最小二乘法，由同一批数据求出方程组中的全部回归系数，即式(5-2) ~ 式(5-4)中的截距项和回归系数，并分别检验它们与 0 之间的差别是否具有统计学意义，这个过程称为路径分析。

5.2.2　适合进行路径分析的数据结构

适合进行路径分析的数据结构为单组设计多元定量资料。这里的关键是"单组设计"，其本质是所有的受试对象对全部定量观测指标而言, 具有同质性。例如, 观测了 1000 个成年人的身高、体重、胸围、血压 4 个定量指标的数值, 什么条件下, 得到的这 1000 行 4 列定量数据可以称为"单组设计四元定量资料"呢? 仅当这 1000 个成年人在身高、体重、胸围 3 个定量指标方面无"畸形"、在血压指标上无"高血压与低血压"的特殊情形存在, 而且 4 项定量指标在他们的地区、环境、种族、性别、血型、职业等众多方面的差别是微乎其微的时候。

5.2.3　路径分析的基本概念

1. 路径模型

路径模型(Path Modeling)是由自变量、中间变量和因变量组成并通过单箭头、双箭头连接起来的路径图。在路径图中, 单箭头表示外生变量或中间变量与内生变量的因果关系。另外, 单箭头也可以表示误差项与各自的内生变量的关系。双箭头表示外生变量间的相关关系。显变量用长方形或正方形表示, 隐变量用椭圆或圆圈表示。一般地, 显变量的误差项用字母"E"表示, 隐变量的误差项用字母"D"表示。误差项又称残差项, 通常指路径模型中用路径无法解释的变量产生的效应与测量误差的总和。

2. 外生变量和内生变量

外生变量(Exogenous Variable)和内生变量(Endogenous Variable)指按变量的因果关系分类, 即把路径图中的箭头起始的变量称为外生变量或独立变量, 此变量的变化通常由路径图以外的原因产生的; 把箭头终点指向的变量称为内生变量或因变量、结果变量, 此变量的变化依赖箭头上端变量的变化及误差项。中间变量既接受指向它的箭头, 又发出箭头。

3. 路径系数

路径系数(Path Coefficient)指内生变量在外生变量上的偏回归系数。当显变量的数据为标准化数据时, 该路径系数就是标准化回归系数, 用来描述路径模型中的变量间因果关系强弱的指标。

4. 递归路径模型

递归路径模型(Recursive Path Modeling)指因果关系结构中全部为单向链条关系、无反馈作用的模型。这意味着模型中各内生变量与其外生变量的误差之间或各两个内生变量的误差之间必须相互独立。递归路径模型都是可识别的。

5. 直接效应、间接效应、总效应

直接效应(Direct Effect)指外生变量与内生变量之间的关系为单向因果关系时所产生的效应。

间接效应(Indirect Effect)指外生变量通过中间变量对内生变量所产生的因果效应。

总效应(Total Effect)指一个变量对另一个变量所产生直接效应与间接效应的总和。

6. 误差项

误差项(Disturbance Terms)又称残差项(Residual Error Terms), 通常指路径模型中用路径无法解释的变量产生的效应与测量误差的总和。

5.2.4　路径分析的基本原理

1. 原理概述

路径分析理论由三部分组成: 路径图、数学模型及路径系数的确定、路径模型的效应

分解。第一部分，路径图，它是结构模型方程组的图形解释，表明了包括误差项在内的所有变量间的关系。第二部分，数学模型及路径系数（Path Coefficient）的确定，它根据路径分析的假设和一些规则，通过模型的拟合、结构方程组的求解确定待定参数。第三部分，路径模型的效应分解，分析一个变量对另一个变量的直接效应、间接效应、总效应。其中，间接效应必须通过至少一个中间变量传递因果关系，而总效应包括直接效应和间接效应的总和。

2. 路径图

（1）路径图的组成

一个复杂的路径图（Path Diagram）可以分为结构部分（Structural Section）和计量部分（Measurable Section）。其中，结构部分是路径模型中隐变量间关系的部分，这是最核心的部分；计量部分是路径模型中属于隐变量与显变量之间发生关系的部分。

（2）追溯路径链的规则

按照 Sewall Wright 教授 1934 年提出的追溯路径链的原则，显变量进行数据标准化后构造出的合适的路径图中，任何两变量的相关系数就是连接两点之间的所有路径链上的相关系数或路径系数的乘积之和。遵循以下几条规则：

① 在每条路径链上都要"先退后进"，而不能"先进后退"。

② 在每条路径链上通过某个变量只能一次。

③ 在每条路径链上只可以有一个双箭头。

（3）构造路径图的经典假设

① 路径模型中各变量之间的关系都是线性、可加的因果关系。模型变量间的关系必须是线性关系，意味着在设立因果关系时，原因变量的每个单位变化量引起结果变量的变化量不变。当一个结果变量在受多个原因变量作用时，各原因变量的作用可以相加。

② 每个内生变量的误差项与其前置变量是不相关的，同时与其他内生变量的误差项也不相关。

③ 路径模型中因果关系是单方向的，不包括各种形式的反馈作用。

④ 误差项本质上是隐变量，一般不研究误差项之间的相互作用。

⑤ 路径模型中各变量均为间距测度等级。

3. 路径分析的数学模型及路径系数的确定

（1）路径分析的数学模型

① 线性方程模型（LINear EQuationS，LINEQS）。结构方程模型如下：

$$\boldsymbol{\eta} = \boldsymbol{\beta}\boldsymbol{\eta} + \boldsymbol{\gamma}\boldsymbol{\zeta} \tag{5-5}$$

式中，$\boldsymbol{\beta}$ 为 $m \times m$ 内生变量间的结构系数矩阵；$\boldsymbol{\gamma}$ 为 $m \times n$ 内生变量与外生变量和误差变量之间结构系数矩阵；$\boldsymbol{\eta}$ 为随机向量，$\boldsymbol{\eta}$ 的分量相应于内生变量；$\boldsymbol{\zeta}$ 为随机向量，$\boldsymbol{\zeta}$ 的分量相应于外生变量和误差变量。

在 $\boldsymbol{\eta}$ 和 $\boldsymbol{\zeta}$ 中的变量可以是显变量，也可以是隐变量。在 $\boldsymbol{\eta}$ 中的内生变量可以表示成其余内生变量和 $\boldsymbol{\zeta}$ 中的外生变量以及 $\boldsymbol{\zeta}$ 中的残差分量的线形组合。结构系数矩阵 $\boldsymbol{\beta}$ 反映了 $\boldsymbol{\eta}$ 中的这些内生变量之间的相关关系；结构系数矩阵 $\boldsymbol{\gamma}$ 描述了 $\boldsymbol{\eta}$ 中的内生变量与 $\boldsymbol{\zeta}$ 中的外生变量和误差变量之间的相关关系。

协方差结构如下：

$$C = J (I - B)^{-1} \Gamma \Phi \Gamma^{\mathrm{T}} \left[(I - B)^{-1} \right]^{\mathrm{T}} J^{\mathrm{T}} \tag{5-6}$$

式中，J 是选择阵；$\Phi = E\{\zeta\zeta^{\mathrm{T}}\}$；$B = \begin{pmatrix} \beta & 0 \\ 0 & 0 \end{pmatrix}$；$\Gamma = \begin{pmatrix} \gamma \\ I \end{pmatrix}$。

② RAM 模型(Reticular Action Modeling)或网格作用模型：结构方程模型如下：

$$v = Av + u \tag{5-7}$$

式中，A 为非奇异的系数阵，v 及 u 是随机向量，可以是显变量或隐变量，v 是内生变量向量，v 中的每个分量都是 v 的其余分量以及具有协差阵 P 的向量 u 中的残差分量所形成的线性组合；u 是残差向量。

协方差结构如下：

$$C = J (I - A)^{-1} P \left[(I - A)^{-1} \right]^{\mathrm{T}} J^{\mathrm{T}} \tag{5-8}$$

式中，J 是选择阵；$C = E\{Jvv^{\mathrm{T}}J^{\mathrm{T}}\}$；$P = E\{uu^{\mathrm{T}}\}$。

（2）路径系数(Path Coefficient)的确定

对于一般的多重线性回归模型，如果有 k 个自变量 $x_1, x_2, \cdots, x_k$ 和因变量 y 存在线性关系，就有

$$y = b_0 + b_1 x_1 + b_2 x_2 + \cdots + b_k x_k \tag{5-9}$$

自变量 x_i 的标准差与因变量 y 的标准差之比，称为 x_i 到 y 的路径系数，有

$$p_{iy} = b_i \frac{\sigma_{x_i}}{\sigma_y} \tag{5-10}$$

如果模型中自变量各不相关，那么路径系数就等于标准化回归系数。

下面分析包括两个自变量的路径模型（如图 5-1 所示）。

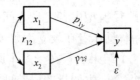

图 5-1　包括两个自变量的路径模型

假定 y 是由 x_1、x_2 以及 ε 表示的无法解释的外来因素，且 x_1、x_2 与 y 呈线性关系，x_1、x_2 是彼此相关的，就存在这样的关系

$$y = b_0 + b_1 x_1 + b_2 x_2 + b_\varepsilon \varepsilon \tag{5-11}$$

由于

$$
\begin{aligned}
r_{x,y} &= \frac{\mathrm{COV}(x,y)}{\sigma_{x_i}\sigma_y} \\
&= \frac{\mathrm{COV}(x_1, b_0 + b_1 x_1 + b_2 x_2 + b_\varepsilon \varepsilon)}{\sigma_{x_i}\sigma_y} \\
&= \frac{b_1 \mathrm{COV}(x_1, x_1) + b_2 \mathrm{COV}(x_1, x_2) + b_\varepsilon \mathrm{COV}(x_1, \varepsilon)}{\sigma_{x_i}\sigma_y} \\
&= \frac{b_1 \sigma_{x_i}\sigma_{x_i} + b_2 r_{x_i x_2} \sigma_{x_i}\sigma_{x_2}}{\sigma_{x_i}\sigma_y} \\
&= b_1 \frac{\sigma_{x_i}}{\sigma_y} + r_{x_i x_2} b_2 \frac{\sigma_{x_2}}{\sigma_y} \\
&= p_{1y} + r_{x_i x_2} p_{2y}
\end{aligned}
$$

其中，p_{1y}、p_{2y} 为路径系数。它是指其他自变量保持不变的情况下，该自变量变动一个单位，因变量 y 变动的单位数，它衡量自变量对因变量的直接效应。

所以，可得

$$\begin{cases} r_{1y} = p_{1y} + r_{12}p_{2y} \\ r_{2y} = r_{12}p_{1y} + p_{2y} \end{cases} \tag{5-12}$$

同样可以证明，任意自变量 x_i 与 y 的相关系数 r_{iy} 可分为两部分，一部分为路径系数 P_{iy}，表示 x_i 对 y 的直接效应；另一部分 $\sum r_{ij}p_{jy}$，表示 x_i 通过其他自变量 x_j 对 y 的间接效应。即有

$$r_{iy} = p_{iy} + \sum r_{ij}p_{jy} \quad i = 1,2,\cdots,k; \quad j = 1,2,\cdots,k; \quad j \neq i \tag{5-13}$$

对于路径分析的基本模型，可以建立以下方程组：

$$\begin{cases} p_{1y} + r_{12}p_{2y} + r_{13}p_{3y} + \cdots + r_{1k}p_{ky} = r_{1y} \\ r_{21}p_{1y} + p_{2y} + r_{23}p_{3y} + \cdots + r_{2k}p_{ky} = r_{2y} \\ r_{k1}p_{1y} + r_{k2}p_{2y} + r_{k3}p_{3y} + \cdots + p_{ky} = r_{ky} \end{cases} \tag{5-14}$$

下面介绍 k 个自变量和一个因变量组成的路径模型的路径系数的计算方法。

(3) 路径分析的矩阵解法

首先求出各个自变量间和自变量与因变量之间的相关系数 r_{ij} 和 r_{iy} 建立正规方程组

$$\begin{cases} p_{1y} + r_{12}p_{2y} + r_{13}p_{3y} + \cdots + r_{1k}p_{ky} = r_{1y} \\ r_{21}p_{1y} + p_{2y} + r_{23}p_{3y} + \cdots + r_{2k}p_{ky} = r_{2y} \\ r_{k1}p_{1y} + r_{k2}p_{2y} + r_{k3}p_{3y} + \cdots + p_{ky} = r_{ky} \end{cases} \tag{5-15}$$

转化成矩阵形式为

$$\begin{pmatrix} 1 & r_{12} & r_{13} & \cdots & r_{1k} \\ r_{21} & 1 & r_{23} & \cdots & r_{2k} \\ \vdots & \vdots & \vdots & \vdots & \vdots \\ r_{k1} & r_{k2} & r_{k3} & \cdots & 1 \end{pmatrix} \begin{pmatrix} p_{1y} \\ p_{2y} \\ \vdots \\ p_{ky} \end{pmatrix} = \begin{pmatrix} r_{1y} \\ r_{2y} \\ \vdots \\ r_{ky} \end{pmatrix} \tag{5-16}$$

令

$$\boldsymbol{R} = \begin{pmatrix} 1 & r_{12} & r_{13} & \cdots & r_{1k} \\ r_{21} & 1 & r_{23} & \cdots & r_{2k} \\ \vdots & \vdots & \vdots & \vdots & \vdots \\ r_{k1} & r_{k2} & r_{k3} & \cdots & 1 \end{pmatrix}, \quad \boldsymbol{p} = \begin{pmatrix} p_{1y} \\ p_{2y} \\ \vdots \\ p_{ky} \end{pmatrix}, \quad \boldsymbol{S} = \begin{pmatrix} r_{1y} \\ r_{2y} \\ \vdots \\ r_{ky} \end{pmatrix} \tag{5-17}$$

则

$$\boldsymbol{Rp} = \boldsymbol{S}$$

然后求出自变量的相关系数阵 $\boldsymbol{R}$ 的逆矩阵为

$$\boldsymbol{R}^{-1} = \begin{bmatrix} c_{11} & c_{12} & c_{13} & \cdots & c_{1k} \\ c_{21} & c_{22} & c_{23} & \cdots & c_{2k} \\ \vdots & \vdots & \vdots & \vdots & \vdots \\ c_{k1} & c_{k2} & c_{k3} & \cdots & c_{kk} \end{bmatrix} \tag{5-18}$$

那么直接路径系数向量为

$$\boldsymbol{p} = \boldsymbol{R}^{-1}\boldsymbol{S} \tag{5-19}$$

令

$$A = \begin{bmatrix} p_{1y} & & & \\ & p_{2y} & & \\ & & \ddots & \\ & & & p_{ky} \end{bmatrix} \tag{5-20}$$

则

$$P = RA = \begin{bmatrix} 1 & r_{12} & r_{13} & \cdots & r_{1k} \\ r_{21} & 1 & r_{23} & \cdots & r_{2k} \\ \vdots & \vdots & \vdots & \vdots & \vdots \\ r_{k1} & r_{k2} & r_{k3} & \cdots & 1 \end{bmatrix} \begin{bmatrix} p_{1y} & & & \\ & p_{2y} & & \\ & & \ddots & \\ & & & p_{ky} \end{bmatrix}$$

$$= \begin{bmatrix} p_{1y} & r_{12}p_{2y} & r_{13}p_{3y} & \cdots & r_{1k}p_{ky} \\ r_{21}p_{1y} & p_{2y} & r_{23}p_{3y} & \cdots & r_{2k}p_{ky} \\ \vdots & \vdots & \vdots & & \vdots \\ r_{k1}p_{1y} & r_{k2}p_{2y} & r_{k3}p_{3y} & \cdots & p_{ky} \end{bmatrix} \tag{5-21}$$

矩阵 P 为路径系数阵，其主对角线元素为直接路径系数；非主对角线元素为间接路径系数，且第 i 行为各个自变量通过第 i 自变量的间接路径系数。

（4）路径系数的假设检验

由于路径系数就是标准化回归系数，因此路径系数假设检验可用回归分析中偏回归系数假设检验的方法，可用 t 检验的方法，也可用 F 检验的方法。其假设为

$$H_0 : P_{iy} = 0, \quad H_1 : P_{iy} \neq 0$$

F 检验的公式为

$$F_i = \frac{p_{iy}^2 / c_{ii}}{q/(n-m-1)} = \frac{p_{iy}^2 / c_{ii}}{(1-R^2)/(n-m-1)} \tag{5-22}$$

式中，c_{ii} 为相关矩阵 R 的逆矩阵 R^{-1} 的主对角线上第 i 个元素；q 为剩余误差平方和；n 为样本数；m 为自变量个数。如果 $F_i > F_\alpha(1, n-m-1)$，则可在显著水平 α 上拒绝 H_0，接受 H_1，认为自变量 i 对因变量 y 有显著的直接效应；否则，自变量 i 对因变量 y 无显著直接效应。

（5）路径模型的效应分解

在路径图中，外生变量对内生变量的因果效应包括外生变量对内生变量的直接效应和外生变量通过中间变量作用于内生变量的间接效应的总和。效应的分解等同于回归分析的变异的分解。总效应包括误差效应和总因果效应，而总因果效应又包括直接效应和间接效应。对于原始数据而言，外生变量对内生变量的效应等于偏回归系数；对于标准化数据而言，外生变量对内生变量的效应等于标准化回归系数。由于路径模型中各变量之间的关系都是线性、可加的因果关系，变量 i 对变量 j 的总效应是变量 i 对变量 j 的直接效应与变量 i 对变量 j 的间接效应的总和。

5.2.5　路径分析的步骤

建立一个合适的路径模型一般需要 5 个步骤：模型设定、模型识别、模型估计、模型评价、模型调试与修改。下面介绍模型识别的判定法则。

1. t 法则

模型识别的 t 法则要求模型中的待估参数的数目不超过可测变量的协方差矩阵中有效元

素的数目, 即 $t \leqslant \frac{1}{2}(p+q)(p+q+1)$。其中, t 为模型中待估参数的数目; p 为模型中可测内生变量的数目; q 为可测外生变量的数目; $p+q$ 为可测变量的数目。它表明, 如果可测变量的协方差矩阵中有效元素的数目大于或等于模型中的待估参数的数目, 那么该模型是可识别的; 反之, 该模型是不可识别的。

2.递归法则

递归法则是路径模型识别的充分条件, 而不是路径模型识别的必要条件。递归法则要求路径模型中的内生变量间结构系数矩阵 **β** 必须是下三角矩阵, 并且残差项的方差协方差矩阵 **Φ** 必须是对角矩阵。只有同时具备以上两个条件, 该模型才是可识别的递归模型。

模型识别是用较少的参数拟合数据, 使变量间的关系在统计学和专业上得到合理解释的过程。

路径模型常用的参数估计方法有 3 种: ML 法、GLS 法和渐近分布自由法(ADF)。

5.3　路径分析的应用

5.3.1　用 REG 过程实现路径分析

1.分析目的与绘制路径图

对例 5-1 中的资料, 若设 Y 为结果变量, 当分析目的是研究 Y 与其他自变量之间的依赖关系时, 可考虑采用多重线性回归分析, 具体实现方法可参见本书的姊妹篇《SAS 常用统计分析教程(第 2 版)》第 19 章。现在的分析目的是: 研究一个正常成年人的智商是如何受到其父亲的教育程度(X1)、父亲的职业价值(X2)、自己在儿童早期的智商(X3)和自己在儿童期所受的教育程度(X4)的影响的。为实现此分析目的, 适合选择路径分析。可依据基本常识和专业知识绘出反映这些变量之间相互和依赖关系的路径图, 如图 5-2 所示。

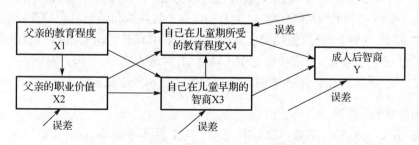

图 5-2　拟用路径分析处理例 5-1 中资料假定的路径图

2.用 REG 过程对例 5-1 中资料进行路径分析所需的 SAS 程序

路径分析的主要任务就是把反映路径图上单向箭头所连的两个变量之间关系密切程度和作用方向的路径系数(可正可负)和误差(正的)计算出来, 最好仅保留总体系数与 0 之间差别有统计学意义的那些路径系数及其对应的路径。仅希望得到这些统计分析结果所需的 SAS 程序如下(设程序名为 SASTJFX5_1A. SAS):

```
data pathanalysis(type = corr);
    input _type_ $ _name_ $ X1 X2 X3 X4 Y;
cards;
corr  X1  1.000  0.509  0.300  0.382  0.305
corr  X2  0.509  1.000  0.300  0.420  0.314
corr  X3  0.300  0.300  1.000  0.550  0.830
corr  X4  0.382  0.420  0.550  1.000  0.630
corr  Y   0.305  0.314  0.830  0.630  1.000
n     df  2000   2000   2000   2000   2000
;
run;
ODS HTML;
proc reg;
    model X2 = X1;        model X3 = X1 X2;
    model X4 = X1 X2 X3;  model Y = X1 X2 X3 X4;
run;
quit;
ODS HTML CLOSE;
ODS HTML;
proc reg;
    model X2 = X1;
    model X3 = X1 X2;
    model X4 = X1 X2 X3;
    model Y = X3 X4;
run;
quit;
ODS HTML CLOSE;
```

【**程序修改指导**】 因为数据结构为相关矩阵,需要在 DATA 语句中注明(type = corr)。IN-PUT 语句中指明第 1 个变量为数据类型的指示变量(_type_ $),它是字符型变量;第 2 个变量为各行数据的变量名,也是字符型变量(_name_ $);X1 ~ X4 及 Y 代表后 5 列为显变量的名称。

第 1 个过程步中写了 4 个 MODEL 语句,分别以 X2、X3、X4 和 Y 为因变量,考察那些在时间或专业含义上可能作为自变量的变量对这些因变量产生的影响,包含了所有可能的组合关系,故称为分析本资料的"饱和模型"。为节省篇幅,与此饱和模型对应的路径图未绘出来。

分析基于第 1 个过程步分析的结果,发现饱和模型中有些变量对其因变量的影响无统计学意义,于是结合专业知识,对饱和模型做了调整(称为限制模型),即针对图 5-1 中所绘制的路径写出第 2 个过程步中的 4 个 MODEL 语句,事实上,本例中仅改变了最后一个模型。

3. 主要输出结果及解释

程序 SASTJFX5_1A. SAS 的输出结果有两个,其文件名分别为 SASTJFX5_1A_1. HTML 和 SASTJFX5_1A_2. HTML。第 1 个输出结果中包含了 4 个多重线性模型的计算结果,其主要内容如下。

模型 1 的主要内容:

Root MSE 0.86098 R-Square 0.2591

Parameter Estimates

Variable	DF	Parameter Estimate	Standard Error	t Value	Pr > |t|
Intercept	1	0	0.01925	0.00	1.0000
X1	1	0.50900	0.01926	26.43	< .0001

此结果表明，X1 到 X2 的路径上的路径系数为 0.509，X2 上表现出来的误差为 0.861。

模型 2 的主要内容：

Root MSE　0.93893　　R-Square　0.1193

Parameter Estimates

Variable	DF	Parameter Estimate	Standard Error	t Value	Pr > |t|
Intercept	1	0	0.02100	0.00	1.0000
X1	1	0.19881	0.02440	8.15	<.0001
X2	1	0.19881	0.02440	8.15	<.0001

此结果表明，X1 到 X3 和 X2 到 X3 的路径上的路径系数都是 0.199，X3 上表现出来的误差为 0.939。

模型 3 的主要内容：

Root MSE　0.78303　　R-Square　0.3878

Parameter Estimates

Variable	DF	Parameter Estimate	Standard Error	t Value	Pr > |t|
Intercept	1	0	0.01751	0.00	1.0000
X1	1	0.13888	0.02068	6.72	<.0001
X2	1	0.21627	0.02068	10.46	<.0001
X3	1	0.44345	0.01866	23.76	<.0001

此结果表明，由 X1 到 X4、X2 到 X4 和 X3 到 X4 的路径上的路径系数分别为 0.139、0.216 和 0.443，X4 上表现出来的误差为 0.783。

模型 4 的主要内容：

Root MSE　0.51814　　R-Square　0.7321

Parameter Estimates

Variable	DF	Parameter Estimate	Standard Error	t Value	Pr > |t|
Intercept	1	0	0.01159	0.00	1.0000
X1	1	0.00195	0.01384	0.14	0.8878
X2	1	0.00111	0.01406	0.08	0.9371
X3	1	0.69283	0.01399	49.53	<.0001
X4	1	0.24773	0.01481	16.73	<.0001

此结果表明，X1 到 X5、X2 到 X5、X3 到 X5 和 X4 到 X5 的路径上的路径系数分别为 0.002、0.001、0.693 和 0.248，X5 上表现出来的误差为 0.518。注意：X1 和 X2 对 X5 的影响没有统计学意义，没有保留。

第 2 个输出结果中包含了 4 个多重线性模型的计算结果，前 3 个模型的输出结果同上，从略。第 4 个模型的主要内容如下。

第 2 个过程步中第四个模型的主要输出结果如下：

Root MSE	0.51789	R-Square	0.7321		

Parameter Estimates

Variable	DF	Parameter Estimate	Standard Error	t Value	Pr > |t|
Intercept	1	0	0.01158	0.00	1.0000
X3	1	0.69319	0.01387	49.98	<.0001
X4	1	0.24875	0.01387	17.93	<.0001

此结果表明，X3 到 X5 和 X4 到 X5 的路径上的路径系数分别为 0.693 和 0.249，X5 上表现出来的误差为 0.518。

4. 将计算结果填入事先绘制的路径图并作出专业结论

将上述最终计算结果填入事先绘制的路径图，如图 5-3 所示。

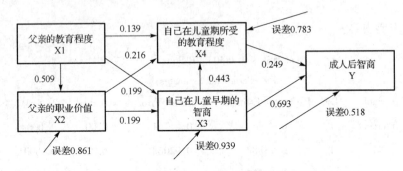

图 5-3　路径分析处理例 5-1 中资料所得到的最终路径图

【专业结论】　由图 5-2 可知，一个成年人在其儿童时期的教育程度与智商受其父亲教育程度和职业价值的影响并不太大；儿童智商对其早期教育程度影响较大；成人后的智商主要取决于儿童时的智商（路径系数为 0.693），部分地受到儿童时期的教育程度的影响（路径系数为 0.249）。在 X2、X3、X4 和 Y 上的测定误差都比较大，这很可能是由于这些定量指标的定义和测定不够准确所致。

5.3.2　用 CALIS 过程实现路径分析

1. 分析目的与绘制路径图

现在的分析目的是：研究正常成年人的智商是如何受到其父亲的教育程度（X1）、父亲的职业价值（X2）、自己在儿童早期的智商（X3）和自己在儿童期所受的教育程度（X4）的影响的，特别希望知道：各自变量对结果变量的直接和间接影响分别有多大？为实现此分析目的，适合选择路径分析。可依据基本常识和专业知识绘出反映这些变量之间相互和依赖关系的路径图，路径图与图 5-1 相同，从略。

2. 用 CALIS 过程对例 5-1 资料进行路径分析所需要的 SAS 程序

路径分析的主要任务就是把反映路径图上单向箭头所连的两个变量之间关系密切程度和作用方向的路径系数（可正可负）和误差（正的）计算出来，最好仅保留总体系数与 0 之间差别有统计学意义的那些路径系数及其对应的路径。除此之外，还应尽可能把各自变量对因变量的直接作用和间接作用都明确计算出来，并对所假定的路径图与资料吻合程度做一全面的评价。希望得到这些比较详细的统计分析结果所需要的 SAS 程序如下（设程序名为 SASTJFX5_1B. SAS）：

```
data pathanalysis(type=corr);
    input _type_ $ _name_ $ X1 X2 X3 X4 Y;
cards;
corr  X1  1.000  0.509  0.300  0.382  0.305
corr  X2  0.509  1.000  0.300  0.420  0.314
corr  X3  0.300  0.300  1.000  0.550  0.830
corr  X4  0.382  0.420  0.550  1.000  0.630
corr  Y   0.305  0.314  0.830  0.630  1.000
n     df  2000   2000   2000   2000   2000
;
run;
ODS HTML;
PROC CALIS corr residual modification toteff;
LINEQS
    X2 = PX2X1 X1 + E2,
    X3 = PX3X1 X1 + PX3X2 X2 + E3,
    X4 = PX4X1 X1 + PX4X2 X2 + PX4X3 X3 + E4,
    Y = PYX3 X3 + PYX4 X4 + EY;
STD
    E2 = VARX2, E3 = VARX3, E4 = VARX4, EY = VARY, X1 = VARX1;
VAR X1 - X4 Y;
RUN;
ODS HTML CLOSE;
```

【程序修改指导】　数据步同前，从略。过程步调用了 CALIS 过程，其后 4 个选项的含义分别为：CORR 告知系统提供的数据是相关矩阵，RESIDUAL 希望进行残差分析，MODIFICA-TION 希望对拟合的模型进行修正，TOTEFF 希望对每个自变量对因变量的作用大小给出总的效应分析；LINEQS 语句给出线性方程组的表达式，写在等号左边的变量为路径图中箭头指向的变量(中间变量和结果变量)，等号右边的变量为与等号左边的变量对应的自变量，每个方程中的最后一项为该方程中因变量的测量误差项，自变量之前的变量代表将被估计的系数的变量名，如"PX2X1"代表将被估计的 X1 对 X2 作用大小的路径系数。STD 语句中给出需要估计方差(其开方后为标准差)的变量(写在等号左边)及其估计结果的变量名称，它们是误差变量和外生变量(在任何方程中都不用作因变量的变量)；VAR 语句中列出了全部的显变量。

3. 主要输出结果及解释

以"Fit Function"作为第 1 行的那部分输出结果内容很多(从略)，全都是为了说明模型与资料吻合程度好坏的检验结果，多种方法的结果都表明拟合优度很好(P 值均接近于 1)。

Covariance Structure Analysis：Maximum Likelihood Estimation

Manifest Variable Equations with Estimates

X2	= 0.5090	*	X1	+ 1.0000	E2				
Std Err	0.0193		PX2X1						
t Value	26.4386								
X3	= 0.1988	*	X2	+ 0.1988	*	X1	+ 1.0000	E3	
Std Err	0.0244		PX3X2	0.0244		PX3X1			
t Value	8.1528			8.1528					
X4	= 0.2163	*	X2	+ 0.4435	*	X3	+ 0.1389	*	X1	+ 1.0000 E4
Std Err	0.0207		PX4X2	0.0186		PX4X3	0.0207		PX4X1

t Value	10.4650			23.7805			6.7202	
Y	= 0.6932	*	X3	+ 0.2487	*	X4	+ 1.0000	EY
Std Err	0.0139		PYX3	0.0139		PYX4		
t Value	50.0046			17.9437				

以上是采用极大似然估计方法进行协方差结构分析的一部分结果，给出了显变量方程及其系数估计值。各方程中自变量前的系数都是对相应的因变量的直接作用大小的度量，如 X1 对 X2、X3、X4 和 Y 的直接作用分别为 0.509、0.199、0.139；X3 对 X4 和 Y 的直接作用分别为 0.444 和 0.693。它们正是图 5-2 中单向箭头所表达的路径上的系数（个别数据不完全相同，因四舍五入所致）。

Variances of Exogenous Variables

Variable	Parameter	Estimate	Standard Error	t Value
X1	VARX1	1.00000	0.03163	31.61
E2	VARX2	0.74092	0.02344	31.61
E3	VARX3	0.88072	0.02786	31.61
E4	VARX4	0.61221	0.01936	31.61
EY	VARY	0.26794	0.00848	31.61

以上给出了误差变量和外生变量的方差估计值（第 3 列），它们开平方根后就是标准差，E2 – E4、EY 的标准差分别为 0.861、0.938、0.782 和 0.518。它们正是图 5-2 中的误差（个别数据不完全相同，因四舍五入所致）。

与前面标题 3 开始部分结果类似的结果称为"显变量方程及其标准化系数估计值"，因为给定的是相关矩阵结构的数据，故这两部分结果相同，从略。若开始给定的是原始数据或协方差矩阵，最好看标准化结果。

Total Effects

	X1	X2	X3	X4
X2	0.50900	0.00000	0.00000	0.00000
X3	0.30000	0.19881	0.00000	0.00000
X4	0.38200	0.30444	0.44345	0.00000
Y	0.30298	0.21354	0.80350	0.24875

这部分是纵向上的自变量对横向上的因变量作用大小的总效应，如 X1 对 X2、X3、X4 和 Y 作用大小的总效应呈现在第 1 列上。

Indirect Effects

	X1	X2	X3	X4
X2	0.00000	0.00000	0.00000	0
X3	0.10119	0.00000	0.00000	0
X4	0.24312	0.08816	0.00000	0
Y	0.30298	0.21354	0.11031	0

这部分是纵向上的自变量对横向上的因变量作用大小的间接效应,如 X1 对 X2、X3、X4 和 Y 作用大小的间接效应呈现在第 1 列上。

下面解释 X3 是如何对 Y 产生作用的。X3 对 Y 的总效应为 0.80350,它由 X3 对 Y 的直接效应 0.6932 加上 X3 通过 X4 对 Y 产生的间接效应 0.11031 而得,即 $0.6932 + 0.11031 = 0.80351$。同理,可理解 X1、X2、X4 是如何对 Y 产生作用的,如 X1 对 Y 产生的总效应 0.30298,即由直接效应 0(未计算,设为 0)加上通过 X2、X3、X4 对 Y 产生的间接效应 0.30298 求和而得。

4. 将计算结果填入事先绘制的路径图并作出专业结论

将计算结果填入图 5-1 中相应的单向箭头旁,其结果与图 5-2 相同,从略。将各自变量对各因变量的作用效应按直接效应、间接效应和总效应分别列出来,使读者一览无余,见表 5-1。

表 5-1　外生变量对内生变量产生的直接、间接和总效应的计算结果

外生变量	内生变量	直接效应	间接效应	总　效　应
X1	Y	0.00000	0.30298	0.30298
X2		0.00000	0.21354	0.21354
X3		0.69320	0.11031	0.80350
X4		0.24870	0.00000	0.24875
X1	X4	0.13890	0.24312	0.38200
X2		0.21630	0.08816	0.30444
X3		0.44350	0.00000	0.44345
X1	X3	0.19880	0.10119	0.30000
X2		0.19880	0.00000	0.19881
X1	X2	0.50900	0.00000	0.50900

注:外生变量为方程中可作为自变量的变量,即路径图中发出箭头的变量;内生变量为方程中可作为因变量的变量,即路径图中箭头指向的变量;各行上第 3、4 列数值相加近似等于第 5 列数值,这是由于输出结果中各部分给出的小数位不同而引起的误差。

【专业结论】　与 5.3.1 节相同,从略。

5.3.3　如何处理非同质资料的思考

1. 像例 5-2 中那样的资料适合进行路径分析吗?

在本章开始部分已经讨论过例 5-2 的资料原本属于时间序列资料,将其视为单组设计九元定量资料有点勉强,16 年的资料应具有同质性,才可近似按单组设计九元定量资料来处理。事实上,进行路径分析的资料,其变量间应有比较明确的因果关系,通常还应有先后顺序,即原因变量出现在前,而结果变量出现在后。如例 5-1 中,反映受试者父亲的 2 个变量出现在前,反映受试者自身的 3 个变量出现在后;反映受试者自身情况的 3 个变量又有先后之分,儿童期的 2 个变量出现在前,受试者成年后的变量(即成年后的智商)出现在后。这样,由基本常识和专业知识可以绘出反映它们之间因果关系的路径图,用路径分析重点是计算出各路径上的系数及误差的大小。

对于例 5-2 的资料,有些变量的地位是比较明确的,即粮食总产量是最终的结果变量,"作物单产"应被视为一个中间变量,因它既是其他自变量的结果变量,又是"粮食总产量"的一个原因变量,"粮食作物播种面积"是一个重要的原因变量。然而,X1 ~ X4、X6、X7 这些自变量之间的关系是什么样的,就很难描述出来了。因此,其路径图很难绘制出来,因而路径分析无法进行。

2. 按 5.3.2 节中的方法分析例 5-2 的资料合适吗?

有人按 5.3.2 节中的方法分析例 5-2 的资料, 设所需要的 SAS 程序如下(设程序名为 SAS-TJFX5_2A. SAS):

```
data pathanalysis2;
/* 各变量的说明,
    X1 为"有效灌溉面积(千公顷)"、X2 为"化肥施用量(万吨)"、
    X3 为"农村用电量(亿千瓦时)"、X4 为"农业机械总动力(万千瓦)"、
    X5 为"粮食作物播种面积(千公顷)"、X6 为"受灾面积(千公顷)"、
    X7 为"从业人口数(万人)"、X8 为"作物单产(公斤/公顷)"
    和 Y 为"粮食总产量(万吨)"。*/
    do year =1990 to 2005;
        input X1 - X8 Y;
        output;
    end;
cards;
47403.1 2590.3 844.5 28707.7 113465.9 38474.0 33336.4 3932.8 44624.3
47822.1 2805.1 963.2 29388.6 112313.6 55472.0 34186.3 4205.9 43529.3
48590.1 2930.2 1106.9 30308.4 110559.7 51333.0 34037.0 4341.7 44265.8
48727.9 3151.9 1244.9 31816.6 110508.7 48829.0 33258.2 4557.0 45648.8
48759.1 3317.9 1473.6 33802.5 109543.7 55043.0 32690.3 4499.7 44510.1
49281.2 3593.7 1655.7 36118.1 110060.4 45821.0 32334.5 4659.3 46661.8
50381.4 3827.9 1812.7 38546.9 112547.9 46989.0 32260.4 4894.1 50453.5
51238.5 3980.7 1980.1 42015.6 112912.1 53429.0 32677.9 4822.5 49417.1
52295.6 4083.7 2042.2 45207.7 113787.4 50145.0 32626.4 4952.9 51229.5
53158.4 4124.3 2173.4 48996.1 113161.0 49981.0 32911.8 4945.0 50838.6
53820.3 4146.4 2421.3 52573.6 108462.5 54688.0 32797.5 4752.6 46217.5
54249.4 4253.8 2610.8 55172.1 106080.0 52215.0 32451.0 4800.3 45263.7
54354.8 4339.4 2993.4 57929.9 103890.8 47119.1 31990.6 4885.3 45705.8
54014.2 4411.6 3432.9 60386.5 99410.4 54506.3 31259.6 4872.9 43069.5
54478.4 4636.6 3933.0 64027.9 101606.0 37106.3 30596.0 5186.8 46946.9
55029.3 4766.2 4375.7 68397.8 104278.4 38818.2 29975.5 5224.6 48402.2
;
run;
ODS HTML;
PROC CALIS corr residual modification toteff;
LINEQS
    X2 = PX2X1 X1 - E2,
    X3 = PX3X1 X1 + PX3X2 X2 + E3,
    X4 = PX4X1 X1 + PX4X2 X2 + PX4X3 X3 + E4,
    X5 = PX5X1 X1 + PX5X2 X2 + PX5X3 X3 + PX5X4 X4 + E5,
    X6 = PX6X1 X1 + PX6X2 X2 + PX6X3 X3 + PX6X4 X4
        + PX6X5 X5 + E6,
    X7 = PX7X1 X1 + PX7X2 X2 + PX7X3 X3 + PX7X4 X4
        + PX7X5 X5 + PX7X6 X6 + E7,
    X8 = PX8X1 X1 + PX8X2 X2 + PX8X3 X3 + PX8X4 X4
        + PX8X5 X5 + PX8X6 X6 + PX8X7 X7 + E8,
    Y = PYX1 X1 + PYX2 X2 + PYX3 X3 + PYX4 X4
        + PYX5 X5 + PYX6 X6 + PYX7 X7 + PYX8 X8 + EY;
    STD
    E2 =VARX2,E3 =VARX3,E4 =VARX4,E5 =VARX5,
    E6 =VARX6,E7 =VARX7,E8 =VARX8,EY =VARY,
    X1 =VARX1;
VAR X1 - X8 Y;
RUN;
ODS HTML CLOSE;
```

【程序修改指导】 与 5.3.2 节标题 2 中的内容相同，从略。

其主要输出结果很多，概要列入表 5-2 中。

表 5-2 外生变量对内生变量产生的直接、间接和总效应的计算结果

外生变量	内生变量	直接效应	间接效应	总 效 应
X1	Y	0.4905	− 0.20010	0.29049
X2		0.2710	1.48440	1.7553
X3		0.0147	− 1.31170	− 1.2970
X4		− 0.5847	− 2.8455	− 3.4301
X5		0.9549	0.24055	1.1954
X6		− 0.1921	− 0.06835	− 0.26042
X7		− 0.1988	0.18487	− 0.01392
X8		0.6523	0.00000	0.65227

这样做合适吗？这个方法的实质是把 X1 ~ X8 到 Y 视为由先到后的顺序出现，显然，关于 X1 ~ X8 之间的先后顺序的假定有些是不成立的！其计算结果和结论是值得商榷的。

值得一提的是，遇到资料中变量的因果关系或先后顺序关系不太明确时，不要盲目套用上述方法！

5.3.4 用逐步多重线性回归分析方法分析例 5-2 的资料

以笔者之见，对例 5-2 的资料，采用逐步多重线性回归分析方法就能获得相当满意的结果。设进行逐步多重线性回归分析的 SAS 程序为 SASTJFX5_2B.SAS，其数据步与 SASTJFX5_2A.SAS 相同。为节省篇幅，下面仅给出该 SAS 程序中的 SAS 过程步：

```
ODS HTML;
proc reg;
    model Y = X1 - X8/SELECTION = STEPWISE SLE = 0.5 SLS = 0.05 STB;
run;
quit;
ODS HTML CLOSE;
```

【主要输出结果及解释】

Parameter Estimates(因变量为 Y)

Variable	DF	Parameter Estimate	Standard Error	t Value	Pr > |t|	Standardized Estimate
Intercept	1	− 43643	4818.28959	− 9.06	< .0001	0
X5	1	0.53477	0.03180	16.82	< .0001	0.91847
X6	1	− 0.07975	0.02112	− 3.78	0.0026	− 0.18300
X8	1	7.61766	0.41936	18.17	< .0001	0.99380

基于以上的计算结果，其统计学结论是 X5 ["粮食作物播种面积(千公顷)"]、X6 ["受灾面积(千公顷)"]、X8 ["作物单产(公斤/公顷)"] 对 Y ["粮食总产量(万吨)"] 的影响有统计学意义。

【专业结论】 由最后一列(标准化回归系数)可知，X8 对 Y 的贡献最大，X5 对 Y 的贡献次之，而 X6 对 Y 起负面影响。这个分析结果比较符合专业知识，而且非常简单明了。

由此可见，一些统计资料中虽然罗列了很多变量，但有些从专业上无法解释清楚它们之间

究竟有无联系，甚至有些资料收集得很不准确。因而，在选择统计分析方法时，首先要十分关注"资料是否值得分析"；其次，要考察"资料是否具有同质性"；然后，再根据资料的具体情况和分析目的选择合适的统计分析方法。在解释计算结果时，一定要以统计学知识和专业知识为依据，不要无中生有、借题发挥，以免造成不良的后果。

5.4　本 章 小 结

本章介绍了路径分析方法。此方法与多重线性回归分析、相关分析、因子分析等有着很多相似之处，但它们彼此之间又有些区别。相关分析着重研究变量之间的相互关系，多重线性回归分析着重反映因变量对自变量的线性依赖关系，因子分析着重揭示隐变量是如何控制或影响显变量的变化规律的，而路径分析则更关心的是结果变量(显变量)如何受全部原因变量(即自变量，它们都是显变量)直接和间接影响的。

(胡良平　刘惠刚　高辉)

第6章 主成分分析

主成分分析是多元分析中最重要的方法之一。它实际上是对变量共性的一种提取，是用降维分析技术来解释原变量的协方差结构的一种方法。

6.1 问题与数据结构

6.1.1 实例

【例6-1】 不同国家和地区的女子田径记录数据列于表6-1中。试对其进行主成分分析，并对主成分进行解释，把不同国家和地区按它们在第一主成分上的得分排序。

表6-1 不同国家和地区女子径赛运动记录

国家和地区	100m(s)	200m(s)	400m(s)	800m(m)	1500m(m)	3000m(m)	马拉松(m)
阿根廷	11.61	22.94	54.50	2.15	4.43	9.79	178.52
澳大利亚	11.20	22.35	51.08	1.98	4.13	9.08	152.37
…	…	…	…	…	…	…	…
西萨摩亚	12.74	25.85	58.73	2.33	5.81	13.04	306.00

资料来源：*IAAF/ATFS Track and Field Statistics Handbook for the 1984 Los Angeles Olympics*。

【例6-2】 某小学10名9岁男学生6个项目(依次用$X_1 \sim X_6$表示)的智力测量的得分如表6-2所示。人们习惯上用各项目得分的总和来表示学生的智力，这种做法实际上是将各变量赋予相同的权重。现希望找出一个或几个较好的综合指标来概括6个方面得分的信息，这些综合指标间互相独立且各代表某个方面的性质，试对其进行主成分分析。

表6-2 某小学10名男学生6个项目的智力测量计分表

被测试者编号	常识 X_1	算术 X_2	理解 X_3	填图 X_4	积木 X_5	译码 X_6	合计
1	14	13	28	14	22	39	130
2	10	14	15	14	34	35	122
…	…	…	…	…	…	…	…
10	9	9	12	10	23	46	109

6.1.2 对数据结构的分析

对于例6-1，资料中仅涉及1个组，即55个国家和地区，获得它们的女子运动员在7项田径项目上的成绩，且各项田径记录均为定量的观测指标，所以该资料为单组设计七元定量资料。

对于例6-2，资料中同样仅涉及1个组，即10名男学生，获得他们在6个项目上的智力测量得分，且各项智力测量得分均为定量的观测指标，所以该资料为单组设计六元定量资料。

6.1.3 分析目的与统计分析方法的选择

对于单组设计多元定量资料，根据不同的研究目的，可有多种不同的统计分析方法供选用。

目的一：希望以互不相关的较少的综合指标（这些综合指标是不能直接测量的）来反映原始指标所提供的大部分信息时，即希望找出"幕后"操纵原变量取值规律的隐变量时，可选用主成分分析。

目的二：希望用较少的互相独立的公共因子反映原有变量的绝大部分信息，即希望以最少的信息丢失将众多原有变量浓缩成少数几个具有一定命名解释性的公共因子，可选用探索性因子分析。

主成分分析是将主成分表示为原始变量的线性组合，而因子分析是将原始变量表示为公共因子和特殊因子的线性组合。探索性因子分析比主成分分析更强调隐变量的实际意义，且由于因子分析允许特殊因子的存在将得到较主成分分析更为精确的结果。一般而言，仅想把现有变量缩减为少数几个新变量从而进行后续的分析，采用主成分分析即可。

本章主要介绍主成分分析的有关原理及实现方法，所以对后面的实例将选取主成分分析来处理。

6.2 主成分分析内容简介

6.2.1 主成分分析概述

在实际工作中，经常会遇到多个变量之间存在相关性的情况，因此，人们希望用较少的几个变量来代替原有的多个变量，但又要求这少数的几个变量能尽可能多地反映原有的多个变量的信息。这是数据降维的思想，主成分分析便是其中的一种方法。

主成分分析（Principal Components Analysis）也称主分量分析，它是将多个变量（或指标）化为少数几个互不相关的综合变量（指标）的统计分析方法。1901 年，由 Pearson 首先引入，1933 年 Hotelling 对其做了进一步的发展。主成分实际上就是由原变量 $X_1 \sim X_m$ 线性组合出来的 m 个互不相关且未丢失任何信息的新变量，也称综合变量。多指标的主成分常被用来寻找判断某种事物或现象的综合指标，并给综合指标所蕴藏的信息以恰当解释，以便更深刻地揭示事物内在的规律。

6.2.2 主成分分析的基本原理

设总体 $\boldsymbol{X} = (X_1, X_2, \cdots, X_m)'$ 是一个 m 维向量，其二阶矩存在，记 $\mathrm{Var}(\boldsymbol{X}) = \boldsymbol{\Sigma}$，则称 $\boldsymbol{X}$ 的分量的线性组合 $Y_j = \boldsymbol{l}_j'\boldsymbol{X}$ 为 $\boldsymbol{X}$ 的第 j 个主成分，它满足如下要求：在 $\boldsymbol{l}_j'\boldsymbol{l}_j = 1, \boldsymbol{l}_j'\boldsymbol{\Sigma}\boldsymbol{l}_i = 0, i = 1, 2, \cdots, j-1$ 的条件下使 $\mathrm{Var}(Y_j) = \boldsymbol{l}_j'\boldsymbol{\Sigma}\boldsymbol{l}_j$ 达到最大，$j = 1, 2, \cdots, m$。

在实际工作中，$\boldsymbol{\Sigma}$ 通常是未知的，因此需要通过样本进行估计。设来自总体的 $\boldsymbol{X}$ 的容量为 n 的样本观察向量为 $\boldsymbol{x}_1, \boldsymbol{x}_2, \cdots, \boldsymbol{x}_n$，其中 $\boldsymbol{x}_i = (x_{i1}, x_{i2}, \cdots, x_{im})', i = 1, 2, \cdots, n, n > m$，将样本协方差阵 $\boldsymbol{S}$ 作为 $\boldsymbol{\Sigma}$ 的估计，这时定义的主成分便是样本主成分。

不失一般性，可假定样本的每一个分量均已经标准化了，样本均值向量为 $\boldsymbol{0}$，此时样本协方差阵 $\boldsymbol{S}$ 即为样本的相关系数阵 $\boldsymbol{R}$。

6.2.3　主成分的计算步骤及性质

1. 数据结构

适合进行主成分分析的数据结构为单组设计多元定量资料，见表6-3。

表6-3　主成分分析的数据结构

个 体 号	X_1	X_2	…	X_m
1	X_{11}	X_{12}	…	X_{1m}
2	X_{21}	X_{22}	…	X_{2m}
…	…	…	…	…
n	X_{n1}	X_{n2}	…	X_{nm}

对 n 个对象观察 m 个指标所得的数据整理成表6-3所示形式。其中，X_{nm} 是第 n 个对象的第 m 个指标的观察值，X_{nm} 为定量值。

2. 主成分的表达式

对于表6-1的数据结构，设主成分为 Z，主成分的表达式以式(6-1)～式(6-3)三种表达式之一的形式出现：

$$\begin{cases} Z_1 = a_{11}(X_1 - \bar{X}_1) + a_{12}(X_2 - \bar{X}_2) + \cdots + a_{1m}(X_m - \bar{X}_m) \\ Z_2 = a_{21}(X_1 - \bar{X}_1) + a_{22}(X_2 - \bar{X}_2) + \cdots + a_{2m}(X_m - \bar{X}_m) \\ \vdots \\ Z_m = a_{m1}(X_1 - \bar{X}_1) + a_{m2}(X_2 - \bar{X}_2) + \cdots + a_{mm}(X_m - \bar{X}_m) \end{cases} \quad (6\text{-}1)$$

式中，X_i 为原始变量。

$$\begin{cases} Z_1 = b_{11}x_1 + b_{12}x_2 + \cdots + b_{1m}x_m \\ Z_2 = b_{21}x_1 + b_{22}x_2 + \cdots + b_{2m}x_m \\ \vdots \\ Z_m = b_{m1}x_1 + b_{m2}x_2 + \cdots + b_{mm}x_m \end{cases} \quad (6\text{-}2)$$

$$\begin{cases} Z_1 = c_{11}x_1 + c_{12}x_2 + \cdots + c_{1m}x_m \\ Z_2 = c_{21}x_1 + c_{22}x_2 + \cdots + c_{2m}x_m \\ \vdots \\ Z_m = c_{m1}x_1 + c_{m2}x_2 + \cdots + c_{mm}x_m \end{cases} \quad (6\text{-}3)$$

式(6-2)与式(6-3)中，x_i 为 X_i 的标准化变量（即 $x_i = \dfrac{X_i - \bar{X}_i}{S_i}$，$S_i$ 为标准差）。

式(6-1)～式(6-3)中，a_{ij}、b_{ij}、c_{ij} 都是线性组合的系数，称为因子负荷量；$c_{ij} = \sqrt{\lambda_i}b_{ij}$，$\lambda_i$ 为与第 i 个主成分对应的特征值，i、$j = 1, 2, \cdots, m$。

求主成分的计算过程，实际上就是求上述三种表达式之一的因子负荷量。式(6-1)是由原变量的协方差矩阵解出特征值及其对应的特征向量。与第 i 个特征值对应的特征向量的分量，即为第 i 个主成分等号右侧的系数 a_{ij}（i、$j = 1, 2, \cdots, m$）。使用式(6-1)的缺点是主成分分析的结果受原变量度量单位的影响很大，故一般不用。式(6-2)是由标准化变量的协方差矩阵（即相关矩阵）求特征值及其对应的特征向量，其分量为 b_{ij}（i、$j = 1, 2, \cdots, m$），SAS中直接给出的因子负荷量与式(6-2)对应。而式(6-3)是在求出式(6-2)中系数的基础上, 乘以相应主成分的特征值之平方根, 得 $c_{ij}(i, j = 1, 2, \cdots, m)$。

若将式(6-3)中的系数矩阵转置, 用全部主成分线性表达各标准化变量(见式(6-4)), 其结果就是用因子分析方法求得的初始因子模型的表达式。在结合具体问题解释各主成分时, 式(6-3)优于式(6-2), 因 c_{ij} 就是 Z_i 与 $x_j(i, j = 1, 2, \cdots, m)$ 的相关系数, 此时, 因子负荷量的大小和它前面的正负号直接反映了主成分与相应变量之间关系的密切程度和方向。

$$\begin{cases} x_1 = c_{11}Z_1 + c_{21}Z_2 + \cdots + c_{m1}Z_m \\ x_2 = c_{12}Z_1 + c_{22}Z_2 + \cdots + c_{m2}Z_m \\ \quad \vdots \\ x_m = c_{1m}Z_1 + c_{2m}Z_2 + \cdots + c_{mm}Z_m \end{cases} \tag{6-4}$$

3. 主成分的几何意义

为讨论方便, 以 $m = 2$ 来介绍主成分分析的几何含义。设有 n 例儿童的身高(X_1)和体重(X_2)两个观测指标, 显然它们之间有较强的相关性。若以 X_1 为横轴, 以 X_2 为纵轴, 绘制散点图如图 6-1 所示。可见这 n 个点的分布呈现直线变化趋势, 分布在一条直线的近旁。它们沿 X_1 轴和 X_2 轴方向都具有较大的变异度, 个体在某个方向上的变异度可用该方向上相应观测变量的方差来表示。若以此直线取作新的横轴 Z_1, 再取一根垂直于 Z_1 的直线作为纵轴 Z_2, 在平面上, 这 n 点的变异主要集中在 Z_1 方向上, 在 Z_2 轴上变异很小。所以, 研究这 n 个对象的变异, 可以只考虑 Z_1 值的大小, 而忽略 Z_2 值的差异。也就是说, 若取 Z_1 作为第一主成分, 则 Z_1 就反映了原始指标 X_1、X_2 所包含的主要信息。若将 X_1、X_2 标准化后的指标记为 Y_1、Y_2, 则根据数学知识可得, Z_1、Z_2 与 Y_1、Y_2 有以下关系式:

$$Z_1 = l_{11}Y_1 + l_{12}Y_2$$
$$Z_2 = l_{21}Y_1 + l_{22}Y_2$$

Z_1、Z_2 是 Y_1、Y_2 的线性函数, 显然也是 X_1、X_2 的线性函数, 且 Z_1、Z_2 不相关。称 Z_1 为第一主成分, 称 Z_2 为第二主成分, 并称这种分析方法为主成分分析法。

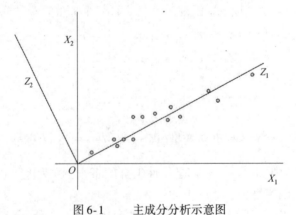

图 6-1　　　主成分分析示意图

4. 主成分的计算步骤

为了计算简便, 主成分的计算一般从求相关矩阵出发。以表 6-1 为例, 讨论怎样由 m 个变量 X_1, X_2, $\cdots$, X_m 的 n 个样本观测值求出主成分。一般计算步骤如下。

第一步, 对各原始指标数据进行标准化, 即

$$x_{ij} = \frac{X_{ij} - \bar{X}_j}{S_j} \qquad j = 1, 2, 3, \cdots, m \tag{6-5}$$

然后用标准化的数据 x_{ij} 来计算主成分。记 X 为标准化后的数据矩阵, 则

$$X = \begin{bmatrix} x_{11} & x_{12} & \cdots & x_{1m} \\ x_{21} & x_{22} & \cdots & x_{2m} \\ \vdots & \vdots & \ddots & \vdots \\ x_{n1} & x_{n2} & \cdots & x_{nm} \end{bmatrix}$$

第二步, 求出 X 的相关矩阵 R [标准化后, X 的相关矩阵即为协方差矩阵 $\mathrm{Cov}(X)$], 即

$$R = \mathrm{Cov}(X) = \begin{bmatrix} r_{11} & r_{12} & \cdots & r_{1m} \\ r_{21} & r_{22} & \cdots & r_{2m} \\ \vdots & \vdots & \ddots & \vdots \\ r_{m1} & r_{m2} & \cdots & r_{mm} \end{bmatrix} = \begin{bmatrix} 1 & r_{12} & \cdots & r_{1m} \\ r_{21} & 1 & \cdots & r_{2m} \\ \vdots & \vdots & \ddots & \vdots \\ r_{m1} & r_{m2} & \cdots & 1 \end{bmatrix}$$

第三步, 求出相关矩阵的特征值和特征值所对应的特征向量。求主成分问题, 实际上就是要求出 X 的协方差矩阵 $\mathrm{Cov}(X)$ (这里即为 X 的相关矩阵 R) 的特征值和特征向量。由于 R 为半正定矩阵, 故可由 R 的特征方程 $|R - \lambda I| = 0$ 求得 m 个非负特征值, 将这些特征值按从大到小排序为 $\lambda_1 \geqslant \lambda_2 \geqslant \cdots \geqslant \lambda_m \geqslant 0$。

再由

$$\begin{cases} (R - \lambda_1 I)a_i = 0 \\ a_i' a_i = 1 \end{cases} \qquad i = 1, 2, \cdots, m$$

解得每个特征值 λ_i 对应的单位特征向量 $a_i = (a_{i1}, a_{i2}, \cdots, a_{im})'$, 从而求得主成分

$$Z_i = a_i' X = a_{i1} X_1 + a_{i2} X_2 + \cdots + a_{im} X_m \qquad i = 1, 2, \cdots, m$$

5. 主成分的性质

① 各主成分之间互不相关, 即 Z_i 与 Z_j 的相关系数为

$$r_{Z_i, Z_j} = \frac{\mathrm{Cov}(Z_i, Z_j)}{\sqrt{\mathrm{Cov}(Z_i, Z_i)\mathrm{Cov}(Z_j, Z_j)}} = 0 \, (i \neq j)$$

于是, 各主成分间的相关系数矩阵为单位矩阵。若原变量服从正态分布, 则各主成分之间互相独立。

② 全部 m 个主成分所反映的 n 例样品的总信息, 等于 m 个原变量的总信息。信息量的多少, 用变量的方差来度量。若将 m 个原变量标准化后, 每个变量的方差都为 1, 故方差之和为 m。此时, 求得的 m 个主成分的方差之和也为 m。

③ 各主成分的作用大小关系是 $Z_1 \geqslant Z_2 \geqslant \cdots \geqslant Z_m$。

④ 主成分 Z_i 的贡献率为 $(\lambda_i / m) \times 100\%$, 前 P 个主成分的累计贡献率是 $\left(\sum_{i=1}^{P} \lambda_i / m \right) \times 100\%$。

⑤ $r_{(Z_i, x_j)} = c_{ij}$, 说明第 i 个主成分 Z_i 与第 j 个标准化变量 x_j 之间的相关系数就是式 (6-3) 中的系数 c_{ij}。

⑥ $\sum\limits_{j=1}^{m} r^2_{(Z_i, x_j)} = \lambda_i$，说明第 i 个主成分 Z_i 与 m 个标准化变量中每个变量之间的相关系数的平方和为由大到小排列后的第 i 个特征值 λ_i。

⑦ $\sum\limits_{i=1}^{m} r^2_{(Z_i, x_j)} = 1$，说明 m 个主成分分别与第 j 个标准化变量的相关系数的平方和为 1，即每个标准化变量的信息由全部主成分完全包含。

6.2.4　与主成分分析有关的其他内容

1. 主成分个数的选取

由主成分分析的目的可知其是采用降维的思想，降低数据的维数，故一般只取前 $k(k < m)$ 个主成分。k 值的确定，通常采用累计贡献率(c)的方法，即根据实际问题给出一个 c 值，一般 c 在 70% ~ 80% 之间。若前 $k-1$ 个主成分的累计贡献率小于 c，而前 k 个主成分的累计贡献率大于或等于 c，则取 k 个主成分。

2. 方法选择与关键点

统计分析方法的选用，可根据统计分析目的和资料所具备的前提条件来确定。对于表 6-1 中的资料，若各指标都是定量的，最好近似服从正态分布时，需选用何种统计分析方法就由分析目的决定了。

① 若希望以互不相关的较少的综合指标(该综合指标是不能直接测量的)来反映原始指标所提供的大部分信息时，即希望找出"幕后"操纵原变量取值规律的隐变量时，可选用主成分分析。

另外，当多个原始指标之间存在多重共线性时，若进行多重回归分析，由于共线性的存在，直接建立回归方程具有不稳定性，严重时可导致正规方程组的系数矩阵为奇异矩阵，从而无法求得偏回归系数。此时可采用主成分分析的方法，求出少数几个主成分，然后用这几个主成分与响应变量建立回归方程，称为主成分回归。

② 若对多个指标求出综合指标后，求出的综合指标具有专业意义，则可利用各综合指标对样品进行分类，此时，可选用主成分分析。

此外，对于表 6-1 的数据结构，还可选用因子分析(想要找出指配 X_1、X_2、…、X_m 个变量所对应的 n 个个体取值的隐含变量，并将它们线性表达出来可选用因子分析)、变量聚类分析(想要将 X_1、X_2、…、X_m 个变量的根据亲疏关系聚在一起，可选用变量聚类分析)、样品聚类分析(想要将个体根据亲疏关系聚在一起，可选用样品聚类分析)、对应分析(既想要研究变量之间的关系，还要研究个体之间的关系，并希望能在同一个坐标系内同时表达出变量与样品两者之间的相互关系，可选用对应分析)。

3. 主成分的应用

主成分的应用是多方面的。利用主成分对数据降维后，可以用较直观的方法对样品进行分类(间接实现判别分析)；当原因变量间存在多重共线性时，可以利用原因变量间的主成分，建立因变量关于主成分的回归方程以克服多重共线性(这就是主成分回归分析问题)。

6.2.5　PRINCOMP 过程简介

1. PRINCOMP 过程的语句格式

```
PROC PRINCOMP < options > ;
    BY variables ;
```

```
FREQ variable ;
ID variables ;
PARTIAL variables ;
VAR variables ;
WEIGHT variable ;
```

2. PRINCOMP 过程语句及用法简介

（1）PROC PRINCOMP 语句

该语句代表一个主成分分析过程的开始，在该语句中可以定义选项，如输入和输出数据集、定义分析过程的细节及控制输出等。具体功能及用法见表 6-4。

表 6-4　PROC PRINCOMP 语句选项及其功能和用法

选　　项	功能和用法
定义数据集选项	
DATA =	指定输入数据集对其进行主成分分析。输入的文件可以是原始数据，也可以是一个相关系数矩阵，或是方差协方差矩阵等不同形式的数据文件。若省略此选项，则默认最新数据
OUT =	指定输出数据集，包含输入数据集的数据及主成分得分
OUTSTAT =	指定输出包含有关统计量的数据集，包含均数、标准差、特征值、特征向量等。若使用了 COV 选项，则根据 NOINT 的不同，数据集为 TYPE = COV 或 TYPE = UCOV，包含协方差阵；否则，数据集为 TYPE = CORR 或 TYPE = UCORR，包含相关阵
定义分析的细节	
COV	从协方差矩阵计算主成分。如果省略此选项，则使用相关矩阵
N =	指定计算主成分的个数
NOINT	对相关阵或方差协方差阵不针对均值进行校正，即主成分分析不包括截距；否则，可通过 MEANS 过程得到关于均值进行校正的变异
PREFIX =	定义主成分名，默认值为 PRIN1、PRIN2、…、PRINn。n 为正整数。主成分名字（包括字母及数字）的长度不得超过 VALIDVARNAME = 中定义的有效变量名长度
PARPREFIX = 或 PPREFIX =	定义在输出数据集里残差变量的名称。默认名为前缀 R_。此选项为 SAS 9.2 版本新增
SINGULAR = p|SING = p	指定奇异性标准，设置值应在 0 ~ 1 之间，默认值为 10^{-8}。在 partial 语句的某个变量，当它由该语句中列出的此变量之前的变量进行预测时，其 R^2 像 1 - p 这样大时，该变量的标准化系数将被确定为 0
STANDARD|STD	要求在输出数据集里将主分量得分标准化为单位方差。如省略此项，则主分量得分的方差等于相应的特征值
VARDEF = DF|N|WEIGHT 或 WGT|WDF	规定计算方差和协方差的除数，自由度 DF 为此选项的默认值。可选值还有观测样本数（N）、权重合计（WEIGHT 或 WGT）、权重合计减1（WDF）
压缩显示输出	
NOPRINT	不打印分析结果
定义 ODS 图形输出	
PLOTS =	控制 ods graphics 所输出的图形，使用此选项必须事先以 ods graphics on 定义输出

（2）其他语句

① BY 语句。

```
BY variables;
```

BY 语句同 PROC PRINCOMP 语句一起使用，分别对 BY 变量定义的几个观测组分开进行独立分析。BY 语句出现时，要求数据集已按 BY 变量排序。

② FREQ 语句

```
FREQvariable;
```

FREQ 语句规定了一个变量名, 其值为在 DATA = 的数据集中每个观测出现的频数。当 FREQ 变量的值对于一个已知的观测为 n 时, 这个观测在分析中使用 n 次。

如果 FREQ 变量的值是缺失或小于 1, 那么该观测在分析中没有使用。如果 FREQ 变量的值不是整数, 那么只使用整数部分。

③ PARTIAL S 语句。

> PARTIAL variables ;

如果想分析偏相关阵或偏协方差阵, 可使用 PARTIAL 语句规定要被偏出去的数值变量的名字。PRINCOMP 过程计算由 PARTIAL 变量预测 VAR 变量的残差的主分量。如果要求 OUT = 或 OUTSTAT = 的数据集, 则残差变量用字符 R_ 作为前缀来命名。

④ VAR 语句。

> VAR variables;

用来列出要分析的数值变量的名字。如果省略 VAR, 则没有在其他语句中规定的所有数值变量都是要分析的变量。但当 DATA = 数据集类型是 TYPE = SSCP 时, 默认的 VAR 变量集不包含 Intercept, 因此相关或协方差矩阵将被修正。如果想要把 Intercept 作为单独的变量使用, 则在 VAR 语句中要规定 Intercept。

⑤ WEIGHT 语句。

> WEIGHT variable ;

如果希望对输入的数据集中的每个观测使用权重, 则可以在 SAS 数据集中设置一个变量存放权重, 并在 WEIGHT 语句中规定该变量的名字。当同每个观测有联系的方差不相等时, 经常使用该语句, 并且变量权重的值与方差的倒数成比例。只有 WEIGHT 变量的值为非缺失且大于 0 时的观测, 才能用于分析。

(3) 输出数据集内的_TYPE_变量

在输出数据集中, 每个观测还附加了由_TYPE_变量所生成的统计量, 见表6-5。

表6-5　由_TYPE_变量所生成的统计量

TYPE=	含　义
MEAN	各变量的均值
STD	标准差, 在计算得分之前对变量标准化。如果选 TYPE = COV 则 STD 无效
N	观测数目
CORR	每个变量与"_NAME_ = 变量"中的各个变量之间的相关系数。_TYPE_ = CORR 中的观察值的个数等于 VAR 语句中变量的个数
COV	每个变量与"_NAME_ = 变量"中的各个变量之间的协方差系数
EIGENVAL	特征值。产生由 N = n 中所指定的 n 个特征值
SCORE	特征向量。_TYPE_ = SCORE 中的观察值个数, 等于_NAME_中的主成分个数

6.3　主成分分析的应用

6.3.1　SAS 程序

对例 6-1 中的资料进行主成分分析, SAS 程序如下(程序名为 SASTJFX6_1. SAS):

```
data SASTJFX6_1;
   length Stateid $4 State $ 17;
   infile 'D:\SASTJFX\SASTJFX6_1.
       TXT' delimiter = ',';
   input State $ x1 - x7;
   Stateid = substr(State,1,4);
   if State = 'Austria' then Stateid
   = 'Audi';
run;
ods html;
proc princomp data = SASTJFX6_1 out
    = Prin;
   var X1 - X7;
run;
```

```
title 'Plot of Principal
   Components';
% plotit(data = Prin,labelvar =
stateid,plotvars = Prin2 Prin1,col-
or = black,colors = black);
proc sort data = Prin;
   by Prin1;
run;
proc print;
   id state;
   var prin1 prin2 x1 - x7;
run;
ods html close;
```

第一步为数据步，用来创建数据集。length 语句可规定变量的取值长度，其中，Stateid 是字符型变量(以 $ 符号指明)，长度为 4，而 State 也是字符型变量，长度为 17。infile 语句用来读取外部数据文件，文件名为 SASTJFX6_1. TXT，存放在 D 盘 SASTJFX 文件夹内，不同变量的取值之间是以逗号间隔的，故用 delimiter = ',' 选项来帮助正确读取各变量列的数据。input 语句对各数据列赋以相应的变量名。Stateid = substr(State,1,4);语句是将变量 State 取值的第 1～4 个字母赋给 Stateid，以方便绘图时显示。由于澳大利亚(Australia)与奥地利(Austria)的前 4 个字母相同，均为 Aust，故程序中加入 if 判断语句，将奥地利的 Stateid 取值赋为 Audi，以区别于澳大利亚的缩写 Aust。

第二步是调用 princomp 过程，对数据集 SASTJFX6_1 进行主成分分析。在 proc princomp 语句中使用 out 选项，将主成分分析的有关结果输出到数据集 Prin 内，此数据集包含原始数据及新计算出来的主成分。title 语句用来设置后面显示结果的标题。

宏程序 plotit 的主要作用就是将数据集中的变量及其取值与图中的坐标轴和散点对应起来，并以标签的形式说明散点的含义。在使用时，data 选项用来指定使用的数据集，labelvar 选项用来规定图中点的标识或标签变量，plotvars 选项按顺序规定纵轴及横轴所代表的变量，color 选项规定图形外框及标题的颜色，colors 选项设置散点及标识的颜色。

调用 sort 过程是将数据集 prin 内的数据按第一主成分 prin1 的取值大小排序。然后调用 print 过程，将数据集 prin 里的内容输出到 output 窗口。id 语句用来设置输出时的标识变量，表示以 state 变量的取值标识各观测。

对例 6-2 的资料进行主成分分析，SAS 程序如下(程序名为 SASTJFX6_2. SAS)：

```
data SASTJFX6_2;
   input x1 - x6 @@;
   cards;
14  13  28  14  22  39  10  14  15
14  34  35  11  12  19  13  24  39
7   7   7   9   20  23  13  12  24
12  26  38  19  14  22  16  23  37
20  16  26  21  38  69  9   10  14
9   31  46  9   8   15  13  14  46
9   9   12  10  23  46
;
run;
```

```
data Prin1;
   set Prin;
   maxz = max(of z1 - z6);
   if maxz = z1 then zz = 'z1';
   else if maxz = z2 then zz = 'z2';
   else if maxz = z3 then zz = 'z3';
   else if maxz = z4 then zz = 'z4';
   else if maxz = z5 then zz = 'z5';
   else if maxz = z6 then zz = 'z6';
run;
```

```
ods html;                            proc print;
proc princomp out = Prin prefix = z;   var z1 - z6 maxz zz;
  var x1 - x6;                       run;
run;                                 ods html close;
```

第一个数据步用来建立数据集 SASTJFX6_2，input 语句中规定输入的变量名称，@@ 表示数据可连续读入，否则每行数据的个数必须与变量个数相同。

第二步调用 princomp 过程，对数据进行主成分分析。prefix = z 要求用 z1 ~ z6 分别表示 6个主成分变量；若此项缺省，则 SAS 系统自动用 PRIN1 ~ PRIN6 表示 6 个主成分。

第二个数据步用来建立一个新数据集 Prin1，其内容就是 Prin，并利用求最大值函数 MAX( ) 求出各样品(或称观测)所对应的 6 个主成分值中的最大值，赋给变量 maxz，最后由 print 过程输出各被测试者的各主成分值、最大主成分值及最大主成分名称。

6.3.2　主要分析结果及解释

以下为 SAS 软件输出的关于例 6-1 的主成分分析结果及结果解释：

Eigenvalues of the Correlation Matrix

	Eigenvalue	Difference	Proportion	Cumulative
1	5. 76881816	5. 11383774	0. 8241	0. 8241
2	0. 65498042	0. 35726028	0. 0936	0. 9177
3	0. 29772014	0. 16598819	0. 0425	0. 9602
4	0. 13173196	0. 06112065	0. 0188	0. 9790
5	0. 07061130	0. 01800888	0. 0101	0. 9891
6	0. 05260242	0. 02906683	0. 0075	0. 9966
7	0. 02353559		0. 0034	1. 0000

这是相关矩阵的特征值，特征值越大，它所对应的主成分变量包含的信息就越多。第 1 ~ 3 个主成分的贡献率分别为 82.41%、9.36%、4.25%，最后一列为累计贡献率，可以看出，前两个主成分就包含了原来 7 个指标 91.77% 的信息。

Eigenvectors

	Prin1	Prin2	Prin3	Prin4	Prin5	Prin6	Prin7
$x1$	0. 3682	0. 4691	0. 2772	− 0. 4342	− 0. 5930	0. 1651	− 0. 0133
$x2$	0. 3589	0. 5558	0. 2408	0. 1956	0. 6668	0. 1310	0. 0652
$x3$	0. 3830	0. 2536	− 0. 5079	0. 3037	− 0. 1850	− 0. 6037	− 0. 2000
$x4$	0. 3860	− 0. 1527	− 0. 5863	0. 0645	− 0. 0394	0. 6118	0. 3222
$x5$	0. 3904	− 0. 3608	− 0. 0162	− 0. 3722	0. 2597	0. 0783	− 0. 7106
$x6$	0. 3898	− 0. 3474	0. 1488	− 0. 3622	0. 1634	− 0. 4505	0. 5869
$x7$	0. 3682	− 0. 3641	0. 4909	0. 6380	− 0. 2716	0. 0877	− 0. 0477

这里给出的是特征向量(Eigenvectors)，据此可以写出由标准化变量所表达的各主成分的关系式，即

$$\text{Prin1} = 0.3682x_1 + 0.3589x_2 + 0.3830x_3 + 0.3860x_4 + 0.3904x_5 + 0.3898x_6 + 0.3682x_7$$

$$Prin2 = 0.4691x_1 + 0.5558x_2 + 0.2536x_3 - 0.1527x_4 - 0.3608x_5 - 0.3474x_6 - 0.3641x_7$$

其中，$x_i = (X_i - \bar{X}_i)/S_i (i = 1, 2, \cdots, 7)$，即 x_i 表示原指标 X_i 的标准化变量。

由第一主成分可以看出，它在所有项目上的因子负荷都相差不大。因此，第一主成分 Prin1 可用于度量各国家和地区在女子径赛项目上的总体水平。第二主成分在 100m(x_1) 和 200m(x_2) 项目上有较高的因子负荷，可以看出该主成分主要反映女子运动员的短跑能力。

以下从小到大依次列出了 55 个国家和地区的第一和第二主成分得分的输出结果：

State	Prin1	Prin2	x1	x2	x3	x4	x5	x6	x7
GDR	-3.53	-1.26	10.81	21.71	48.16	1.93	3.96	8.75	157.68
Soviet Union	-3.49	-0.30	11.06	22.19	49.19	1.89	3.87	8.45	151.22
…	.	.	.	.	.	.	.	.	.
Western Samoa	8.34	-2.28	12.74	25.85	58.73	2.33	5.81	13.04	306.00

图 6-2 所示为用第一和第二主成分的大小绘制的散点图。可以看出，最左侧的几个国家如东德(GDR)、苏联(Sovi)、波兰(Pola)、西德(FRG)、美国(Amer)的女子径赛水平普遍较高，而最右侧的西萨摩亚(Samo)、库克群岛(Cook)、毛里求斯(Maur)、巴布亚新几内亚(Papu)的女子径赛水平较低。

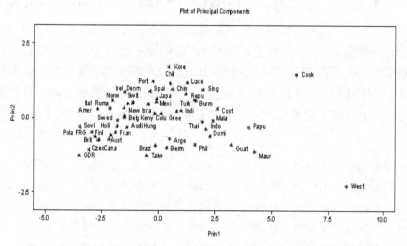

图 6-2　55 个国家和地区女子径赛项目第一和第二主成分得分的散点图

以下为 SAS 软件输出的关于例 6-2 的主成分分析结果及结果解释。

Eigenvalues of the Correlation Matrix

	Eigenvalue	Difference	Proportion	Cumulative
1	4.14696480	3.28485695	0.6912	0.6912
2	0.86210785	0.26002295	0.1437	0.8348
3	0.60208491	0.34522092	0.1003	0.9352
4	0.25686399	0.15011309	0.0428	0.9780
5	0.10675090	0.08152336	0.0178	0.9958
6	0.02522755		0.0042	1.0000

以上给出了相关矩阵的特征值(Eigenvalue),特征值越大,它所对应的主成分变量包含的信息就越多。第 1~4 个主成分的贡献率分别为 69.12%、14.37%、10.03%、4.28%,最后一列为累计贡献率,由此可知,前 3 个主成分就包含了原来 6 个指标 93.52% 的信息。

Eigenvectors

	z1	z2	z3	z4	z5	z6
x1	0.4504	-0.2887	-0.0001	-0.2657	0.8019	0.0093
x2	0.4584	0.0046	-0.4235	-0.0117	-0.2512	-0.7398
x3	0.4082	-0.4481	-0.0437	0.7102	-0.1590	0.3179
x4	0.4527	-0.1187	0.1499	-0.6056	-0.5019	0.3740
x5	0.3150	0.7470	-0.4036	0.1215	0.1277	0.3856
x6	0.3409	0.3790	0.7958	0.2084	0.0170	-0.2511

以上给出了特征向量(Eigenvectors),据此可以写出由标准化变量所表达的各主成分的关系式,即

$$Z_1 = 0.4504x_1 + 0.4584x_2 + 0.4082x_3 + 0.4527x_4 + 0.3150x_5 + 0.3409x_6$$
$$Z_2 = -0.2887x_1 + 0.0046x_2 - 0.4481x_3 - 0.1187x_4 + 0.7470x_5 + 0.3790x_6$$
$$Z_3 = -0.0001x_1 - 0.4235x_2 - 0.0437x_3 + 0.1499x_4 - 0.4036x_5 + 0.7958x_6$$

其中,$x_i = (X_i - \bar{X}_i)/S_i (i = 1, 2, \cdots, 6)$,即 x_i 表示原指标 X_i 的标准化变量。

在各主成分的表达式中,系数的绝对值越大,说明该主成分受该指标的影响也就越大。从特征向量各分量的大小来看,第一特征向量各分量的大小都相当,说明第一主成分是一综合指标;第二特征向量在积木(x_5)有较大的负荷,说明第二主成分反映的是动手操作能力;第三特征向量在译码(x_6)上有较大的负荷,说明第三主成分反映的是归纳演绎能力。

Obs	z1	z2	z3	z4	z5	z6	maxz	zz
1	0.9001	-1.2649	-0.2334	0.6526	-0.2079	0.0483	0.9001	z1
2	0.2797	1.0053	-1.2509	-0.3466	-0.5032	-0.0871	1.0053	z2
3	-0.1459	-0.2261	-0.1856	0.0901	-0.2794	-0.1240	0.0901	z4
4	-3.2132	0.0199	-0.4013	-0.5951	0.1689	0.2773	0.2773	z6
5	0.2964	-0.4777	-0.4417	0.6819	0.1404	0.1433	0.6819	z4
6	1.4422	-1.2157	-0.4492	-0.6403	0.4940	-0.1735	1.4422	z1
7	4.3261	0.9094	0.7493	-0.3018	0.0304	0.1654	4.3261	z1
8	-0.9551	1.3327	0.0444	0.6077	0.3411	-0.0389	1.3327	z2
9	-1.4652	-0.6678	1.4668	-0.2435	-0.3748	0.0022	1.4668	z3
10	-1.4651	0.5848	0.7016	0.0949	0.1905	-0.2130	0.7016	z3

以上给出了 10 名测试者的最大主成分(见 zz 列),据此可对测试者的能力进行综合评价。

结果表明,(1、6、7)号、(2、8)号、(9、10)号、(3、5)号、4 号被测试者的情况分别比较接近。

【根据以上结果进行主成分的应用】　前面已求出了主成分,并结合专业知识给各主成分所蕴藏的信息以恰当的解释,其实还应该利用它们来判断样品的特性。本研究中可根据 10 名被测试者的 3 个主成分值来为考察此小学其他学生的智力水平提供参考。为了求主成分值的

方便，可将用标准化指标表达的主成分换成用原指标表达的形式。本例中，$x_1 = (X_1 - 12.1)/4.4083$，$x_2 = (X_2 - 11.5)/2.9155$，$x_3 = (X_3 - 18.2)/6.7297$，$x_4 = (X_4 - 13.1)/3.6040$，$x_5 = (X_5 - 25.5)/7.0593$，$x_6 = (X_6 - 41.8)/11.7644$。于是，用原指标表达的 3 个主成分分别为

$$Z_1 = 0.1022X_1 + 0.1572X_2 + 0.0607X_3 + 0.1256X_4 + 0.0446X_5 + 0.0290X_6 - 8.1430$$

$$Z_2 = -0.0655X_1 + 0.0016X_2 - 0.0666X_3 - 0.0329X_4 + 0.1058X_5 + 0.0322X_6 - 1.6274$$

$$Z_3 = -0.000023X_1 - 0.1453X_2 - 0.0065X_3 + 0.0416X_4 - 0.0572X_5 + 0.0676X_6 - 0.1256$$

设现有一测试者，测得 6 项指标分别为 $X_1 = 9$，$X_2 = 15$，$X_3 = 14$，$X_4 = 15$，$X_5 = 36$，$X_6 = 34$，把它们分别代入 $Z_1 \sim Z_3$ 表达式中，计算得 $Z_1 = 0.4602$，$Z_2 = 1.2848$，$Z_3 = -1.5331$。因第二主成分的值最大，因此，该测试者在动手操作能力方面可能较强。

6.4　本　章　小　结

主成分是原变量的线性组合，是对原变量信息的一种提取，主成分不增加也不减少总信息量，只是对原信息进行了重新分配。当变量间的相关较小时，应用主成分分析是没有意义的。

主成分个数的确定依赖于主成分的贡献大小。

主成分分析本身往往并不是目的，而是达到目的的一种手段。可用于多重回归分析，主要解决自变量间的共线性问题；可用于因子分析、聚类分析、判别分析等，主要目的是减少变量个数(统计上称为降维)等。

(李长平　高辉)

第7章 变量聚类分析

聚类分析起源于分类学,在古老的分类学中,人们主要依靠经验和专业知识来实现分类。随着人类对客观事物认识的不断加深,分类越来越细,要求也随之不断提高,光凭经验难以达到目的,因此数学工具被引入分类学,形成了数值分类学。后来,随着多元统计分析的引进,聚类分析又逐渐从数值分类学中分离出来,形成一个相对独立的分支。

本章主要对如何运用 SAS 软件进行变量聚类分析(R 型聚类)进行阐述。

7.1 问题与数据结构

7.1.1 实例

【例 7-1】 为研究人脑老化的严重程度,有人测定了不同年龄的 60 名正常男性 10 项有关指标,数据见表 7-1。各变量的含义如下:AGE 为年龄、TJ 为图片记忆、SG 为数字广度记忆、XX 为心算位数、XS 为心算时间、TS 为图形顺序记忆、CK 为规定时间内穿孔数、BJ 为步距、JJ 为步行时双下肢夹角、BS 为步速。试对这些指标进行变量聚类分析。

表 7-1 60 名正常男性 10 项有关指标的测量结果

AGE	TJ	SG	XX	XS	TS	CK	BJ	JJ	BS
16	17	9	14	5.14	4	9	54	35.32	3.92
33	15	9	14	3.36	5	6	42	28.61	5.39
...	...	...	...	...	...	...	...	...	...
79	13	5	1	9.50	0	6	38	25.53	3.24

7.1.2 对数据结构的分析

例 7-1 的资料中仅涉及一个组,即 60 名正常男性,获得他们在 10 项有关指标上的结果,且各项指标均为定量的观测指标,所以该资料为单组设计十元定量资料。

7.1.3 分析目的与统计分析方法的选择

目的一:希望以互不相关的较少的综合指标(该综合指标是不能直接测量的)来反映原始指标所提供的大部分信息时,即希望找出"幕后"操纵原变量取值规律的隐变量时,可选用主成分分析。

目的二:希望用较少的互相独立的公共因子反映原有变量的绝大部分信息,即希望以最少的信息丢失将众多原有变量浓缩成少数几个具有一定命名解释性的公共因子,可选用探索性因子分析。

目的三:希望将多个性质不明的观测指标按其相似程度分为若干类,每个类反映事物的一种特性,可选用变量聚类分析。

7.2　变量聚类分析内容简介

7.2.1　变量聚类分析的概念

变量聚类分析的主要目的就是将变化规律相似的变量放在一类中。对变量亲疏关系描述的尺度较多，目前用得最多的是相似系数，即性质越接近的事物，它们的相似系数的绝对值越接近于 1；而性质越无关的事物，它们的相似系数越接于 0。

7.2.2　变量聚类分析的聚类统计量

变量聚类分析在对变量进行分类时，通常采用相似系数来表示变量之间的亲疏程度，常用的相似系数主要有相关系数和夹角余弦。

1. 相关系数

变量 x_1 与变量 x_2 的相关系数通常用 r_{ij} 来表示，其定义如下：

$$r_{ij} = \frac{\sum\limits_{k=1}^{n} (x_{ki} - \bar{x}_i)(x_{kj} - \bar{x}_j)}{\sqrt{\left[\sum\limits_{k=1}^{n} (x_{ki} - \bar{x}_i)^2\right]\left[\sum\limits_{k=1}^{n} (x_{kj} - \bar{x}_j)^2\right]}} \quad i、j = 1,2,3,\cdots,n$$

2. 夹角余弦

变量 x_i 的 n 次观测值可看成 n 维空间的向量，那么变量 x_i 与 x_j 的夹角 α_{ij} 的余弦 $\cos\alpha_{ij}$，即两个向量的夹角的余弦值，称为两个向量的相似系数，其定义如下：

$$\cos\alpha_{ij} = \frac{\sum\limits_{k=1}^{n} x_{ki}x_{kj}}{\sqrt{\left(\sum\limits_{k=1}^{n} x_{ki}^2\right)\left(\sum\limits_{k=1}^{n} x_{kj}^2\right)}} \quad i、j = 1,2,3,\cdots,n$$

当两个变量平行时，其夹角 $\alpha_{ij} = 0°$，$\cos\alpha_{ij} = 1$，说明这两个向量完全相似；当它们的夹角 $\alpha_{ij} = 90°$ 时，$\cos\alpha_{ij} = 0$，说明两个向量是垂直的，即这两个向量是不相关的。

7.2.3　适合进行变量聚类分析的数据结构

严格地说，适合进行变量聚类分析的数据结构为单组设计多元定量资料。SAS 变量聚类分析的过程能对数据集中的变量进行分类，但是它要求所分析数据集中的数据必须是数值型的。

用于变量聚类的数据通常以相似矩阵或原始数据的形式录入。相关矩阵则是相似矩阵的一个特例。原始数据构成的矩阵中各行代表各个观测，而各列则代表各个观测在某变量上的取值。在通常情况下，常使用原始数据作为 SAS 的多变量数据集。在 SAS 系统里，进行变量聚类分析时常用的过程主要有 VARCLUS、TREE 等。

7.2.4　VARCLUS 过程简介

VARCLUS 过程主要是根据相似系数矩阵对变量进行互斥或系统聚类的过程。其主要的特点是对数据集中的变量进行分析, 把一组数值变量分为不相交或是谱系的类。同每一类有联系的是该类中这些变量的线性组合, 它可能是第一主分量(默认时)或是重心分量(指定 CEN-TROID 选项)。第一主分量是这些变量的加权平均, 它尽可能多地解释方差。如果用户希望类分量为标准化变量的(没有加权)平均, 或者没有标准化的变量的平均(用 COV 选项)时, 则使用重心分量(使用 CENTROID 选项)。VARCLUS 过程使能用综合所有聚类后的聚类主成分解释的方差最大化。

即使聚类主成分是第一主分量, 它仍是倾斜的。在一般的主成分分析时, 所有成分都是从相同变量计算而来, 第一主成分和第二主成分乃至其他所有主成分都是正交关系。在 VAR-CLUS 过程中, 所有主成分和其他主成分相比, 都是从不同组变量计算而来的, 某个聚类的主成分可能与另一个聚类的主成分相关联。因此, VARCLUS 算法是一种斜分量分析。

相关阵或协方差阵都能用于分析。如果使用相关阵, 所有变量以同等重要性被处理; 如果使用协方差阵, 具有较大方差的变量在分析中占有较大的重要性。

VARCLUS 过程生成两个数据集, 一个可以和 SCORE 过程用来计算每类的分量得分, 另一个能够通过 TREE 过程用来画谱系聚类的树状图。

VARCLUS 过程能够用来作为变量压缩的方法。含有很多变量的变量集常常用信息损失很少的类分量集替代。一般给定个数的类分量不能说明像相同个数的主分量那么多的方差, 但类分量常常比主分量更容易解释, 即使主分量已被旋转。

例如, 一种教育情况的检查可能包括 50 项。VARCLUS 过程可用来将这些项分为几类, 比如 5 类, 每类将用作部分检查, 而且这部分检查的得分将由类分量给出。如果这个类分量是协方差阵的重心分量, 那么每组检查是这部分检查中各项的得分和。

VARCLUS 算法可以同时包括分裂和迭代。默认时, VARCLUS 过程开始把所有变量看成一个类, 然后重复以下步骤:

第一步, 挑选一个将被分裂的类。根据规定的选项, 选中的类应该是用它的类分量解释的方差的百分比最小(选项 PROPORTION =), 或者同第二个主分量有关的特征根为最大(选项 MAXEIGEN =)。

第二步, 把选中的类分裂成两个类。首先计算出开头两个主分量, 再进行斜交旋转(在特征向量上执行 QUARTIMAX 旋转), 并把每个变量分配到旋转分量对应的类里, 分配原则是使变量与这个主分量的相关系数为最大。

第三步, 变量重新归类。通过迭代, 变量被重新分配到这些类里, 使得由这些类分量所解释的方差为最大。重新分配可能要求保持谱系结构。

当每个类都满足用户规定的准则时, 过程停止迭代。这个准则或是每个类分量所解释的方差的百分比, 或是每个类的第二个特征根。如果用户没有规定准则(默认时), 则当每类只有一个特征根大于 1 时, VARCLUS 过程停止。

VARCLUS 过程的语法如下:

```
PROC VARCLUS < options > ;
    VARvariables ;
        SEEDvariables ;
        PARTIALvariables ;
        WEIGHTvariables ;
        FREQvariables ;
        BYvariables ;
```

PROC VARCLUS 的选项大致可分为 5 类：第 1 类是指明输入及输出的数据集的名称；第 2 类是确定所要分类的数目；第 3 类是确定分类的方法；第 4 类是控制输出有关统计量的选项；第 5 类是对输出结果的一些控制选项。下面对常用的一些选项进行简要介绍。

① "DATA = " 选项：是指明所要进行分析的数据集。若数据集内所表示的为相关系数（CORR）、协方差阵（COV）、因子得分（FACTOR），则必须在选项 "DATA = " 后用（TYPE = ）指明，如 DATA = ABC（TYPE = CORR）说明数据集 ABC 为一个相关矩阵。若将 "DATA = " 省略掉，则 SAS 会自动找出在此过程之前最后形成的 SAS 数据集。

② "OUTSTAT = " 选项：是指明输出数据集的名称，这个数据集包括平均数、标准差、相关系数、类的线性组合系数、类的结构等统计量。

③ "OUTTREE = " 选项：可将类分析的结果存入一个数据集中，以便供 PROC TREE 过程绘制树形图之用。

④ "MINCLUSTERS = " 选项：其后为正整数，其作用是指明要将所分析的数据集最少分类的个数。在分析时，SAS 将采用系统聚类法，直到将类分裂到 "PROPORTION = 或 MAXEIGEN = " 选项所定的标准为止。如果在分析时，使用了 "INITIAL = RANDOM" 或 "INITIAL = SEED" 选项，则 "MINCLUSTERS = " 选项：其后的正整数自动设为 "2"。

⑤ "MAXCLUSTERS = " 选项：其后为正整数，其作用是指明要将所分析的数据集最多分类的个数，其值的上限为数据集变量的总数。在分析时则采用系统聚类的方法进行聚类。

⑥ "PROPORTION = " 选项：是指明所分的类的主成分所能解释的变异的最小百分比，选项后为正有理数。其默认值为 "0"，如果同时存在另一选项 CENTROID，则此选项的默认值为 0.75，也就是说，所分的类的主成分要能解释变异的 75%。值得注意的是，"PROPORTION = 0.75" 与 "PERCENT = 75" 的作用相同。

⑦ "MAXEIGEN = " 选项：其后为正实数，它的作用是指明所分析每一类的数据组的矩阵的第二特征根的最大值。通常其默认值会根据输入数据的类型而异，如果输入的数据是相关系数矩阵的形式，则其默认值为 "1"；如果输入的数据是方差/协方差矩阵，则其默认值为变量间方差的平均值。值得注意的是，此选项不能与 CENTROID 或 MULTIPLEGROUP 共用。

⑧ "CENTROID" 选项：是指明聚类的方法为重心法。重心是变量的未加权平均数，它得到的可能是局部的最优聚类，因为此选项的分析结果不能保证让类的重心成分与类内变量相关性最高。

⑨ "INITIAL = " 选项：其后为方法的名称，可以选取 RANDOM（随机法）、SEED（种子法）、INPUT（输入类型法）、GROUP（群体法）4 种方法进行聚类分析。

- "INITIAL = GROUP" 选项：是根据数据集中的观测来确定每个变量所属的类的数目。其取值为从 "1" 到所分的类的数目。但是此时，数据集的类型必须是 TYPE = CORR、UCORR、COV、UCOV、FACTOR 中的一种。

- "INITIAL = RANDOM" 选项：是将各变量随机分配到类中。在使用此选项时，如果没有同时使用 CENTROID 选项，则最好加用 "MAXSEARCH = 5" 选项。

- "INITIAL = SEED" 选项：是以 SEED 语句中所界定的变量作为聚类分析初值，所以通常与 SEED 语句联用。如果省略 SEED 语句，SAS 会自动取 VAR 语句中前 n 个变量作为初值，n 由 MINCLUSTERS = n 来确定。

- "INITIAL = INPUT" 选项：适用于 5 种特殊的输入数据类型，即 TYPE = CORR、UCORR、COV、UCOV、FACTOR 中的一种。

VAR 语句是指明数据集中所有参与分析的数值变量的变量名。

SEED 语句是指明各类的起始点，它与前面的"INITIAL = SEED"选项联用，旨在定出各类的起始点。当使用该语句时，"INITIAL ="的其他三种方法（即 RANDOM、INPUT、GROUP）将无效。

PARTIAL 语句是指明使用净相关来进行聚类分析，在此必须在 PARTIAL 语句后列出用来分析的变量名。

WEIGHT 语句的作用是指出在变量聚类中，各变量的权重。将这些权重值用 WEGHT 所指定的变量表示。在实际应用时，可以应用 WEGHT 指令将所有的变量视为同等重要，也可以指定各变量的加权值等于各变量的标准差的倒数。

FREQ 语句与上述的 WEIGHT 语句类似，是根据变量中的频数对变量进行加权，因此它后面的变量的取值必须为正整数。

BY 语句是按 BY 后面的变量名将数据集分成几个小的数据集，然后对每个小的数据集进行聚类分析。在使用时必须先用 SORT 过程将 BY 语句后的变量的值进行排序。

在使用 VARCLUS 过程时，如果数据集中有部分数据缺失，则 SAS 会自动剔除该观测，使其不纳入分析。

7.3　变量聚类分析的应用

7.3.1　SAS 程序

对例 7-1 进行变量聚类分析，SAS 程序如下（程序名为 SASTJFX7_1. SAS）：

```
DATA SASTJFX7_1;
INFILE 'D:\SASTJFX\SASTJFX7_1.TXT' DELIMITER = ',';
INPUT AGE TJ SG XX XS TS CK BJ JJ BS;
RUN;
ods html;
PROC VARCLUS;
VAR AGE TJ SG XX XS TS CK BJ JJ BS;
RUN;
PROC VARCLUS CENTROID;
VAR AGE TJ SG XX XS TS CK BJ JJ BS;
RUN;
PROC VARCLUS HI MAXC = 4;
VAR AGE TJ SG XX XS TS CK BJ JJ BS;
RUN;
PROC VARCLUS CENTROID MAXC = 4;
VAR AGE TJ SG XX XS TS CK BJ JJ BS;
RUN;
ods html close;
```

第一步为数据步，用来创建数据集。INFILE 语句用来读取外部数据文件，文件名为 SAS-TJFX7_1. TXT，存放在 D 盘 SASTJFX 文件夹内，不同变量的取值之间是以逗号间隔的，故用"DELIMITER = ','"选项来帮助正确读取各变量列的数据。

第 1 个过程步中没有任何选择项，其聚类方法为主成分聚类法；第 2 个过程步中用了选择项 CENTROID，其聚类方法为重心分量聚类法。这两个过程步最终会聚成多少类将由软件中隐含的临界值来决定；第 3 个过程步中加了 HI（要求在不同水平上的聚类保持系统结构，但与无此选择项时的区别并不明显），"MAXC =4" 要求从 1 类聚到 4 类，此选择项的最大值为变量的个数；第 4 个过程步要求用重心分量法从 1 类聚到 4 类。对于一批给定的资料，究竟应聚成几类合适，没有统一的规则，可先将资料聚成各种不同的类，然后结合专业知识和各类能解释总方差的百分比来权衡。

当用户想让类分量或成分（Cluster Components）代表标准化变量（未加权的，是软件默认值）或未标准化变量（若指定用 COV，即用协方差矩阵）的均值时，需选用重心聚类法，即在 PROC VARCLUS 语句中加 CENTROID 选项。

当操作的数据对象是样本相关矩阵（默认值）时，视各变量的重要性相同；当操作的数据对象是样本协方差矩阵（需在过程语句中加 COV）时，视具有较大方差的变量起的作用大些。

7.3.2　主要分析结果及解释

Cluster Summary for 1 Cluster

Cluster	Members	Cluster Variation	Variation Explained	Proportion Explained	Second Eigenvalue
1	10	10	4.290718	0.4291	1.6661

Total variation explained = 4.290718 Proportion = 0.4291

Cluster 1 will be split because it has the largest second eigenvalue, 1.666142, which is greater than the MAXEIGEN = 1 value.

以上是用分解法思想进行斜交主成分聚类的第 1 个过程步，先把全部 10 个变量聚成 1 类，但是，其第二大特征根值为 1.666142，大于设定的值（MAXEIGEN =1），且所能解释的方差仅为 4.290718，占总方差 10 的 42.91%，因此要将这一类进一步分裂。

Cluster Summary for 2 Clusters

Cluster	Members	Cluster Variation	Variation Explained	Proportion Explained	Second Eigenvalue
1	5	5	3.276009	0.6552	0.8495
2	5	5	2.378435	0.4757	0.9116

Total variation explained = 5.654444 Proportion = 0.5654

以上是将先前的 1 类分裂成 2 类，每类中有 5 个指标，此时能解释的方差为 5.654444，占总方差 10 的 56.54%。

2 Clusters		R-squared with		1-R**2
Cluster	Variable	Own Cluster	Next Closest	Ratio
Cluster 1	AGE	0.5843	0.2958	0.5903
	CK	0.4006	0.1719	0.7238
	BJ	0.7414	0.0839	0.2823
	JJ	0.858	0.132	0.1636
	BS	0.6917	0.1106	0.3467

Cluster 2	TJ	0.5593	0.2701	0.6038
	SG	0.4595	0.1927	0.6695
	XX	0.3632	0.0983	0.7062
	XS	0.5864	0.0489	0.4349
	TS	0.4100	0.0134	0.5980

以上是每个指标与类成分之间相关系数的平方。例如,指标 AGE 在第 1 类中,它与第 1 类成分(相当于第 1 公因子)之间相关系数的平方是 0.5843(称为 R-Squared With Own Cluster),同理可理解该列中的其他相关系数平方的含义。第 1 类中的某个指标与相邻类(此处为第 2 类)的类成分之间的相关系数的平方,称为 R-squared with Next closest,例如,AGE 与第 2 类成分之间的相关系数的平方为 0.2958,该值越小,说明分类越合理。最后一列的比值由同一横行的数据求得,如 $(1-0.5843)/(1-0.2958)=0.5903$,此值越小,表明分类越合理。从最后一列可看出,很多比值较大,说明这 10 个变量分成两类是不太合适的,需要进一步分解。

Standardized Scoring Coefficients

Cluster	1	2
AGE	$-.233329$	0.000000
TJ	0.000000	0.314445
SG	0.000000	0.284992
XX	0.000000	0.253402
XS	0.000000	$-.321956$
TS	0.000000	0.269220
CK	0.193211	0.000000
BJ	0.262837	0.000000
JJ	0.282748	0.000000
BS	$-.253864$	0.000000

以上是从标准化变量预测类成分的标准回归系数,其中,"1"、"2"分别表示第 1 类成分与第 2 类成分。值得注意的是,在各行中只能有 1 个数不为 0,其余的均为 0。若设 C_1、C_2 分别为第 1 类和第 2 类成分,则

$$C_1 = -0.233329\text{AGE} + 0.193211\text{CK} + 0.262837\text{BJ} + 0.282748\text{JJ} - 0.253864\text{BS}$$

$$C_2 = 0.314445\text{TJ} + 0.284992\text{SG} + 0.253402\text{XX} - 0.321956\text{XS} + 0.269220\text{TS}$$

Cluster Structure

Cluster	1	2
AGE	-0.764387	-0.543839
TJ	0.519746	0.747887
SG	0.438921	0.677836
XX	0.313525	0.602701
XS	-0.221198	-0.765752
TS	0.115617	0.640323
CK	0.632961	0.414644

BJ	0.861055	0.289621
JJ	0.926285	0.363380
BS	−0.831661	−0.332602

以上是类的结构, 类结构相当于因子分析中的因子模型, 即每个标准化变量可由全部类成分的线性组合来表示, 如 $AGE = -0.764387C_1 - 0.543839C_2$。

Inter-Cluster Correlations

Cluster	1	2
1	1.00000	0.47031
2	0.47031	1.00000

No cluster meets the criterion for splitting.

以上是类内相关系数, 是指各类成分之间的相关系数。此时已达到隐含的停止分裂的临界值, 停止分裂。

Number of Clusters	Total Variation Explained by Clusters	Proportion of Variation Explained by Clusters	Minimum Proportion Explained by a Cluster	Maximum Second Eigenvalue in a Cluster	Minimum R-squared for a Variable	Maximum $1 - R**2$ Ratio for a Variable
1	4.290718	0.4291	0.4291	1.666142	0.1079	
2	5.654444	0.5654	0.4757	0.911631	0.3632	0.7238

在以上结果中, 第 2 列为分成 1 类和 2 类时分别能解释的总方差量; 第 3 列为分成 1 类和 2 类时分别能解释的方差占全部 10 个变量的总方差的百分比; 第 4 列为类成分能解释的方差的最小百分比; 第 5 列为该类的第二大特征根; 第 6 列为某变量与其所在类成分相关性最小的相关系数的平方 R^2; 最后一列为所有变量与所在类的 $(1 - R^2)$ 及其与最邻近类的 $(1 - R^2)$ 的最大比值。

4 Clusters		R-squared with		$1 - R**2$ Ratio
Cluster	Variable	Own Cluster	Next Closest	
Cluster 1	TJ	0.5368	0.3965	0.7676
	CK	0.5720	0.2783	0.5931
	BJ	0.6357	0.3369	0.5493
	JJ	0.7015	0.4689	0.5621
Cluster 2	AGE	0.6075	0.5235	0.8238
	XS	0.4801	0.1725	0.6283
	BS	0.5562	0.5019	0.8909
Cluster 3	SG	0.7013	0.2374	0.3916
	XX	0.7013	0.1392	0.3470
Cluster 4	TS	1.0000	0.1018	0.0000

以上是第 2 个过程步，即用重心法将变量分为 4 类的结果。

| 8 Clusters | | R-squared with | | 1-R＊＊2 |
Cluster	Variable	Own Cluster	Next Closest	Ratio
Cluster 1	TJ	0.7991	0.2978	0.2861
	CK	0.7991	0.3119	0.2920
Cluster 2	XS	1.0000	0.1725	0.0000
Cluster 3	BJ	0.9130	0.4428	0.1561
	JJ	0.9130	0.6504	0.2487
Cluster 4	XX	1.0000	0.1622	0.0000
Cluster 5	AGE	1.0000	0.3815	0.0000
Cluster 6	TS	1.0000	0.1725	0.0000
Cluster 7	SG	1.0000	0.2022	0.0000
Cluster 8	BS	1.0000	0.5932	0.0000

以上是用重心法将变量分为 8 类的结果。

Oblique Principal Component Cluster Analysis

| 4 Clusters | | R-squared with | | 1-R＊＊2 |
Cluster	Variable	Own Cluster	Next Closest	Ratio
Cluster 1	BJ	0.8166	0.2582	0.2472
	JJ	0.9162	0.3359	0.1262
	BS	0.8013	0.2143	0.2529
Cluster 2	TJ	0.6381	0.4199	0.6239
	XS	0.6774	0.1469	0.3782
	TS	0.5469	0.0709	0.4876
Cluster 3	SG	0.7013	0.2547	0.4007
	XX	0.7013	0.1067	0.3343
Cluster 4	AGE	0.7792	0.3298	0.3294
	CK	0.7792	0.1771	0.2682

以上是第 3 个过程步输出的主要结果，由于在 PROC VARCLUS 过程后加入了 MAXC＝4，因此它将其最多分为 4 类。

第 4 个过程步由于规定了 MAXC＝4，因此它最多只分为了 4 类，结果与第 2 个过程步分为 4 类时的结果完全相同，此处不再单独列出。

【专业结论】　由第 3 个过程步将指标分为 4 类的结果比较合理，即第 1 类中含 BJ（步距）、JJ（步行时双下肢夹角）、BS（步速）3 个与走步有关的变量；第 2 类中含 TJ（图片记忆）、

XS(心算时间)、TS(图形顺序记忆)3 个与记忆、计算有关的指标;第 3 类中含 SG(数字广度记忆)、XX(心算位数)2 个与记忆、计算有关的指标;第 4 类中含 AGE(年龄)、CK(穿孔)2 个与视力和反应有关的指标。分类的结果将有助于提高研究者对影响人脑老化本质的认识,为进一步从事这方面的研究提供了一些线索。

7.4　本 章 小 结

本章介绍了变量聚类分析的基本方法及计算步骤,举例说明了如何用 SAS 软件进行变量聚类分析,并对其 SAS 输出结果进行了解释。在应用中,应正确掌握变量聚类分析的应用场合及数据结构,注意结合实际,多选几种聚类的方法,以便得到较好的效果。

(葛毅　高辉)

第8章 典型相关分析

典型相关分析(Canonical Correlation Analysis)是研究两组变量之间相关关系的一种多元统计方法,它反映了两组变量之间的线性相关关系。该法最早由 Hotelling 提出,它利用主成分分析的思想,将多个变量与多个变量之间的相关转化为少数几对新的综合变量之间的相关。本章将对典型相关分析的基本原理及相应 SAS 程序进行介绍,并结合实例对输出结果进行具体解释。

8.1 问题与数据结构

8.1.1 实例

【例 8-1】 想要研究 19～22 岁汉族男性学生的身体形态学指标与功能指标之间的关系,调查得到的具体数据见表 8-1,试用典型相关分析方法对该资料进行分析。

表 8-1 汉族男性学生的身体形态学指标与功能指标数据

编号	身高(cm)	坐高(cm)	体重(kg)	胸围(cm)	肩宽(cm)	骨盆径(cm)	脉搏(times/min)	收缩压(mmHg)	舒张压(Proto-)(mmHg)	舒张压(Late)(mmHg)	肺活量(ml)
1	173.28	93.62	60.10	86.72	38.97	27.51	75.3	117.4	74.6	61.8	4508
2	172.09	92.83	60.38	87.39	38.62	27.82	76.7	120.1	77.1	66.2	4469
...	...	...	...	...	...	...	...	...	...	...	...
28	168.99	91.52	55.11	86.23	38.30	27.14	77.7	113.3	72.1	52.8	4238

注:前 6 项指标为形态学指标,后 5 项指标为功能指标。

8.1.2 对数据结构的分析

对于例 8-1,资料中仅涉及一个组,即 28 名 19～22 岁汉族男性,现获得他们的身体形态学指标与功能指标数据,包括身高、坐高等 11 项指标,且各项体检数据均为定量的观测指标,所以该资料为单组设计十一元定量资料。但此资料又有其特殊性,因为 11 个观测指标已经被分为两组,即形态学组和功能组。

8.1.3 分析目的与统计分析方法的选择

目的一:研究两个随机变量之间的相关性时,可选用 Pearson 相关分析或 Spearman 秩相关分析。

目的二:研究一个响应变量与 $k(k \geqslant 2)$ 个自变量之间的相关性(这 $k+1$ 个变量服从 $k+1$ 维正态分布)时,可选用复相关分析。

目的三：现有 k 个随机变量，以其中一个为因变量，其余为自变量，将其中 $k-2$ 个自变量分别固定在各自的特定取值上，研究另外一个自变量与因变量之间的相关性时，可选用偏相关分析。

目的四：研究两组定量变量之间的相关性时，可选用典型相关分析。

8.2　典型相关分析内容简介

8.2.1　典型相关分析概述

在研究两个变量之间的相互关系时，可以使用 Pearson 相关系数；当研究一个变量和多个变量之间的相互关系时，可以使用复相关系数与偏相关系数。

然而在实际工作中，常常需要研究两组变量之间的相互关系。对于这类资料，自然可以逐一计算两组中任意一对变量之间的 Pearson 相关系数，但是这样做既非常烦琐，也无法从整体上反映两组变量之间的相关关系。此时可以考虑在两组变量中分别提取两个综合变量 U 和 V，希望使 U 和 V 之间的相关达到最大，利用这两个综合变量之间的相关性来反映两组变量之间的整体相关性。U 和 V 称为典型相关变量，它们之间的相关系数称为典型相关系数。这种通过较少的典型相关变量之间的典型相关系数来综合描述两组变量之间相关关系的统计分析方法就是典型相关分析。

8.2.2　适合进行典型相关分析的数据结构

适合进行典型相关分析的数据结构是单组设计多元定量资料，在进行典型相关分析之前，必须提供一个附加条件，即依据基本常识和专业知识，可将全部定量变量划分成两类变量，这两类变量之间要么是平等的但在专业上是有联系的变量（如长子头长和头宽与次子头长和头宽之间的关系），要么是原因变量与结果变量之间的关系（如人或动物吃进食物中多种营养成分指标与反映生物体健康状况的多项指标之间的关系）。

8.2.3　典型相关变量和典型相关系数的定义及解法

假设两组变量分别为 $X = (X_1, X_2, \cdots, X_p)'$ 和 $Y = (Y_1, Y_2, \cdots, Y_q)'$，则这种资料的数据结构可以由表 8-2 表示。

表 8-2　典型相关分析资料的数据结构

观测号	X_1	X_2	$\cdots$	X_p	Y_1	Y_2	$\cdots$	Y_q
1	X_{11}	X_{12}	$\cdots$	X_{1p}	Y_{11}	Y_{12}	$\cdots$	Y_{1q}
2	X_{21}	X_{22}	$\cdots$	X_{2p}	Y_{21}	Y_{22}	$\cdots$	Y_{2q}
$\cdots$	$\cdots$	$\cdots$	$\cdots$	$\cdots$	$\cdots$	$\cdots$	$\cdots$	$\cdots$
n	X_{n1}	X_{n2}	$\cdots$	X_{np}	Y_{n1}	Y_{n2}	$\cdots$	Y_{nq}

综合变量 U 和 V 分别是两组变量的线性组合：

$$\begin{cases} U = a_1 X_1 + a_2 X_2 + \cdots + a_p X_p = \boldsymbol{a}' \boldsymbol{X} \\ V = b_1 Y_1 + b_2 Y_2 + \cdots + b_q Y_q = \boldsymbol{b}' \boldsymbol{Y} \end{cases} \tag{8-1}$$

U 和 V 称为典型相关变量，它们之间的相关系数称为典型相关系数，而待估计的系数 $\boldsymbol{a} = (a_1, a_2, \cdots, a_p)'$ 和 $\boldsymbol{b} = (b_1, b_2, \cdots, b_q)'$ 称为典型系数。

利用典型相关变量，也就是两组变量 $\boldsymbol{X}$ 和 $\boldsymbol{Y}$ 的线性组合 $\boldsymbol{a}'\boldsymbol{X}$ 与 $\boldsymbol{b}'\boldsymbol{Y}$ 之间的相关性研究两组变量之间的相关性时，我们希望找到对应的 $\boldsymbol{a}$ 和 $\boldsymbol{b}$，使得 U 和 V 之间的相关系数最大，由相关系数的定义可知，对于任意常数 c、d、e 和 f，均有

$$\rho\left[c(\boldsymbol{a}'\boldsymbol{X}) + d, e(\boldsymbol{b}'\boldsymbol{Y}) + f\right] = \rho(\boldsymbol{a}'\boldsymbol{X}, \boldsymbol{b}'\boldsymbol{Y}) \tag{8-2}$$

这说明使得相关系数最大的 $\boldsymbol{a}'\boldsymbol{X}$ 和 $\boldsymbol{b}'\boldsymbol{Y}$ 并不唯一，故求综合变量时常限定它们的方差为 1，即 $\mathrm{Var}(\boldsymbol{a}'\boldsymbol{X}) = 1$，$\mathrm{Var}(\boldsymbol{b}'\boldsymbol{Y}) = 1$。那么，如果存在非零常数向量 $\boldsymbol{a}_1 = (a_{11}, a_{12}, \cdots, a_{1p})'$ 和 $\boldsymbol{b}_1 = (b_{11}, b_{12}, \cdots, b_{1q})'$，使得

$$U_1 = a_{11}X_1 + a_{12}X_2 + \cdots + a_{1p}X_p = \boldsymbol{a}_1'\boldsymbol{X}$$
$$V_1 = b_{11}Y_1 + b_{12}Y_2 + \cdots + b_{1q}Y_q = \boldsymbol{b}_1'\boldsymbol{Y}$$

之间的相关系数最大，即满足

$$\rho(\boldsymbol{a}_1'\boldsymbol{X}, \boldsymbol{b}_1'\boldsymbol{Y}) = \max_{\mathrm{Var}(\boldsymbol{a}'\boldsymbol{X})=1, \mathrm{Var}(\boldsymbol{b}'\boldsymbol{Y})=1} \rho(\boldsymbol{a}'\boldsymbol{X}, \boldsymbol{b}'\boldsymbol{Y}) \tag{8-3}$$

则称 U_1、V_1 为 $\boldsymbol{X}$ 与 $\boldsymbol{Y}$ 的第一对典型相关变量，它们之间的相关系数 $\rho(U_1, V_1)$ 称作第一典型相关系数。一般地，称 U_i、V_i 为第 i 对典型相关变量，称 $\rho(U_i, V_i)$ 为第 i 典型相关系数，如果：

① $\mathrm{Cov}(U_i, U_j) = \begin{cases} 1, i = j \\ 0, i \neq j \end{cases}$，$\mathrm{Cov}(V_i, V_j) = \begin{cases} 1, i = j \\ 0, i \neq j \end{cases}$，$\mathrm{Cov}(U_i, V_j) = 0, i \neq j$。

② U_i 与 V_i 之间的相关系数 $\rho(U_i, V_i) = \mathrm{Cov}(U_i, V_i)$ 是除前 $i-1$ 个相关系数以外的最大者。

则同一组变量的各典型相关变量之间互不相关，两组变量中不属于同一对的典型变量之间亦互不相关。

设 $p \leq q$，$p+q$ 维随机向量 $\begin{bmatrix} \boldsymbol{X} \\ \boldsymbol{Y} \end{bmatrix}$ 的协方差矩阵 $\boldsymbol{\Sigma} > 0$，也就是该矩阵为正定矩阵，可表示如下：

$$\mathrm{Cov}\begin{pmatrix} \boldsymbol{X} \\ \boldsymbol{Y} \end{pmatrix} = \boldsymbol{\Sigma} = \begin{pmatrix} \boldsymbol{\Sigma}_{11} & \boldsymbol{\Sigma}_{12} \\ \boldsymbol{\Sigma}_{21} & \boldsymbol{\Sigma}_{22} \end{pmatrix} \tag{8-4}$$

式中，$\boldsymbol{\Sigma}_{11}$ 为第 1 组变量的协方差矩阵；$\boldsymbol{\Sigma}_{22}$ 为第 2 组变量的协方差矩阵，$\boldsymbol{\Sigma}_{12} = \boldsymbol{\Sigma}_{21}'$ 为第 1 组变量与第 2 组变量之间的协方差矩阵。当 $\boldsymbol{\Sigma} > 0$ 时，$\boldsymbol{\Sigma}_{11}$ 和 $\boldsymbol{\Sigma}_{22}$ 也都是正定矩阵。典型相关变量 U 和 V 的方差可写作 $\mathrm{Var}(\boldsymbol{a}'\boldsymbol{X}) = \boldsymbol{a}'\boldsymbol{\Sigma}_{11}\boldsymbol{a} = 1$，$\mathrm{Var}(\boldsymbol{b}'\boldsymbol{Y}) = \boldsymbol{b}'\boldsymbol{\Sigma}_{22}\boldsymbol{b} = 1$。

求第一对典型相关变量就等价于求 $\boldsymbol{a} = (a_1, a_2, \cdots, a_p)'$ 和 $\boldsymbol{b} = (b_1, b_2, \cdots, b_q)'$，使得在 U 和 V 方差为 1 的条件下，相关系数 $\rho(\boldsymbol{a}_1'\boldsymbol{X}, \boldsymbol{b}_1'\boldsymbol{Y}) = \mathrm{Cov}(\boldsymbol{a}'\boldsymbol{X}, \boldsymbol{b}'\boldsymbol{Y}) = \boldsymbol{a}'\boldsymbol{\Sigma}_{12}\boldsymbol{b}$ 达到最大。这是条件极值问题，应用 Lagrange（拉格朗日）乘子法，令

$$F(\boldsymbol{a}, \boldsymbol{b}) = \boldsymbol{a}'\boldsymbol{\Sigma}_{12}\boldsymbol{b} - \frac{\lambda_1}{2}(\boldsymbol{a}'\boldsymbol{\Sigma}_{11}\boldsymbol{a} - 1) - \frac{\lambda_2}{2}(\boldsymbol{b}'\boldsymbol{\Sigma}_{22}\boldsymbol{b} - 1) \tag{8-5}$$

式中，λ_1、λ_2 为 Lagrange 乘子。

对式（8-5）分别关于 $\boldsymbol{a}$、$\boldsymbol{b}$ 求偏导数并令其为 0，得

$$\begin{cases} \dfrac{\partial F}{\partial \boldsymbol{a}} = \boldsymbol{\Sigma}_{12}\boldsymbol{b} - \lambda_1\boldsymbol{\Sigma}_{11}\boldsymbol{a} = 0 \\[2mm] \dfrac{\partial F}{\partial \boldsymbol{b}} = \boldsymbol{\Sigma}_{21}\boldsymbol{a} - \lambda_2\boldsymbol{\Sigma}_{22}\boldsymbol{b} = 0 \end{cases} \tag{8-6}$$

再分别用 $\boldsymbol{a}'$ 和 $\boldsymbol{b}'$ 左乘式（8-6），得

$$\lambda_1 = \lambda_2 = \boldsymbol{a}'\boldsymbol{\Sigma}_{12}\boldsymbol{b} = \rho(U,V) \tag{8-7}$$

可以看到，λ_1 和 λ_2 是相等的，并且都等于 U 和 V 的相关系数，将它们统一用 λ 表示，则式(8-6)等价于

$$\begin{cases} -\lambda\boldsymbol{\Sigma}_{11}\boldsymbol{a} + \boldsymbol{\Sigma}_{12}\boldsymbol{b} = 0 \\ \boldsymbol{\Sigma}_{21}\boldsymbol{a} - \lambda\boldsymbol{\Sigma}_{22}\boldsymbol{b} = 0 \end{cases} \tag{8-8}$$

式(8-8)有非零解的充要条件是系数矩阵的行列式为 0，即

$$\begin{vmatrix} -\lambda\boldsymbol{\Sigma}_{11} & \boldsymbol{\Sigma}_{12} \\ \boldsymbol{\Sigma}_{21} & -\lambda\boldsymbol{\Sigma}_{22} \end{vmatrix} = 0 \tag{8-9}$$

这是一个关于 λ 的 $p+q$ 次方程，从中解得 λ，把求得的最大的 λ 代入式(8-8)，再求得 $\boldsymbol{a}$ 和 $\boldsymbol{b}$（满足 $\boldsymbol{a}'\boldsymbol{\Sigma}_{11}\boldsymbol{a} = 1$，$\boldsymbol{b}'\boldsymbol{\Sigma}_{22}\boldsymbol{b} = 1$），从而可以得出第一对典型相关变量，而最大的 λ 即为第一典型相关系数。该方程的根均不大于 1，它的 p 个正根依次为 $\lambda_1 \geqslant \lambda_2 \geqslant \cdots \geqslant \lambda_p > 0$。如果要计算第 i 对典型相关变量，只需将第 i 大根 λ_i 代入式(8-8)解得相应的典型系数，便可得到 U_i 和 V_i，而 λ_i 即为第 i 典型相关系数。

具体计算时，由于矩阵 $\boldsymbol{\Sigma}_{11}^{-1}\boldsymbol{\Sigma}_{12}\boldsymbol{\Sigma}_{22}^{-1}\boldsymbol{\Sigma}_{21}$ 和 $\boldsymbol{\Sigma}_{22}^{-1}\boldsymbol{\Sigma}_{21}\boldsymbol{\Sigma}_{11}^{-1}\boldsymbol{\Sigma}_{12}$ 有相同的的非零特征根，依次都是 $\lambda_1^2 \geqslant \lambda_2^2 \geqslant \cdots \geqslant \lambda_p^2 > 0$，$\boldsymbol{a}$ 和 $\boldsymbol{b}$ 分别是这两个矩阵对应于某一特征根的特征向量，所以求解典型相关系数及典型相关变量就可以归结为求矩阵的特征值和特征向量。

在前面的讨论中，假定了协方差矩阵 $\boldsymbol{\Sigma} > 0$，否则 X_i 之间或 Y_j 之间，也就是组内变量之间存在线性关系，一个或多个变量可以被其他变量线性表示，自然可以将其删去。一般情况下协方差矩阵非负定，此时非零典型相关系数的个数 m 等于矩阵 $\boldsymbol{\Sigma}_{12}$ 的秩，即存在 $\mathrm{rank}(\boldsymbol{\Sigma}_{12}) = \mathrm{rank}(\boldsymbol{\Sigma}_{11}^{-1}\boldsymbol{\Sigma}_{12}\boldsymbol{\Sigma}_{22}^{-1}\boldsymbol{\Sigma}_{21}) = m$，在求解时可以采用广义逆矩阵。

从相关矩阵出发也可以计算典型相关系数和典型相关变量，将原始数据进行标准化后，相关矩阵即为相应的协方差矩阵。具体的计算步骤与前述相同，只需要用相关矩阵代替协方差矩阵即可。由于典型相关系数 $\rho(U_i,V_i)$ 在标准化变换下具有不变性，所以无论用哪种方法计算，典型相关系数都是相同的。记 $D_1 = \left[\mathrm{diag}(\boldsymbol{\Sigma}_{11})\right]^{-1/2}$，$D_2 = \left[\mathrm{diag}(\boldsymbol{\Sigma}_{22})\right]^{-1/2}$，$\mathrm{diag}(\boldsymbol{\Sigma}_{11})$ 表示由 $\boldsymbol{\Sigma}_{11}$ 的对角元素组成的对角阵，则新得到的典型系数 $\boldsymbol{a}_i^*$、$\boldsymbol{b}_i^*$ 与原典型系数 $\boldsymbol{a}_i$、$\boldsymbol{b}_i$ 之间的关系为

$$\boldsymbol{a}_i = D_1\boldsymbol{a}_i^*, \quad \boldsymbol{b}_i = D_2\boldsymbol{b}_i^*, \quad i = 1,\cdots,p \tag{8-10}$$

由此则可以得到原始变量的典型相关变量，而且原始变量的典型相关变量与根据相关矩阵计算得到的典型相关变量之间只相差一个常数。

在实际问题中，总体的协方差矩阵 $\boldsymbol{\Sigma}$ 通常是未知的，必须用样本协方差矩阵 S 来代替，这时求得的典型相关系数与典型相关变量称为样本的典型相关系数与样本的典型相关变量。同样，也可以将原始数据标准化后采用样本相关矩阵进行计算，这是经常采用的做法。

8.2.4　典型相关系数的假设检验

当两组变量 X 和 Y 不相关，即 $\mathrm{Cov}(X,Y) = \boldsymbol{\Sigma}_{12} = 0$ 时，所有的典型相关系数必为零，并且做典型相关分析毫无意义，所以首先应该对 $\boldsymbol{\Sigma}_{12} = 0$ 进行检验，原假设和备择假设分别为 $H_0: \boldsymbol{\Sigma}_{12} = 0$；$H_1: \boldsymbol{\Sigma}_{12} \neq 0$。似然比统计量为

$$\Lambda_1 = \frac{|S|}{|S_{11}||S_{22}|} = \prod_{i=1}^{p}(1 - \hat{\lambda}_i^2) \tag{8-11}$$

式中，$|S|$ 为样本协方差矩阵的行列式；$\hat{\lambda}_i$ 为样本典型相关系数。由似然比统计量可导出如下统计量：

$$Q_1 = -\left[n - 1 - \frac{1}{2}(p + q + 1)\right]\ln\Lambda_1 \tag{8-12}$$

Q_1 近似服从自由度为 $p \times q$ 的 χ^2 分布。

对于 $\Sigma_{12} = 0$ 的检验实际上等价于检验 $H_0 : \lambda_1 = \lambda_2 = \cdots = \lambda_p = 0$，如果拒绝 H_0，则可以得出至少第一典型相关系数不为零。此时，可以对其余典型相关系数继续进行检验，原假设及备择假设分别为 $H_0 : \lambda_k = \lambda_{k+1} = \cdots = \lambda_p = 0 (k = 2, 3, \cdots, p)$；$H_1 : \lambda_k \neq 0$，检验统计量为

$$Q_k = -\left[n - k - \frac{1}{2}(p + q + 1)\right]\ln\Lambda_k, \Lambda_k = \prod_{i=k}^{p}(1 - i^2), \quad k = 2, 3, \cdots, p \tag{8-13}$$

Q_k 近似服从自由度为 $(p - k + 1) \times (q - k + 1)$ 的 χ^2 分布，如果 $Q_k \geqslant \chi^2_{\alpha, (p-k+1) \times (q-k+1)}$，则拒绝 H_0，说明 λ_k 与 0 之间的差别有统计学意义。从 $k = 2$ 开始逐个检验，直到某个 H_0 被接受为止，说明自此以后的典型相关系数均为 0。

在实际应用中，究竟取几对典型相关变量，除了以典型相关系数有无统计学意义作为参考外，还要结合典型相关变量对的专业意义来考虑。在多数情况下，第一典型相关系数足以表达两组变量之间的相关信息，因此，在实际应用中通常只取第一对典型相关变量。

8.2.5　典型冗余分析

在典型相关分析中，还可以计算原始变量与典型变量之间的相关系数矩阵，称为典型结构。

假定两组变量均已标准化，分别用 X^* 和 Y^* 表示，此时样本协方差矩阵 S 等于样本相关矩阵 R，每个变量的方差均为 1，所以两组变量的样本总方差分别为 p 和 q。设经标准化后得到的典型系数组成的矩阵 $A_s = (a_1^*, a_2^*, \cdots, a_p^*)'$，$B_s = (b_1^*, b_2^*, \cdots, b_p^*)'$，典型相关变量组成的随机向量 $U^* = (U_1^*, U_2^*, \cdots, U_p^*)' = A_s X^*$，$V^* = (V_1^*, V_2^*, \cdots, V_p^*)' = B_s Y^*$。

现在仅以第一组变量 X^* 及其典型相关变量 U^* 为例进行说明。定义它们之间的相关系数矩阵如下：

$$R(X^*, U^*) = R(A_s^{-1}U^*, U^*) = A_s^{-1} = \begin{bmatrix} r(X_1^*, U_1^*) & \cdots & r(X_1^*, U_p^*) \\ \vdots & \ddots & \vdots \\ r(X_p^*, U_1^*) & \cdots & r(X_p, U_p^*) \end{bmatrix}_{p \times p} \tag{8-14}$$

式中，$r(X_1^*, U_1^*)$ 表示变量 X_1^* 与典型相关变量 U_1^* 之间的相关系数，余者类推。接着可以定义前 r 个典型变量对标准化后的样本总方差为贡献

$$\sum_{k=1}^{r} \sum_{i=1}^{p} r^2(X_i^*, U_k^*) \tag{8-15}$$

样本总方差由前 r 个典型变量解释的比例为

$$\frac{1}{p} \sum_{k=1}^{r} \sum_{i=1}^{p} r^2(X_i^*, U_k^*) \tag{8-16}$$

同样也可以定义第二组变量中样本总方差由前 r 个典型变量解释的比例，以及典型变量解释另外一组变量总方差的比例。在这个过程中，自然也可以计算出每个典型变量分别解释两组原始变量样本总方差的比例。

在典型相关分析中，从两组变量中分别提取的两个典型相关变量首先要求相关程度最大，同时也希望每个典型相关变量解释各组总方差的比例也尽可能大。

8.2.6 CANCORR 过程简介

SAS 软件提供了 CANCORR 过程来完成典型相关分析，这个过程也可以进行偏典型相关分析和典型冗余分析。在对典型相关系数进行检验时，CANCORR 过程使用近似 F 统计量，在小样本的情况下，近似 F 统计量的检验结果比近似 χ^2 统计量的检验结果要好。此外，为了帮助解释典型相关分析，CANCORR 过程也提供多重回归分析的结果。该过程的语句格式如下：

```
PROC CANCORR <options>;
WITHvariables;
BYvariables;
FREQvariable;
PARTIALvariables;
VARvariables;
WEIGHTvariable;
```

上述语句中，PROC CANCORR 语句和 WITH 语句是必需的，其他语句都是可选的。PROC CANCORR 语句说明执行 CANCORR 过程，其选项可以指定输入和输出数据集，定义需要进行的分析以及控制打印输出结果，具体见表 8-3。

表 8-3 PROC CANCORR 语句选项及其功能和用法

选项	功能和用法
规定计算细节选项	
EDF =	如果输入的观测数据是回归的残差，则此选项定义回归分析的误差自由度
NOINT	在典型相关和回归模型中不包含截距项
RDF =	如果输入的观测数据是回归的残差，则此选项定义回归自由度
SINGULAR = p | SING = p	规定奇异性准则，其中 $0 < p < 1$
定义输入和输出数据集选项	
DATA =	定义输入数据集名称
OUT =	定义输出数据集名称
OUTSTAT =	定义包含各种统计量的输出数据集名称
定义标签选项	
VNAME = 'label' | VN = 'label'	定义 VAR 语句中变量的标签
VPREFIX = name | VP = name	定义来自 VAR 语句的典型变量名字的前缀
WNAME = 'label' | WN = 'label	定义 WITH 语句中变量的标签
WPREFIX = name | WP = name	定义来自 WITH 语句的典型变量名字的前缀
控制输出选项	
ALL	输出简单统计量，输入变量的相关系数及典型冗余分析的结果
CORR | C	输出原始变量之间的相关系数
NCAN =	规定要求输出的典型变量的个数
NOPRINT	不打印所有结果
REDUNDANCY | RED	输出典型冗余分析的结果
SHORT	除典型相关系数和多元统计量列表外，不打印所有默认输出结果
SIMPLE | S	输出均数和标准差

续表

选项	功能和用法
要求进行回归分析选项	
VDEP│WREG	要求进行以 VAR 变量为响应变量，以 WITH 变量为自变量的多重回归分析
WDEP│VREG	要求进行以 WITH 变量为响应变量，以 VAR 变量为自变量的多重回归分析
定义回归统计量选项	
ALL	输出回归分析的所有统计量
B	输出原始回归系数
CLB	输出回归系数的 95% 置信区间
CORRB	输出回归系数间的相关系数
INT	当定义选项 B、CLB、SEB、T 或 PROBT 时，要求这些统计量为包含截距模型的统计量
PCORR	输出自变量和响应变量间的偏相关系数
PROBT	输出 t 统计量对应的概率水平
SEB	输出回归系数的标准误
SMC	输出复相关系数的平方和 F 检验的结果
SPCORR	输出自变量和响应变量间的半偏相关系数
SQPCORR	输出自变量和响应变量间偏相关系数的平方
SQSPCORR	输出自变量和响应变量间半偏相关系数的平方
STB	输出标准化的回归系数
T	输出对回归系数进行检验的 t 统计量

WITH 语句用来列出被分析的两组变量中的第二组变量，这些变量必须是数值变量。

BY 语句用来定义一个分组变量，CANCORR 过程将提供按该变量进行分组分析的结果。当使用该语句时，需要对输入数据集按 BY 变量排序。

如果输入数据集中有一个变量表示同一观测中其他值出现的频数，则可用 FREQ 语句说明该变量，每个观测被使用的次数等于该变量的值。如果该变量的值小于 1，则所在观测将不被使用。计算显著性概率时，观测总数就是 FREQ 语句中所说明的变量取值的和。

PARTIAL 语句规定进行基于偏相关的典型相关分析，在 PARTIAL 语句中列出的变量将从 VAR 和 WITH 变量中偏出去。

VAR 语句用来列出被分析的两组变量中的第一组变量，这些变量必须是数值变量。如果省略该语句，所有在其他语句中没有提及的变量将组成第一组变量。

如果用户想计算加权乘积矩相关系数，则 WEIGHT 语句用来定义加权变量。WEIGHT 和 FREQ 语句作用相似，不同之处在于 WEIGHT 语句不改变自由度或观测数。仅当 WEIGHT 变量的值大于零时，对应的观测才被用于分析过程。

8.3　典型相关分析的应用

8.3.1　SAS 程序

对例 8-1 进行典型相关分析，SAS 程序如下（程序名为 SASTJFX8_1）：

```
data SASTJFX8_1;
   infile 'd:\sastjfx\cancorr.dat';
   input x1 - x6 y1 - y5;
run;

proc cancorr data = SASTJFX8_1 redundancy;
   var x1 - x6;
   with y1 - y5;
   ods html;
run;
```

程序的第 1 部分为数据步，由于该资料的数据量较大，故将数据放在文件 cancorr. dat 中，存放的目录为 d :\sastjfx，使用 infile 语句读取数据，x1 ~ x6 分别代表身高、坐高、体重、胸围、肩宽、骨盆径，y1 ~ y5 分别表示脉搏、收缩压、舒张压(Proto –)、舒张压(Late)、肺活量。程序的第 2 部分调用 CANCORR 过程，使用选项 REDUNDANCY 规定输出典型冗余分析的结果，VAR 语句和 WITH 语句分别列出第一组和第二组变量。ODS HTML 语句要求以 HTML 格式输出结果。

8.3.2　主要分析结果及解释

	Canonical Correlation	Adjusted Canonical Correlation	Approximate Standard Error	Squared Canonical Correlation
1	0.874228	0.825550	0.045366	0.764274
2	0.737312	0.663372	0.087829	0.543629
3	0.510941	0.372834	0.142209	0.261060
4	0.354369	0.285438	0.168283	0.125577
5	0.148207	0.096986	0.188223	0.021965

以上为结果输出的第 1 部分，包括典型相关系数(Canonical Correlation)、校正的典型相关系数(Adjusted Canonical Correlation)、渐近标准误(Approximate Standard Error)和典型相关系数的平方(Squared Canonical Correlation)。校正的典型相关系数渐近的略小于原始相关系数并且可以是负值。两组中变量个数较少的功能指标组包含 5 个指标，所以一共得到 5 个典型相关系数，相应有 5 对典型相关变量，其中第 1 典型相关系数为 0.874228，其校正值为 0.825550，渐近标准误为 0.045366，第 1 典型相关系数的平方是 0.764274。第 2 ~ 5 行依次是其余 4 个典型相关系数，分别为 0.737312、0.510941、0.354369、0.148207。

Eigenvalues of Inv(E) * H = CanRsq/(1 – CanRsq)

	Eigenvalue	Difference	Proportion	Cumulative
1	3.2422	2.0510	0.6546	0.6546
2	1.1912	0.8379	0.2405	0.8951
3	0.3533	0.2097	0.0713	0.9665
4	0.1436	0.1212	0.0290	0.9955
5	0.0225		0.0045	1.0000

以上为第 2 部分结果，输出矩阵 $E^{-1}H$ 的特征值(Eigenvalue)，它等于 CanRsq/(1 – CanRsq)，在这里 CanRsq 表示典型相关系数的平方，与每个典型相关系数相对应，一共有 5 个特征值。同时还给出两个相邻特征值的差(Difference)、每个特征值占特征值总和的比例(Proportion)以及累计比例(Cumulative)，占特征值总和的比例和累计比例也称作典型相关变量的贡献率和累计贡献率。结果中与第 1 对典型相关变量对应的特征值为 3.2422，贡献率为 0.6546，说明第 1 对典型变量提供了 65.46% 的相关信息，其他 4 对典型相关变量提供了 34.54% 的信息。

Test of H0：The canonical correlations in the current row and all that follow are zero

Likelihood Ratio	Approximate F Value	Num DF	Den DF	Pr > F

1	0.06798466	2.24	30	70	0.0030
2	0.28840509	1.38	20	60.649	0.1686
3	0.63195301	0.80	12	50.561	0.6504
4	0.85551598	0.54	6	40	0.7729
5	0.97803479	0.24	2	21	0.7920

以上为第3部分，输出对典型相关系数进行假设检验的结果，包括似然比统计量（Likelihood Ratio）、渐近 F 统计量（Approximate F Value）、分子和分母的自由度以及 P 值。该部分结果最前面的语句说明了原假设是当前行以及比它小的总体典型相关系数均为 0，对所有典型相关系数进行检验的似然比，也就是第 1 个似然比统计量的值等于下一部分中输出 Wilks 的 λ 统计量的值。本例中对第 1 典型相关系数以及比它小的典型相关系数进行假设检验的似然比统计量为 0.06798466，渐近 F 统计量为 2.24，P 值为 0.0030；对第 2 典型相关系数以及比它小的典型相关系数进行假设检验的似然比统计量为 0.28840509，渐近 F 统计量为 1.38，P 值为 0.1686，说明只有第 1 典型相关系数在 $\alpha = 0.05$ 水平下具有统计学意义，而其余 4 个典型相关系数没有统计学意义。

Multivariate Statistics and F Approximations

S = 5 M = 0 N = 7.5

Statistic	Value	F Value	Num DF	Den DF	Pr > F
Wilks' Lambda	0.06798466	2.24	30	70	0.0030
Pillai's Trace	1.71650531	1.83	30	105	0.0133
Hotelling-Lawley Trace	4.95276813	2.62	30	35.396	0.0032
Roy's Greatest Root	3.24220849	11.35	6	21	< .0001

NOTE: F Statistic forRoy's Greatest Root is an upper bound.

以上为第4部分，输出的是多变量分析的结果，包括 Wilks 的 λ 统计量（Wilks' Lambda）、Pillai 迹（Pillai's Trace）、Hotelling – Lawley 迹（Hotelling – Lawley Trace）、Roy 的极大根（Roy's Greatest Root），其原假设是所有的总体典型相关系数均为 0。对上述 4 种统计量还输出 F 近似值或者上界值、分子和分母的自由度以及 P 值。可以看到，这 4 个统计量所对应的 P 值都小于 0.05，说明在 $\alpha = 0.05$ 水平下总体典型相关系数不全为 0，这与第 3 部分第 1 典型相关系数有统计学意义的结果是一致的。此外，Wilks 的 λ 统计量为 0.06798466，正好等于第 3 部分第 1 个似然比的值。

Raw Canonical Coefficients for the VAR Variables

	V1	V2	V3	V4	V5
x1	0.4073664311	− 0.796576386	0.5446105554	0.0245035452	− 0.577672563
x2	− 0.315336571	0.0273682337	0.8744998731	0.1868172994	2.2601477156
x3	0.30684372	0.9407230816	− 0.427661504	− 0.235932602	− 0.679109896
x4	0.1414785796	− 0.73894963	− 0.580241595	0.0919851825	0.5229376837
x5	− 0.262474594	− 0.13766245	− 0.552181947	− 1.289620609	2.3080633944
x6	0.5069283417	2.1104526398	0.3817278233	2.4785980902	− 1.337912638

Raw Canonical Coefficients for the WITH Variables

	W1	W2	W3	W4	W5
y1	− 0.051059786	− 0.080729451	0.6586663065	0.2285315718	− 0.022901531
y2	− 0.034308947	0.4957692549	0.0273785995	0.0967370986	− 0.130588472
y3	0.0940682347	− 0.144638735	0.0971514053	− 0.475920368	0.6177169638
y4	0.0523358237	− 0.042877581	− 0.103331637	0.2396130871	− 0.052727568
y5	0.0047200507	− 0.001858435	0.0040530399	− 0.000010572	− 0.004283934

以上为第 5 部分，输出的是原始的典型系数，$V_1 \sim V_5$ 和 $W_1 \sim W_5$ 分别代表由 VAR 语句和 WITH 语句定义的两组变量的典型相关变量，根据这部分结果可以写出原始的第 1 对典型相关变量为

$$
\begin{cases}
V_1 = 0.4073664311x_1 - 0.315336571x_2 + 0.30684372x_3 + 0.1414785796x_4 \\
\qquad - 0.262474595x_5 + 0.5069283417x_6 \\
W_1 = - 0.051059786y_1 - 0.034308947y_2 + 0.0940682347y_3 + 0.0523358237y_4 \\
\qquad + 0.0047200507y_5
\end{cases}
$$

Standardized Canonical Coefficients for the VAR Variables

	V1	V2	V3	V4	V5
x1	0.5852	− 1.1443	0.7823	0.0352	− 0.8298
x2	− 0.2175	0.0189	0.6032	0.1289	1.5590
x3	0.5288	1.6213	− 0.7370	− 0.4066	− 1.1704
x4	0.1890	− 0.9874	− 0.7753	0.1229	0.6988
x5	− 0.1193	− 0.0626	− 0.2509	− 0.5860	1.0488
x6	0.1948	0.8108	0.1467	0.9523	− 0.5140

Standardized Canonical Coefficients for the WITH Variables

	W1	W2	W3	W4	W5
y1	− 0.0838	− 0.1325	1.0807	0.3750	− 0.0376
y2	− 0.0878	1.2688	0.0701	0.2476	− 0.3342
y3	0.2147	− 0.3301	0.2218	− 1.0863	1.4100
y4	0.2920	− 0.2392	− 0.5765	1.3368	− 0.2942
y5	0.7607	− 0.2995	0.6532	− 0.0017	− 0.6905

以上为第 6 部分，输出的是标准化的典型系数。根据这部分结果可以写出标准化的典型相关变量，各个指标对典型相关变量的贡献可以用标准化典型系数表示，标准化典型系数又称载荷量。标准化的第 1 对典型相关变量为（仍然沿用第 5 部分的符号表示标准化后的变量）

$$
\begin{cases}
V_1 = 0.5852x_1 - 0.2175x_2 + 0.5288x_3 + 0.1890x_4 - 0.1193x_5 + 0.1948x_6 \\
W_1 = - 0.0838y_1 - 0.0878y_2 + 0.2147y_3 + 0.2920y_4 + 0.7607y_5
\end{cases}
$$

由上述方程可以看出，在 V_1 中 x_1（身高）和 x_3（体重）的典型系数较大，分别为 0.5852 和 0.5288，说明第 1 典型相关变量中身高和体重的作用较大；在 W_1 中 y_5（肺活量）的典型系数较大，其值为 0.7607，说明 W_1 主要受肺活量的影响。

Canonical Structure

Correlations Between the VAR Variables and Their Canonical Variables

	V1	V2	V3	V4	V5
x1	0.9050	− 0.0806	0.3777	− 0.1487	0.0887
x2	0.8616	0.0112	0.4152	− 0.0360	0.2412
x3	0.9361	0.1655	− 0.0471	− 0.2933	− 0.0247
x4	0.6958	− 0.3189	− 0.5382	0.3191	0.1354
x5	0.1356	0.5329	− 0.0321	− 0.2376	0.7389
x6	0.2433	0.4412	− 0.0405	0.7478	0.3908

Correlations Between the WITH Variables and Their Canonical Variables

	W1	W2	W3	W4	W5
y1	− 0.4130	− 0.0848	0.7353	0.4530	0.2764
y2	0.4533	0.8452	0.0968	0.1433	0.2240
y3	0.6636	0.2127	0.0740	0.0810	0.7087
y4	0.5723	0.0401	− 0.1638	0.6600	0.4565
y5	0.9144	0.0128	0.1341	− 0.2098	− 0.3190

Correlations Between the VAR Variables and
the Canonical Variables of the WITH Variables

	W1	W2	W3	W4	W5
x1	0.7912	− 0.0594	0.1930	− 0.0527	0.0132
x2	0.7532	0.0083	0.2121	− 0.0128	0.0357
x3	0.8184	0.1220	− 0.0240	− 0.1039	− 0.0037
x4	0.6083	− 0.2351	− 0.2750	0.1131	0.0201
x5	0.1185	0.3929	− 0.0164	− 0.0842	0.1095
x6	0.2127	0.3253	− 0.0207	0.2650	0.0579

Correlations Between the WITH Variables and
the Canonical Variables of the VAR Variables

	V1	V2	V3	V4	V5
y1	− 0.3610	− 0.0625	0.3757	0.1605	0.0410
y2	0.3963	0.6232	0.0495	0.0508	0.0332
y3	0.5801	0.1568	0.0378	0.0287	0.1050
y4	0.5003	0.0296	− 0.0837	0.2339	0.0677
y5	0.7994	0.0094	0.0685	− 0.0743	− 0.0473

以上为第 7 部分，输出结果是典型结构，即原始变量与典型变量之间的相关系数，依次是 VAR 语句定义的原始变量与它对应的典型变量 $V_1 \sim V_5$ 之间的相关系数、WITH 语句定义的原始变量与它对应的典型变量 $W_1 \sim W_5$ 之间的相关系数、VAR 语句定义的原始变量与另外一组典型变量 $W_1 \sim W_5$ 之间的相关系数、WITH 语句定义的原始变量与另外一组典型变量 $V_1 \sim V_5$ 之间的相关系数。

在第 1 组原始变量中，x_1 及 x_3 与典型变量 V_1 的相关系数较大，分别为 0.9050、0.9361，说明这两个变量与第 1 典型变量 V_1 的关系较为密切, 这与标准化典型系数提供的信息是一致的; 在第 2 组原始变量中, y_5 与典型变量 W_1 的相关系数为 0.9144, 是最大的一个, 说明肺活量与第 1 典型变量 W_1 的关系较为密切, 也与前面标准化典型系数的结果一致。此外, 在第 1 组原始变量(由 VAR 语句定义) 与典型变量 W_1 的相关系数中, 也是 x_1 及 x_3 与典型变量 W_1 的相关系数较大, 分别为 0.7912、0.8184; 在第 2 组原始变量(由 WITH 语句定义) 与典型变量 V_1 的相关系数中, 同样是 y_5 与典型变量 V_1 的相关系数最大, 为 0.7994。

如果一个原始变量所对应的标准化典型系数与相关系数符号相反, 则该变量是抑制变量。在第 1 组原始变量中, x_2(坐高) 对应于 V_1 的标准化典型系数为 -0.2175, 它与 V_1 的相关系数为 0.8616; x_5(肩宽) 对应于 V_1 的标准化典型系数为 -0.1193, 它与 V_1 的相关系数为 0.1356。在第二组原始变量中, y_2(收缩压) 对应于 W_1 的标准化典型系数为 -0.0878, 它与 W_1 的相关系数为 0.4533。坐高、肩宽、收缩压这 3 个变量的典型系数与相关系数符号都是相反的, 所以它们都属于抑制变量。

Canonical Redundancy Analysis

Raw Variance of the VAR Variables Explained by

Canonical Variable Number	Their Own Canonical Variables		Canonical R-Square	The Opposite Canonical Variables	
	Proportion	Cumulative Proportion		Proportion	Cumulative Proportion
1	0.7221	0.7221	0.7643	0.5519	0.5519
2	0.0476	0.7696	0.5436	0.0259	0.5777
3	0.1177	0.8874	0.2611	0.0307	0.6085
4	0.0755	0.9629	0.1256	0.0095	0.6179
5	0.0279	0.9909	0.0220	0.0006	0.6186

Raw Variance of the WITH Variables Explained by

Canonical Variable Number	Their Own Canonical Variables		Canonical R-Square	The Opposite Canonical Variables	
	Proportion	Cumulative Proportion		Proportion	Cumulative Proportion
1	0.8352	0.8352	0.7643	0.6383	0.6383
2	0.0004	0.8355	0.5436	0.0002	0.6385
3	0.0181	0.8536	0.2611	0.0047	0.6432
4	0.0445	0.8981	0.1256	0.0056	0.6488
5	0.1019	1.0000	0.0220	0.0022	0.6510

Standardized Variance of the VAR Variables Explained by

Canonical Variable Number	Their Own Canonical Variables		Canonical R-Square	The Opposite Canonical Variables	
	Proportion	Cumulative Proportion		Proportion	Cumulative Proportion
1	0.4999	0.4999	0.7643	0.3821	0.3821
2	0.1024	0.6023	0.5436	0.0557	0.4377

3	0.1016	0.7039	0.2611	0.0265	0.4643
4	0.1378	0.8417	0.1256	0.0173	0.4816
5	0.1306	0.9724	0.0220	0.0029	0.4844

Standardized Variance of the WITH Variables Explained by

Canonical Variable Number	Their Own Canonical Variables		Canonical R-Square	The Opposite Canonical Variables	
	Proportion	Cumulative Proportion		Proportion	Cumulative Proportion
1	0.3960	0.3960	0.7643	0.3027	0.3027
2	0.1537	0.5497	0.5436	0.0836	0.3862
3	0.1201	0.6698	0.2611	0.0313	0.4176
4	0.1424	0.8122	0.1256	0.0179	0.4355
5	0.1878	1.0000	0.0220	0.0041	0.4396

以上为第 8 部分，它与后面的第 9 部分都是典型冗余分析的结果。其中，第 8 部分输出每组变量原始的和标准化的方差用它们自己的典型变量和用对方的典型变量解释的比例，包括每个典型变量解释的比例（Proportion）以及多个变量的累计比例（Cumulative Proportion）。

通过对标准化方差对应结果的分析可以看出，第 1 典型变量 V_1 解释第 1 组变量，也就是形态学指标的方差的比例为 0.4999，说明它对本组变量（形态学指标）有一定的预测能力；它解释对方组变量，即功能指标的方差的比例为 0.3027，说明它不能很好地全面预测对方组变量。再考虑其他 4 个典型变量 $V_2 \sim V_5$，解释本组变量标准方差的累计比例依次为 0.6023、0.7039、0.8417、0.9724，而 $V_2 \sim V_5$ 对于对方组变量几乎没有什么预测能力，解释其方差的比例分别为 0.0836、0.0313、0.0179、0.0041。第 1 典型变量 W_1 不能很好地全面预测两组变量，它解释两组变量标准方差的比例分别为 0.3960 和 0.3821。此外，$W_2 \sim W_5$ 解释本组变量标准方差的累计比例依次为 0.5497、0.6698、0.8122、1.0000，解释对方组方差的比例分别是 0.0557、0.0265、0.0173、0.0029，说明它们对于形态学指标也没有什么预测能力。

Squared Multiple Correlations Between the VAR Variables and
the First M Canonical Variables of the WITH Variables

M	1	2	3	4	5
x1	0.6260	0.6296	0.6668	0.6696	0.6697
x2	0.5674	0.5674	0.6124	0.6126	0.6139
x3	0.6697	0.6846	0.6852	0.6960	0.6960
x4	0.3701	0.4253	0.5010	0.5138	0.5142
x5	0.0141	0.1684	0.1687	0.1758	0.1878
x6	0.0452	0.1511	0.1515	0.2217	0.2251

Squared Multiple Correlations Between the WITH Variables and
the First M Canonical Variables of the VAR Variables

M	1	2	3	4	5
y1	0.1303	0.1342	0.2754	0.3012	0.3028

y2	0.1571	0.5454	0.5479	0.5505	0.5516
y3	0.3366	0.3612	0.3626	0.3634	0.3745
y4	0.2503	0.2512	0.2582	0.3129	0.3175
y5	0.6390	0.6391	0.6438	0.6493	0.6516

以上为第 9 部分，输出的是每个原始变量与对方组的前 m 个典型变量多重相关系数的平方，其中 m 的取值范围是从 1 到典型变量的个数。形态学指标 $x_1 \sim x_6$ 与功能指标组第 1 典型变量 W_1 之间多重相关系数的平方依次为 0.6260、0.5674、0.6697、0.3701、0.0141、0.0452，说明功能指标组第 1 典型变量 W_1 对身高、坐高、体重有相当好的预测能力，对胸围有一些预测能力，而对肩宽和骨盆径几乎没有预测能力；功能指标 $y_1 \sim y_5$ 与形态学指标组第 1 典型变量 V_1 之间多重相关系数的平方依次为 0.1303、0.1571、0.3366、0.2503、0.6390，说明形态学指标组第 1 典型变量 V_1 对肺活量有较好的预测能力，对舒张压（Proto −）的预测能力一般，而对脉搏、收缩压、舒张压（Late）的预测能力较差。

【专业结论】　综合上述结果可以看出，形态学指标中身高和体重对于第 1 典型相关变量的作用较大，功能指标中肺活量对于第 1 典型相关变量的影响较大，说明身高较高、体重较大者，其肺活量也较大。

8.4　本 章 小 结

典型相关分析可以用来研究两组变量之间的相关关系，在 SAS 中是通过 CANCORR 过程具体实现的。在该过程的程序语句书写中，一般只要使用 VAR 语句和 WITH 语句分别定义要分析的两组变量即可。在输出结果中，除了包含典型相关系数及对其进行假设检验的结果、原始的和标准化的典型系数、典型结构之外，还可以使用 REDUNDANCY 选项输出典型冗余分析的结果。

在对结果进行分析时，如果第 1 典型相关系数经检验无统计学意义，则可认为两组指标之间不相关，不能进行典型相关分析。在实际应用中，究竟取几对典型相关变量，除了以典型相关系数有无统计学意义作为参考外，还要结合典型相关变量对的专业意义来考虑。在实际应用中，通常只取第 1 对典型相关变量。

（柳伟伟　高辉）

第9章 多元多重线性回归分析

通常所求的多重线性回归方程应称为一元多重线性回归方程(一个定量的因变量、多个定量自变量),当有 m 个定量因变量与同一组定量自变量之间存在线性关系时,就可以同时建立 m 个多重线性回归方程。求解回归方程中回归系数的方法有两种:普通最小二乘法和偏最小二乘法。

9.1 问题与数据结构

9.1.1 实例

【例9-1】 某人拟研究 19～22 岁汉族男性学生的身体形态学指标与功能指标之间的关系,从特定的总体中随机抽取并测量了 28 名受试者,得到的具体数据见表9-1,试以功能指标为因变量、以形态学指标为自变量,采用偏最小二乘法建立它们之间的多元多重线性回归方程。

表 9-1 汉族男性学生的身体形态学指标与功能指标数据

编号	各形态学指标的取值						各功能指标的取值				
	身高 (cm)	坐高 (cm)	体重 (kg)	胸围 (cm)	肩宽 (cm)	骨盆径 (cm)	脉搏 (times/min)	收缩压 (mmHg)	舒张压 (Proto-) (mmHg)	舒张压 (Late) (mmHg)	肺活量 (ml)
1	173.28	93.62	60.10	86.72	38.97	27.51	75.3	117.4	74.6	61.8	4508
2	172.09	92.83	60.38	87.39	38.62	27.82	76.7	120.1	77.1	66.2	4469
…	…	…	…	…	…	…	…	…	…	…	…
28	168.99	91.52	55.11	86.23	38.30	27.14	77.7	113.3	72.1	52.8	4238

9.1.2 对数据结构的分析

依题意可知,这是一个单组设计十一元定量资料。结合基本常识和专业知识可知,形态学指标与功能指标在取值规律上是不同的,属于两类在专业上有一定联系且同时并存的变量。

9.1.3 统计分析目的与统计分析方法的选择

目的一:研究两类变量之间的相关关系。为实现此分析目的,应该选用典型相关分析,参见第7章相关内容。

目的二:以功能指标为因变量,以形态指标为自变量,研究因变量与自变量之间的依赖关系,应选用多元多重线性回归分析,本章拟采用偏最小二乘法来实现。

9.2　多元多重线性回归分析内容简介

9.2.1　基于普通最小二乘法筛选自变量的思路

在基于普通最小二乘法时，有三种筛选自变量的思路：其一，筛选自变量时，每次只考虑对一个因变量的贡献是否达到事先规定的显著性水平，即把一个多元多重线性回归分析视为多个一元多重线性回归分析来分别进行自变量的筛选；其二，筛选自变量时，每次需要考虑每个自变量同时对多个因变量的贡献是否达到了事先规定的显著性水平；其三，筛选自变量时，先依据因变量和自变量的关系将因变量进行分组，同一组中的因变量与自变量中的某个子集关系都很密切，这样，就能使每个自变量对其有影响的因变量子集的作用充分地显露出来，这一筛选自变量的思路称为双重筛选逐步回归筛选法。遗憾的是，SAS 中的 REG 过程似乎只能采用前述的第一种筛选思路，连第二种思路都很难实现，更谈不上实现第三种思路了。

9.2.2　何为偏最小二乘回归分析

偏最小二乘回归分析将主成分分析、典型相关分分析和多重线性回归分析等方法有机地结合在一起，较好地解决了两组变量彼此之间存在多重相关性且样本含量并非很大等不利场合下的多元多重线性回归分析的建模问题。

由此不难看出，基于普通最小二乘法建模，一次性就能获得多重线性回归方程；而基于偏最小二乘法建模，需要先利用主成分分析和典型相关分析方法，获得彼此互相独立且又能最大限度地提取信息的各对主成分变量(被称为典型变量对)，再多次运用普通最小二乘法，建立因变量关于由自变量组提取的主成分变量的多元多重线性回归方程。

9.2.3　偏最小二乘回归分析的基本原理与步骤

将因变量 Y 组中全部变量视为一个整体，将自变量 X 组中全部变量视为另一个整体，利用主成分分析技术从这两个各自的整体中提取第一主成分变量，分别取名为 U_1 与 V_1，并确保它们之间的相关系数是最大的，基于普通最小二乘法建立 Y 组中全部变量与 V_1 之间的多元一重(对 V_1 而言，只有一个新自变量)线性回归方程，若回归方程已达到满意的精确度，则算法终止，并用原先的自变量取代 V_1，因为 V_1 是全部自变量的一种线性组合；若仅用一个主成分变量 V_1 还未达到事先设定的精确度，再提取第二对典型变量 (V_2,U_2)，并且要确保第二对典型变量之间的相关达到此时的最大值，于是，基于普通最小二乘法建立 Y 组中全部变量与 V_1 和 V_2 之间的多元二重(对 V_1、V_2 而言，只有两个新自变量)线性回归方程，若回归方程已达到满意的精确度，则算法终止，并用原先的自变量取代 V_1 和 V_2，因为 V_1 和 V_2 分别是全部自变量的一种线性组合……以此类推，假定共需要 K 个典型变量对，则最终结果就是建立起全部因变量分别关于 $(V_1,V_2,\cdots,V_K)$ 的多元 K 重(因为共有 K 个新变量)回归方程，然后，用原先的自变量取代 $(V_1,V_2,\cdots,V_K)$，因为 $(V_1,V_2,\cdots,V_K)$ 分别是全部自变量的一种线性组合。用这样的方法求出的多元多重线性回归方程就称为基于偏最小二乘法求得的多元多重线性回归方程。

9.3　偏最小二乘回归分析的应用

9.3.1　问题与数据结构

以例 9-1 为实际问题，以表 9-1 中的资料为待分析的资料，创建相对稳健的多元多重线性回归模型。

9.3.2　用两种检验方法来决定抽取几对主成分变量

【分析与解答】　设所需要的 SAS 程序如下(程序名为 sastjfx9_1.sas)：

```
data partial;
    input X1 - X6 Y1 - Y5;
cards;
173.28 93.62 60.10 86.72 38.97 27.51 75.3 117.4 74.6 61.8 4508
172.09 92.83 60.38 87.39 38.62 27.82 76.7 120.1 77.1 66.2 4469
171.46 92.78 59.74 85.59 38.83 27.46 75.8 121.8 75.2 65.4 4398
170.08 92.25 58.04 85.92 38.33 27.29 76.1 115.1 73.8 61.3 4068
170.61 92.36 59.67 87.46 38.38 27.14 72.9 119.0 77.5 67.1 4339
171.69 92.85 59.44 87.45 38.19 27.10 72.7 116.2 74.6 59.3 4393
171.46 92.93 58.70 87.06 38.58 27.36 76.5 117.9 75.0 68.3 4389
171.60 93.28 59.75 88.03 38.68 27.22 75.2 115.1 74.1 63.2 4306
171.60 92.26 60.50 87.63 38.79 26.63 74.7 117.4 78.3 68.3 4395
171.16 92.62 58.72 87.11 38.19 27.18 73.2 113.2 72.5 51.0 4462
170.04 92.17 56.95 88.08 38.24 27.65 77.8 116.9 76.9 65.6 4181
170.27 91.94 56.00 84.52 37.16 26.81 76.4 113.6 74.3 65.6 4232
170.61 92.50 57.34 85.61 38.52 27.36 76.4 116.7 74.3 61.2 4305
171.39 92.44 58.92 85.37 38.83 26.47 74.9 113.1 74.0 61.2 4276
171.83 92.79 56.85 85.35 38.58 27.03 78.7 112.4 72.9 61.4 4067
171.36 92.53 58.39 87.09 38.23 27.04 73.9 118.4 73.0 62.3 4421
171.24 92.61 57.69 83.98 39.04 27.07 75.7 116.3 74.2 51.8 4284
170.49 92.03 57.56 87.18 38.54 27.57 72.5 114.8 71.0 55.1 4289
169.43 91.67 57.22 83.87 38.41 26.60 76.7 117.2 72.7 51.6 4097
168.57 91.40 55.96 83.02 38.74 26.97 77.0 117.9 71.6 52.4 4063
170.43 92.38 57.87 84.87 38.78 27.37 76.0 116.8 72.3 58.0 4334
169.88 91.89 56.87 86.34 38.37 27.19 74.2 115.4 73.1 60.4 4301
167.94 90.91 55.97 86.77 38.17 27.16 76.2 110.9 68.5 56.8 4141
168.82 91.30 56.07 85.87 37.61 26.67 77.2 113.8 71.0 57.5 3905
168.02 91.26 55.28 85.63 39.66 28.07 74.5 117.2 74.0 63.8 3943
167.87 90.96 55.79 84.92 38.20 26.53 74.3 112.3 69.3 50.2 4195
168.15 91.50 54.56 84.81 38.44 27.38 77.5 117.4 75.3 63.6 4039
168.99 91.52 55.11 86.23 38.30 27.14 77.7 113.3 72.1 52.8 4238
;
run;
ods html;
proc pls censcale cv = one cvtest(pval = 0.05) method = pls details;
    model Y1 - Y5 = X1 - X6 / solution;
run;
ods html close;
```

【程序说明】　选项"censcale"要求列出对每个观测变量进行标准化的信息(即给出每个变量的算术平均值和标准差)。

选项"cv ="要求进行交叉验证，等号后面有 5 种关键词，分别代表不同方式的交叉验证方法。第 1 种为"cv = one"，它要求逐次删除一个观测进行交叉验证（即每次删除一个观测建模，再估计被删除的那个观测对应的因变量的预测残差值，此时算得的因变量的残差平方和称为预测残差平方和，简记为 PRESS）。

第 2 种为"cv = split(n)"，这里 n 应取一个具体值，系统默认值为 $n = 7$，它要求每隔 n 个观测扣留一个观测，假如 $n = 4$，系统将自动把编号为 1、5、9、13、…的观测扣留下来当作测试样本，用剩余的观测建模，再求出测试样本中的那些观测点上的残差平方和，便可获得此种方式下的 PRESS 值。

第 3 种为"cv = block(n)"，这里 n 应取一个具体值，系统默认值为 $n = 7$，它要求每次相邻的那 n 个观测被删除，假如 $n = 3$，第 1 次，编号为 1 ~ 3 的观测被扣留当作测试样本；第 2 次，编号为 4 ~ 6 的观测被扣留当作检验样本；依次类推，便可获得此种方式下的 PRESS 值。

第 4 种为"cv = random（选项 opt）"，它要求随机扣留某些观测。其中，"选项 opt"有 3 个关键词，第 1 个为"niter = n"，这里 n 应取一个具体值，系统默认值为 $n = 10$，意思是要扣留的随机子集的数目；第 2 个为"ntest = n"，这里 n 应取一个具体值，系统默认值为 $n = $ 总样本量的 1/10，意思是要扣留的每个随机子集中的观测个数；第 3 个为"seed = n"，这里 n 应取一个正整数作为产生伪随机数的初始种子数，系统默认值为用户计算机当时的时钟时间，如 20150203，便可获得此种方式下的 PRESS 值。

第 5 种为"cv = testset（测试数据集名）"，就是用户另外指定一个用于测试的 SAS 数据集，这里的"测试数据集名"必须是符合 SAS 要求的已存在的某个 SAS 数据集的名字，必须确保 SAS 在执行此语句时能正确打开此 SAS 数据集。

cvtest 要求进行 van der Voet's（1994）检验，此检验是基于随机化模型而进行的比较检验，即对抽取不同个数的主成分构造出来的模型与对照模型进行比较，对照模型为使预测残差平方和达到最小值的那个模型。pval = 0.05 是要求进行模型间比较时，若 $P > 0.05$ 则表明两个模型之间的差别无统计学意义（默认值为 0.20）。

"method = pls"指定基于"偏最小平方法"估计模型中参数的数值。另外 3 种方法分别是：method = simpls 即 de Jong's method（1993），method = PCR 即主成分回归法，method = RRR 即降秩回归法；"details"是要求输出拟合的模型中关于连续的因子的详细计算结果（注：当有"cv"选项时，此选项对应的结果并没有输出）。

"solution"要求列出最终预测模型中关于因变量的系数。

【输出结果 1】

Dependent Variable Centering and Scaling		
Variable	Subtracted off	Divided by
Y1	75.596429	1.640795
Y2	116.010714	2.559274
Y3	73.685714	2.282577
Y4	60.114286	5.579175
Y5	4251.357143	161.172834

以上表明在对 5 个因变量进行标准化时,对每个个体而言,其每个因变量都需要减去平均值(第 2 列)、除以标准差(第 3 列)。

Model Effect Centering and Scaling		
Effect	Subtracted off	Divided by
X1	170.370000	1.436516
X2	92.199286	0.689788
X3	57.694286	1.723441
X4	86.066786	1.336230
X5	38.477857	0.454405
X6	27.171071	0.384191

以上表明在对 6 个自变量进行标准化时,对每个个体而言,其每个自变量都需要减去平均值(第 2 列)、除以标准差(第 3 列)。

Cross Validation for the Number of Extracted Factors			
Number of Extracted Factors	Root Mean PRESS	T**2	Prob > T**2
0	1.037037	7.898751	0.1420
1	0.910667	0	1.0000
2	0.945222	9.574992	0.0220
3	0.98877	7.724236	0.0920
4	1.02508	5.780769	0.3320
5	1.002837	9.367877	0.0440
6	1.063672	9.373372	0.0330

以上是基于舍一交叉验证方法且当抽取的主成分个数分别为 0、1、2、3、4、5、6 时,算得的结果:全部因变量预测残差平方和的方均根(第 2 列)、假设检验的检验统计量 T^2 的数值以及对应的 P 值。此结果表明,抽取的主成分个数为 1 时,所得到的因变量预测残差方均根最小,其数值为 0.910667。对照模型是基于主成分个数为 1 的那个模型(即表中的第 2 行),其他各行都分别与第 2 行比较,差别是否具有统计学意义分别列在上面的第 4 列上。从最后一列看,似乎表明,若抽取 2 个主成分,虽然 PRESS 略有增大,但从其他角度来考量,还是值得的;而提取 3 个或 4 个主成分,不仅 PRESS 有较多增加,从其他角度来考量,并非值得;当提取 5 个或 6 个主成分时,PRESS 有较多增加,但从其他角度来考量,有一定的价值。综合起来看,本例抽取 2 个主成分构建模型比较合适。

Minimum root mean PRESS	0.9107
Minimizing number of factors	1
Smallest number of factors with p>0.05	0

以上表明,当抽取的主成分个数的最小值为 1 时,对应的预测残差方均根的最小值为 0.9107,在决定抽取最小主成分个数时所采用的显著性水平为 $P > 0.05$ [即当对抽取的两个不

同个数主成分构造出的两个模型(其中一个为使 PRESS 取最小值的模型, 令其为对照模型)进行差异性检验时, 若 P 值 > 0.05, 则认为它们之间的差别无统计学意义]。

值得注意的是, 若将前述的假设检验方法由 T^2 检验改为 PRESS 检验, 则在前面已经成功创建 SAS 数据集的基础上, 可调用下面的过程步程序(设完整的 SAS 程序名为 sastjfx9_2. sas):

```
proc pls censcale cv = one cvtest(pval = 0.05 stat = press)method = pls details;
    model Y1 - Y5 = X1 - X6 / solution;
run;
```

【说明】 与前面的过程步比较, 仅增加了一个选择项"stat = press"。

【输出结果2】 与前面不同的输出结果如下:

Cross Validation for the Number of Extracted Factors		
Number of Extracted Factors	Root Mean PRESS	Prob > PRESS
0	1.037037	0.0020
1	0.910667	1.0000
2	0.945222	0.4400
3	0.98877	0.3780
4	1.02508	0.2310
5	1.002837	0.1840
6	1.063672	0.1180

此结果表明, 仅抽取 1 个主成分构造模型所得到的 PRESS 取最小值为 0.910667, 再增加抽取的主成分个数, 意义都不大。

Minimum root mean PRESS	0.9107
Minimizing number of factors	1
Smallest number of factors with p > 0.05	1

以上表明, 当抽取的主成分个数的最小值为 1 时, 对应的预测残差方均根的最小值为 0.9107。

Percent Variation Accounted for by Partial Least Squares Factors				
Number of Extracted Factors	Model Effects		Dependent Variables	
	Current	Total	Current	Total
1	52.8435	52.8435	29.6961	29.6961

以上表明, 当仅用 1 个主成分来构造模型时, 能解释全部自变量变异的 52.84%, 称为模型效应, 能解释全部因变量变异的 29.70%。

Model Effect Loadings						
Number of Extracted Factors	X1	X2	X3	X4	X5	X6
1	− 0.516526	− 0.520675	− 0.510500	− 0.356395	− 0.188738	− 0.197099

以上为所谓模型效应的负荷量(Model Effect Loadings)，实际上就是用全部标准化后的自变量 $x_j^*(j = 1,2,\cdots,6)$ 对主成分变量进行回归时，回归方程中的系数，即

$$\begin{cases} x_1^* = -0.516526U_1 + e_1 \\ x_2^* = 0.520675U_1 + e_2 \\ \quad\vdots \\ x_6^* = -0.197099U_1 + e_6 \end{cases}$$

Model Effect Weights							
Number of Extracted Factors	X1	X2	X3	X4	X5	X6	Inner Regression Coefficients
1	− 0.492685	− 0.487079	− 0.553402	− 0.367570	− 0.174131	− 0.230991	0.684327

以上为所谓模型效应的权重(Model Effect Weights)，实际上就是用全部标准化后的自变量 $x_j^*(j = 1,2,\cdots,6)$ 线性表达主成分的表达式中的系数，即

$$U_1 = -0.492685x_1^* - 0.487079x_2^* - 0.553402x_3^* - 0.367570x_4^* - 0.174131x_5^* - 0.230991x_6^*$$

Dependent Variable Weights					
Number of Extracted Factors	Y1	Y2	Y3	Y4	Y5
1	0.256532	− 0.362422	− 0.492130	− 0.405001	− 0.629781

以上为所谓因变量的权重(Dependent Variable Weights)，实际上就是用全部标准化后的因变量 $y_j^*(j = 1,2,\cdots,5)$ 线性表达主成分的表达式中的系数，即

$$V_1 = 0.256532y_1^* - 0.362422y_2^* - 0.492130y_3^* - 0.405001y_4^* - 0.629781y_5^*$$

Parameter Estimates for Centered and Scaled Data					
	Y1	Y2	Y3	Y4	Y5
Intercept	0.0000000000	0.0000000000	0.0000000000	0.0000000000	0.0000000000
X1	− .0864918174	0.1221934482	0.1659252900	0.1365490836	0.2123352093
X2	− .0855076203	0.1208029995	0.1640372131	0.1349952809	0.2099190304
X3	− .0971508146	0.1372522093	0.1863734346	0.1533769910	0.2385027758
X4	− .0645276061	0.0911629670	0.1237893026	0.1018730528	0.1584136299
X5	− .0305690652	0.0431872008	0.0586434782	0.0482609565	0.0750462767
X6	− .0405509930	0.0572894154	0.0777927377	0.0640199396	0.0995516551

以上是用标准化后的全部自变量线性表达每个标准化后的因变量的表达式中的回归系数。现以第1列为例，写出表达式(其他4个表达式可按同样方法写出，从略)：

$$y_1^* = -0.086492x_1^* - 0.085508x_2^* - \cdots - 0.040551x_6^*$$

Parameter Estimates					
	Y1	Y2	Y3	Y4	Y5
Intercept	132.289153	−8.918079	−77.613260	−244.224084	−9420.004757
X1	−0.098791	0.217698	0.263650	0.530333	23.823383
X2	−0.203397	0.448207	0.542816	1.091876	49.048790
X3	−0.092492	0.203817	0.246839	0.496517	22.304318
X4	−0.079235	0.174604	0.211460	0.425352	19.107465
X5	−0.110381	0.243236	0.294579	0.592547	26.618137
X6	−0.173184	0.381632	0.462187	0.929690	41.763170

以上是用原始的全部自变量线性表达每个原始的因变量的表达式中的回归系数，现以第1列为例，写出表达式(其他4个表达式可按同样方法写出，从略)：

$$\hat{y}_1 = 132.289153 - 0.098791x_1 - 0.203397x_2 - \cdots - 0.173184x_6$$

把5个多重线性回归方程全部写出后，就实现了研究者分析此资料的最终目的，即基于偏最小二乘法构建五元六重线性回归方程组(注：这是基于抽取1对主成分变量产生的结果)。

9.4　如何获得较多统计量的计算结果

在前面已经成功创建 SAS 数据集的基础上，可调用下面的过程步程序(设完整的 SAS 程序名为 sastjfx9_3.sas)：

```
ods html;
proc pls censcale method=pls details nfac=2;
    model Y1 - Y5 = X1 - X6 / solution;
    output out=aaa PREDICTED=PRED1 - PRED5
                   YRESIDUAL=YRES1 - YRES5
                   PRESS=PRESS1 - PRESS5
                   YSCORE=V  XSCORE=U;
run;
proc print data=aaa;
run;
ods html close;
```

【程序说明】　选项"nfac=2"指定仅抽取2个主成分。OUTPUT 语句产生一个名为 aaa 的 SAS 数据集，其内包括5组变量在每个个体上的取值。其中，第1组变量共同变量名为 PRED，包含5个，故为 PRED1 ~ PRED5，它们是与因变量 Y1 ~ Y5 对应的预测值。

第2组变量共同变量名为 YRES，包含5个，故为 YRES1 ~ YRES5，它们是与因变量 y_1 ~ y_5 对应的残差值。

第3组变量共同变量名为 PRESS，包含5个，故为 PRESS1 ~ PRESS5，它们是与因变量 y_1 ~ y_5 对应的预测残差(通常为舍一交叉验证法)。

第 5 组变量共同变量名为 V, 包含 2 个(因为程序中规定只抽取 2 个主成分), 故为 $V_1 \sim V_2$, 它们是由因变量组中全部变量 $y_1 \sim y_5$ 线性表达的 2 个主成分变量。

第 6 组变量共同变量名为 U, 包含 2 个(因为程序中规定只抽取 2 个主成分), 故为 $U_1 \sim U_2$, 它们是由自变量组中全部变量 $x_1 \sim x_6$ 线性表达的 2 个主成分变量。

【输出结果】 输出结果在前文中已出现过的, 此处从略。这里仅给出未出现过或不完全相同的部分。

Percent Variation Accounted for by Partial Least Squares Factors				
Number of Extracted Factors	Model Effects		Dependent Variables	
	Current	Total	Current	Total
1	52.8435	52.8435	29.6961	29.6961
2	20.9617	73.8052	4.2680	33.9641

这部分结果表明, 抽取 2 个主成分变量, 可解释全部自变量变异量的 73.81%; 而抽取 2 个主成分变量, 可解释全部因变量变异量的 33.96%。

Model Effect Loadings						
Number of Extracted Factors	X1	X2	X3	X4	X5	X6
1	-0.516526	-0.520675	-0.510500	-0.356395	-0.188738	-0.197099
2	-0.127504	-0.011554	-0.163239	-0.287663	0.706171	0.612809

以上为所谓模型效应的负荷量(Model Effect Loadings), 实际上就是用全部标准化后的自变量 x_j^* ($j = 1,2,\cdots,6$) 对主成分变量进行回归时, 回归方程中的系数, 即

$$\begin{cases} x_1^* = -0.516526U_1 - 0.127504U_2 + e_1 \\ x_2^* = 0.520675U_1 - 0.011554U_3 + e_2 \\ \quad\vdots \\ x_6^* = -0.197099U_1 + 0.612809U_2 + e_6 \end{cases}$$

Model Effect Weights							
Number of Extracted Factors	X1	X2	X3	X4	X5	X6	Inner Regression Coefficients
1	-0.492685	-0.487079	-0.553402	-0.367570	-0.174131	-0.230991	0.684327
2	-0.134268	0.032033	-0.047239	-0.498060	0.586080	0.682746	0.411916

以上为所谓模型效应的权重(Model Effect Weights), 实际上就是用全部标准化后的自变量 x_j^* ($j = 1,2,\cdots,6$) 线性表达主成分的表达式中的系数, 即

$$\begin{cases} U_1 = -0.492685x_1^* - 0.487079x_2^* - \cdots - 0.230991x_6^* \\ U_2 = -0.134268x_1^* + 0.032033x_2^* - \cdots + 0.682746x_6^* \end{cases}$$

Dependent Variable Weights					
Number of Extracted Factors	Y1	Y2	Y3	Y4	Y5
1	0.256532	− 0.362422	− 0.492130	− 0.405001	− 0.629781
2	0.324140	0.846205	0.140644	− 0.008514	− 0.398769

以上为所谓因变量的权重(Dependent Variable Weights)，实际上就是用全部标准化后的因变量 y_j^* $(j = 1,2,\cdots,5)$ 线性表达主成分的表达式中的系数，即

$$\begin{cases} V_1 = 0.256532y_1^* - 0.362422y_2^* - \cdots - 0.629781y_5^* \\ V_2 = 0.324140y_1^* + 0.846205y_2^* + \cdots - 0.398769y_5^* \end{cases}$$

Parameter Estimates for Centered and Scaled Data					
	Y1	Y2	Y3	Y4	Y5
Intercept	0.0000000000	0.0000000000	0.0000000000	0.0000000000	0.0000000000
X1	− .1038196591	0.0769570590	0.1584067584	0.1370042241	0.2336525973
X2	− .0806380665	0.1335155483	0.1661501072	0.1348673751	0.2039283149
X3	− .1027848044	0.1225440096	0.1839288525	0.1535249757	0.2454339303
X4	− .1305805625	− .0812761229	0.0951289968	0.1036080280	0.2396745582
X5	0.0478952273	0.2480275585	0.0926890493	0.0461999798	− .0214835625
X6	0.0508890737	0.2960045730	0.1174684831	0.0616181356	− .0129414885

以上是用标准化后的全部自变量线性表达每个标准化后的因变量的表达式中的回归系数，现以第 1 列为例，写出表达式(其他 4 个表达式可按同样方法写出，从略):

$$y_1^* = - 0.103820x_1^* - 0.080638x_2^* - \cdots + 0.050889x_6^*$$

Parameter Estimates					
	Y1	Y2	Y3	Y4	Y5
Intercept	120.370778	− 57.449481	− 84.807364	− 243.159614	− 7979.734353
X1	− 0.118583	0.137105	0.251703	0.532100	26.215131
X2	− 0.191813	0.495374	0.549808	1.090841	47.649025
X3	− 0.097856	0.181975	0.243601	0.496996	22.952506
X4	− 0.160344	− 0.155668	0.162501	0.432596	28.908959
X5	0.172943	1.396926	0.465597	0.567242	− 7.619997
X6	0.217336	1.971824	0.697911	0.894812	− 5.429117

以上是用原始的全部自变量线性表达每个原始的因变量的表达式中的回归系数，现以第 1 列为例，写出表达式(其他 4 个表达式可按同样方法写出，从略):

$$\hat{y}_1 = 120.370788 - 0.118583x_1 - 0.191813x_2 - \cdots + 0.217336x_6$$

把 5 个多重线性回归方程全部写出后，就实现了研究者分析此资料的最终目的，即基于偏最小二乘法构建五元六重线性回归方程组(注：这里是基于抽取 2 对主成分变量产生的结果)。

产生的输出 SAS 数据集 aaa 有 28 行(即样本含量)、30 列数据，因所占篇幅很大，从略。显示其概况的截面图如图 8-1 和图 8-2 所示。

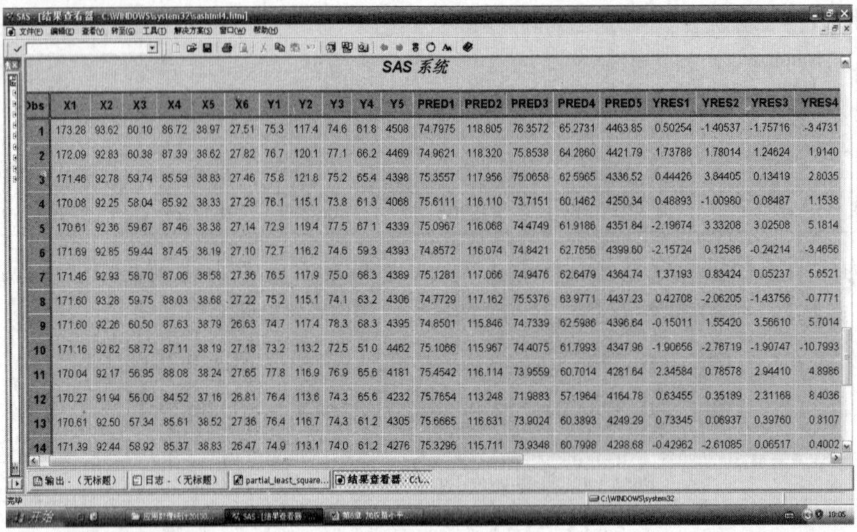

SAS 系统

Obs	X1	X2	X3	X4	X5	X6	Y1	Y2	Y3	Y4	Y5	PRED1	PRED2	PRED3	PRED4	PRED5	YRES1	YRES2	YRES3	YRES4
1	173.28	93.62	60.10	86.72	38.97	27.51	75.3	117.4	74.6	61.8	4508	74.7975	118.805	76.3572	65.2731	4463.85	0.50254	-1.40537	-1.75716	-3.4731
2	172.09	92.83	60.38	87.39	38.62	27.82	76.7	120.1	77.1	66.2	4469	74.9621	118.320	75.8538	64.2860	4421.79	1.73788	1.78014	1.24624	1.9140
3	171.46	92.78	59.74	85.59	38.83	27.46	75.8	121.8	75.2	65.4	4398	75.3557	117.956	75.0658	62.5965	4336.52	0.44426	3.84405	0.13419	2.8035
4	170.08	92.25	58.04	85.92	38.33	27.29	76.1	115.1	73.8	61.3	4068	75.6111	116.110	73.7151	60.1462	4250.34	0.48893	-1.00980	0.08487	1.1538
5	170.61	92.36	59.67	87.46	38.38	27.14	72.9	119.4	77.5	67.1	4339	75.0967	116.068	74.4749	61.9186	4351.84	-2.19674	3.33208	3.02508	5.1814
6	171.69	92.85	59.44	87.45	38.19	27.10	72.7	116.2	74.6	59.3	4393	74.8572	116.074	74.8421	62.7656	4399.60	-2.15724	0.12586	-0.24214	-3.4656
7	171.46	92.93	58.70	87.06	38.58	27.36	76.5	117.9	75.0	68.3	4389	75.1281	117.066	74.9476	62.6479	4364.74	1.37193	0.83424	0.05237	5.6521
8	171.60	93.28	59.75	88.03	38.68	27.22	75.2	115.1	74.1	63.2	4306	74.7729	117.162	75.5376	63.9771	4437.23	0.42708	-2.06205	-1.43756	-0.7771
9	171.60	92.26	60.50	87.63	38.79	26.63	74.7	117.4	78.3	68.3	4395	74.8501	115.846	74.7339	62.5986	4396.64	-0.15011	1.55420	3.56610	5.7014
10	171.16	92.62	58.72	87.11	38.19	27.18	73.2	113.2	72.5	51.0	4462	75.1066	115.967	74.4075	61.7993	4347.96	-1.90656	-2.76719	-1.90747	-10.7993
11	170.04	92.17	56.95	88.08	38.24	27.65	77.8	116.9	76.9	65.6	4181	75.4542	116.114	73.9559	60.7014	4281.64	2.34584	0.78578	2.94410	4.8986
12	170.27	91.94	56.00	84.52	37.16	26.81	76.4	113.6	74.3	65.6	4232	75.7654	113.248	71.9883	57.1964	4164.78	0.63455	0.35189	2.31168	8.4036
13	170.61	92.50	57.34	85.61	38.52	27.36	76.4	116.7	74.3	61.2	4305	75.6665	116.631	73.9024	60.3893	4249.29	0.73345	0.06937	0.39760	0.8107
14	171.39	92.44	58.92	85.37	38.83	26.47	74.9	113.1	74.0	61.2	4276	75.3296	115.711	73.9348	60.7998	4298.68	-0.42962	-2.61085	0.06517	0.4002

图 9-1　数据集 aaa 中左上角部分的内容

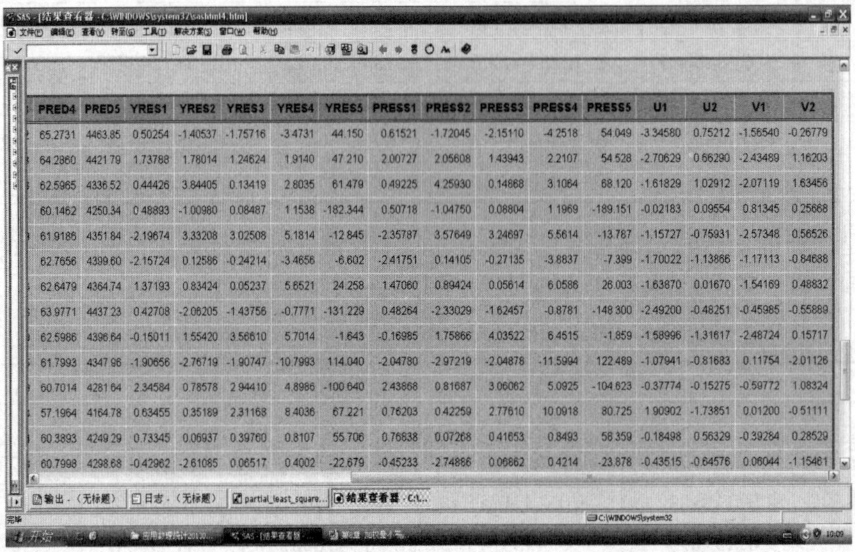

PRED4	PRED5	YRES1	YRES2	YRES3	YRES4	YRES5	PRESS1	PRESS2	PRESS3	PRESS4	PRESS5	U1	U2	V1	V2
65.2731	4463.85	0.50254	-1.40537	-1.75716	-3.4731	44.150	0.61521	-1.72045	-2.15110	-4.2518	54.049	-3.34580	0.75212	-1.56540	-0.26779
64.2860	4421.79	1.73788	1.78014	1.24624	1.9140	47.210	2.00727	2.05608	1.43943	2.2107	54.528	-2.70629	0.66290	-2.43489	1.16203
62.5965	4336.52	0.44426	3.84405	0.13419	2.8035	61.479	0.49225	4.25930	0.14868	3.1064	68.120	-1.61829	1.02912	-2.07119	1.63456
60.1462	4250.34	0.48893	-1.00980	0.08487	1.1538	-182.344	0.50718	-1.04750	0.08804	1.1969	-189.151	-0.02183	0.09554	0.81345	0.25668
61.9186	4351.84	-2.19674	3.33208	3.02508	5.1814	-12.845	-2.35787	3.57649	3.24697	5.5614	-13.787	-1.15727	-0.75931	-2.57348	0.56526
62.7656	4399.60	-2.15724	0.12586	-0.24214	-3.4656	-6.602	-2.41751	0.14105	-0.27135	-3.8837	-7.399	-1.70022	-1.13866	-1.17113	-0.84688
62.6479	4364.74	1.37193	0.83424	0.05237	5.6521	24.258	1.47060	0.89424	0.05614	6.0586	26.003	-1.63870	0.01670	-1.54169	0.48832
63.9771	4437.23	0.42708	-2.06205	-1.43756	-0.7771	-131.229	0.48264	-2.33029	-1.62457	-0.8781	-148.300	-2.49200	-0.48251	-0.45985	-0.55889
62.5986	4396.64	-0.15011	1.55420	3.56610	5.7014	-1.643	-0.16985	1.75866	4.03522	6.4515	-1.859	-1.58996	-1.31617	-2.48724	0.15717
61.7993	4347.96	-1.90656	-2.76719	-1.90747	-10.7993	114.040	-2.04780	-2.97219	-2.04878	-11.5994	122.489	-1.07941	-0.81683	0.11754	-2.01126
60.7014	4281.64	2.34584	0.78578	2.94410	4.8986	-100.640	2.43868	0.81687	3.06062	5.0925	-104.623	-0.37774	-0.15275	-0.59772	1.08324
57.1964	4164.78	0.63455	0.35189	2.31168	8.4036	67.221	0.76203	0.42259	2.77610	10.0918	80.725	1.90902	-1.73851	0.01200	-0.51111
60.3893	4249.29	0.73345	0.06937	0.39760	0.8107	55.706	0.76838	0.07268	0.41653	0.8493	58.359	-0.18498	0.56329	-0.39284	0.28529
60.7998	4298.68	-0.42962	-2.61085	0.06517	0.4002	-22.679	-0.45233	-2.74886	0.06862	0.4214	-23.878	-0.43515	-0.64576	0.06044	-1.15461

图 9-2　数据集 aaa 中右上角部分的内容

用户在自己的计算机上打印数据集 aaa 的内容，可以清楚地看出各变量及其在每位受试者身上的具体取值。

9.5　本 章 小 结

本章介绍了多元多重线性回归分析建模时筛选自变量的几种思维方法，解释了普通最小二乘法与偏最小二乘法的区别，介绍了如何基于 SAS 中 PLS 过程实现偏最小二乘回归分析的全过程。

（胡良平　胡纯严）

第10章 探索性因子分析

为了解某一总体，我们往往通过收集尽可能多的数据信息来全面认识该总体，收集到的许多指标常存在一定的相关性，并且许多指标可能都共同受控于某一个或几个不便被观测的综合指标，这些可观测的指标值的变动在相当大的程度上取决于那几个不便观测的指标值的变动。因子分析（Factor Analysis）正是从可直接观测其取值的原指标中提炼出数量较少的综合指标的一种有效方法。

因子分析分为探索性因子分析（Exploratory Factor Analysis，EFA）和验证性因子分析（Confirmatory Factor Analysis，CFA）。本章主要介绍探索性因子分析及其 SAS 实现。

10.1 问题与数据结构

10.1.1 实例

【例10-1】 50个男性白人申请警察局职位的体检数据（Gunst 和 Mason（1980）），指标包括：1. 身高（单位：cm）（height）；2. 体重（单位：kg）（weight）；3. 肩宽（单位：cm）（shldr）；4. 骨盆宽（单位：cm）（pelvic）；5. 最小胸围（单位：cm）（chest）；6. 大腿皮褶厚度（单位：mm）（thigh）；7. 静息脉率（pulse）；8. 引体向上次数（chnup）；9. 最大肺活量（单位：某种容积单位）（breath）；10. 踏板跑步休息 5min 后脉率（recvr）；11. 最大踏板速度（speed）；12. 体脂（fat）。其数据结构见表 10-1。

表 10-1 50 个白人男性申请警察局职位的体检数据

id	height	weight	shldr	pelvic	chest	thigh	pulse	chnup	breath	recvr	speed	fat
1	179.6	74.20	41.7	27.3	82.4	19.0	64	2	158	108	5.50	11.91
2	175.6	62.04	37.5	29.1	84.1	5.5	88	20	166	108	5.50	3.13
.	.	.	.	.	.	.	.	.	.	.	.	.
50	179.0	71.00	41.2	27.3	85.6	16.0	68	5	150	108	5.50	10.00

资料来源：Dallas E Johnson. Applied Multivariate Methods for Data Analysts[M]. 北京：高等教育出版社，2005：160-161.

10.1.2 对数据结构的分析

对于例 10-1，资料中仅涉及一个组，即 50 个欲申请警察局职位的男性白人，获得他们的体检数据，包括身高、体重等 12 项指标，且各项体检数据均为定量的观测指标，所以该资料为单组设计十二元定量资料。

10.1.3 分析目的与统计分析方法的选择

对于单组设计多元定量资料，根据不同的研究目的，可有多种不同的统计分析方法供选用。

目的一：希望以互不相关的较少的综合指标(该综合指标是不能直接测量的)来反映原始指标所提供的大部分信息时，即希望找出"幕后"操纵原变量取值规律的隐变量时，可选用主成分分析。

目的二：希望用较少的互相独立的公共因子反映原有变量的绝大部分信息，即希望以最少的信息丢失将众多原有变量浓缩成少数几个具有一定命名解释性的公共因子，可选用探索性因子分析。

主成分分析是将主成分表示为原始变量的线性组合，而因子分析是将原是变量表示为公共因子和特殊因子的线性组合。探索性因子分析比主成分分析更强调隐变量的实际意义，且由于因子分析允许特殊因子的存在将得到较主成分分析更为精确的结果。一般而言，仅想把现有变量缩减为少数几个新变量从而进行后续的分析，采用主成分分析即可。

本章主要介绍探索性因子分析的有关原理及实现方法，所以对后面的实例将选取探索性因子分析来处理。

10.2　探索性因子分析内容简介

10.2.1　概述

因子分析最早由 Charles Spearman 在 1904 年提出，其基本思想是通过对原始变量(或样品)的相关系数矩阵(对样品而言是相似系数矩阵)内部结构的研究，找出能控制所有变量(或样品)的少数几个随机变量去描述多个变量(或样品)之间的相关(相似)关系，但这几个随机变量是不可观测的，通常称为公共因子；然后根据相关性(或相似性)的大小把变量(或样品)分组，使得同组内的变量(或样品)之间相关性(或相似性)较高，而不同组的变量相关性(或相似性)较低。由于各变量存在一定的相关关系，因此，有可能用较少的不相关的公共因子来综合存在于变量中的各类信息。同时，提取出的公共因子保持了相互独立的良好特性，有效地克服了变量间可能存在的多重共线性问题。

从全部计算过程看，对同一批观测数据，R 型因子分析和 Q 型因子分析是一样的，只不过出发点不同，R 型从相关系数矩阵出发，Q 型从相似系数矩阵出发。本章只介绍 R 型因子分析。

10.2.2　探索性因子分析的数学模型

设有 n 个样品，每个样品观测了 p 个变量 $(X_1,\cdots,X_p)$，为了对变量进行比较，并消除数据量纲的差异及数量级所造成的影响，将观测变量进行标准化处理，$x_i = \dfrac{X_i - \bar{X}_i}{S_i}$，标准化后的变量均值为 0，方差为 1。

因子分析就是把实测变量表示成公共因子的线性函数与特殊因子之和。公共因子间是独立的，特殊因子间是独立的，公共因子与特殊因子间也是独立的，即各因子间正交，因此，称该因子模型为正交因子模型，建立 R 型正交因子分析模型 $(m \leqslant p)$。

用矩阵表示如下：

$$\begin{pmatrix} x_1 \\ x_2 \\ \vdots \\ x_p \end{pmatrix} = \begin{pmatrix} a_{11} & a_{12} & \cdots & a_{1m} \\ a_{21} & a_{22} & \cdots & a_{2m} \\ \vdots & \vdots & \ddots & \vdots \\ a_{p1} & a_{p2} & \cdots & a_{pm} \end{pmatrix} \begin{pmatrix} f_1 \\ f_2 \\ \vdots \\ f_m \end{pmatrix} + \begin{pmatrix} \varepsilon_1 \\ \varepsilon_2 \\ \vdots \\ \varepsilon_p \end{pmatrix} \qquad (10\text{-}1)$$

简记为

$$\underset{(p\times1)}{X} = \underset{(p\times m)}{A} \underset{(m\times1)}{F} + \underset{(p\times1)}{\varepsilon}$$

式中，$f_1, \cdots, f_m$ 为公共因子，是相互独立的不可观测的理论变量（可称为隐变量），公共因子的含义必须结合实际而定，它们的系数 a_{ij} 称为因子载荷，是第 i 个指标所包含的信息分摊在第 j 个公共因子上的数量多少；ε_i 是特殊因子，是不能被前 m 个公共因子包含的部分信息，其并非普通意义上的残差，它只影响当前变量，与其他变量无关，表示该变量中特有的、不能被公共因子解释的那部分信息。

10.2.3　探索性因子分析中载荷矩阵 A 的统计意义

1. 因子载荷 a_{ij} 的统计意义

x_i 为标准化变量，a_{ij} 是第 i 个变量 x_i 与第 j 个公因子 f_j 的相关系数，即表示 x_i 依赖 f_j 的份量（比重），用统计学的术语应叫作"权"。但由于历史的原因，心理学家把它叫作载荷，即表示第 i 个变量在第 j 个公因子上的负荷，它一方面反映了 x_i 对 f_j 的依赖程度，绝对值越大，密切程度越高；另一方面也反映了第 i 个变量对第 j 个公因子的相对重要性。从投影的角度看，a_{ij} 就是 x_i 在坐标轴 f_j 上的投影。在因子分析中，载荷矩阵 A 不是唯一的，从表面上看这是不利的，但为后面用正交旋转变换使因子载荷矩阵列元素两极分化提供了便利的数学处理手段。

2. 变量共同度的统计意义

变量 x_i 的共同度定义为因子载荷阵 A 中第 i 行元素的平方和，即

$$h_i^2 = \sum_{j=1}^{m} a_{ij}^2 \quad (i = 1, \cdots, p)$$

其中，h_i^2 也叫 x_i 的共性方差（Common Variance）或共性（Communality），反映全部公因子对变量 x_i 的方差的总贡献，即变量 x_i 对所有公因子的依赖程度。若 h_i^2 接近 1，说明该变量的几乎全部原始信息都被选取的公因子说明了，x_i 完全由公因子决定。

由因子模型可知，$D(x_i) = h_i^2 + \sigma_i^2$，说明原有变量 x_i 的方差可以表示成两部分：h_i^2 和 σ_i^2。由于 x_i 已经标准化了，所以 $h_i^2 + \sigma_i^2 = 1$。第二部分 σ_i^2 是特殊变量所产生的方差，反映原变量方差中无法被公共因子表示的部分，仅与变量 x_i 本身的变化有关，是特殊因子 ε_i 对 x_i 的方差的贡献，它是使 x_i 的方差为 1 的补充值，称为特殊因子方差或特性方差。

3. 公因子的方差贡献

公因子的方差贡献定义为因子载荷阵 A 中第 j 列元素的平方和，即

$$g_j^2 = \sum_{i=1}^{p} a_{ij}^2 \quad (j = 1, \cdots, m)$$

它是 f_j 对 X 的各个分量的总影响，表示同一公因子对所有变量所提供的方差贡献之和。各个公因子的方差贡献之和接近 p 个变量的方差之和。

方差贡献最大的公因子 f_1 称为第 1 公因子，方差贡献次之的公因子 f_2 称为第 2 公因子，

相应地，f_3、$\cdots$、f_m 分别称为第 3 公因子、$\cdots$、第 m 公因子；$\dfrac{g_j^2}{p} \times 100\%$ 称为公因子 f_j 对所有变量的方差贡献率；$\dfrac{1}{p}(g_1^2 + g_2^2 + \cdots + g_m^2) \times 100\%$ 称为前 m 个公因子的累积方差贡献率。

10.2.4　因子载荷矩阵 A 的估计方法

要建立某实际问题的因子模型，关键是要根据样本数据矩阵估计因子载荷矩阵 A。对 A 的估计方法很多，有主成分法、极大似然法、主因子法等，其中主成分法用得较多，其次是极大似然法。如果要初步估计因子模型中保留的公因子个数，主成分法比较好，此法会产生公因子个数的最大值，而极大似然法是一种比较客观的方法，可以计算似然比检验统计量，此统计量可以检验所选的公因子个数合适与否，然而这种方法倾向于产生统计学上有意义但实际价值不大的公因子。

1. 主成分法

主成分法就是在进行因子分析前，首先进行主成分分析，以 $x_i(i = 1, 2, \cdots, p)$ 表示标准化的原变量，$C_i(i = 1, 2, \cdots, p)$ 表示主成分，计算原变量的相关系数矩阵 $\boldsymbol{R}$ 的特征根和特征向量，得到以主成分变量线性表达原变量的多个表达式，称其为主成分的联立方程组，即

$$\begin{cases} C_1 = \gamma_{11}x_1 + \gamma_{12}x_2 + \cdots + \gamma_{1p}x_p \\ C_2 = \gamma_{21}x_1 + \gamma_{22}x_2 + \cdots + \gamma_{2p}x_p \\ \quad\vdots \\ C_p = \gamma_{p1}x_1 + \gamma_{p2}x_2 + \cdots + \gamma_{pp}x_p \end{cases} \tag{10-2}$$

然后根据主成分分析的特征根所对应的特征向量彼此正交的性质，通过转换把原始变量用主成分来表达，见以下方程组：

$$\begin{cases} x_1 = \gamma_{11}C_1 + \gamma_{21}C_2 + \cdots + \gamma_{p1}C_p \\ x_2 = \gamma_{12}C_1 + \gamma_{22}C_2 + \cdots + \gamma_{p2}C_p \\ \quad\vdots \\ x_p = \gamma_{1p}C_1 + \gamma_{2p}C_2 + \cdots + \gamma_{pp}C_p \end{cases} \tag{10-3}$$

其中，系数矩阵的行和列恰好是式（10-2）中系数矩阵的列和行。如果对上面每一等式保留 m 个主成分变量，而把后面的部分用 ε_i 代替，通过变换已与因子分析的联立方程组 [见式（10-1）] 形式相一致，为了把联立方程组中的主成分变换为公因子还需把主成分进行标准化变换。由主成分分析过程可知，各个主成分的均数为 0，标准差为特征根的平方根 $\sqrt{\lambda_i}$，如果令 $f_i = C_i/\sqrt{\lambda_i}$，$a_{ij} = \sqrt{\lambda_i}\gamma_{ji}$，上述联立方程组就变为式（10-1）。

可见，使用主成分法求解因子载荷阵的一般步骤如下：

① 原始数据标准化，得到标准化矩阵 $\boldsymbol{X}$。

② 用标准化数据矩阵 $\boldsymbol{X}$ 计算相关系数矩阵 $\boldsymbol{R}$。

③ 计算相关阵 $\boldsymbol{R}$ 的特征根为 $\lambda_1 \geqslant \lambda_2 \geqslant \cdots \geqslant \lambda_p \geqslant 0$，相应的单位特征向量为 $\gamma_1, \gamma_2, \cdots, \gamma_p$。

④ 利用 $\boldsymbol{R}$ 的特征根和特征向量计算因子载荷阵 $\boldsymbol{A} = (\sqrt{\lambda_1}\gamma_1, \sqrt{\lambda_2}\gamma_2, \cdots, \sqrt{\lambda_p}\gamma_p)$。

由于公因子个数 m 一定小于原指标个数 p，因此在实际应用中，仅提取前 m 个特征根和对应的特征向量，构成仅包含 m 个公因子的因子载荷阵 $A = (\sqrt{\lambda_1}\gamma_1, \sqrt{\lambda_2}\gamma_2, \cdots, \sqrt{\lambda_m}\gamma_m)$。

2. 主因子法

主因子法是主成分法的一种修正。标准化的原变量的相关系数矩阵 R 可写为 $R = AA' + D$，则 $R - D = AA' = R^*$ 称为约相关阵。其中，D 为特殊因子方差，即 $D = D(\varepsilon) = \mathrm{diag}(\sigma_1^2, \sigma_2^2, \cdots, \sigma_p^2)$。如果我们已知特殊因子方差的初始估计 $(\hat{\sigma}_i^*)^2$，也就可知先验共性方差的估计 $(\hat{h}_i^*)^2 = 1 - (\hat{\sigma}_i^*)^2$，则约相关阵 R^* 除了主对角线上的元素是 $(\hat{h}_i^*)^2$ 不是 1 以外，其余和 R 完全一样。计算 R^* 的特征根和特征向量，取前 m 个正特征根 $\lambda_1^* \geqslant \lambda_2^* \geqslant \cdots \geqslant \lambda_m^* \geqslant 0$ 及相应特征向量为 $\gamma_1^*, \gamma_2^*, \cdots, \gamma_m^*$，构成仅包含 m 个公因子的因子载荷阵 $A = (\sqrt{\lambda_1^*}\gamma_1^*, \sqrt{\lambda_2^*}\gamma_2^*, \cdots, \sqrt{\lambda_m^*}\gamma_m^*)$。

在实际应用中，特殊因子方差 σ_i^2 是未知的。又因为 $\sigma_i^2 = 1 - h_i^2$，故求特殊因子方差的初始估计等价于求共性方差 h_i^2 的初始估计。共性方差常用的初始估计有下面 3 种：

① h_i^2 取为第 i 个变量与其他所有变量的复相关系数的平方。

② h_i^2 取为第 i 个变量与其他变量的相关系数绝对值的最大值。

③ $h_i^2 = 1$，它等价于主成分法。

3. 极大似然法

假定公因子 F 和特殊因子 ε 服从正态分布，那么我们可得到因子载荷阵和特殊因子方差的极大似然估计。设 p 维的 n 个观测向量 $x_{(1)}, x_{(2)}, \cdots, x_{(n)}$ 为来自正态总体 $N_p(\mu, \Sigma)$ 的随机样本，则样本似然函数为 μ 和 Σ 的函数 $L(\mu, \Sigma)$。

设 $\Sigma = AA' + D$，取 $\mu = \bar{x}$，对于一组确定的随机样本，μ 已经变成了确定的已知值，则似然函数 $L(\bar{x}, AA' + D)$ 的对数为 A 和 D 的函数，记为 $\varphi(A, D)$。接下来求 A 和 D 的值，使函数 $\varphi(A, D)$ 达到最大。为保证得到唯一解，可附加唯一性条件 $A'D^{-1}A$ 为对角阵，再用迭代方法可求得极大似然估计的 A 和 D 的值。

10.2.5　公因子个数的确定方法

初步估计因子模型中保留的公因子个数，一种比较好的方法是主成分法，此法会产生公因子个数的最大值。在实际应用中，使用主成分法确定公因子个数 m 的方法有两种：一是特征根法，仅提取特征根大于 1 的那些公因子，也就是要求所保留的公因子至少能够解释 1 个变量的方差；二是利用公因子的累积方差贡献率 $\sum_{j=1}^{m} \lambda_j / p$ 来确定公因子提取的个数（采用相关矩阵进行因子分析时，$\lambda_j = g_j^2$，$j = 1, \cdots, m$），也就是寻找一个使得 $\sum_{j=1}^{m} \lambda_j / p$ 达到较大百分比的自然数 m，通常此百分比应达到 75%。许多情况下应将二者结合使用，当然以上两种方法也适用于提取公因子的其他方法。此外，因子碎石图（Scree Plot）也可以用来帮助确定提取多少个公因子。因子碎石图是将特征根由大到小排列后显示的图形。典型的碎石图会有一个明显的拐点，拐点之前是较大特征根连接形成的陡峭折线，拐点之后是较小特征根连接形成的平缓折线，一般选择拐点之前的特征根数目为提取公因子的数目。

当然，初步估计的公因子个数并非最后要保留的公因子个数，可结合以下主观和客观准则来确定合适的公因子个数。

选择公因子个数的主观准则：一是如果在对角线上是特殊因子方差的残差相关阵中的残差相关系数值小，需减少公因子个数；如果该系数值大（多数大于 0.25，少数大于 0.40），需增加公因子个数，这里的残差相关阵为 $R - AA'$。二是如果控制因子的偏相关系数值小，需减少公因子个数；如果控制因子的偏相关系数值大，需增加公因子个数。控制因子的偏相关系数值为用每个原始变量对所提取的全部公因子进行回归后所得到的残差的相关值。选择公因子个数的客观准则：极大似然法是一种比较客观的方法，可以计算似然比检验统计量（Likelihood Ratio Test），此统计量可以检验所选的公因子个数合适与否，然而这种方法倾向于产生统计学上有意义但实际价值不大的公因子。极大似然法还给出 AIC（Akaike's Information Criterion）信息准则和 SBC（Schwarz's Bayesian Criterion）准则。对于 m 的各种取值，最合适的 m 值会使 AIC 或 SBC 取最小值。当然还需注意的是，AIC 与极大似然法一样，倾向于产生在统计学上有意义但实际意义不大的公因子，SBC 很少产生意义不大的公因子。在应用中，建议将以上方法结合使用。

10.2.6　因子旋转

前面求出的公因子称为初始因子。因子分析的目标之一就是要对所提取的抽象公因子的实际含义进行合理解释，即对公因子进行命名。在实际工作中，从直接根据特征根、特征向量求得的因子载荷阵难以看出公因子的含义。为了更好地解释每个初始公因子的实际意义，根据因子载荷阵的不唯一性，通常还要进行因子旋转（Factor Rotation）。因子旋转使每个变量仅在一个公因子上有较大的载荷，而在其余的公因子上载荷比较小，至多是中等大小，即让同一列上的载荷尽可能地向 ±1 或 0 的两级分离，这时就突出了每个公因子与其载荷较大的那些变量的联系，便于对公因子命名和解释。

因子旋转不改变初始公因子包含的信息量，旋转后的公因子称为旋转因子。因子旋转的方法有很多，如正交旋转（Orthogonal Rotation）、斜交旋转（Oblique Rotation）等，通常选择最容易解释的旋转模型。常用的正交旋转是指在保持各因子轴相互垂直的前提下，对因子轴所作的一种旋转变换，正交旋转保留了各个公共因子相互独立的性质。在代数学中，正交旋转就是进行正交变换（由线性代数知道一个正交变换，对应坐标系的一次旋转）。对公共因子进行正交旋转就是对载荷阵 A 进行正交变换，让其右乘正交矩阵 T，使得旋转后的因子载荷阵 $A^* = AT$ 有更鲜明的实际意义，旋转后的公共因子向量为 $F^* = T'F$，它的各个分量 $F_1^*, F_2^*, \cdots, F_m^*$ 也是互不相关的公共因子。根据正交矩阵 T 的不同选取方式，将构造出不同的正交旋转方法，如正交方差最大旋转、正交四次方最大旋转，这些旋转方法的目标是一致的，只是策略不同。实践中常用的方法是正交方差最大旋转，其原理是使得旋转后的因子载荷阵 $A^* = AT$ 的每列元素的方差之和达到最大，从而实现使同一列上的载荷尽可能地靠近 ±1 或靠近 0，让每个公因子都可以代表一个具体的含义。应注意的是，进行因子旋转后虽改变了因子载荷量，但不改变变量共性方差的大小。

斜交旋转可以更好地简化因子载荷矩阵，提高公因子的可解释性，但是公因子之间不再相互独立。

10.2.7　因子得分

因子得分是因子分析的最终体现。当因子载荷阵确定以后，对每个样品而言，希望得到它在不同公因子上的具体数值，这些数值称为每个样品的因子得分。计算出因子得分以后，就可以用因子得分来代替原始变量的取值，从而达到降维的效果。

因子分析的初始模型是将变量表示成公因子的线性组合，由于公因子能反映原始变量的相关关系，用公因子代表原始变量更利于描述研究对象的特征，因而常常反过来将公因子表示成原始变量的线性组合，即

$$F_j = \beta_{j1}X_1 + \cdots + \beta_{jp}X_p \quad (j = 1, \cdots, m)$$

简记为 $\boldsymbol{F} = \boldsymbol{BX}$。其中，$\boldsymbol{B}$ 为因子得分系数矩阵。上式称为因子得分函数，用它可计算每个样品在第 j 个公因子上的得分。由于公因子个数 m 小于原始变量个数 p，因此，只能对因子得分进行估计，不能精确计算出因子得分。常用的计算因子得分的方法是回归法。回归法（Regression）由 Thompson 提出，所以利用回归法求出的因子得分通常称为 Thompson 因子得分。另一种方法为 Bartlett 法，此法采用最小二乘法，所得的因子得分称为 Bartlett 因子得分。应用时多采用回归法。

10.2.8　FACTOR 过程简介

FACTOR 过程可以进行因子分析。该过程对因子模型可以使用正交旋转和斜交旋转；可以用回归法计算得分系数，且把因子得分的估计存储在输出数据集中；用 FACTOR 过程计算的所有主要统计量也能存储在输出数据集里。

1. FACTOR 过程的语句格式

```
PROC FACTOR <options>;
VAR variables;
PRIORS communalities;
PARTIAL variables;
FREQvariable;
WEIGHT variable;
BY variables;
```

通常只需要 VAR 语句作为 PROC FACTOR 语句的选项，其余均可省略。

2. FACTOR 过程语句的用法和功能

（1）PROC FACTOR 语句

PROC FACTOR 语句标志着 FACTOR 过程的开始，同时还可通过设置其他选项定义数据集、指定具体分析方法等。常用的选项及其功能见表 10-2 ~表 10-7。

表 10-2　定义数据集

选　　项	用　　法
OUT =	指定输出数据集，包括输入数据集的数据和因子得分估计。使用此选项时，要求所定义的输入数据集必须是原始变量的数据，而非相关阵或协方差阵。同时，还需用"NFACTORS = "选项规定公因子个数
OUTSTAT =	指定包含有关分析结果的输出数据集，其中包含样本数、均数、标准差、相关系数矩阵、协方差阵、特征根、因子模型等

表 10-3　因子提取方法

选　项	用　法
METHOD(M) =	指定提取公因子的方法。常用的方法有以下几种。 PRINCIPAL(PRIN 或 P)：主成分法，此法为系统默认的方法。当该选项不与"PRIORS ="并用，或与"PRIORS = ONE"并用时，因子提取方法为主成分法，否则，用主因子法 PRINIT：迭代主因子法 ML(M)：极大似然法

表 10-4　因子旋转的方法

选　项	用　法
ROTATE(R) =	因子旋转法：指定因子旋转的方法，默认值为 NONE。常用的选项有以下几种。 VARIMAX(或 V)：正交方差最大旋转 PROCRUSTES：斜交旋转 PROMAX：斜交的 PROMAX 旋转

表 10-5　规定公因子个数

选　项	用　法
NFACTORS(NFACT、N) =	规定公因子个数的上限
PROPORTION(PERCENT、P) =	指定公因子最少能解释的变量变异数的百分比。如果指定的数值大于 1，则程序认为是百分数，因而用 100 去除，PROPORTION = 0.75 和 PERCENT = 75 是等价的

表 10-6　定义输出格式

选　项	用　法
ALL	显示除图以外的所有分析结果
CORR(C)	显示相关系数阵或偏相关系数阵
EIGENVECTORS	显示相关阵的特征向量，该相关阵的对角元素已被共性方差替代
NPLOT	指定绘因子图的因子个数
PLOT	显示旋转后的因子图
PREPLOT	显示未经旋转的因子图
PRINT	显示输入因子模型、得分系数及其他统计量
REORDER	因子载荷阵按照因子载荷的大小顺序排列，使在同一公因子上具有较大载荷的变量排在一起，便于观察
RESIDUALS (RES)	显示残差相关阵及相应的偏相关阵
SCORE	显示用回归法估计的因子得分系数
SCREE	将特征根由大到小排列后以图形显示，此图形称为 SCREE PLOT

表 10-7　PRIORS 选项的设置及其含义

选　项	用　法
SMC(S)	取每个变量与其他所有变量的复相关系数的平方为其共性方差预估值
INPUT(I)	当输入数据的类型为 TYPE = FACTOR 时使用。程序从输入数据集中寻找 TYPE_ = ' PRIORS ' 或 TYPE_ = ' COMMUNAL ' 的变量，并将该变量的第一个观察值定为共性方差的预估计
MAX(M)	将每个变量与其他变量的相关系数绝对值的最大值确定为该变量的共性方差预估值
ONE(O)	将所有的共性方差预估值确定为 1
RANDOM(R)	随机取 0 ~ 1 之间的任何数为共性方差的预估值
HEYWOOD(HEY)	将大于 1 的共性方差调整为 1，以便迭代

注意：当 M = PRIN PRIORS = ONE 时，指定用主成分分析法；当 M = PRIN PRIORS = 其他内容时，指定用无迭代的主因子分析法；当 M = PRINIT 时，无论 PRIORS 为什么，都指定用迭代的主因子分析法；当 M = ML 时，无论 PRIORS 为什么，都指定用极大似然法。

（2）VAR 语句

VAR 语句用来指定所有参与因子分析的变量名称。如果该句省略，那么在其他语句中未作特殊规定的所有数值变量都将被纳入因子分析内。

（3）PRIORS 语句

PRIORS 语句为每个变量指定一个 0.0 ~ 1.0 之间的初始共性方差估计值。第 1 个数值对应于 VAR 语句中的第 1 个变量，第 2 个数值对应第 2 个变量，依次类推。给出的数值个数必须与变量个数相等。

也可以用 PROC FACTOR 语句中的"PRIORS = "选项指定各种共性方差估计方法。

（4）PARTIAL 语句

如果想将因子分析建立在偏相关阵或协差阵的基础上，可用 PARTIAL 语句，以便程序将 PARTIAL 语句列出的变量的效果从整体分析中划分出来。

（5）因子得分 PROC SCORE 过程

因子得分可由 PROC SCORE 过程完成。为了计算因子得分，一般在 PROC FACTOR 语句中加一个"SCORE"选项且用"OUT = "指定输出数据集，然后用如下过程计算公因子得分：

```
PROC SCORE <options >;
    VAR variables;
```

PROC SCORE 语句选项包括"OUT = 输出数据集"、存储因子得分结果等。将 FACTOR 和 SCORE 两个过程写在同一程序中，可以提高分析的效率。

10.3　探索性因子分析的应用

10.3.1　SAS 程序

进行因子分析时，有主成分法、极大似然法、主因子法等。其中，主成分法通常会给出需保留公因子个数的最大值，而极大似然法则可以计算似然比检验统计量，此统计量可以检验所选的公因子个数合适与否。所以可考虑使用以上两种方法估计因子载荷矩阵，即首先使用主成分法找出最大的公因子个数，再用最大似然法检验此个数是否合适。对例 10-1 中的资料使用主成分法和极大似然法进行因子分析的 SAS 程序如下（程序名为 SASTJFX10_1. SAS）：

```
DATA sastjfx10_1;                          建立名为 sastjfx10_1 的临时数据集
    INFILE                                 读入名为 sastjfx10_1.TXT 的外部数据
    'D:\SASTJFX\sastjfx10_1.TXT';          文件
    INPUT height weight shldr pelvic
    chest thigh pulse chnup breath
    recva speed fat;
RUN;
ODS HTML;
PROC FACTOR METHOD = PRINCIPAL             选用主成分分析方法进行因子分析，显示相关
    C NFACT = 4                            系数矩阵，指定公因子数为 4
    SCREE                                  绘制因子碎石图，用于选择公因子个数
    ROTATE = VARIMAX                       执行方差最大正交旋转
    REORDER;                               要求变量按它们的最大因子载荷重新排序
RUN;
PROC FACTOR METHOD = ML                    选用极大似然法进行因子分析
    PRIORS = SMC                           选用 SMC 进行初始共同度的估计
    NFACT = 4 ROTATE = VARIMAX             指定公因子数为 4，执行方差最大正交旋转
```

```
                HEYWOOD                          将大于1的共性方差调整为1，以便迭代
                RES                              显示残差相关阵及相应的偏相关阵
                REORDER                          要求变量按它们的最大因子载荷重新排序
                SCORE                            输出因子得分系数矩阵
                OUT = SCOREDATA;                 把因子得分存放到输出数据集 SCOREDATA 中
            RUN;
            PROC PRINT DATA = SCOREDATA;         将数据集 SCOREDATA 中的 FACTOR1 ～ FAC-
                VAR FACTOR1 FACTOR2 FACTOR3      TOR4 变量列的数据输出到 OUTPUT 窗口
                FACTOR4;
                RUN;
            ODS HTML CLOSE;
```

10.3.2　主要分析结果及解释

以下为使用主成分法进行因子分析的输出结果：

Correlations

	height	weight	shldr	pelvic	chest	thigh	pulse	chnup	breath	recva	speed	fat
height	1.0000	0.6353	0.6543	0.5859	0.4259	0.2232	-0.1815	-0.2760	0.5878	-0.1213	0.2156	0.3651
weight	0.6353	1.0000	0.6656	0.6470	0.8887	0.5542	-0.2638	-0.5758	0.4502	-0.1219	-0.0526	0.8095
...	...	...	...	...	...	...	...	...	...	...	...	...
fat	0.3651	0.8095	0.3306	0.4132	0.7246	0.8442	-0.0948	-0.6912	0.2987	0.0665	-0.2055	1.0000

为节省篇幅，部分数据未列出，读者可查看光盘，后同。从以上相关系数矩阵可知，矩阵中存在许多比较高的相关系数，说明进行因子分析是可行的。其他输出结果见后文。

Initial Factor Method：Principal Components

Prior Communality Estimates：ONE

Eigenvalues of the Correlation Matrix：Total

= 12 Average = 1

	Eigenvalue	Difference	Proportion	Cumulative
1	5.02025410	2.75854760	0.4184	0.4184
2	2.26170650	0.95860488	0.1885	0.6068
3	1.30310162	0.49054808	0.1086	0.7154
4	0.81255355	0.06659652	0.0677	0.7831
5	0.74595703	0.25212024	0.0622	0.8453
6	0.49383679	0.01856386	0.0412	0.8865
7	0.47527293	0.07426618	0.0396	0.9261
8	0.40100675	0.15180944	0.0334	0.9595
9	0.24919731	0.09934024	0.0208	0.9802
10	0.14985707	0.10580574	0.0125	0.9927
11	0.04405133	0.00084630	0.0037	0.9964
12	0.04320503		0.0036	1.0000

4 factors will be retained by the NFACTOR criterion.

以上是用主成分法提取初始公因子的结果，相关矩阵的特征根总和为 12（指标数），前 3 个特征根都大于 1，但累积方差贡献率为 71.54%，解释原始变量的总信息量偏低，所以考虑取前 4 个公因子，它们一起解释原始变量总信息的 78.31%。

The FACTOR Procedure
Initial Factor Method: Principal Components

从碎石图(图 10-1)可看到，第 4 个特征根是一个分界点，从第 4 个特征根开始图形变得平缓，进一步说明提取 4 个公因子是比较适当的。

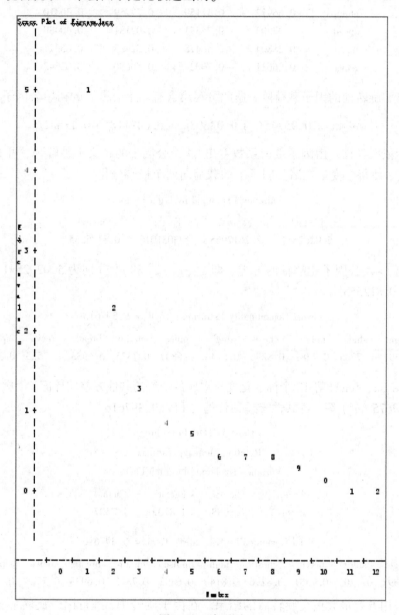

图 10-1　碎石图

Factor Pattern

	Factor1	Factor2	Factor3	Factor4
weight	0.95745	0.03608	−0.04911	0.13882
fat	0.83494	−0.35894	−0.26664	−0.02959
chest	0.83100	−0.01699	−0.09990	0.35890
height	0.70320	0.34713	0.40715	−0.20222

shldr	0.69420	0.30881	0.35839	0.12138
pelvic	0.68567	0.35664	0.14225	0.34719
thigh	0.64063	-0.50480	-0.27404	-0.27139
breath	0.56380	0.03532	0.46930	-0.39240
chnup	-0.66972	0.41159	0.27759	0.30410
speed	-0.07205	0.74391	-0.02181	-0.40480
pulse	-0.28804	-0.56478	0.52483	0.05311
recva	-0.06611	-0.70028	0.50680	0.02543

以上给出了旋转前的因子载荷阵，据此可写出含有 4 个公因子的初始公因子模型

$$weight = 0.95745f_1 + 0.03608f_2 - 0.04911f_3 + 0.13882f_4$$

其余指标依次类推。由因子载荷系数看出，4 个公因子的含义不易解释，可考虑对初始公因子进行旋转，使每个变量在诸公因子上的载荷向两个极端分化。

Variance Explained by Each Factor

Factor1	Factor2	Factor3	Factor4
5.0202541	2.2617065	1.3031016	0.8125535

以上为第 1~4 公因子能解释的方差，即 g_1^2、g_2^2、g_3^2 和 g_4^2 分别为 5.0202541、2.2617065、1.3031016 和 0.8125535。

Final Communality Estimates：Total = 9.397616

height	weight	shldr	pelvic	chest	thigh	pulse	chnup	breath	recva	speed	fat
0.8216	0.9397	0.7205	0.7381	0.8296	0.8140	0.6802	0.7875	0.6933	0.7523	0.7229	0.8979

以上为 height、weight 等 12 个标准化变量对应的最终的共性方差估计值，依次为 0.82164609（h_1^2）、0.93969675（h_2^2）等，各共性方差估计值之和为 9.397616。

The FACTOR Procedure

Rotation Method：Varimax

Variance Explained by Each Factor

Factor1	Factor2	Factor3	Factor4
2.9672	2.8088	1.8709	1.7507

Final Communality Estimates：Total = 9.397616

height	weight	shldr	pelvic	chest	thigh	pulse	chnup	breath	recva	speed	fat
0.8216	0.9397	0.7205	0.7381	0.8296	0.8140	0.6802	0.7875	0.6933	0.7523	0.7229	0.8979

以上为采用方差最大正交旋转后的结果。在因子旋转中，进行因子旋转后虽改变了因子载荷量，即改变了每个公因子对原始变量的贡献率，但不改变变量共性方差的大小。对比旋转前后最终的共性方差估计值，可发现变量的共性方差没变。每个指标的共性方差均在 0.68 以上，说明提取的公因子已经包含了原始变量的大部分信息。

以下是使用极大似然法进行因子分析的输出结果：

Prior Communality Estimates：SMC

height	weight	shldr	pelvic	chest	thigh	pulse	chnup	breath	recva	speed	fat
0.6868	0.9403	0.7328	0.6438	0.8874	0.8383	0.4369	0.7084	0.4525	0.4929	0.5698	0.9298

Significance Tests Based on 50 Observations

Test	DF	Chi-Square	Pr > ChiSq
H0：No common factors	66	429.3569	< .0001
HA：At least one common factor			
H0：4 Factors are sufficient	24	39.9309	0.0218
HA：More factors are needed			

Chi-Square withoutBartlett's Correction	47.147357
Akaike's Information Criterion	− 0.852643
Schwarz's Bayesian Criterion	− 46.741195
Tucker and Lewis's Reliability Coefficient	0.879430

极大似然法给出了一个似然比检验统计量，用于选择合适的公因子数，此时需要给公因子数 m 取不同的值。以上第一个假设检验的 $P < 0.0001$，说明至少有 1 个公因子，数据非常适合做因子分析；第二个假设检验的 $P = 0.0218 < 0.05$，说明需要 4 个以上的公因子。这个结论似乎有些奇怪，与主成分因子分析所得的公因子个数相矛盾。此时不要轻易下结论，因为极大似然法倾向于产生一些意义不大的公因子，也就是可能 1 个变量即为 1 个公因子，或者说 1 个公因子只包含 1 个变量，一般的经验法则是每个公因子至少应该包含 2 个变量。接下来，给出了 AIC 准则和 SBC 准则的结果。理论上，最合适的 m 值会使 AIC 或 SBC 值取最小。当然还需注意的是，AIC 准则与极大似然法一样倾向于产生在统计学上有意义但实际意义不大的公因子，而 SBC 则不会产生意义不大的公因子。令 $m = 2$、3、5，把提取的公因子数分别改为 2、3、5，即把程序中 NFACT = 4 分别改为 NFACT = 2、NFACT = 3、NFACT = 5，程序运行后的假设检验结果如下：

Significance Tests Based on 50 Observations

Test	DF	Chi-Square	Pr > ChiSq
H0：No common factors	66	429.3569	< .0001
HA：At least one common factor			
H0：2 Factors are sufficient	43	101.1365	< .0001
HA：More factors are needed			

Chi-Square withoutBartlett's Correction	115.69705
Akaike's Information Criterion	29.69705
Schwarz's Bayesian Criterion	− 52.51994
Tucker and Lewis's Reliability Coefficient	0.75442

以上给出了 $m = 2$ 时的两种假设检验的结果，其 P 值都小于 0.0001，都拒绝原假设，接受备择假设，说明需提取的公因子个数多于 2 个。

Significance Tests Based on 50 Observations

Test	DF	Chi-Square	Pr > ChiSq
H0：No common factors	66	429.3569	< .0001
HA：At least one common factor			
H0：3 Factors are sufficient	33	66.6865	0.0005
HA：More factors are needed			

Chi-Square withoutBartlett's Correction	77.493405
Akaike's Information Criterion	11.493405
Schwarz's Bayesian Criterion	-51.603354
Tucker and Lewis's Reliability Coefficient	0.814582

以上给出了 $m = 3$ 时的两种假设检验的结果,其 P 值都小于 0.05,都拒绝原假设,接受备择假设,说明需提取的公因子个数多于 3 个。

Significance Tests Based on 50 Observations

Test	DF	Chi-Square	Pr > ChiSq
H0: No common factors	66	429.3569	< .0001
HA: At least one common factor			
H0: 5 Factors are sufficient	16	24.9924	0.0700
HA: More factors are needed			

Chi-Square withoutBartlett's Correction	29.990857
Akaike's Information Criterion	-2.009143
Schwarz's Bayesian Criterion	-32.601511
Tucker and Lewis's Reliability Coefficient	0.897914

以上给出了 $m = 5$ 时的两种假设检验的结果,第二种假设检验的 P 值大于 0.05,不拒绝原假设,说明需提取的公因子个数最多有 5 个。

从以上输出结果可看到,似然比统计量倾向产生 5 个公因子,取 5 个公因子时 AIC 值为最小,取 2 个公因子时 SBC 值最小,显然 2 个公因子不合适,因为 2 个公因子反映的信息量太少。

以下的残差相关阵和偏相关阵对选公因子个数也非常有用(以下输出结果均针对 $m = 4$)。

Residual Correlations With Uniqueness on the Diagonal

	height	weight	shldr	pelvic	chest	thigh	pulse	chnup	breath	recva	speed	fat
height	0.2479	-0.0032	-0.0210	-0.0045	0.0001	-0.0153	0.0296	0.0100	0.1016	-0.0003	0.0120	0.0064
weight	-0.0032	0.0368	0.0069	0.0070	-0.0004	-0.0017	0.0029	-0.0111	-0.0089	-0.0001	-0.0096	0.0000
...	...	...	...	...	...	...	...	...	...	...	...	...
fat	0.0064	0.0000	-0.0171	0.0121	0.0005	0.0007	0.0148	0.0103	-0.0037	0.0001	0.0143	0.0355

以上是残差相关阵的结果。如果残差相关系数值小,减少公因子数;如果残差相关系数值大(多数大于 0.25,少数大于 0.40),公因子数可能需要增加。由上述结果可知,相关系数绝对值 > 0.05 的有 11 个(15.28%),11 个值中的最大值为 0.18881,所以没理由增加公因子数。

Partial Correlations Controlling Factors

	height	weight	shldr	pelvic	chest	thigh	pulse	chnup	breath	recva	speed	fat
height	1.0000	-0.0335	-0.0747	-0.0132	0.0009	-0.0856	0.0714	0.0291	0.2532	-0.0055	0.0297	0.0679
weight	-0.0335	1.0000	0.0637	0.0530	-0.0130	-0.0244	0.0179	-0.0836	-0.0577	-0.0027	-0.0617	0.0000
...	...	...	...	...	...	...	...	...	...	...	...	...
fat	0.0679	0.0000	-0.1606	0.0931	0.0189	0.0109	0.0941	0.0790	-0.0243	0.0044	0.0934	1.0000

以上是控制因子的偏相关阵结果。如果控制因子的偏相关系数值小,减少公因子数;如果控制因子的偏相关系数值大,公因子数可能需要增加。由上述结果可知,控制因子的偏相关系数值都比较小,没理由增加公因子个数。

综上可知，公因子个数取 4 较为合适。

Factor Pattern

	Factor1	Factor2	Factor3	Factor4
recva	0.95219	0.28804	0.03329	0.00876
pulse	0.54550	-0.04409	-0.05666	-0.05246
speed	-0.37394	-0.29235	0.02391	0.34112
weight	-0.39624	0.87712	0.03493	0.18873
fat	-0.17915	0.87216	-0.40932	-0.06453
chest	-0.35898	0.87124	0.26679	-0.14146
thigh	0.03273	0.67111	-0.64738	0.01503
shldr	-0.20385	0.53776	0.30571	0.50637
pelvic	-0.36936	0.47519	0.13384	0.38253
breath	-0.03668	0.41490	0.09679	0.40951
chnup	0.10523	-0.60441	0.38503	-0.03363
height	-0.27429	0.45402	0.10412	0.67819

以上是旋转前的因子载荷阵，可看到，各公因子意义不明显，需进行因子旋转。

Orthogonal Transformation Matrix

	1	2	3	4
1	-0.1097	-0.0994	0.9660	-0.2120
2	0.4906	0.6231	0.2424	0.5589
3	0.3289	-0.7718	0.0762	0.5388
4	0.7995	-0.0784	-0.0476	-0.5937

Rotated Factor Pattern

	Factor1	Factor2	Factor3	Factor4
height	0.82923	0.17662	-0.17923	-0.03464
shldr	0.79154	0.07968	-0.06736	0.20784
weight	0.63610	0.54415	-0.17644	0.48098
pelvic	0.62345	0.19950	-0.24960	0.18889
breath	0.56677	0.15535	0.05304	0.04869
thigh	0.12469	0.91341	0.14428	0.01042
fat	0.26126	0.88223	0.01027	0.34319
chnup	-0.20827	-0.68161	-0.01394	-0.13269
recva	0.05482	0.05848	0.99177	-0.02814
pulse	-0.14203	-0.03383	0.51444	-0.13967
speed	0.17817	-0.19020	-0.44651	-0.27375
chest	0.44141	0.38371	-0.10850	0.79074

以上是采用正交方差最大旋转后的结果。由其因子载荷阵可以看出，经过旋转后的载荷系数已经明显地两极分化了，各个公因子具有了较明确的专业意义。竖读因子载荷阵可见（取载荷大于 0.4 的变量）：

第 1 个公共因子在指标 height、shldr、weight、pelvic、breath、chest 上有较大载荷，说明这 6 个指标有较强的相关性，可以归为一类。所以，公因子 1 主要反映骨骼结构，为骨骼结构因子。

第 2 个公共因子在指标 weight、thigh、fat 和 chnup 上有较大载荷，很明显 thigh 和 fat 二者高度相关，而胖人做引体向上（系数为 −0.6816）的能力也是要差一些，所以此公因子反映了申请者的肥胖情况，为肥胖因子。

第 3 个公共因子在指标 recva、pulse 和 speed 上有较大载荷，此公因子主要反映心血管系统的状态，可以把公因子 3 命名为"心血管因子"。

第 4 个公因子在指标 chest 和 weight 上有较大载荷，此公因子主要反映一个人上身的力气，即一个人是否能提起重物，可以把公因子 4 命名为"力气因子"。

以下为因子得分的输出结果：

Standardized Scoring Coefficients

	Factor1	Factor2	Factor3	Factor4
height	0.35947839	− 0.044792	− 0.022583	− 0.2214898
shldr	0.22917159	− 0.0635333	− 0.0073674	− 0.0956014
weight	0.79069195	0.04729856	− 0.0642389	− 0.2727255
pelvic	0.11288245	− 0.0190619	− 0.0084704	− 0.0553643
breath	0.08506193	− 0.0121327	− 0.002649	− 0.0480223
thigh	− 0.0837804	0.32456895	− 0.0143613	− 0.1848516
fat	− 0.380233	0.85877342	− 0.0339896	− 0.1493373
chnup	0.00465795	− 0.0550274	0.00387029	0.03171669
recva	0.2682873	− 0.1102295	0.98416973	0.0481841
pulse	− 0.0124643	0.0045694	0.00666768	0.00176482
speed	0.06333554	− 0.0108087	− 0.009617	− 0.0476918
chest	− 0.2894128	− 0.3760094	0.08172419	1.41886372

该结果为标准化的因子得分系数矩阵，由此可写出 4 个因子的得分函数，以 f_1 为例：$f_1 = 0.35947839$ height $+ 0.22917159$ shldr $+ \cdots - 0.2894128$ chest。

把 50 个申请者的体检值的标准化值代入以上因子得分表达式，即得申请者的因子得分。

这里有两点值得注意：第一，由于是基于相关系数矩阵进行因子分析，所以，因子得分表达式中的各变量应该是经过标准化变换后的标准变量，均值为 0，标准差为 1；第二，由于因子载荷阵经过了旋转，所以，因子得分不是利用初始的因子载荷阵，而是利用旋转后的因子载荷阵计算得到的。以下输出结果为因子得分（由于篇幅所限，只列出前 10 个申请者的因子得分）：

Obs	Factor1	Factor2	Factor3	Factor4
1	0.0139	0.5449	− 0.7609	− 1.9742
2	− 0.9244	− 1.4070	− 0.5472	− 0.2591
.	.	.	.	.
50	− 0.3536	− 0.0611	− 0.6733	− 0.9206

也可以各个公因子旋转后的贡献率在各公因子贡献率之和中所占的比重为权数，计算 50 个申请者的体检值的综合得分，对它们进行排名，然后择优录取。

10.4　本章小结

因子分析是用较少的互相独立的公共因子反映原有变量的绝大部分信息的多元统计分析方法，即研究如何以最少的信息丢失将众多原有变量浓缩成少数几个具有一定命名解释性的公共因子。

　　因子载荷 a_{ij} 是第 i 个变量 x_i 与第 j 个公因子 f_j 的相关系数，即表示 x_i 依赖 f_j 的份量（比重）。变量 x_i 的共同度定义为因子载荷阵 A 中第 i 行元素的平方和。公因子的方差贡献定义为因子载荷阵 A 中第 j 列元素的平方和。对因子载荷矩阵 A 的估计方法很多，有主成分法、极大似然法、主因子法等。

　　因子分析的目标之一就是要对所提取的抽象公因子的实际含义进行合理解释，即对公因子进行命名。在实际工作中，从直接根据特征根、特征向量求得的因子载荷阵难以看出公因子的含义。为了更好地解释每个初始公因子的实际意义，根据因子载荷阵的不唯一性，通常还要进行因子旋转。

　　因子得分是因子分析的最终体现。当因子载荷阵确定以后，对每个样品而言，希望得到它在不同公因子上的具体数值，这些数值称为每个样品的因子得分。计算出因子得分以后，就可以用因子得分来代替原始变量的取值，从而达到降维的效果。

（罗艳虹　高辉）

第11章 证实性因子分析

证实性因子分析是在探索性因子分析的基础上进行的,可进一步验证由探索性因子分析得出的潜在因子和指标之间的关系,以及潜在因子之间的关联程度。探索性因子分析可看作结构方程模型的一个特例。

11.1 问题与数据结构

11.1.1 实例

【例11-1】 为了研究学生的能力(Ability)与成就期望(Aspiration)之间的关系,采用问卷调查了556名高中学生的6个指标,每个指标的含义见表11-1。其中,$X_1 \sim X_4$ 是表达能力的指标,$X_5 \sim X_6$ 是表达成就期望的指标。6个指标均被视为连续型定量资料,它们的相关系数矩阵见表11-2。

表11-1 能力与期望调查指标及含义

指 标	含 义	从属因子
X_1	能力自信(S-CABIL)	能力(Ability)
X_2	学生认为家长对自己的评价(PPAREVAL)	能力(Ability)
X_3	学生认为教师对自己的评价(PTEAEVAL)	能力(Ability)
X_4	学生认为朋友对自己的评价(PFEIEVAL)	能力(Ability)
X_5	对教育成就的期望(EDUC ASP)	期望(Aspiration)
X_6	升大学的计划(COL PLAN)	期望(Aspiration)

表11-2 能力与期望6个观测变量的相关系数矩阵

	X_1	X_2	X_3	X_4	X_5	X_6
X_1	1.00					
X_2	0.73	1.00				
X_3	0.70	0.68	1.00			
X_4	0.58	0.61	0.57	1.00		
X_5	0.46	0.43	0.40	0.37	1.00	
X_6	0.56	0.52	0.48	0.41	0.72	1.00

本资料中,研究者的兴趣只是因子之间的相关,而不是因子之间的因果效应。用 $X_1 \sim X_4$ 测量能力因子,用 $X_5 \sim X_6$ 测量成就期望因子,变量之间的关系以路径图形式表达,如图11-1所示,是研究者根据经验得出的预设的先验模型结构。

11.1.2 对数据结构的分析

对于例11-1中的资料,表11-2以下三角矩阵形式给出了6个变量之间的相关系数值,此数据结构较为特殊,无法与某种特定的设计类型相联系。当然,此资料的原始数据应为556名高中学生 6 个指标的观测值。而这 6 个指标均被视为连续型定量资料，所以原始资料应为单组设计六元定量资料。

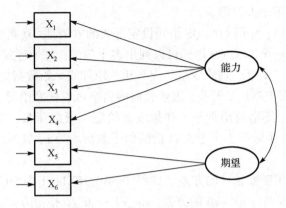

图 11-1　能力与期望的关系路径图

11.1.3　分析目的与统计分析方法的选择

研究者对 6 个指标及其潜在的决定因素已有大致了解，故可用证实性因子分析或结构方程模型来验证这种关系。目前，研究者只关心潜在因子之间的关联程度，对两者之间的因果关系并不关心，故采用证实性因子分析即可。

11.2　证实性因子分析简介

11.2.1　概述

证实性因子分析是在探索性因子分析的基础上发展起来的一种多元统计分析方法。对于探索性因子分析，研究者事先并不清楚或不确定潜在因子与观测变量之间的关联，也不知道观测变量会隐含多少个潜在因子。如果研究者根据以往的研究经验或根据探索性因子分析的结果对所要研究的观测变量与潜在因子之间的内在结构已经清楚，也就是说，已经清楚哪些观测变量可能被哪些潜在因子影响，只需进一步确定观测变量在潜在因子上的载荷大小，并验证这种结构与数据的吻合程度，这时所进行的分析即为证实性因子分析。

证实性因子分析是结构方程模型的一种特例，从形式上看就是结构方程模型的测量模型部分，所以，它的分析原理及分析过程与结构方程模型是完全一样的。

11.2.2　CALIS 过程简介

proc calis 语句是必需的，且此语句还可添加一些选项，主要包括以下几个。

① 数据集选项：如 DATA = 使用的数据集的名字；INRAM = 使用已存在的并被分析过的模型；OUTRAM = 将模型的说明存入输出数据集，备以后 INRAM 调用。

② 数据处理选项：如 EDF = 在没有使用原始数据且未指定样本数 N 时为模型指定自由度；NOBS = 指定样本数 N。

③ 参数估计方法选项：METHOD = 规定参数的估计方法，估计方法有多种，如 ML、GLS、ULS、WLS 等，默认为 ML。

④ 最优化选项：OMETHOD = 最优化方法包括 LM、CG、NR、QN，默认为 LM。

⑤ 输出选项：主要是控制输出结果包括的内容。

CALIS 提供几种方法说明构建的理论模型。在多数情况下，LINEQS 语句和 RAM 语句用起来比较方便，LINEQS 语句直接描述结构方程组，路径图可以用 RAM 语句描述。至于具体选择哪个语句主要取决于个人习惯。

对于证实性因子分析，采用 LINEQS 语句设定等式的方法是：观测变量名 = 因子载荷名 × 潜变量名 + 误差项名。一个 LINEQS 语句可以列出多个等式，每个等式中间用逗号"，"分开，最后一个等式用分号"；"结束。观测变量名应与相关矩阵或原始数据集中的变量名保持一致，潜变量必须用 f 开头，误差项以 e 开头，因子载荷的名字可以任意给定，但乘积项因子载荷与潜变量之间必须有空格，不必写出乘号。如果没有给定因子载荷名，表示该因子载荷值等于1，如程序第 1 个等式的 f1 和第 5 个等式 f2 前的因子载荷均为 1，其所对应的观测变量被视为潜变量的参照尺度。

STD 语句给出模型中需要估计的方差。如程序 SASTJFX11_1 中"std e1 − e6 = 6 * var_e：，f1 f2 = 2 * var_f："表示要估计 e1 ~ e6 的方差，var_e1 ~ var_e6 指定方差；同时估计潜变量 f1 和 f2 的方差，分别为 var_f1、var_f2。

COV 语句给出模型中需要估计的协方差。cov f1 f2 = cov；表示要估计 f1 和 f2 之间的协方差，协方差为 cov。

在应用 STD 语句和 COV 语句时需要注意几点：

① LINEQS 语句只能用一个 STD 语句和一个 COV 语句，一个 STD 语句和一个 COV 语句可以并列几个方差或协方差，中间用"，"分隔。

② 如果有些方差或协方差等于某定值，可以用 STD 语句和 COV 语句进行设定，如将程序中的"cov f1 f2 = cov"；改为"cov f1 f2 = 2"；表示 f1 和 f2 之间的协方差等于 2。

③ STD 和 COV 中没有设定的方差，其值默认为 0。

④ STD 和 COV 语句中使用的变量必须是外生变量，即它们不能出现在任何方程等号的左侧。

11.3　证实性因子分析的应用

11.3.1　SAS 程序

【例 11-1】资料进行证实性因子分析的 SAS 程序如下（程序名为 SASTJFX11_1.SAS）：

```
data sastjfx11_1 (type=corr);         proc calis;
  infile cards missover;                lineqs X1 =   f1 +e1,
  _type_ ='corr';                                 X2 =a2f1 +e2,
  input _name_ $ X1 - X6;                         X3 =a3f1 +e3,
  if _n_ =1 then _type_ ='n'; else                X4 =a4f1 +e4,
  _type_ ='corr';                                 X5 =   f2 +e5,
  cards;                                          X6 =a6f2 +e6;
n   556                                std e1 -e6 =6* var_e ,
X1 1.00                                f1 f2 =2* var_f;
X2 0.73 1.00                           cov f1 f2 =cov;
X3 0.70 0.68 1.00                      title '能力与期望关系的证实性因子分
X4 0.58 0.61 0.57 1.00                 析';
X5 0.46 0.43 0.40 0.37 1.00            ods html;
X6 0.56 0.52 0.48 0.41 0.72 1.00       run;
;
run;
```

程序分两部分，第一部分是读入分析所用的数据。因为数据结构为相关矩阵，需要在 DA-TA 语句中注明"（type = corr）"，如果是基于协方差矩阵拟合模型，则等号后面需要用 cov 代替 corr，两者的区别在于基于相关矩阵进行分析时能够得到参数估计值的标准解，而对协方差矩阵进行分析时给出的是原始解。_type_ 为数据类型的指示变量，除数据集的第 1 个观测（即 _n_ = 1），其余观测在变量 _type_ 上取值均为 corr。_name_ 表示各行数据的变量名，是字符型变量。"infile cards;"语句指明输入数据为"cards;"语句后面的数据流，而"missover"选项则可阻止 input 语句从下一个数据行读入数据，未赋值的变量自动视为缺失，在数据集中以"."表示。数据流第 1 行中的数据"556"表示的是样本含量。如删除数据步的"if …; else…;"语句和数据流的第 1 行"n 556"，则可在后续的过程步中"proc calis;"语句内加上选项"nobs = 556"来给出样本含量，即"proc calis nobs = 556;"。

第二部分调用 CALIS 过程拟合证实性因子分析模型。这里使用的是 lineqs 语句。CALIS 过程有关选项的含义及用法请参阅本章第 11.2.2 节。

如果利用 ram 语句，需对 SASTJFX11_1.SAS 程序的第二部分进行修改如下（程序名为 SASTJFX11_2.SAS）：

```
/* 1 = X1 2 = X2 3 = X3 4 = X4 5 = X5 6 = X6
7 = f1
8 = f2 */
proc calis data = sastjfx11_1(type =
corr);
  ram 1  1  7  1,
      1  2  7  a2,
      1  3  7  a3,
      1  4  7  a4,
      1  5  8  1,
      1  6  8  a6,
      2  7  8  cov_f,
      2  1  1  var_e1,
      2  2  2  var_e2,
      2  3  3  var_e3,
      2  4  4  var_e4,
      2  5  5  var_e5,
      2  6  6  var_e6,
      2  7  7  var_f1,
      2  8  8  var_f2;
  title '能力与期望的证实性因子分析';
  ods html;
run;
```

程序中第一句/* 1 = X1 2 = X2 3 = X3 4 = X4 5 = X5 6 = X6 7 = f1 8 = f2 */是注释语句，它在 SAS 程序中是不执行的，仅对程序内容进行相关解释和提示，利于程序使用者的理解。将路径图中的变量进行编号，编号顺序一般是观测变量在前、潜变量在后。具体而言，对观测变量的编号方法是根据所使用数据集中变量的出现顺序依次赋为 1、2、，…，n 等，对潜变量的赋值则往后继续编号。如程序 SASTJFX11_2.SAS 中，所使用的数据集为 sastjfx11_1，此数据集中观测变量出现的顺序依次为 X_1、X_2、…、X_6，故分别赋值为 1、2、…、6，而两个潜变量的赋值则分别为 7 和 8。

ram 语句列出路径图中的箭头关系，每项以","分开，对应的是路径图中的一个箭头。每项的第 1 列的数字表示箭头个数，第 2 列数字表示路径图中箭头的终点变量编号，第 3 列是路径图中箭头的起点变量编号，第 4 列是路径系数（或相关系数、方差、协方差）的初值。如果没有第 5 列，则第 4 列上的数值是常数（默认值是 1）或字符（该字符表示待估参数的名字）；如果有第 5 列，则第 5 列是路径系数（或相关系数、方差、协方差）的名称，相等的路径系数可用相同的名字表示。

根据图 11-1 所示的路径图，可知潜变量"能力"（程序中编号为 7）单向地影响观测变量 X_1（程序中编号为 1）、X_2（程序中编号为 2）、X_3（程序中编号为 3）和 X_4（程序中编号为 4），潜变量"期望"（程序中编号为 8）单向地影响观测变量 X_5（程序中编号为 5）和 X_6（程序中编号为 6），故观测变量和潜变量之间均只有一个箭头。而两个潜变量则是相互影响，故其箭头是双向的，两者之间有两个箭头。当估计各变量的方差时，箭头的起点和终点均是同一个变量，故其箭头方向也是双向的，也是有两个箭头。

11.3.2　主要分析结果及解释

以下是程序 SASTJFX11_1.SAS 运行后输出的分析结果。

能力与期望关系的证实性因子分析

The CALIS Procedure

Covariance Structure Analysis：Maximum Likelihood Estimation

Fit Function	0.1512
Goodness of Fit Index（GFI）	0.9498
GFI Adjusted for Degrees of Freedom（AGFI）	0.9248
Root Mean Square Residual（RMR）	0.0429
Standardized Root Mean Square Residual（SRMR）	0.0429
Parsimonious GFI（Mulaik，1989）	0.8865
Chi-Square	83.9256
Chi-Square DF	14
Pr > Chi-Square	<.0001
Independence Model Chi-Square	1832.0
Independence Model Chi-Square DF	15
RMSEA Estimate	0.0949
RMSEA 90% Lower Confidence Limit	0.0759
RMSEA 90% Upper Confidence Limit	0.1149
ECVI Estimate	0.1768
ECVI 90% Lower Confidence Limit	0.1312
ECVI 90% Upper Confidence Limit	0.2361
Probability of Close Fit	0.0001
Bentler's Comparative Fit Index	0.9615
Normal Theory Reweighted LS Chi-Square	87.9358
Akaike's Information Criterion	55.9256
Bozdogan's（1987）CAIC	-18.5651
Schwarz's Bayesian Criterion	-4.5651
McDonald's（1989）Centrality	0.9391
Bentler & Bonett's（1980）Non-normed Index	0.9588
Bentler & Bonett's（1980）NFI	0.9542
James, Mulaik, & Brett（1982）Parsimonious NFI	0.8906
Z-Test of Wilson & Hilferty（1931）	6.6074
Bollen（1986）Normed Index Rho1	0.9509
Bollen（1988）Non-normed Index Delta2	0.9615
Hoelter's（1983）Critical N	158

以上结果给出的是最大似然估计评价模型总体拟合效果的全部指标。结果显示，就主要指标而言，GFI = 0.9498，AGFI = 0.9248，它们可显示"与无参数模型比较，该模型拟合效果有多好"，这两个指标的取值介于 0~1 之间，越接近 1 说明模型拟合数据的程度越好。$\chi^2 = 83.9256$，

χ^2 值度量了样本的方差协方差与模型拟合的方差协方差之间的接近程度，$p < 0.0001$，拒绝零假设，说明模型拟合数据并不好。RMSEA 不仅可以度量模型与数据的拟合度，还可度量模型与总体的近似误差，其取值为 0.0949 > 0.05，说明模型拟合数据并不好。

Manifest Variable Equations with Estimates

```
X1       =   1.0000     f1   +   1.0000      e1
X2       =   1.0028  *  f1   +   1.0000      e2
Std Err      0.0406     a2
t Value      24.7197
X3       =   0.9741  *  f1   +   1.0000      e3
Std Err      0.0401     a3
t Value      24.2901
X4       =   0.8960  *  f1   +   1.0000      e4
Std Err      0.0389     a4
t Value      23.0404
X5       =   1.0000     f2   +   1.0000      e5
X6       =   1.0181  *  f2   +   1.0000      e6
Std Err      0.0420     a6
t Value      24.2343
```

以上是观测变量与潜变量之间的方程，包括因子载荷、标准误的估计值以及 t 值。此处因子载荷的估计值是非标准解。对模型的评价不仅要看总体模型的拟合指标，一个拟合较好的模型中，所有待估的参数均应具有统计学意义，本例 a2、a3、a4、a6 4 个因子载荷的检验统计量 t 值均大于 2，均具有统计学意义，说明前 4 个观测变量主要受能力因子的支配，后 2 个观测变量主要受期望因子的支配。

专业结论是：$X_1 \sim X_4$ 从属于能力因子，X_5 和 X_6 从属于期望因子。

Variances of Exogenous Variables

Variable	Parameter	Estimate	Standard Error	t Value
f1	var_f	0.68746	0.04689	14.66
f2	var_f	0.68746	0.04689	14.66
e1	var_e	0.33509	0.01005	33.33
e2	var_e	0.33509	0.01005	33.33
e3	var_e	0.33509	0.01005	33.33
e4	var_e	0.33509	0.01005	33.33
e5	var_e	0.33509	0.01005	33.33
e6	var_e	0.33509	0.01005	33.33

以上结果是模型中所有待估方差的估计值、标准误的估计值以及 t 值。所有 t 值均大于 2，说明这些参数均具有统计学意义，即其估计值都不等于 0。

Covariances Among Exogenous Variables

Var1	Var2	Parameter	Estimate	Standard Error	t Value
f1	f2	cov	0.46622	0.04310	10.82

　　以上是 2 个潜变量 f1 和 f2 之间的协方差，cov = 0.46622，$t = 10.82 > 2$，有统计学意义，说明能力因子与期望因子之间有关，即两个因子之间具有相关关系。

Manifest Variable Equations with Standardized Estimates

X1	= 0.8199		f1	+ 0.5725	e1
X2	= 0.8207	*	f1	+ 0.5714	e2
			a2		
X3	= 0.8128	*	f1	+ 0.5825	e3
			a3		
X4	= 0.7888	*	f1	+ 0.6146	e4
			a4		
X5	= 0.8199		f2	+ 0.5725	e5
X6	= 0.8247	*	f2	+ 0.5656	e6
			a6		

　　以上是与第二部分结果对应的带有标准解的变量之间关系的方程。根据标准因子载荷的相对大小，可判断各观测变量对潜变量贡献的大小关系。对能力因子而言，X_2 的因子载荷在 4 个观测变量中是最大的，说明指标学生认为家长对自己的评价对能力因子的贡献最大；对于期望因子，X_6 的因子载荷大于 X_5 的因子载荷，说明指标升大学的计划对期望因子的贡献大。

Squared Multiple Correlations

	Variable	Error Variance	Total Variance	R-Square
1	X1	0.33509	1.02255	0.6723
2	X2	0.33509	1.02639	0.6735
3	X3	0.33509	0.98747	0.6607
4	X4	0.33509	0.88697	0.6222
5	X5	0.33509	1.02255	0.6723
6	X6	0.33509	1.04763	0.6801

　　以上结果中的 R-Square，即决定系数 R^2，是度量观测变量可靠性的指标。结果表明，所有观测变量的可靠性均较高。

Correlations Among Exogenous Variables			
Var1	Var2	Parameter	Estimate
f1	f2	cov	0.67817

　　以上结果表明，两个潜变量 f1（编号为 7）和 f2（编号为 8）之间的相关系数为 0.67817，均大于 $X_1 \sim X_4$ 与 X_5 和 X_6 之间的相关系数（见表 11-2），这是因为估计两个潜变量的相关系数时，去掉了观测变量的度量误差所致。可以得出的结论是：学生的能力与其期望之间具有较强的正向相关关系。

　　程序 SASTJFX11_2.SAS 运行的结果与程序 SASTJFX11_1.SAS 输出的结果大同小异，这里不再给出。

11.4　本章小结

　　本章概括介绍了证实性因子分析的一些基本概念和有关内容，重点通过实例详细介绍了用 SAS 软件实现证实性因子分析的具体方法，并对其输出结果给出了详细的解释。

（徐秀娟　张岩波　高辉）

第 12 章 结构方程模型分析

很多社会、心理及医学等领域的研究中所涉及的变量，都不能准确、直接地测量，这种变量称为潜变量(Latent Variable)，如顾客满意度、自信心、生存质量等。这时，我们只能退而求其次，用一些外显指标去间接测量这些潜变量，这些外显指标称为观测变量(Observed Variable)。在研究变量之间复杂因果关系的时候，如果涉及潜变量，传统的分析方法如回归分析、路径分析等均显得无能为力。近些年逐渐兴起并日益被广泛应用的结构方程模型(Structural Equation Model, SEM)则具备了解决上述问题的功能。SEM 将路径分析的思想引入到潜在变量中，同时利用因子分析的方法，把潜在变量和观测变量有机地结合起来放在一个框架中研究。除此之外，SEM 容许自变量和响应变量含有测量误差，使得参数的估计结果具有较高的精度。本章将结合具体实例，阐述利用 SAS 中的 CALIS 过程完成 SEM 分析的方法。

12.1 问题与数据结构

12.1.1 实例

【例 12-1】 研究者欲研究父母的社会经济地位是如何影响学生在学校和工作中的表现的，采用问卷调查了 3094 名学生的 5 个指标，X_1 是母亲的学历等级(1~6)，X_2 是父亲的学历等级(1~6)，X_3 是父母的工资总收入等级(1~10)，Y_1 是学生的大学学分等级(1~4)，Y_2 是学生毕业 5 年后的工资等级(1~10)，原始数据见表 12-1。

本例中，$X_1 \sim X_3$、$Y_1 \sim Y_2$ 是 5 个观测变量，实际隐含着 2 个潜在因子：父母的社会经济地位和学生的表现，在此可以将 5 个观测变量组成的数据视为连续型定量资料，它们的相关系数矩阵见表 12-2。

表 12-1 学生父母社会经济地位及学生表现情况

编号	X_1	X_2	X_3	Y_1	Y_2
1	2	4	5	2	4
2	5	7	7	4	8
3	3	8	6	5	7
…	…	…	…	…	…
3094	4	6	5	3	6

表 12-2 5 个指标间的相关系数矩阵

	X_1	X_2	X_3	Y_1	Y_2
X_1	1.0000				
X_2	0.5902	1.0000			
X_3	0.5461	0.4509	1.0000		
Y_1	0.2852	0.2377	0.2349	1.0000	
Y_2	0.2701	0.2269	0.2203	0.6759	1.0000

12.1.2 对数据结构的分析

对于例 12-1 所提出的问题，表 12-1 以原始数据的形式给出了 3094 名学生的 5 个定量观测指标的测量值。而这 5 个指标均被视为连续型定量资料，所以原始资料应为单组设计五元定量资料。值得注意的是，若资料仅具有这样一种简单的数据结构，没有其他重要附加信息，是无法选用本章将要介绍的统计分析方法处理资料的。

12.1.3　分析目的与统计分析方法的选择

由第 11 章可知,本例的主要任务似乎也是证实性研究,根据收集到的数据也可以进行探索性分析,即采用探索性因子分析的方法考察 5 个观测变量从属于几个因子。但根据研究目的,研究者事先对 5 个观测变量所从属的因子结构已有所设想: $X_1 \sim X_3$ 从属于父母的社会经济地位因子, $Y_1 \sim Y_2$ 从属于学生的表现因子。对这种构想进行证实,可采用证实性因子分析,并且可同时分析 2 个因子之间的相互关系。如果要证实父母的社会经济地位与学生的表现之间的因果关系,则在这 2 个变量均为潜变量的前提下,可以采用线性结构方程模型进行分析。

就本资料而言,考察 2 个潜在因子之间的因果关系是本例的研究重点(注意:这是证实性因子分析无法解决的问题),从专业角度出发,父母的社会经济地位与学生的表现之间不存在相互影响的可能。那么,仅剩下前者对后者存在可能的影响了。所以,研究父母的社会经济地位是如何影响学生在学校和工作中的表现的就成为要解决的关键问题了。其实质就是潜变量与观测变量以及潜变量间的因果关系的研究问题。据此分析绘制路径图,如图 12-1 所示。

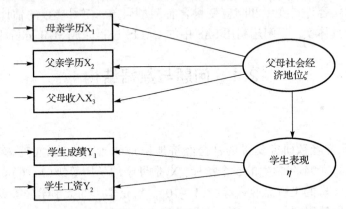

图 12-1　父母的社会经济地位与学生表现的结构方程模型路径图

12.2　结构方程模型简介

12.2.1　概述

结构方程模型(Structural Equation Model, SEM)是自 20 世纪六七十年代出现的新兴的统计分析手段,被称为近年来统计学的三大进展之一。

结构方程模型弥补了传统统计方法的不足,它既可研究可观测变量,又可研究不能直接观测的变量(隐变量);它不仅能研究变量间的直接作用,还可研究变量间的间接作用,通过路径图直观地显示变量间的关系;通过结构方程模型可构建出隐变量间的关系,并验证这种结构关系是否合理。

结构方程模型由两部分构成:测量模型和结构模型。其中,测量模型是度量观测变量与潜在因子之间的关联关系,结构模型是度量潜在因子之间的结构关系,包括直接的影响关系和间接的影响关系。其实,测量模型就是证实性因子分析模型。而若把结构模型中的潜在因子视为观测变量的话,结构模型就是通径分析模型。所以,结构方程模型是证实性因子分析和通径分析的结合。

12.2.2　基本原理

1. 结构方程模型的数学形式

为了区分变量在不同方程中的作用，需将潜变量和观测变量分为内生变量（Endogenous Variable）与外生变量（Exogenous Variable）。内生变量指由模型内变量作用所影响的变量，在一个假定的因果模型中被看作是响应变量。外生变量是那些影响模型中其他变量的变量，在模型中为自变量。

结构方程模型是由 2 个测量模型（Measurement Model）和 1 个结构模型（Structural Model）组成，表示成如下的 3 个矩阵方程（即 3 个方程组）：

$$X = \Lambda_x \xi + \delta \tag{12-1}$$

$$Y = \Lambda_Y \eta + \varepsilon \tag{12-2}$$

$$\eta = B\eta + \Gamma\xi + \zeta \tag{12-3}$$

式中，ξ 和 η 分别是外生潜变量和内生潜变量组成的向量；X 和 Y 是观测变量组成的向量；δ 和 ε 分别是 X 和 Y 的测量误差组成的向量；Λ_x 是 X 对 ξ 的因子载荷矩阵；Λ_Y 是 Y 对 η 的因子载荷矩阵；B 是 η 对 η 的结构系数矩阵，反映内生潜变量之间的关系；Γ 是 ξ 对 η 的结构系数矩阵，反映外生潜变量对内生潜变量的影响；ζ 是结构残差向量。式（12-1）、式（12-2）是测量模型，从形式上看，测量模型实际就是证实性因子分析模型。测量模型可以看成是潜变量对观测变量性质的度量，即可靠性的一种描述。式（12-3）对应着结构模型，揭示了潜变量之间的结构关系。

2. 结构方程模型拟合的基本思想

假设式（12-1）～式（12-3）包括 q 个外生观测变量 X 和 p 个内生观测变量 Y。令 S 是由样本数据计算出来的关于 $(p+q)$ 个观测变量 (Y, X) 的方差协方差矩阵，即 $S = \mathrm{Cov}\left\{ \begin{pmatrix} Y \\ X \end{pmatrix} \begin{pmatrix} Y \\ X \end{pmatrix} \right\}$。

显然，它是与结构方程中的参数无关的矩阵，可以称其为由样本导出的方差协方差矩阵。假设结构方程模型共含有 k 个未知参数，也就是需要从模型中加以估计的参数。令 θ 是由这 k 个未知参数构成的 k 维向量，则由式（12-1）～式（12-3）可以导出 (Y, X) 的理论方差协方差矩阵 $\Sigma(\theta)$，它是模型隐含的方差协方差阵，一般有

$$
\begin{aligned}
\Sigma(\theta) &= E\left\{ \begin{pmatrix} Y \\ X \end{pmatrix} \begin{pmatrix} Y \\ X \end{pmatrix}^{\mathrm{T}} \right\} = E\left\{ \begin{pmatrix} YY^{\mathrm{T}} & YX^{\mathrm{T}} \\ XY^{\mathrm{T}} & XX^{\mathrm{T}} \end{pmatrix} \right\} \\
&= E\left\{ \begin{pmatrix} (\Lambda_Y\eta + \varepsilon)(\Lambda_Y\eta + \varepsilon)^{\mathrm{T}} & (\Lambda_Y\eta + \varepsilon)(\Lambda_x\xi + \delta)^{\mathrm{T}} \\ (\Lambda_x\xi + \delta)(\Lambda_Y\eta + \varepsilon)^{\mathrm{T}} & (\Lambda_x\xi + \delta)(\Lambda_x\xi + \delta)^{\mathrm{T}} \end{pmatrix} \right\}
\end{aligned}
\tag{12-4}
$$

由式（12-3）可得

$$\eta = (I - B)^{-1}(\Gamma\xi + \zeta) \tag{12-5}$$

根据前述的假设条件有

$$
\begin{aligned}
E(\xi\delta^{\mathrm{T}}) &= E(\delta\xi^{\mathrm{T}}) = 0 \\
E(\eta\varepsilon^{\mathrm{T}}) &= E(\varepsilon\eta^{\mathrm{T}}) = 0 \\
E(\zeta\xi^{\mathrm{T}}) &= E(\xi\zeta^{\mathrm{T}}) = 0
\end{aligned}
\tag{12-6}
$$

令 Φ 是的 ξ 方差协方差矩阵，Ψ 是 ζ 的方差协方差矩阵，θ_δ 是 δ 的方差协方差矩阵，θ_ε 是 ε 的方差协方差矩阵，则有

$$\boldsymbol{\Phi} = E(\boldsymbol{\xi\xi}^{\mathrm{T}}), \boldsymbol{\Psi} = E(\boldsymbol{\zeta\zeta}^{\mathrm{T}}), \boldsymbol{\theta_\delta} = E(\boldsymbol{\delta\delta}^{\mathrm{T}}), \boldsymbol{\theta_\varepsilon} = E(\boldsymbol{\varepsilon\varepsilon}^{\mathrm{T}}) \tag{12-7}$$

将式(12-5)代入式(12-4)后展开取各项的期望，并用式(12-6)、式(12-7)简化得

$$\boldsymbol{\Sigma}(\boldsymbol{\theta}) = \begin{pmatrix} \boldsymbol{\Lambda_Y A}(\boldsymbol{\Gamma\Phi\Gamma}^{\mathrm{T}} + \boldsymbol{\Psi})\boldsymbol{A}^{\mathrm{T}}\boldsymbol{\Lambda_Y^{\mathrm{T}}} + \boldsymbol{\theta_\varepsilon} & \boldsymbol{\Lambda_Y A\Gamma\Phi\Lambda^{\mathrm{T}} T_X} \\ \boldsymbol{\Lambda_X \Phi\Gamma}^{\mathrm{T}}\boldsymbol{A}^{\mathrm{T}}\boldsymbol{\Lambda_Y^{\mathrm{T}}} & \boldsymbol{\Lambda_X \Phi\Lambda_X^{\mathrm{T}}} + \boldsymbol{\theta_\delta} \end{pmatrix} \tag{12-8}$$

式中，$\boldsymbol{A} = (\boldsymbol{I} - \boldsymbol{B})^{-1}$ 是非奇异矩阵。

　　检验模型对数据拟合的好坏实际上就是比较理论方差协方差阵 $\boldsymbol{\Sigma}(\boldsymbol{\theta})$ 和总体方差协方差阵 $\boldsymbol{\Sigma}$ 的差异是否足够小。$\boldsymbol{\Sigma}$ 的实际值是无法知道的，一般用样本的方差协方差阵 $\boldsymbol{S}$ 来代替 $\boldsymbol{\Sigma}$。而由 $\boldsymbol{S}$ 求得参数的估计值后就可以求出 $\boldsymbol{\Sigma}(\boldsymbol{\theta})$ 的估计值 $\boldsymbol{\Sigma}(\hat{\boldsymbol{\theta}})$。所以，当 $\boldsymbol{\Sigma}(\hat{\boldsymbol{\theta}}) - \boldsymbol{S}$ 的差异很小时，就表明理论模型较好地拟合了数据。

12.3　结构方程模型分析的应用

12.3.1　SAS 程序

　　根据例 12-1 中资料特点和研究者目的，需采用结构方程模型来分析，其 SAS 程序如下（程序名为 SASTJFX12_1. SAS）：

```
data sastjfx12_1(type=corr);        Ods html;
  _type_='corr';                     proc calis nobs=3094 res;
  input _name_ $ X1 - X3 Y1 Y2;        lineqs X1 =  f1 +e1,
  if _n_ =1 then _type_='std';                 X2 =a2 f1 +e2,
  else _type_='corr';                          X3 =a3 f1 +e3,
  datalines;                                   Y1 =  f2 +e4,
  std1.229  1.511  2.649  0.777  0.810         Y2 =a5 f2 +e5,
  X1 1.0000   .       .       .      .         f2 =b1 f1 +d1;
  X2 0.5902 1.0000    .       .      .       std e1 -e5 d1 f1 =7* var;
  X3 0.5461 0.4509 1.0000     .      .       title2 '父母的经济地位与学生表现的结构
  Y1 0.2852 0.2377 0.2349 1.0000     .     方程模型分析';
  Y2 0.2701 0.2269 0.2203 0.6759 1.0000      run;
  ;                                   ods html close;
run;
```

　　程序包括两部分，第一部分是数据读入程序。因为数据结构为相关矩阵，需要在 DATA 语句中注明"(type=corr)"，_type_为数据类型的指示变量，除数据集的第 1 个观测（即_n_=1），其余观测在变量_type_上取值均为 corr。_name_表示各行数据的变量名，是字符型变量。"std 1.229 1.511 2.649 0.777 0.810"输入的是 5 个观测变量的标准差，在利用协方差矩阵拟合模型，而输入的矩阵为相关系数矩阵时，必须用_type_=std 给出每个观测变量的标准差（本程序是以相关系数矩阵拟合模型，所以此数据行并无意义）。注意：datalines 后为数据部分，在录入相关系数矩阵时，上三角矩阵部分是缺失的，以"."表示。此用法与第 11 章中的程序 sas-tjfx11_1. sas 的数据步略有不同，它是以 infile 语句配合选项"missover"来读入下三角矩阵的，而本程序则是以"."表示缺失数据的。两种用法均可，可任意选用。

　　第二部分的程序是调用 CALIS 过程进行结构方程模型的拟合，采用 LINEQS 语句表达结构方程式，其中：

NOBS = 3094 指定原始数据的样本含量；

RES 是指令系统输出拟合的残差和渐进标准拟合残差矩阵。

LINEQS 语句的用法同第 11 章，等式 f2 = b1 f1 + d1 是潜变量之间的结构方程；b1 是结构系数，可以自由命名；d1 是潜变量的误差项，潜变量的误差项的名字必须用 d 开头。

12.3.2　主要分析结果及解释

以下是程序 SASTJFX12_1. SAS 运行后输出的分析结果。

父母的经济地位与学生表现的结构方程模型分析

The CALIS Procedure

Covariance Structure Analysis：Maximum Likelihood Estimation

Fit Function	0.0988
Goodness of Fit Index（GFI）	0.9643
GFI Adjusted for Degrees of Freedom（AGFI）	0.9465
Root Mean Square Residual（RMR）	0.0681
Standardized Root Mean Square Residual（SRMR）	0.0681
Parsimonious GFI（Mulaik，1989）	0.9643
Chi-Square	305.4802
Chi-Square DF	10
Pr > Chi-Square	<.0001
Independence Model Chi-Square	4774.7
Independence Model Chi-Square DF	10
RMSEA Estimate	0.0977
RMSEA 90% Lower Confidence Limit	0.0885
RMSEA 90% Upper Confidence Limit	0.1073
ECVI Estimate	0.1020
ECVI 90% Lower Confidence Limit	0.0847
ECVI 90% Upper Confidence Limit	0.1217
Probability of Close Fit	0.0000
Bentler's Comparative Fit Index	0.9380
Normal Theory Reweighted LS Chi-Square	286.1342
Akaike's Information Criterion	285.4802
Bozdogan's（1987）CAIC	215.1080
Schwarz's Bayesian Criterion	225.1080
McDonald's（1989）Centrality	0.9534
Bentler & Bonett's（1980）Non-normed Index	0.9380
Bentler & Bonett's（1980）NFI	0.9360
James，Mulaik，& Brett（1982）Parsimonious NFI	0.9360
Z-Test of Wilson & Hilferty（1931）	14.4110
Bollen（1986）Normed Index Rho1	0.9360
Bollen（1988）Non－normed Index Delta2	0.9380
Hoelter's（1983）Critical N	187

以上是用最大似然法估计，评价模型整体拟合效果的全部指标。指标的含义与第 11 章证实性因子分析中的指标相同。

Raw Residual Matrix

	X1	X2	X3	Y1	Y2
X1	0.10311	0.12490	0.09417	0.06935	0.04788
X2	0.12490	0.06876	– .01802	0.01374	– .00368
X3	0.09417	– .01802	0.09612	0.01738	– .00365
Y1	0.06935	0.01374	0.01738	– .00078	0.10725
Y2	0.04788	– .00368	– .00365	0.10725	– .03390

Average Absolute Residual　　　　　0.053511

Average Off-diagonal Absolute Residual　　0.050001

Rank Order of the 7 Largest Raw Residuals		
Row	Column	Residual
X2	X1	0.12490
Y2	Y1	0.10725
X1	X1	0.10311
X3	X3	0.09612
X3	X1	0.09417
Y1	X1	0.06935
X2	X2	0.06876

　　以上是残差矩阵和按顺序排列的 7 个最大的拟合残差。此结果是选项"res"给出的。残差矩阵是样本的方差协方差与模型导出的方差协方差的差值构成的矩阵，拟合好的模型残差不应太大。本例结果显示所有残差较大，说明理论模型拟合样本数据效果不佳。

Raw Residual Matrix				
	X1	X2	X3	Y1	Y2
X1	0.10311	0.12490	0.09417	0.06935	0.04788
X2	0.12490	0.06876	– .01802	0.01374	– .00368
X3	0.09417	– .01802	0.09612	0.01738	– .00365
Y1	0.06935	0.01374	0.01738	– .00078	0.10725
Y2	0.04788	– .00368	– .00365	0.10725	– .03390

Average Absolute Residual	0.053511
Average Off-diagonal Absolute Residual	0.050001

Rank Order of the 7 Largest Raw Residuals		
Row	Column	Residual
X2	X1	0.12490
Y2	Y1	0.10725
X1	X1	0.10311
X3	X3	0.09612
X3	X1	0.09417
Y1	X1	0.06935
X2	X2	0.06876

　　以上是渐进标准拟合残差矩阵和按顺序排列的 7 个最大的渐进标准拟合残差。同样是选项"res"给出的。本例中，最大的标准拟合残差是 12.42195，大于 2，说明模型拟合得不好。

Manifest Variable Equations with Estimates

X1	=	1. 0000		f1	+ 1. 0000	e1
X2	=	1. 0376	*	f1	+ 1. 0000	e2
Std Err		0. 0241		a2		
t Value		43. 0988				
X3	=	1. 0078	*	f1	+ 1. 0000	e3
Std Err		0. 0239		a3		
t Value		42. 1844				
Y1	=	1. 0000		f2	+ 1. 0000	e4
Y2	=	1. 0295	*	f2	+ 1. 0000	e5
Std Err		0. 0233		a5		
t Value		44. 2192				

　　以上是测量模型的方程，包括因子载荷估计值、标准误的估计值以及 t 值。结果显示所有的非标准解均具有统计学意义。即观测变量 $X_1 \sim X_3$ 共同被父母的经济地位这个因子支配，观测变量 $Y_1 \sim Y_2$ 被学生的表现因子支配。

Latent Variable Equations with Estimates

f2	=	0. 4813	*	f1	+ 1. 0000	d1
Std Err		0. 0267		b1		
t Value		18. 0419				

　　以上是结构模型的方程，包括结构系数的估计值、标准误的估计值以及 t 值。结果表明结构系数有重要的统计意义，说明父母的经济地位与学生的表现具有数量依存关系。

Variances of Exogenous Variables

Variable	Parameter	Estimate	Standard Error	t Value
f1	var	0. 44845	0. 00558	80. 30
e1	var	0. 44845	0. 00558	80. 30
e2	var	0. 44845	0. 00558	80. 30
e3	var	0. 44845	0. 00558	80. 30
e4	var	0. 44845	0. 00558	80. 30
e5	var	0. 44845	0. 00558	80. 30
d1	var	0. 44845	0. 00558	80. 30

　　以上是模型中方差的估计值、标准误及 t 值，t 值均大于 2，说明都具有统计学意义。

Manifest Variable Equations with Standardized Estimates

X1	=	0. 7071		f1	+ 0. 7071	e1
X2	=	0. 7200	*	f1	+ 0. 6939	e2
				a2		
X3	=	0. 7098	*	f1	+ 0. 7044	e3
				a3		
Y1	=	0. 7429		f2	+ 0. 6694	e4
Y2	=	0. 7525	*	f2	+ 0. 6586	e5
				a5		

以上是测量模型方程的标准解。从标准解可见，对于第 1 个潜变量，即父母的经济地位，指标 X_2（父亲的学历）的因子载荷最大，说明其对父母经济地位的度量最好，其次是 X_3 和 X_1。对于第 2 个潜变量学生的表现，指标 Y_2（学生毕业后的工资等级）的因子载荷最大，说明学生毕业后的工资等级能够更好地表达学生的表现这个因子，其次是学生的成绩。

Latent Variable Equations with Standardized Estimates

f2	=	0.4337	*	f1	+ 0.9011	d1
				b1		

以上是结构模型方程的标准解。标准结构系数为 0.4337，具有统计学意义，其含义是父母的经济地位每增加一个标准单位，学生的表现增加 0.4337 个标准单位。说明父母的经济地位对学生在学校及工作中的表现影响很大。

Squared Multiple Correlations

	Variable	Error Variance	Total Variance	R-Square
1	X1	0.44845	0.89689	0.5000
2	X2	0.44845	0.93124	0.5184
3	X3	0.44845	0.90388	0.5039
4	Y1	0.44845	1.00078	0.5519
5	Y2	0.44845	1.03390	0.5663
6	f2	0.44845	0.55234	0.1881

以上是每个结构方程的决定系数 R^2。测量模型的决定系数是衡量观测变量度量潜变量可靠性的指标。本结果表明，5 个观测变量的决定系数均较高，说明这些观测变量能够较好地表达出父母的经济地位与学生的表现这两个因子。结构模型的决定系数是 0.1881，残差较大，说明虽然父母的经济地位对学生的表现影响较大，但并非是唯一的影响因素，还有其他因素影响学生的表现，这有待进一步收集相关信息予以验证。

12.4　本 章 小 结

本章概括介绍了与结构方程有关的一些基本概念和有关内容，重点阐述了结构方程模型的基本原理，并通过实例详细介绍了用 SAS 软件实现结构方程模型分析的具体方法及其结果解释。

（徐秀娟　张岩波　高辉）

第3篇 样品间亲疏、优劣或相对位置分析

第13章 传统综合评价

综合评价(Synthetic Evaluation)可分为传统综合评价与现代综合评价,统称为广义综合评价。本章只介绍传统综合评价,它是人类社会中一项经常性的、极其重要的认识活动,是决策中的一项基础性工作。所谓综合评价,就是指运用多个指标对多个受评对象进行评价的方法,也称传统综合评价方法,或简称综合评价。其基本思想就是将多个指标转化为一个能够反映综合情况的指标来对被评价对象的优劣进行评价。本章将对几种传统综合评价方法的应用及其SAS实现方法予以介绍。

13.1 问题与数据结构

13.1.1 实例

【例13-1】 有一项叫作"医学高等专科院校优秀课程建设研究"的课题,拟建立评价指标体系,然后调查被评价的每门课程的具体情况,并根据指标体系计算各门课程的综合评价总分,最后对每门课程进行综合评价。

【例13-2】 某研究者收集了所在医院1999—2006年临床工作方面的资料,计算了8项统计指标:出院人数、治愈好转率(%)、病床周转率(%)、病床工作日数、病床使用率(%)、出院者住院日数、诊断符合率(%)、危重病人抢救成功率(%),结果见表13-1,拟对该医院8年来每年的临床工作情况进行综合评价。

表 13-1 某医院 1999—2006 年临床工作方面的资料

年度	出院人数	治愈好转率(%)	病床周转率(%)	病床工作日数	病床使用率(%)	出院者住院日数	诊断符合率(%)	危重病人抢救成功率(%)
1999	9295	94.6	21.8	326.6	92.9	14.8	96.8	85.3
…	…	…	…	…	…	…	…	…
2006	11235	95.2	25.9	305.4	86.8	12.1	98.9	85.9

【例13-3】 某研究者欲对6所医院的工作质量进行综合评价,设计了3级指标体系,框图如图13-1所示,6个指标(方案)的数据见表13-2。

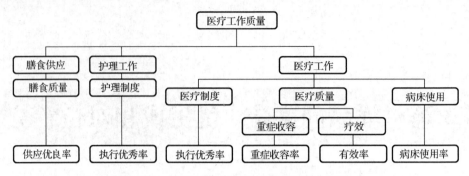

图 13-1 医院工作质量的 3 级指标体系框图

表 13-2 某市 6 所医院工作质量方面 6 个评价指标的数据

F	医院:	A	B	C	D	E
病床使用率(%)	95.0	92.0	94.8	95.6	89.1	77.4
治疗有效率(%)	88.1	91.2	90.0	94.0	93.6	92.2
重症收容率(%)	15.4	8.3	7.9	3.1	9.5	3.7
医疗制度执行优良率(%)	74.7	53.4	61.9	50.0	61.9	67.1
护理制度执行优良率(%)	54.7	20.7	26.1	20.0	27.4	35.5
膳食供应优良率(%)	41.3	41.4	22.8	20.0	34.0	30.3

【例 13-4】 为了了解城市男生体格特征的地域分布情况,现场调查了 16 个省市 18 ~ 25 岁城市男生的身高、坐高、体重和胸围 4 项指标,见表 13-3,试根据这一资料对 16 个省市城市男生的体格特征进行综合评价。

表 13-3 16 省市 18 ~ 25 岁城市男生体格发育 4 项指标

编　　号	地　　域	身高(cm)	坐高(cm)	体重(kg)	胸围(cm)
X_1	北京	172.7	92.7	61.2	87.2
…	…	…	…	…	…
X_{16}	湖南	169.9	90.6	56.3	83.9

13.1.2 对数据结构的分析

在例 13-1 中,暂时没有现成的数据。而且,暂时还不知道评价每门课程时需要对哪些具体的方面和哪些具体的指标进行测量或者打分,也就是说,尚未建立评价指标体系。因此,此项研究工作需要从建立评价指标体系开始进行。当建立了评价指标体系后,也就明确了评价每门课程时需要对哪些具体的方面和哪些具体的指标进行测量或者打分,最后得到的数据显然是:每门课程都有若干个定量指标(将所有定性的指标都通过打分的方式转化为定量指标)的测量或打分值。由于每门课程都是医学高等专科院校所设置的,因此,各门课程具有较好的同质性。从试验设计的角度来看,本例应属于单组设计,所得到的数据属于单组设计多元定量资料,受试对象为各门课程,测量指标为评价指标体系中确定的各个指标。

例 13-2 虽然是同一所医院不同年度多项定量指标的测量结果,但若要比较该医院不同年度在某些方面的情况,则可将不同的年度看作是多个不同的个体,而这些不同的个体都是针对同一所医院的,从而可以保证这些不同的个体具有良好的同质性。因此,本例资料属于单组设计多元定量资料,受试对象为 8 个年度,测量指标为各年度该医院的出院人数、治愈好转率、病床周转率等。此表格的正确编制方法应将医院放在表的左边,作为分组变量,而把指标放在表头上。

例 13-3 虽然设计了 3 级指标体系,但最后所得到的数据仍然是各个医院多项定量指标的测量结果。这里,假设各个医院在规模、级别等方面具有较好的同质性,则本例资料属于单组设计多元定量资料,受试对象为 6 所医院,测量指标为各所医院的病床使用率、治疗有效率等。

例 13-4 的资料为 16 个省市 18 ~ 25 岁城市男生的身高、坐高、体重和胸围 4 项指标的平均水平值。可以认为 16 个省市的男生在地域和年龄等方面具有较好的同质性,则本例资料也属于单组设计多元定量资料,受试对象为 16 个省市,测量指标为各个省市 18 ~ 25 岁城市男生的身高、坐高、体重和胸围。

表 13-4　综合评价问题的最终数据结构

被评价对象　指标:	X_1	X_2	$\cdots$	X_m
Object_1	a_{11}	a_{12}	$\cdots$	a_{1m}
$\cdots$	$\cdots$	$\cdots$		$\cdots$
Object_n	a_{n1}	a_{n2}	$\cdots$	a_{nm}

上述 4 个问题所涉及的数据其表现型不尽相同,但其标准型却几乎是相同的。它们具有共同的数据结构,见表 13-4。

13.1.3　分析目的与统计分析方法的选择

前述 4 个问题的分析目的都是要借助某种方法,将每个受试对象的多个定量的指标归纳成一个综合性的指标,然后借助这个指标来对每个受试对象做出一个综合性的评价。这种研究目的,称为传统综合评价。这种方法的基本思想就是将被评价对象的多个指标转化为一个能够反映综合情况的指标来对被评价对象的优劣进行评价。

一句话,前面 4 个问题的分析目的都是进行传统综合评价。那么,该用什么方法来达到这个目的呢?

可用于进行传统综合评价的方法很多,有综合指数法、综合评分法、Z 评分法、功效评分法、秩和比法、加权秩和比法、TOPSIS 法、CPD 法、最优权法、层次分析法、主成分分析法、判别分析法、因子分析法、聚类分析法、对应分析法、数据包络分析法、模糊评价法、灰色模型法、可拓(物元分析)综合评价、人工神经网络综合评价法等。之所以有如此多的综合评价方法,是因为"将多个指标转化为一个指标"的方法有多种。

对于同一组数据,往往可以用几种或多种传统综合评价方法来进行综合评价,有些时候甚至是几种或多种方法同时或联合使用,但是,不同的传统综合评价方法所得出的结果有时可能一致性比较好,有时可能差别较大。因此,对于一组具体的数据,究竟哪种方法最好,哪种方法就不行呢? 这个问题还有待研究,目前很难说得清楚。一般来说,现在比较推荐将多种方法同时或联合使用,在得到的多种结果中选择最符合实际情况的结果。但是,各种传统综合评价方法其实还是有其自身的优点和缺点,有其擅长的适用场合,感兴趣的读者可查阅相关文献予以详细了解,这里不一一论述。无论哪种传统综合评价方法,其得到正确或合理结论的关键都在于:一是要恰当地选择指标体系;二是要确立正确的权重系数。

4 个例题的求解,旨在介绍某种传统综合评价方法的用法,而不在于寻找最优的传统综合评价方法。因此,每个例题所采用的方法不见得是唯一可行的,当然更不见得就是最优的。对于这里的每个例题，读者完全可以采用其他的传统综合评价方法来对相同的数据进行综合评价。

13.2　传统综合评价方法内容介绍

13.2.1　综合评分法

实际问题中，当需要根据评价目的及评价对象的特征选定必要的评价指标，逐个指标定出评价等级、以恰当的方式确定各评价指标的分值时，就可以利用综合评分法。

1. 综合评分法概述

综合评分法是建立在专家评价法基础上的一种重要的综合评价方法。具体实施时，要对选定的评价指标体系，逐个指标定出评价等级、以恰当的方式确定各评价指标的分值，并选定累积总分的方案以及综合评价等级的总分值范围，以此为准则，对评价对象进行分析和评价，以决定优劣。

2. 数据结构

采用综合评分法进行综合评价时，应先构建指标体系，一般有 2 ~ 3 级。例如，分 3 个等级的指标体系，有 k 个一级指标、m 个二级指标、n 个三级指标，数据结构见表 13-5。

对于各评价对象根据实际情况，必须得到第三级指标的评分变量 S_{111}，S_{112}，… 的实际得分值。

3. 指标体系各等级分值的确定方法

① 专家评分法：对于定性或半定量资料的评分，可采用特尔菲或层次分析等方法，选取 20 名左右的专家，根据他们的有关专业理论或实践经验，确定各等级的分值，或给出相对重要程度比值，再计算权重系数(可参考第四节)。

② 离差法：对于近似服从正态分布的定量资料的评分，可在计算某指标的均数与标准差的基础上，采用均数加减标准差的方式划分评分等级并分别赋以分值。

③ 百分位数法：对于不明分布或偏态分布的定量资料的评分，可在计算某指标各个不同百分位数分点值的基础上，采用以某些特定的百分位数值划分等级的方式来划分评价等级，并分别赋以适当的分值。

表 13-5　3 个级别指标体系的数据结构

一级指标	二级指标	三级指标	评价分值
A_1	A_{11}	A_{111}	S_{111}
		A_{112}	S_{112}
		…	…
	A_{12}	A_{121}	S_{121}
		A_{122}	S_{122}
		…	…
	…	…	…
A_2	A_{21}	A_{211}	S_{211}
		A_{212}	S_{212}
		…	…
	A_{22}	A_{221}	S_{221}
		A_{222}	S_{222}
		…	…
	…	…	…
…			
A_n	A_{n1}	A_{n11}	S_{n11}
		A_{n12}	S_{n12}
		…	…
	A_{n2}	A_{n21}	S_{n21}
		A_{n22}	S_{n22}
		…	…
		…	…

4. 总分计算方法

采用综合评分法计算总分的方法有累加法、连乘法、加乘法、加权法等。

13.2.2　Topsis 法

Topsis 法是 Technique for Order Preference by Similarity to Ideal Solution 的缩写，意为根据与理想的解决方案的相似性产生的顺序优选技术，是系统工程中有限方案多目标决策分析中用到的一种决策方法，是一种应用灵活简便、对资料无特殊要求的综合评价方法。

1. 数据结构

Topsis 法的数据结构见表 13-6。

2. 计算步骤

（1）数据的同趋势化处理

根据用于综合评价的各个指标对于被评价事物起作用的方向，可分为高优指标和低优指标，采用 Topsis 法进行综合评价时，要求经适当

表 13-6　Topsis 法的数据结构

评价对象	指标：	x_1	x_2	$\cdots$	x_m
1		a_{11}	a_{12}	$\cdots$	a_{1m}
2		a_{21}	a_{22}	$\cdots$	a_{2m}
$\cdots$					
n		a_{n1}	a_{n2}	$\cdots$	a_{nm}

变换使所有指标同为高优指标或低优指标，即所谓同趋势化。例如，变换方法采用倒数法，可将低优指标变为高优指标。

（2）归一化处理

所谓归一化处理就是一种类似于标准化处理的数据变换方法。设 m 个指标 x_1，x_2，$\cdots$，x_m，同趋势化后的高优指标数据分别为 $\boldsymbol{X_j}' = (X_{1j}, X_{2j}, \cdots, X_{nj})$，其中，$j = 1, 2, \cdots, m$。

然后进行归一化处理，即 $z_{ij} = \dfrac{x_{ij}}{\sqrt{\sum\limits_{i=1}^{n} x_{ij}^2}}$。这里，$i = 1, 2, \cdots, n$；$j = 1, 2, \cdots, m$。

（3）确定最优、最劣方案

根据归一化处理后数据，若设 $Z_{j\max} = \max(Z_{1j}, Z_{2j}, \cdots, Z_{nj})$，$Z_{j\min} = \min(Z_{1j}, Z_{2j}, \cdots, Z_{nj})$，其中，$j = 1, 2, \cdots, m$，则计算最优值向量和最劣值向量，即为有限方案中的最优方案和最劣方案：

最优方案：$Z^+ = (Z_{1\max}, Z_{2\max}, \cdots, Z_{m\max})$

最劣方案：$Z^- = (Z_{1\min}, Z_{2\min}, \cdots, Z_{m\min})$

（4）计算距离

分别计算各评价对象所有指标值与最优方案和最劣方案对应的欧式距离，即

$$D_i^+ = \sqrt{\sum_{j=1}^{m} (Z_{j\max} - Z_{ij})^2}$$

$$D_i^- = \sqrt{\sum_{j=1}^{m} (Z_{j\min} - Z_{ij})^2}$$

这里，$i = 1, 2, \cdots, n$。

（5）计算接近程度，得到综合排序结果

计算各评价对象与最优方案的相对接近程度，即 $C_i = \dfrac{D_i^-}{D_i^+ + D_i^-}$（$i = 1, 2, \cdots, n$）。

C_i 在 0 ~ 1 之间取值，越接近 1 表示该评价对象越接近最优水平；反之，越接近 0 表示该

评价对象越接近最劣水平。因此,按照 C_i 值的大小排序,就可以得到相应被评价对象的优劣排序情况。

13.2.3　层次分析法

1.概述

层次分析法(Analysis Hierarchy Process,简称 AHP)是用系统分析的方法,对评价对象依评价目的所确定的总评价目标进行连续性分解,得到各级(各层)评价目标,并以最下层作为衡量目标达到程度的评价指标。这种方法的特点是在对复杂的决策问题的本质、影响因素及其内在关系等进行深入分析的基础上,利用较少的定量信息使决策的思维过程数学化,从而为多目标、多准则或无结构特性的复杂决策问题提供简便的决策方法,尤其适合于对决策结果难于直接准确计量的场合。

2.数据结构

层次分析法(AHP)是将与决策有关的元素分解成目标、准则、方案等层次,递阶层次结构如图 13-2 所示,然后给出各个评价对象在 n 个方案中的数值,见表 13-7。

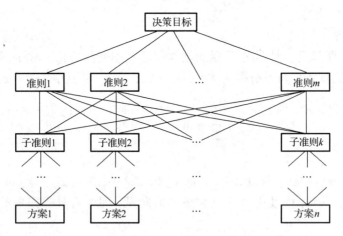

图 13-2　层次分析法的递阶层次结构示意图

表 13-7　层次分析法的数据结构

方　　案	组合权重	评价对象 1	评价对象 2	...	评价对象 m
方案 1	C1	a_{11}	a_{12}	...	a_{1m}
方案 2	C2	a_{21}	a_{22}	...	a_{2m}
...	...	...	...	...	...
方案 n	Cn	a_{n1}	a_{n2}	...	a_{nm}

3.计算步骤

① 通过对系统的深刻认识,确定该系统的总目标,弄清规划决策所涉及的范围、所要采取的措施方案和政策、实现目标的准则、策略和各种约束条件等,并广泛地收集信息。

② 建立一个多层次的递阶结构(如图 13-2 所示),按目标的不同、实现功能的差异,将系统分为几个等级层次。根据层次分析法的原理,将评价指标按其属性进行分组,各组构成递阶结构,形成多层次评价指标体系。一般层次分析结构可以分为 3 层:目标层、准则层和方案

层。准则层的某些元素对方案层的某些元素起支配作用,同时它本身又受到目标层元素的支配。

③ 确定以上递阶结构中相邻层次元素间相关程度。通过构造成对比较判断矩阵及矩阵运算的数学方法,确定对于上一层次的某个元素而言,本层次中与其相关元素的重要性排序——相对权值。为减小主观因素的影响,首先将隶属于同一指标的各指标之间的相对重要性进行比较,形成判断矩阵。一般地,隶属于指标 A_i 的指标 $B_j(j = 1, 2, \cdots, p)$,其判断矩阵为一 p 维方阵,见表 13-8。表中 b_{ij} 表示在隶属于 A_i 的诸指标中,指标 i 与指标 j 相比,对于指标 j 的相对重要性程度,一般采用 $Saaty$ 提出的 $1 \sim 9$ 比率标度法,具体含义见表 13-9。

表 13-8　判断矩阵的一般形式

	B_1	B_2	$\cdots$	B_p
B_1	b_{11}	b_{12}	$\cdots$	b_{1p}
B_2	b_{21}	b_{22}	$\cdots$	b_{2p}
$\cdots$	$\cdots$	$\cdots$	$\cdots$	$\cdots$
B_p	B_{p1}	B_{p2}	$\cdots$	b_{pp}

表 13-9　判断矩阵标度及其含义

Saaty 标度	B_i 与 B_j 比较	意　　义
1	B_i 和 B_j 同等重要	$b_{ij} = 1; b_{ji} = 1$
3	B_i 比 B_j 稍微重要	$b_{ij} = 3; b_{ji} = 1/3$
5	B_i 比 B_j 明显重要	$b_{ij} = 5; b_{ji} = 1/5$
7	B_i 比 B_j 强烈重要	$b_{ij} = 7; b_{ji} = 1/7$
9	B_i 比 B_j 极端重要	$b_{ij} = 9; b_{ji} = 1/9$
倒数	B_i 比 B_j 相应不重要	$B_{ji} = 1/B_{ij}$
2, 4, 6, 8	重要程度介于上述奇数之间	

④ 计算各层元素对系统目标的合成权重,进行总排序,以确定递阶结构图中最底层各个元素在总目标中的重要程度。排序计算方法有幂法、和积法和方根法等。

A. 计算每层元素的权重。根据判断矩阵见表 13-8 的数值大小,首先计算判断矩阵每行乘积的 p 次方根 W_i',$W_i' = \sqrt[p]{\prod_{j=1}^{p} b_{ij}} = \sqrt[p]{b_{i1} b_{i2} \cdots b_{ip}}$ $(i = 1, 2, \cdots, p)$,然后按照公式 $W_i = \dfrac{W_i'}{\sum\limits_{i=1}^{p} W_i'}$ 对权重进行归一化处理,得排序权向量 $\boldsymbol{W'} = (W_1, W_2, \cdots, W_p)$。

B. 进行一致性检验。由于客观世界的复杂性以及人们对事物认识的模糊性和多样性,因而所给出的判断矩阵不可能完全一致。那么这种不一致是否能够容忍呢? 这就是所谓一致性检验问题。为保证得到的权重的合理性,通常要对每个判断矩阵进行一致性检验,以观察其是否具有满意的一致性;否则,应修改判断矩阵,直到满足一致性要求为止。

设判断矩阵(见表 13-8)的特征根为 $\lambda_1, \lambda_2, \cdots, \lambda_p$,则 $\lambda_i = \dfrac{\sum\limits_{j=1}^{p} b_{ij} W_j}{W_i}$。

m 个特征根的算术平均数为 $\bar{\lambda} = \dfrac{\sum\limits_{i=1}^{p} \lambda_i}{p}$,一致性指数 CI 的计算公式为 $\mathrm{CI} = \dfrac{\bar{\lambda} - p}{p - 1}$。

一般认为,当 CI≤0.1 时,判断矩阵基本符合完全一致性条件,可能无逻辑混乱,即计算所得的各项权重可以接受;当 CI>0.1 时,所给出的判断矩阵是不符合完全一致性条件的,需要进行调整和修正。

C. 计算各个评价方案的合成权重。合成权重的计算要自上而下,将单一准则的权重进行合成,并逐层进行,直至计算出最底层中各元素的权重。最后,各个评价方案的合成权重可记为 $C_1, C_2, \cdots, C_n$。

D. 随机一致性比率 CR。为了度量判断矩阵是否具有满意的一致性，我们还需引入判断矩阵的平均随机一致性指数 RI 值。1~9 阶判断矩阵 RI 的理论值见表 13-10。

表 13-10　1~9 阶平均随机一致性指数 RI 的取值

阶　数	1	2	3	4	5	6	7	8	9
RI	0.00	0.00	0.58	0.90	1.12	1.24	1.32	1.41	1.45

随机一致性比率 CR 的计算公式为 $CR = \dfrac{CI}{RI}$。

⑤ 求出综合评分指数，对评价对象的总评价目标进行评估。综合评分指数 GI 的计算公式为

$$GI_j = \sum_{i=1}^{n} C_i a_{ij} \quad (i = 1, 2, \cdots, n; j = 1, 2, \cdots, m)$$

根据综合评分指数 GI 的大小，可以得到各被评价对象的综合评价排序情况。

13.2.4　RSR 综合评价法

RSR(Rank Sum Ratio)法自田凤调教授 1988 年创立以来，已广泛地应用于医疗卫生等领域的多指标综合评价、统计预测预报、统计质量控制、关联与合谐等分析，是人们解决实际问题的一种简单、有效、科学的工具。

1. 数据结构

若样品例数为 n，指标数为 m，数据用 $a_{ij}(i=1,\cdots,n; j=1,\cdots,m)$ 表示，结构见表 13-11。

2. 利用 RSR 法解决实际问题时的主要步骤

① 编秩。利用 RSR 法解决实际问题时，先要将原始数据进行编秩。田凤调教授最初的编秩方法需将各指标按照对被评价事物的作用大小和方向，分为高优、偏高优、稍高优、…、不分、低优、偏低优、稍低优、…等情况。田教授

表 13-11　RSR 法的数据结构

样品	指标：	x_1	x_2	$\cdots$	x_m
1		a_{11}	a_{12}	$\cdots$	a_{1m}
2		a_{21}	a_{22}	$\cdots$	a_{2m}
$\cdots$		$\cdots$	$\cdots$		$\cdots$
n		a_{n1}	a_{n2}	$\cdots$	a_{nm}

认为此编秩法存在两点不足：第一是在指标转化为秩次时会丧失一些信息；第二是编秩时如何正确区分高优指标、低优指标及其组合，初学者不易掌握(主要是业务知识欠缺)。针对原编秩法存在的不足，郭秀花教授等进行了改进，采用 RSR 法中各指标按任意系数 α(重要性系数)进行编秩，其公式为当 $0 \leqslant \alpha \leqslant 1$ 时，$R = \alpha \times$(高优) $+ (1-\alpha) \times$(不分)；当 $-1 \leqslant \alpha < 0$ 时，$R = -\alpha \times$(低优) $+ (1+\alpha) \times$(不分)。具体地，在实际问题中按重要性的大小赋予系数 α 后，再编秩的方法是：无正、负作用(不分指标，$\alpha = 0$)，所有数据编秩 $(1+n)/2$；有最大的正作用，高优指标，$\alpha = 1$，数据按从小到大顺序排列后，秩次从 1 到 n；有一定的正作用，$0 < \alpha < 1$，数据按从小到大顺序排列后，秩次为 $\alpha \times$(高优) $+ (1-\alpha) \times$(不分)；有最大的负作用，低优指标，$\alpha = -1$，数据按从大到小顺序排列后，秩次从 1 到 n；有一定的负作用，$-1 < \alpha < 0$，数据按从大到小顺序排列后，秩次为 $-\alpha \times$(低优) $+ (1+\alpha) \times$(不分)。

② 计算 RSR 值，确定 RSR 分布。将 m 个指标 x_1, x_2, $\cdots$, x_m 在 n 个样品(被评价的对象)下的秩次 $R_{ij}(i=1,\cdots,n; j=1,\cdots,m)$ 相加后按公式 $RSR_i = \dfrac{\sum_{j=1}^{m} R_{ij}}{n \times m}$ 求秩和。

用 RSR 值特定的向下累计概率 Y 与 RSR 值计算回归方程 $R\hat{S}R = A + BY$ 及确定系数 R^2。

③ 偏斜对称化处理。一般地，需要确定系数 $R^2 > 0.975$，另外也可对 RSR 值进行单变量分析，看资料是否属于较严重的偏斜。如果资料不符合要求，可对 RSR 值选用适当的变量变换。对于正偏态，常用的 RSR 变换有 $\ln(\text{RSR})$ 变换、$(\text{RSR})^2$ 变换、$(\text{RSR})^{1/2}$ 变换；对于负偏态，常用的 RSR 变换有 $\ln(m - \text{RSR})$ 变换、$m - \text{RSR}$ 变换等。

④ 合理分档。应将被评价的事物分为几档？一方面要根据专业需要，另一方面要满足最佳分档的条件。分档后各组 RSR 值之间作单因素多水平设计定量资料方差分析，总体间差异、两两之间的差异都要有统计学意义，且例数较少的资料还要满足方差齐性的要求。若不符合条件，可按第③步进行合理的偏斜对称化处理或调整分档数目。

13.3　传统综合评价方法的应用

13.3.1　用综合评分法对例 13-1 的资料进行综合评价

实际问题中当需要根据评价目的及评价对象的特征选定必要的评价指标，逐个指标定出评价等级、以恰当的方式确定各评价指标的分值时，就可以利用综合评分法。例 13-1 属于这种情况。

1. 构建指标体系

具体方法参见第 13.2.1 节，此处从略。

2. 选取专家、调整判断依据对专家判断的影响程度分值

① 此综合评价过程中，拟采用特尔菲专家咨询法征求专家对每门课程的意见。特尔菲专家咨询法是采取匿名函询方式征求专家的意见，参加应答的专家各自独立地按照自己的观点应答。每轮专家的意见都要通过统计处理，在开始新一轮咨询的同时，反馈上一轮专家的集体意见，供他们作为此轮应答时的参考。一般经过 2~4 轮反馈沟通，使多数专家的意见渐趋一致。

② 对分值进行统计处理的方法：一般用算术平均数 $\bar{X} = \sum X/n$ 反映专家们的集中意见（即某评价指标的分值）；用变异系数 $\text{CV} = (S/\bar{X}) \times 100\%$ 反映专家们意见的离散程度，对 CV 超过 20%（用 * 标出）的指标，视专家的权威程度及导向性，将分值进行适当调整。

③ 咨询专家的选取原则是：第一，积极性，即所选专家对本课题的研究感兴趣，愿意并有时间参加咨询全过程。用积极性系数 $D = (m/M) \times 100\%$ 反映专家们的积极性，其中，m 代表回答专家咨询表人数，M 代表咨询表发出份数。第二，代表性，即专家的单位分布或研究范围的覆盖面要广。第三，权威性，即所选专家对本研究应比较了解和熟悉，用权威系数 $C_a = (C_i + C_s)/2$ 表示，其中，C_i 为判断依据对专家判断的影响程度分值，C_s 为专家对指标的熟悉程度分值，取值见表 13-12。

3. 专家情况及各轮咨询结果

（1）专家情况

① 积极性：第一轮专家的积极性系数为 96.7%，第二轮专家的积极性系数为 93.3%。

②代表性：在选取的 10 所医学专科院校中，每个学校选 2~3 人，共选取了 28 位专家。其中校领导 3 人、教务干部 10 人，其他为医学教育研究室主任、专家教授。

③权威性：在 28 名被调查的专家中，有 21 人具有高级职称(占 75%)。判断依据对专家判断的影响程度分值(用 C_i 表示)，见表 13-12。

专家对指标内容的熟悉程度得分(即 C_s 值)按照熟悉 1.0、较熟悉 0.8、一般 0.5、不太熟悉 0.2 进行赋值，由专家根据自己的实际情况来选择。

28 名专家的权威系数均数为 0.907，变异系数为 6.25%，说明专家整体权威性大且变异小，从而有效地保证了咨询结果的可靠性。

(2)各级指标权重(或分值)咨询情况

第一轮专家咨询后，变异系数大于 20% 的

表 13-12　判断依据对专家判断的影响程度分值

判断依据	分　值		
	*： 大	中	小
理论分析	0.30	0.20	0.10
…	…	…	…
直观	0.10	0.07	0.05
合计	1.00	0.75	0.50

注：*代表专家判断的影响程度。

项目进行适当调整，得到新的分值后再进行第二轮专家咨询。资料经统计学处理后，对个别变异系数大于 20% 的项目，依均数大小及上级领导的导向性等情况稍做改动，就得到了最后确定的分值。

①一级、二级指标：一级指标的分值咨询结果见表 13-13。

表 13-13　一级指标权重

一级指标及其编号	原权重	$\bar{X}_1$	CV_1(%)	修改后权重	$\bar{X}_2$	CV_2(%)	确定权重
1.师资队伍	0.3	0.278	17.74	0.30	0.275	22.94	0.25
…	…	…	…	…	…	…	…
4.教学管理与改革	0.2	0.205	29.38	0.20	0.205	7.64	0.20

注：下标 1、2 分别表示第一、二轮咨询的结果。

二级指标的分值咨询结果见表 13-14。

表 13-14　二级指标分值

二级指标及其编号	原权重	$\bar{X}_1$	CV_1(%)	修改后权重	$\bar{X}_2$	CV_2(%)	确定权重
1.1 思想政治素质	20	17.4	41.09	20	20.0	13.61	20
…	…	…	…	…	…	…	…
4.3 教学档案	40	40.2	7.79	30	29.5	10.67	30

注：下标 1、2 分别表示第一、二轮咨询的结果。

②三级指标：三级指标分值的咨询过程与二级指标类似。在第二轮咨询时，又增加了重要性系数，即对每项三级指标专家按照其在课程评估中的重要程度分 6 个等级，用数字 5~0 依次递减打分，最重要的打 5 分，没作用的打 0 分，处于中间的视其重要性分别打 4、3、2 或 1 分，结果见表 13-15。

表 13-15　三级指标分值及重要程度打分

三级指标及其编号	$\bar{X}_1$	CV_1(%)	修改后分值	$\bar{X}_2$	CV_2(%)	确定分值	$\bar{X}^*$	CV(%)
1.1.1 敬业精神	8.9	39.5	10	11.1	23.7	12	4.8	13.9
…	…	…	…	…	…	…	…	…
4.3.3 各教学班次课程总结	10.0	0.0	10	9.5	16.6	9	3.9	21.4

注：表中最后两列表示对各三级指标的重要性打分及其变异系数。

③ 差异性分析：一级指标各项目下对应的三级指标重要程度打分情况，均数依次为 3.96、4.34、4.41、4.24，经单因素 4 水平设计定量资料方差分析处理，说明一级指标不同项目重要程度间差异有统计学意义（$P < 0.01$），教学质量最重要。

4. 确定指标体系

最后确定了一级指标的权重、二级和三级指标的分值，得到了可以用于对医学专科院校评估优秀课程的指标体系，见表 13-16。

表 13-16　指标体系

一级指标	权重 W_i	二级指标	分值	三级指标	分值 S_i
1. 师资队伍	0.25	1.1 思想政治素质	20	1.1.1 敬业精神	12
				1.1.2 教风	8
		1.2 队伍结构	20	1.2.1 技术职务结构	10
				1.2.2 学历结构	10
…		…	…		…
4. 教学管理与改革	0.20	4.1 教学改革	30	4.1.1 教学改革计划	10
				4.1.2 三年内教学改革教育研究成果	20
		4.2 教学组织实施	40	4.2.1 集体备课	10
				4.2.2 新教员试讲老教员新内容试讲	10
				4.2.3 室内检查性听课与学员评教	10
				4.2.4 考试组织管理	10
		4.3 教学档案	30	4.3.1 授课计划	9
				4.3.2 教案	12
				4.3.3 各班次教学总结	9

5. 计算各门课程的综合评价总分

各评价项目（即三级指标）的等级评定，可按被评价对象的实际情况分为 5 个等级，系数分别为 $K_1 = 1.0$、$K_2 = 0.8$、$K_3 = 0.6$、$K_4 = 0.4$、$K_5 = 0.0$；29 个三级指标的分值 $S_i(i = 1, 2, \cdots, 29)$ 依次为 12、8、10、10、15、15、10、10、5、5、10、20、15、18、12、25、30、20、5、45、10、20、10、10、10、10、9、12、9；4 个一级指标的权重 W_i 依次为 0.25、0.25、0.30、0.20。

4 个一级指标的得分分别为相应三级指标的分值与等级系数的乘积之和 $SS_i = \sum S_j K_l$（$i = 1, 2, 3, 4$；j 依据 i 的不同取值，分别为 $1, 2, \cdots, 29$ 中的某一段取值；$l \subset \{1, 2, \cdots, 5\}$），则每个被评价对象的总分 S 的计算公式为 $S = \sum_{i=1}^{4} W_i SS_i$。

6. 对各门课程进行排序或分组

根据上一步所计算得到的各门课程的综合评价总分 S 即可对各门课程进行优劣排序或分组。

下面通过 Monte Carlo 模拟获得了 5 门课程 29 个三级指标的评价等级，并采用综合评分法对每门课程进行了综合评价，最终的评价结果见表 13-17。

表 13-17　用综合评分法对 5 门课程的综合评价结果

id	SCORE	SCORERANK
2	63.47	1
4	59.29	2
3	55.84	3
5	55.45	4
1	51.05	5

所需的 SAS 程序如下(程序名为 SASTJFX13_1. SAS)：

```
% let number_of_objects =5;% let number_of_indices =29;% let number_of_1st_in-
dices =4;
% let n1 =10;% let n2 =6;% let n3 =4;% let n4 =9;
% let seed = -1;/* 设置随机种子数*/
data zhpf;
ARRAY S(&number_of_indices) S1 - S&number_of_indices ;
/* 以数组形式定义 number_of_indices 个评价指标的最高分值*/
ARRAY L(&number_of_indices) L1 - L&number_of_indices ;
/* 以数组形式定义 number_of_indices 个评价指标的评价等级,1 级最优,2 级次之,…,5 级
    最差*/
ARRAY KL(&number_of_indices) KL1 - KL&number_of_indices ;
/* 以数组形式定义 number_of_indices 个评价指标的等级系数*/
infile   "D:\sastjfx\data13_1.dat";
input s1 - s&number_of_indices;
do id =1 to &number_of_objects;
do j =1 to &number_of_indices;
L(j) = round(1 + (5 -1)* uniform(&seed));/* 随机模拟产生数据——各门课程每个三级指
标的评价等级(分为1、2、3、4、5 五个等级)*/
if L(j) =5 then KL(j) =0.0;
else KL(j) =1.0 -0.2* (L(j) -1);
output;end;end;
run;quit;
data zhpf;
set zhpf;where j =29;drop j;
ARRAY S(&number_of_indices) S1 - S&number_of_indices ;
/* 以数组形式定义 number_of_indices 个评价指标的最高分值*/
ARRAY L(&number_of_indices) L1 - L&number_of_indices ;
/* 以数组形式定义 number_of_indices 个评价指标的评价等级,1 级最优,2 级次之,...,5 级
最差*/
ARRAY KL(&number_of_indices) KL1 - KL&number_of_indices ;
/* 以数组形式定义 number_of_indices 个评价指标的等级系数*/
ARRAY SS(&number_of_1st_indices) SS1 - SS&number_of_1st_indices;
/* 以数组形式定义 number_of_1st_indices 个一级评价指标的分值*/
ARRAY w(&number_of_1st_indices) w1 - w&number_of_1st_indices;
/* 以数组形式定义 number_of_1st_indices 个一级评价指标的权重系数*/
w(1) =0.25;w(2) =0.25;w(3) =0.30;w(4) =0.20;
do j =1 to &number_of_1st_indices;SS(j) =0;end;
do j =1 to &n1;SS(1) =SS(1) +S(j)* KL(j);end;
do j =&n1 +1 to &n1 + &n2;SS(2) =SS(2) +S(j)* KL(j);end;
do j =&n1 + &n2 +1 to &n1 + &n2 + &n3;SS(3) =SS(3) +S(j)* KL(j);end;
do j =&n1 + &n2 + &n3 +1 to &n1 + &n2 + &n3 + &n4;SS(4) =SS(4) +S(j)* KL(j);end;
do j =1 to &number_of_objects;
SCORE =0;
do k =1 to &number_of_1st_indices;
SCORE = SCORE +w(k)* SS(k);
end;end;
drop k;
```

```
run;quit;
proc rank data = zhpf out = zhpf descending;
var SCORE;
ranks SCORERANK;
run;quit;
proc sort data = zhpf;
by SCORERANK;
run;quit;
ods html file = "F:\OUTPUT13_1.HTM";
proc print data = zhpf noobs;
var id SCORE ScoreRank;
run;quit;
ods html close;
```

每门课程 29 个三级指标的最高分值以文本文件的形式保存于 D 盘文件夹 sastjfx 内，文件名为 data13_1.dat。需要注意的是，当随机种子数为 0 或负整数时，模拟程序每次运行的结果是不同的。

13.3.2　用 Topsis 法对例 13-2 的资料进行综合评价

TOPSIS(Technique for Order Preference by Similarity to Ideal Solution)法在系统工程多目标分析中是一种常用的决策方法，它从归一化的原始数据矩阵找出有限方案中的最优方案和最劣方案(用向量表示)，然后通过评价对象与最优方案和最劣方案之间的距离，求出评价对象与最优方案和最劣方案的相对接近程度，作为综合评价的依据。

TOPSIS 法对资料无特殊要求，使用灵活、方便，不需要确定评价指标的权重，对数据分布及样本含量、指标多少没有严格限制，数学计算亦不复杂，既适用于小样本资料，也适用于多评价对象、多指标的大样本资料，比较灵活、方便。TOPSIS 法对原始数据的同趋势和归一化处理消除了不同量纲的影响，排序结果充分利用原始数据信息，能定量反映评价对象的优劣程度，直观、可靠。在诸多综合评价方法中对原始数据信息利用最充分，其结果能够精确地反映出评价对象间的差距。指标无量纲转化可根据实际需要选择不同的方法，指标值与理想点的距离可以选择不同的方法求得。

1. SAS 程序

利用 SAS 软件实现 TOPSIS 综合评价的程序名为 SASTJFX13_2.SAS。先将表 13-1 中的数据(不含变量名；不能省略数据)以 SAS 数据文件的形式保存在 D 盘文件夹 sastjfx 内，取文件名为 DATA13_2.DAT，然后再用 INFILE 语句读入。以下是 SAS 程序：

```
% let n = 8;  /* 利用 SAS 宏给 n 赋值,表示 n 个评价对象*/
% let m = 8;  /* 利用 SAS 宏给 m 赋值,表示 m 个评价指标*/
% let daoshufa = '6';  /* 定义采用倒数法的低优指标序号*/
% let chazhIFa = ',';  /* 定义采用差值法的低优指标序号*/
Ods html;
% macro print (DATA = ,TITLE = ,v = ,r = );
  /* 代入参数的宏程序,方便打印中间过程及最终结果*/
PROC print &r label DATA = &DATA. noobs;
VAR &v.; TITLE &TITLE.;
label obj = '评价对象'; RUN;
% mEND;
```

```
libname synevalu 'd:\';
DATA synevalu.TOp1(drop=j num);
length obj $20;
ARRAY x(&m); /* 以数组形式定义 m 个评价指标*/
ARRAY yy(&m);
infile "D:\sastjfx\data13_2.dat";
INPUT obj x1-x&m;
DO j=1 TO &m;
num=scan(&daoshufa,j,',');
no=scan(&chazhIFa,j,',');
IF num^=. THEN x(num)=1/x(num);
IF no^=. THEN x(no)=100-x(no);
yy(j)=x(j)**2;
END;
RUN;
% print(DATA=synevalu.TOp1,TITLE='第 1 部分：指标转换值 ',v=obj x1-x&m,
   r=round)
DATA synevalu.guiyi(keep=obj x1-x&m); /* 生成归一化矩阵*/
ARRAY TOl(&m); ARRAY yy(&m); ARRAY x(&m);
IF _n_=1 THEN DO until(last);
SET synevalu.TOp1(keep=yy1-yy&m) END=last;
DO i=1 TO &m;
TOl(i)+yy(i);
END; END;
SET synevalu.TOp1;
DO i=1 TO &m;
x(i)=round(x(i)/sqrt(TOl(i)),0.0001);
END;
RUN;
% print(DATA=synevalu.guiyi,TITLE='第 2 部分：归一化矩阵值',v=obj x1-x&m)
DATA synevalu.dc(drop=i obj x1-x&m);
IF _n_=1 THEN DO until(last);
SET synevalu.guiyi END=last;
ARRAY x(&m); ARRAY da(&m); ARRAY xiao(&m);
DO i=1 TO &m; da(i)=max(da(i),x(i));
xiao(i)=min(xiao(i),x(i));
END; END; RUN;
DATA synevalu.dc2(keep=obj D_add D_minus C);
SET synevalu.guiyi;
ARRAY x(&m); ARRAY da(&m); ARRAY xiao(&m);
ARRAY d(&m); ARRAY xi(&m);
IF _n_=1 THEN SET synevalu.dc;
DO i=1 TO &m; d(i)=(da(i)-x(i))**2;
xi(i)=(xiao(i)-x(i))**2;
END;
D_add=round(sqrt(sum(of d1-d&m)),0.0001); /* D_add 代表*/
D_minus=round(sqrt(sum(of xi1-xi&m)),0.0001); /* D_minus 代表*/
C=round(D_minus/(D_add+D_minus),0.0001); /* 计算*/
RUN;
PROC rank out=synevalu.dc3 descending; /* 按大小编秩*/
ranks  order; VAR C ; ODS HTML;
RUN;
% print(DATA=synevalu.dc3,TITLE='第 3 部分：不同评价对象指标值与最优值的相对接近
   程度及排序结果',v=obj D_add D_minus C order);
Ods html close;
```

2. SAS 输出结果

第 1 部分：指标转换值

年份	X1	X2	X3	X4	X5	X6	X7	X8
1999	9295	94.6	21.8	326.6	92.9	0.07	96.8	85.3
2000	9487	95.3	22.1	330.3	90.8	0.07	97.8	86.2
…	…	…	…	…	…	…	…	…
2005	9981	94.9	23.5	289.6	82.5	0.08	97.7	83.8
2006	11235	95.2	25.9	305.4	86.8	0.08	98.9	85.9

第 2 部分：归一化矩阵值

年份	X1	X2	X3	X4	X5	X6	X7	X8
1999	0.3333	0.3511	0.3329	0.3661	0.3748	0.3194	0.3497	0.3572
2000	0.3401	0.3537	0.3375	0.3702	0.3663	0.3352	0.3533	0.3609
…	…	…	…	…	…	…	…	…
2005	0.3578	0.3522	0.3589	0.3246	0.3328	0.3693	0.3529	0.3509
2006	0.4028	0.3533	0.3956	0.3423	0.3502	0.3906	0.3572	0.3597

第 3 部分：不同评价对象指标值与最优值的相对接近程度及排序结果

年份	D_ADD	D_MINUS	C	RANK FOR VARIABLE C
1999	0.1180	0.0604	0.3386	7
2000	0.1023	0.0618	0.3766	6
…	…	…	…	…
2005	0.0883	0.0624	0.4141	4
2006	0.0373	0.1222	0.7661	1

3. 结论

采用 Topsis 综合评价方法对该医院 8 年的临床工作情况进行综合评价，按照从优到劣情况，依次排序为 2006 年、2002 年、2003 年、2005 年、2001 年、2000 年、1999 年、2004 年。

13.3.3　用层次分析法对例 13-3 的资料进行综合评价

层次分析法（Analysis Hierarchy Process，简称 AHP）是用系统分析的方法，对评价对象依评价目的所确定的总评价目标进行连续性分解，得到各级（各层）评价目标，并以最下层作为衡量目标达到程度的评价指标。这种方法的特点是在对复杂的决策问题的本质、影响因素及其内在关系等进行深入分析的基础上，利用较少的定量信息使决策的思维过程数学化，从而为多目标、多准则或无结构特性的复杂决策问题提供简便的决策方法，尤其适合于对决策结果难于直接准确计量的场合。

1. 确定权重

具体的权重见 SAS 程序。

2. SAS 程序

程序名为 SASTJFX13_3. SAS，数据文件名为 DATA13_3. DAT（数据排列同表 13-2 的数据

体）。需要注意的是，该程序比较复杂，数据文件 DATA13_3. DAT 的格式也比较特殊，不是每行数据表示一所医院的各个指标取值，而是每列数据表示一所医院的各个指标取值。

```
% LET m1 =3; /*  定义第一层子目标个数*/
% LET m2 =3; /*  定义第二层子目标个数*/
% LET m3 =2; /*  定义第三层子目标个数*/
DATA w1;
ARRAY x(&m1) ;ARRAY y(&m1) ;
INPUT index $ x1 - x&m1;/* 输入第一层子目标成对比较判断优选矩阵*/
w =1;
DO j =1 TO &m1; w =w* x(j);
END;
w =EXP(LOG(w)/&m1);
CARDS;
c1 1 3 5
c5 0.3333 1 3
c6 0.2 0.3333 1
;
DATA w1w(KEEP =index w1 x1 - x&m1);
IF _N_ =1 THEN DO UNTIL(LAST);
    SET w1 END =LAST; sw +w;
END;
SET w1;w1 =ROUND(w/sw,0.0001);
Ods html;
PROC TRANSPOSE DATA =w1w OUT =yz1;
COPY w1;VAR x1 - x&m1;
DATA yz1;
SET yz1;
ARRAY col(&m1);ARRAY saw(&m1);
DO j =1 TO &m1; col(j) =col(j)* w1;
END;
PROC TRANSPOSE DATA =yz1 OUT =yz2(DROP =_NAME_);
COPY w1;VAR col1 - col&m1;
DATA saw;
SET yz2;
gen =SUM(OF x1 - x&m1)/w1;sgen +gen;
DATA ci(KEEP =ci cr);/* 计算 CI 及 CR*/
SET saw(FIRSTOBS =&m1 OBS =&m1);
genmax =sgen/&m1;
ci =(genmax - &m1)/(&m1 -1);
SELECT (&m1);
    WHEN (3)ri =0.58;   WHEN (4)ri =0.90;
    WHEN (5)ri =1.12;   WHEN (6)ri =1.24;
    WHEN (7)ri =1.32;   WHEN (8)ri =1.41;
        OTHERWISE ri =1.45;
END;
cr =ci/ri;
PROC PRINT DATA =ci;
RUN;
DATA w2;
ARRAY x(&m2);ARRAY y(&m2) ;
INPUT index2 $ x1 - x&m2;/* 输入第二层子目标成对比较判断优选矩阵*/
w =1;
DO j =1 TO &m2; w =w* x(j);
```

```
END;
w = EXP (LOG (w) / &m2) ; index = 'c1';
CARDS;
c2 1 2 3
c1 0.5 1 2
c4 0.3333 0.5 1
;
DATA w2w;
IF _N_ =1 THEN DO UNTIL (LAST);
  SET w2 END = LAST; sw + w;
END;
SET w2;
w2 = w / sw;
DATA w3;
ARRAY x (&m3) ; ARRAY y (&m3) ;
INPUT index2 $ x1 - x&m3;/* 输入第三层子目标成对比较判断优选矩阵*/
w = 1;
DO j = 1 TO &m3; w = w* x (j);
END;
w = EXP (LOG (w) / &m3);
index = 'c1';
CARDS;
c2 1 3
c2 0.3333 1
;
DATA w3w;
IF _N_ =1 THEN DO UNTIL (LAST);
  SET w3 END = LAST; sw + w;
END;
SET w3;w3 = w / sw;
PROC SORT DATA = w1w;
BY index ;
PROC SORT DATA = w2w;
BY index2 ;
PROC SORT DATA = w3w;
BY index2 ;
RUN;
DATA c (KEEP = index index2 w2 w3);
MERGE w2w w3w ;
BY index2 ;
DATA c1 (KEEP = ci w1 - w3);
MERGE w1w c;BY index;
IF w2 = . THEN w2 =1;
IF w3 = . THEN w3 =1;
ci = w1* w2* w3;
DATA pj;
SET c1 (KEEP = ci);
ARRAY x (6);ARRAY y (6);
infile "F:\DATA13_3.DAT";
INPUT x1 - x6 ;
DO i = 1 TO 6 ; y (i) = ci* x (i);
END;
DATA pj1 (KEEP = ci x1 - x6);
SET pj (KEEP = y1 - y6);
ARRAY x (6);ARRAY y (6);
```

```
DO i =1 TO 6; x(i) +y(i);
END;
ci =MISSING;
PROC APPEND BASE =pj(KEEP =ci x1 - x6) DATA =pj1(FIRSTOBS =6 OBS =6);
PROC TRANSPOSE DATA =pj(KEEP =ci x1 - x6) ;
PROC RANK OUT =pj3 DESCENDING;/*  按大小编秩*/
RANKS  order;VAR col7 ;
RUN;
PROC TRANSPOSE DATA =pj3 OUT =pj4;
RUN;
DATA pj5;
SET pj4;
ARRAY x(6);ci =ROUND(ci,0.0001);
DO i =1 TO 6; x(i) =ROUND(x(i),0.01);
END;
PROC PRINT  DATA =pj5(DROP =_NAME__LABEL_I);
RUN;
ODS HTML CLOSE;
```

3. 主要分析结果及解释

OBS	CI	CR
1	0.019228	0.033152

The SAS System

OBS	CI	A	B	C	D	E	F
1	0.1892	95.00	92.00	94.80	95.60	89.10	77.40
2	0.2578	88.10	91.20	90.00	94.00	93.60	92.20
…	…	…	…	…	…	…	…
5	0.2583	54.70	20.70	26.10	20.00	27.40	35.50
6	0.1047	41.30	41.40	22.80	20.00	34.00	30.30
7		68.24	56.87	57.39	55.05	58.88	58.06
8	.	1.00	5.00	4.00	6.00	2.00	3.00

第 7 行给出了 6 所医院的综合评分指数,第 8 行给出了根据综合评分指数所得的各医院工作质量的排序情况。

13.3.4　用 RSR 综合评价法对例 13-4 的资料进行综合评价

秩和比(Rank Ratio,RSR)法是一种参数统计与非参统计相结合的方法。该法以和法为基础,取各指标数与个体数秩和的平均值。得出一个具有 0 ~ 1 连续变量特征的非参统计量,即秩和比 RSR。根据 RSR 的大小评价事物的优劣等级以及进行分档排序。

秩和比法适用于有异常值或有些取值为 0 的指标值,可用于统计预测、因素与关联分析、鉴别分类与决策分析等。

1. SAS 程序

程序名为 SASTJFX13_4. SAS,数据文件名为 DATA13_4. DAT,存放于 D 盘文件夹 SAS-TJFX 内。

```
data a ;
N = 16 ; m = 4 ;
infile "D:\SASTJFX\data13_4.dat";
input area $ x1 - x4 @@ ;
run;
ods html;
ods html file = "F:\OUTPUT13_4.HTM";
proc rank data = a out = b;
var x1 - x4;
ranks Rx1 - Rx4;
data c;
set b;
SR = sum(of Rx1 - Rx4);
RSR = SR/(n* m);
proc sort data = c;
by RSR;
proc rank data = c out = d; var rsr; ranks cf; run;
proc print data = c;
var area x1 - x4 Rx1 - Rx4 SR RSR;
run;
data f;
set d;
p = cf/N ;
probit = PROBIT(p) + 5 ;
if RSR < 0.24 then x = "G1";
if 0.78 > RSR > = 0.24 then x = "G2";
if RSR > = 0.78 then x = "G3";
run;
proc print data = f ;
var area SR RSR CF p x ;
run ;
proc reg data = f ;
model RSR = probit ;
goptions reset = all;
axis1 label = (angle = 90);
proc gplot data = f ;
plot RSR * probit/vaxis = axis1;
run ;
proc anova data = f ;
class x ;
model RSR = x ;
means x ;
means x/SNK;
run ;
ods html close;
quit;
```

2. 主要分析结果及解释

SAS 系统

Obs	area	x1	x2	x3	x4	Rx1	Rx2	Rx3	Rx4	SR	RSR
1	X15	168.1	91.1	55.6	85.1	1.0	2.0	1.0	4.0	8.0	0.12500
2	X13	168.9	91.6	55.8	83.3	3.0	4.0	2.0	1.0	10.0	0.15625
...	...	...	...	...	...	...	...	...	...	...	...

| 15 | X2 | 171.8 | 92.7 | 60.8 | 86.7 | 15.0 | 13.5 | 15.0 | 12.5 | 56.0 | 0.87500 |
| 16 | X1 | 172.7 | 92.7 | 61.2 | 87.2 | 16.0 | 13.5 | 16.0 | 16.0 | 61.5 | 0.96094 |

以上是各指标的编秩结果及 RSR 值的计算结果。

Obs	area	SR	RSR	cf	p	x
1	X15	8.0	0.12500	1.0	0.06250	G1
2	X13	10.0	0.15625	2.0	0.12500	G1
…	…	…	…	…	…	…
15	X2	56.0	0.87500	15.0	0.93750	G3
16	X1	61.5	0.96094	16.0	1.00000	G3

以上是根据 RSR 值进行分档的结果。

用 RSR 值特定的向下累计概率 Y 与 RSR 值拟合回归方程的输出结果等见本书附带光盘中的相关结果文件。

3. 结论

经 RSR 秩和比法综合评价，16 省市 18～25 岁城市男生体格发育的优劣次序依次为北京、山东、天津、黑龙江、山西、辽宁、陕西、湖北、上海、福建、安徽、甘肃、四川、广东、云南、湖南。若对 16 省市 18～25 岁城市男生体格发育情况进行分档，则大致可分为 3 类，见表 13-18。

表 13-18　16 省市 18～25 岁城市男生体格发育 4 项指标 RSR 的排列与分档

等级	Y	RSR 估计值	排列与分档
下	4 以下	0.24 以下	广东、云南、湖南
中	4 ~	0.24 ~	四川、甘肃、安徽、福建、湖北、上海、陕西、山西、黑龙江、辽宁
上	6 ~	0.78 ~	天津、山东、北京

13.4　本 章 小 结

综合评价是对一个复杂系统的多个指标进行总评价的特殊方法。20 世纪 80 年代以来，统计理论者提出了许多综合评价方法，但其解决问题的侧重点不同，适用的范围和条件不同，各有优缺点。本章从问题与数据入手，介绍了当前常用的 4 种综合评价方法，即综合评分法、Topsis 法、层次分析法和秩和比法的应用及其 SAS 实现方法。

（郭秀花　罗艳侠　周诗国）

第14章　无序样品聚类分析

聚类分析是被广泛应用的一种多元统计分析方法,它是根据"物以类聚"的基本原理将相似的对象组成群体的一种方法,主要用于对事物的类别尚不清楚,甚至在事前连总共有几类都不能确定的情况下进行分类的场合,是研究对样品或指标进行分类的一种多元统计方法。例如,生物学已经用类别和子类去描述生物的种类。

本章主要对如何运用 SAS 软件进行无序样品聚类分析(Q 型聚类)进行阐述。

14.1　问题与数据结构

14.1.1　实例

【例 14-1】　有一项对美国 39 个城市空气污染情况的调查数据,对每个城市检测了二氧化硫(SO_2)、平均气温(temperature)、20 人以上的手工企业(factories)、人口数(population)、平均风速(windspeed)、平均降雨量(rain)、每年平均降雨天数(rainydays)7 项指标,其中二氧化硫(SO_2)是结果变量,其余的 6 个变量为原因变量,即对二氧化硫(SO_2)有影响的因素,数据见表 14-1。试对这 39 个城市的空气污染程度按原因变量进行分类。

表 14-1　美国 39 个城市空气污染情况的调查数据

city	SO$_2$	temperature	factories	population	windspeed	rain	rainydays
Little Rock	13	61.00	91	132	8.20	48.52	100
San Francisco	12	56.70	453	716	8.70	20.66	67
…	…	…	…	…	…	…	…
Milwaukee	16	45.70	569	717	11.80	29.07	123

【例 14-2】　为研究人脑老化的严重程度,有人测定了不同年龄的 893 名正常男性的 10 项有关指标,由于数据太大,此处省略。各变量的含义如下:AGE 为年龄,TJ 为图片记忆,SG 为数字广度记忆,TS 为图形顺序记忆,XX 为心算位数,XS 为心算时间,CK 为规定时间内穿孔数,BJ 为步距,JJ 为步行时双下肢夹角,BS 为步速。试对这些指标进行样本聚类分析。

14.1.2　对数据结构的分析

对于例 14-1,资料中仅涉及一个组,即美国的 39 个城市,获得它们在空气污染方面的调查数据,且各项观测指标均为定量的,所以该资料为单组设计七元定量资料。若分析时不考虑 SO_2 含量的影响,仅将其余 6 个指标加以分析,资料为单组设计六元定量资料。

对于例 14-2,研究者获得了 893 名正常男性的 10 项有关指标,同样是只有一个组,且这 10 项指标均为定量的,所以该资料为单组设计十元定量资料。

14.1.3　分析目的与统计分析方法的选择

目的一:事先不知道样品所属的类别,且没有历史依据来对样品进行分类,仅根据现有样品的数据将其分为若干类,分类时无须考虑样品间的顺序,可选用无序样品聚类。

目的二：事先不知道样品所属的类别，且没有历史依据来对样品进行分类，仅根据现有样品的数据将其分为若干类，分类时需考虑样品间的顺序，可选用有序样品聚类。

目的三：事先知道样品有哪几种可能的类型，需根据现有数据建立对新样品进行分门别类的依据或标准时，可采用判别分析。

14.2　无序样品聚类分析简介

14.2.1　概述

样品聚类分析（Q 型聚类）是将样本按其特性进行分类的一种多元统计分析方法，其目的是将分类不明确的样品按性质的相似程度分为若干类，从而发现同类间的相似性和不同类间的差异性。聚类时，不考虑样品在某因素上的有序性，即任意样本均有可能根据其特性聚为一类，此时所采用的聚类分析称为无序样品聚类。如在某疾病的研究中，抽取若干名此疾病的受试者，获得多个观测的取值情况，即可采用无序样品聚类分析将全部患者聚为几类，同类中患者在这些观测指标上的情况比较接近，不同类中的患者在这些指标上的情况则存在较大差异。

14.2.2　无序样品聚类分析方法分类

无序样品聚类分析内容丰富，方法较多，常见的方法包括以下几种。

1. 系统聚类法

先将每个对象视为一类，然后每次将最相近的两类合并，并计算合并而成的新类与其他类间的距离或相似性，继续将最接近的两类进行合并，依此类推，直到所有对象归为一类为止。概括起来，系统聚类法是类别由多到少的聚类过程。

2. 分解法

与系统聚类法相反，分解法先将所有的样品聚为一类，然后用某种最优准则将其分为两类；再用同样的准则将这两类各自试图分裂为两类，从中选一个使目标函数较好者，这样两类就分裂为三类；如此下去，一直分裂到所有样品各自成为一类或达到其他停止规则标准时为止。概括起来，分解法是类别由少到多的聚类过程。

3. 动态聚类法

先将所有对象粗糙地分为若干类，然后依据某最优准则对分类进行调整，直至不能调整或达到人为规定的调整次数为止。概括起来，动态聚类法是先粗分、后调整的聚类过程。

4. 聚类预报法

即利用聚类分析处理预报问题。多元统计分析中，回归分析和判别分析均可用于预报，但在异常现象的预报方面，这两种方法效果都不佳，如灾害性天气的预报，聚类预报可以弥补这一不足。

使用不同的聚类方法通常会得到不同的分类结果，所以对任何数据都没有唯一正确的分类方法。实际应用中，常采用多种不同的聚类方法，对数据进行分析计算，最后由实际工作者根据专业知识和实际情况决定所需要的分类数及分类情况。

14.2.3　类的特征与个数的确定

1. 类的定义

样品聚类分析的目的是对样品进行分类，而类到底是什么？这个问题一直以来也没有一个确切统一的定义，不同领域内对类的定义是有所差别的。下面给出几种简要的定义，仅供参考和理解。

【定义1】　设阈值 T 是给定的正数，若集合 G 中任意两个元素 x_i 和 x_j 之间的距离 d_{ij} 都满足

$$d_{ij} \leqslant T \tag{14-1}$$

则称 G 对于阈值 T 组成一个类。

【定义2】　设阈值 T 是给定的正数，若集合 G 中每个 $i \in G$ 都满足

$$\frac{1}{n-1}\sum_{j \in G} d_{ij} \leqslant T \tag{14-2}$$

则称 G 对于阈值 T 组成一个类。其中，n 为集合 G 中的元素个数。

【定义3】　设 T 和 $H(H>T)$ 是两个给定的正数，如果集合 G 中两两元素距离的平均满足

$$\frac{1}{n(n-1)}\sum_{i \in G}\sum_{j \in G} d_{ij} \leqslant T, d_{ij} \leqslant H \tag{14-3}$$

则称 G 对于阈值 T、H 组成一个类。其中，n 为集合 G 中的元素个数。

2. 类的特征

设类 G 中包含的样品记为 $\boldsymbol{X}_1$、$\boldsymbol{X}_2$、$\cdots$、$\boldsymbol{X}_n$，常从以下三个方面刻画类 G 的特征。

（1）均值（或称重心）

$$\bar{\boldsymbol{X}}_G = \frac{1}{n}\sum_{t=1}^{n} \boldsymbol{X}_t \tag{14-4}$$

（2）样本离差阵（$\boldsymbol{A}_G$）及协方差阵（$\boldsymbol{S}_G$）

$$\boldsymbol{A}_G = \sum_{t=1}^{n} (\boldsymbol{X}_t - \bar{\boldsymbol{X}}_G)(\boldsymbol{X}_t - \bar{\boldsymbol{X}}_G)' \tag{14-5}$$

$$\boldsymbol{S}_G = \frac{1}{n-1}\boldsymbol{A}_G \tag{14-6}$$

（3）类的直径（D_G）有多种定义，如

$$D_G = \sum_{t=1}^{n} (\boldsymbol{X}_t - \bar{\boldsymbol{X}}_G)'(\boldsymbol{X}_t - \bar{\boldsymbol{X}}_G) \tag{14-7}$$

$$D_G = \max_{i,j \in G} d_{ij} \tag{14-8}$$

3. 类个数的确定

样品聚类过程中，一个不可回避的问题就是如何确定类的个数。而实际应用中，人们并不完全按照类的定义来确定类的个数，下面介绍几种确定类的个数的常见方法。

（1）由适当的阈值确定。

采用某种形式的系统聚类法聚类后，可以得到一张谱系聚类图。聚类图可以方便地反映样品间的亲疏关系，但并未给出明确的分类。此时，可以规定一个适当的阈值，依此分割谱系聚类图得到样品的分类。如定义类间距离阈值为1，类间距小于1时形成的各类中所包含的样品应归属一类，而类间距大于1时形成的各类中所包含的样品应归属不同的类。

（2）根据数据散布图直观确定。

如果考察的指标只有 2 个，则可以在平面直角坐标系内绘制散布图，从而直观地确定类的个数；如果考察的指标有 3 个，则可以在三维坐标系内绘制散布图，通过旋转三维坐标轴也可以直观地确定类的个数；当考察的指标有 4 个及 4 个以上时，则需要通过某种方法将这些指标综合成 2 个或 3 个新的综合指标，然后根据综合指标的取值绘制二维或三维的散布图，以确定类的个数。

（3）根据有关统计量确定。

SAS 软件 CLUSTER 过程可以很方便地计算如下几个统计量的值，它们可以作为确定类别个数的有用指标。

① R^2 统计量（RSQ）：表示 k 个类的类间离差平方和在总离差平方和中所占的比例。R_k^2 可用于评估样品聚为 k 类时的效果，其值越大，表示聚类效果越好。R_k^2 的计算公式如下：

$$R_k^2 = \frac{B_k}{T} \quad T = B_k + P_k \tag{14-9}$$

式中，T 表示总的离差平方和；B_k 表示合并为 k 类时，k 个类间的离差平方和。

R_k^2 的值在 0 和 1 之间变动，当所有样品各自成类时，$R_k^2 = 1$；当所有样品合为一类时，$R_k^2 = 0$。孤立地看每次合并后 R_k^2 值的大小，意义不大，因为其值总是随着分类个数的减少而变小，所以，应看 R_k^2 值的变化。如在合并为 c 类及之前，R_k^2 值虽逐渐减少但降幅不大，而若合并为 $c-1$ 类，R_k^2 值将下降很多，说明分为 c 类较为合适。

② 半偏 R^2 统计量（SPRSQ）：表示由 $(k+1)$ 类合并为 k 类的过程中 R^2 的变化值。其值比较大时，说明上一步合并为 $k+1$ 的效果较好。其计算公式如下：

$$SPRSQ_k = R_{k+1}^2 - R_k^2 \tag{14-10}$$

③ 伪 F 统计量（PSF）：伪 F_k 越大，表示样品可显著地分为 k 类。其计算公式如下：

$$PSF_k = \frac{B_k/(k-1)}{P_k/(n-k)} \tag{14-11}$$

此统计量类似于 F 统计量，但并不服从 F 分布，故称伪 F 统计量。

④ 伪 t^2 统计量（PST2）：伪 t^2 越大，说明两类合并成新类后，类内的离差平方和增量相对于两类的类内离差平方和之和较大，即上一次的聚类效果较好。其计算公式如下：

$$PST2 = \frac{W_{kl}}{(W_k + W_l)/(n_k + n_l - 2)} \tag{14-12}$$

设 G_k 类与 G_l 类合并，合并而成的新类为 G_r，W_{kl} 表示合成新类后类内离差平方和的增加量，W_k 和 W_l 分别表示 G_k 类与 G_l 类的类内离差平方和，n_k 与 n_l 分别表示两类的样品数。

（4）根据谱系图确定。

Bemirmen 于 1972 年提出了谱系图分类的准则：①各类重心间距要大；②各类所含样品数不要太多；③类的个数要符合实用目的；④使用多种方法聚类时，各自聚类图中应能发现相同的类。

需要说明的是，如何确定类的个数这一问题，至今仍无一个合适的标准，所以对任何数据都没有唯一正确的分类。实际应用时，需结合专业知识，多选择几种标准，综合使用以确定较为合适的分类个数。

14.2.4　无序样品聚类分析的计算原理

1.数据预处理

样品聚类分析的实质就是将关系密切的样品聚为一类,所以欲对样品进行聚类,就必须研究样品间的亲疏关系。描述样品间亲疏关系的统计量很多,最常用的是距离。

设有 n 个样品,每个样品均测得 m 项指标,得到的观测数据记为 $x_{ij}(i=1, 2, \cdots, n; j=1, 2, \cdots, m)$。可计算:

均值

$$\bar{x}_j = \frac{1}{n}\sum_{i=1}^{n} x_{ij}(j=1, 2, \cdots, m) \tag{14-13}$$

标准差

$$s_j = \sqrt{\frac{1}{n-1}\sum_{i=1}^{n}(x_{ij}-\bar{x}_j)^2}(j=1, 2, \cdots, m) \tag{14-14}$$

极差

$$R_j = \max(x_{ij}) - \min(x_{ij})(i=1, 2, \cdots, n; j=1, 2, \cdots, m) \tag{14-15}$$

2.数据变换

由于所考察的 m 个指标之间常常存在量纲不同、数量级不同、取值范围差异很大的问题,不便于相互间的比较。为解决这一问题,通常要对数据进行变换,变换的方法包括以下几种。

（1）中心化变换

其变换方法为

$$x_{ij}^* = x_{ij} - \bar{x}_j(i=1, 2, \cdots, n; j=1, 2, \cdots, m) \tag{14-16}$$

变换后数据的均值为 0,有量纲,且其协方差阵与变换前相同。

（2）标准化变换

其变换方法为

$$x_{ij}^* = \frac{x_{ij} - \bar{x}_j}{s_j}(i=1, 2, \cdots, n; j=1, 2, \cdots, m) \tag{14-17}$$

变换后数据均值为 0,标准差为 1,无量纲。

（3）规格化变换

其变换方法为

$$x_{ij}^* = \frac{x_{ij} - \min x_{ij}}{R_j}(i=1, 2, \cdots, n; j=1, 2, \cdots, m) \tag{14-18}$$

变换后数据的取值范围为 0~1,极差为 1,无量纲。

3.样品间距离的定义

观测指标可分为定量指标和定性指标。前者描述观测对象某方面量的大小,如长度、质量、温度等,各取值之间的不同是量的差异;后者描述观测对象某方面质的状况,如性别、职业、病情等,各取值之间的不同是质的差异。

距离的定义方法多种多样,但无论是何种定义,都要遵循一定的规则。设 d_{ij} 是样品 x_i 与 x_j 之间的距离,一般要求:

① $d_{ij} \geq 0$,且当 $x_i = x_j$ 时,$d_{ij} = 0$,即距离是一个非负数。

② $d_{ij} = d_{ji}$，距离函数具有对称性。

③ $d_{ij} \leqslant d_{ik} + d_{jk}$，空间中对象 i 到对象 j 的直接距离不会大于途径其他对象的距离。

特殊情形下，所定义的距离满足前两条规则，但不满足第三条规则，此距离称为广义距离。

不同类型的指标在定义距离时差异很大，实际应用中，一般处理的是定量数据的聚类分析问题，所以这里先介绍一下定量指标的距离定义方法。

(1)闵科夫斯基距离

计算公式为

$$d_{ij}(q) = \left[\sum_{t=1}^{m} | x_{it} - x_{jt} |^{q} \right]^{1/q} (i、j = 1, 2, \cdots, n) \tag{14-19}$$

式中，$q = 1$ 时，$d_{ij}(1) = \sum_{t=1}^{m} | x_{it} - x_{jt} |$，称为绝对值距离；$q = 2$ 时，$d_{ij}(2) = \sqrt{\sum_{t=1}^{m} | x_{it} - x_{jt} |^{2}}$，称为欧氏距离；$q \to +\infty$ 时，$d_{ij}(+\infty) = \max_{1 \leqslant t \leqslant m} | x_{it} - x_{jt} |$，称为切比雪夫距离。

闵科夫斯基距离定义简明，计算简便，应用很广，尤其是其中的欧氏距离，是人们使用最多的距离。但闵科夫斯基距离也存在着一定的局限性：其一，其值与各指标的量纲有关，即该距离的值依赖于各指标计量单位的选择，当各指标测量值悬殊时，使用闵科夫斯基距离并不合适，常需先对数据进行标准化变换，然后用标准化变换后的数据计算闵科夫斯基距离；其二，没有考虑指标间的相关性，该距离将各指标均等看待，将两样品在各指标上的测量值的离差进行简单的综合。

(2)兰氏距离

由兰斯和威廉姆斯最早提出。其计算公式为

$$d_{ij}(L) = \frac{1}{m} \sum_{t=1}^{m} \frac{| x_{it} - x_{jt} |}{x_{it} + x_{jt}} (i、j = 1, 2, \cdots, n) \tag{14-20}$$

兰氏距离适用于一切 $x_{it} \geqslant 0 (i = 1, 2, \cdots, n; t = 1, 2, \cdots, m)$ 的情况。此距离进行了自身标准化，对大的奇异值不敏感，适合于高度偏倚的数据。另外，它虽克服了量纲的影响，但仍没有考虑指标间的相关性。

(3)马氏距离

又称广义欧氏距离，由印度统计学家马哈拉诺比斯于 1936 年提出。其计算公式为

$$d_{ij}^2(M) = (\boldsymbol{X}_i - \boldsymbol{X}_j)' \boldsymbol{\Sigma}^{-1} (\boldsymbol{X}_i - \boldsymbol{X}_j) \tag{14-21}$$

式中，$\boldsymbol{X}_i$ 为第 i 个样品 m 个指标组成的观测向量；$\boldsymbol{X}_j$ 与之类似；$\boldsymbol{\Sigma}$ 为观测变量之间的协方差阵。马氏距离不但考虑了观测指标量纲的不同，也考虑了指标间的相关性，但在聚类分析前，需计算协方差阵。若以全部数据的协差阵来计算马氏距离，效果不是很好，因为同类间样品的马氏距离最好以所在类的协差阵来计算，但类的形成又依赖于样品间距离的计算，故而形成了一个恶性循环。因此，实际应用时效果并不理想。

(4)斜交空间距离

由于指标间往往存在着不等的相关性，以正交空间距离来表示的样品间距离易发生变形，故有人提出了斜交空间距离。其计算公式为

$$d_{ij} = \left[\frac{1}{m^2} \sum_{t=1}^{m} \sum_{k=1}^{m} (x_{it} - x_{jt})(x_{ik} - x_{jk}) r_{tk} \right]^{1/2} \tag{14-22}$$

式中，r_{tk} 为指标 t 和指标 k 之间的相关系数。此距离考虑了指标间的相关性，设计较为合理，但计算量大，实际应用不多见。

以上介绍的都是定量指标的距离定义方法，下面简要介绍一种定性指标的距离定义方法。

4. 系统聚类法计算原理

系统聚类法的基本思想是：设有 n 个样品，每个样品有 m 个指标；先定义样品间距离和类间距离，初始时将 n 个样品看成 n 类，此时类间距离与样品间距离是等价的；然后将距离最近的两类合并成新类，并计算新类与其他类的类间距离，再按最小距离准则合并类，逐步合并，直到所有样品合并成一类。具体分析时，可按照如下步骤进行：

① 对数据进行适当的变换，并选择合适的样品间距离的定义方法和类间距离的定义方法。

② 将每个样品各自聚为一类，构造 n 个类。

③ 根据所确定的样品间距离公式，计算样品间的两两间距。

④ 把距离最近的两个样品归为一类，其他样品仍独立成类，此时共聚成 $n-1$ 类。

⑤ 计算新类与其他各类间的距离，将距离最近的两类合并成一类，此时，聚成 $n-2$ 类。依此类推，直至所有样品聚为 1 类。

⑥ 绘制谱系聚类图或根据专业知识、有关统计量确定类的个数及各类中包含的样品，并对类作出合理的解释。

类间距离的不同定义，就产生了不同形式的系统聚类方法。常用的类间距离定义有 8 种，对应产生了 8 种系统聚类方法，分别是最短距离法、最长距离法、中间距离法、重心法、类平均法、可变类平均法、可变法和离差平方和法。8 种方法的聚类步骤一致，主要区别在于类间距离的计算方法不同，下面逐一进行介绍。

（1）最短距离法

类与类之间的距离定义为两类中相距最近的样品之间的距离。设有类 G_p 和类 G_q，则两类间的距离 D_{pq} 定义为

$$D_{pq} = \min_{i \in G_p, j \in G_q} d_{ij} \tag{14-23}$$

图 14-1 可形象地展示最短距离法的基本思想。1 类中包含 A 和 B 两个样品，2 类中包含 C 和 D 两个样品，两类间样品 B 和样品 C 距离最近，则它们之间的距离即为 1 类和 2 类之间的距离。

若类 G_p 和类 G_q 合并成新类 G_r，则类 G_r 与另一类 G_k 之间的距离递推公式为

$$D_{rk} = \min_{i \in G_r, j \in G_k} d_{ij} = \min \{ D_{pk}, D_{qk} \}$$

（2）最长距离法

类与类之间的距离定义为两类中相距最远的样品之间的距离。设有类 G_p 和类 G_q，则两类间的距离 D_{pq} 定义为

$$D_{pq} = \max_{i \in G_p, j \in G_q} d_{ij} \tag{14-24}$$

图 14-2 可形象地展示最长距离法的基本思想。1 类中包含 A 和 B 两个样品，2 类中包含 C 和 D 两个样品，两类间样品 A 和样品 D 距离最远，则它们之间的距离即为 1 类和 2 类之间的距离。

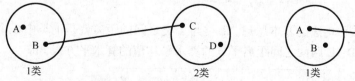

图 14-1　最短距离法的基本思想

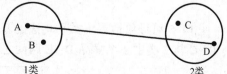

图 14-2　最长距离法的基本思想

若类 G_p 和类 G_q 合并成新类 G_r，则类 G_r 与另一类 G_k 之间的距离递推公式为

$$D_{rk} = \max_{i \in G_r, j \in G_k} d_{ij} = \max\{D_{pk}, D_{qk}\}$$
(14-25)

（3）中间距离法

类与类之间的距离定义为介于最远距离和最近距离之间的距离。图 14-3 可形象地展示中间距离法的基本思想。D_{pk} 是类 G_k 与类 G_r 之间的最短距离，D_{qk} 是类 G_k 与类 G_r 之间的最长距离，而 D_{rk} 则是两类之间的中间距离。

若类 G_p 和类 G_q 合并成新类 G_r，则类 G_r 与另一类 G_k 之间的距离递推公式为

$$D_{rk}^2 = \frac{1}{2}D_{pk}^2 + \frac{1}{2}D_{qk}^2 + \beta D_{pq}^2 \left(-\frac{1}{4} \leqslant \beta \leqslant 0\right)$$
(14-26)

当 $\beta = -1/4$ 时，以上距离等于三角形 $G_p G_q G_k$ 中，顶点 G_k 与线段 $G_p G_q$ 的中点连接而成的中线长度。

（4）重心法

类与类之间的距离定义为两类重心间的距离。图 14-4 可形象地展示重心法的基本思想。1 类与 2 类之间的距离就是 1 类中 3 个样品 A、B、C 组成的三角形的重心与 2 类中 2 个样品 D、E 组成的线段的重心（即中点）之间的距离。

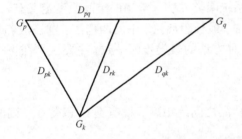
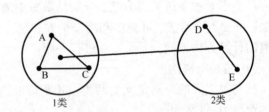

图 14-3　中间距离法的基本思想　　　　图 14-4　重心法的基本思想

若类 G_p 和类 G_q 合并成新类 G_r，则类 G_r 与另一类 G_k 之间的距离（样品间的距离为欧氏距离）递推公式为

$$D_{rk}^2 = \frac{n_p}{n_r}D_{pk}^2 + \frac{n_q}{n_r}D_{qk}^2 - \frac{n_p}{n_r}\frac{n_q}{n_r}D_{pq}^2$$
(14-27)

式中，n_p、n_q 和 n_r 分别表示类 G_p、类 G_q 和类 G_r 所包含的样品数。当 $n_p = n_q$ 时，此距离等同于 $\beta = -1/4$ 时的中间距离法。

（5）类平均法

类与类之间的距离平方定义为两类中样品两两之间距离平方的均值。设有类 G_p 和类 G_q，则两类间距离 D_{pq} 的平方定义为

$$D_{pq}^2 = \frac{1}{n_p n_q} \sum_{x_i \in G_p} \sum_{x_j \in G_q} d_{ij}^2$$
(14-28)

图 14-5 可形象地展示类平均法的基本思想。1 类与 2 类之间的距离就是 1 类中 3 个样品 A、B、C 与 2 类中 2 个样品 D、E 两两之间距离平方的算术平均值的算术平方根，即

$$D_{12} = \sqrt{\frac{1}{6}(d_{AD}^2 + d_{AE}^2 + d_{BD}^2 + d_{BE}^2 + d_{CD}^2 + d_{CE}^2)}$$

若类 G_p 和类 G_q 合并成新类 G_r，则类 G_r 与另一类 G_k 之间的距离递推公式为

$$D_{rk}^2 = \frac{1}{n_r n_k} \sum_{i \in G_r} \sum_{j \in G_s} d_{ij}^2 = \frac{n_p}{n_r} D_{pk}^2 + \frac{n_q}{n_r} D_{qk}^2 \qquad (14\text{-}29)$$

实践表明，类平均法是一种适用范围广泛、聚类效果较好的方法。

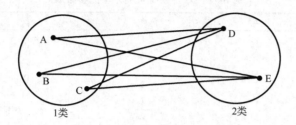

图 14-5　类平均法的基本思想

（6）可变类平均法

计算新类与其他类的距离时，类平均法没有反映出构成新类的两个原始类的类间距离的影响，可变类平均法对其进行了修改。若类 G_p 和类 G_q 合并成新类 G_r，则类 G_r 与另一类 G_k 之间的距离递推公式为

$$D_{rk}^2 = (1 - \beta)\left(\frac{n_p}{n_r} D_{pk}^2 + \frac{n_q}{n_r} D_{qk}^2 \right) + \beta D_{pq}^2 \qquad (14\text{-}30)$$

β 是可变的，且一般小于 1。可变类平均法的聚类效果与 β 的选择关系极大，实际使用时常取负数。

（7）可变法

若类 G_p 和类 G_q 合并成新类 G_r，则类 G_r 与另一类 G_k 之间的距离递推公式为

$$D_{rk}^2 = \frac{1 - \beta}{2}(D_{pk}^2 + D_{qk}^2) + \beta D_{pq}^2 \qquad (14\text{-}31)$$

SAS 软件 CLUSTER 过程默认此法中 $\beta = -1/4$。此外，CLUSTER 过程还给出了另一种方法，相当于使用 $\beta = 0$ 时的可变法，称为 McQuitty 相似分析法，其公式为

$$D_{rk}^2 = (D_{pk}^2 + D_{qk}^2)/2 \qquad (14\text{-}32)$$

（8）离差平方和法

由 Ward 于 1963 年提出。此法基于方差分析思想，如果类分得合适，则同类样品间的离差平方和应较小，而不同类样品间的离差平方和则应较大。

此法的基本步骤是先将 n 个样品各自分为一类，然后每次选择使类内离差平方和之和增加最小的两类合并，依此类推，直至所有样品合并为一类。

若类 G_p 和类 G_q 合并成新类 G_r，则类 G_r 与另一类 G_k 之间的距离（样品间距离为欧氏距离）递推公式为

$$D_{rk}^2 = \frac{n_p + n_k}{n_r + n_k} D_{pk}^2 + \frac{n_q + n_k}{n_r + n_k} D_{qk}^2 - \frac{n_k}{n_r + n_k} D_{pq}^2 \qquad (14\text{-}33)$$

此法应用较为广泛，分类效果较好，但只能得到局部最优解，有待进一步研究。

兰斯和威廉姆斯于 1967 年将这 8 种方法统一起来，公式如下：

$$D_{rk}^2 = \alpha_p D_{pk}^2 + \alpha_q D_{qk}^2 + \beta D_{pq}^2 + \gamma \mid D_{pk}^2 - D_{qk}^2 \mid \tag{14-34}$$

式中，α_p、α_q、β 和 γ 均为参数，不同的方法对应于不同的参数取值，具体见表 14-2。

表 14-2　八种系统聚类方法的参数表

方　　法	α_p	α_q	β	γ
最短距离法	$\dfrac{1}{2}$	$\dfrac{1}{2}$	0	$-\dfrac{1}{2}$
最长距离法	$\dfrac{1}{2}$	$\dfrac{1}{2}$	0	$\dfrac{1}{2}$
中间距离法 *	$\dfrac{1}{2}$	$\dfrac{1}{2}$	$-\dfrac{1}{4} \leqslant \beta \leqslant 0$	0
重心法 *	$\dfrac{n_p}{n_r}$	$\dfrac{n_q}{n_r}$	$-\alpha_p \alpha_q$	0
类平均法	$\dfrac{n_p}{n_r}$	$\dfrac{n_q}{n_r}$	0	0
可变类平均法	$\dfrac{n_p}{n_r}(1-\beta)$	$\dfrac{n_q}{n_r}(1-\beta)$	<1	0
可变法	$\dfrac{1-\beta}{2}$	$\dfrac{1-\beta}{2}$	<1	0
离差平方和法 *	$\dfrac{n_p + n_k}{n_r + n_k}$	$\dfrac{n_q + n_k}{n_r + n_k}$	$-\dfrac{n_k}{n_r + n_k}$	0

注：右上角标有"＊"的方法要求样品间的距离为欧氏距离。

除此之外，SAS 软件 CLUSTER 过程还提供了另外 3 种系统聚类方法，分别如下。

（9）密度估计法

这是一组使用非参数概率密度估计的聚类方法，包括 3 种密度估计方法：k 近邻法、均匀核法和 Wong 混合法。实际使用时，可分别在使用"method = density"选项的基础上，加用"k = "、"r = "或"hybrid"之一来实现。

（10）两阶段密度估计法

此法是对密度法的一种修正。实际使用时，可分别在使用"method = twostage"选项的基础上，加用"k = "、"r = "或"hybrid"之一来实现。

（11）最大似然谱系聚类法

此法与 Ward 离差平方和法相似，但倾向于生成样本含量大小不等的类。使用时，可指定选项"method = eml"。为调整最大似然谱系聚类法这种倾向的程度，可加用选项"penalty = "。SAS 软件用最大似然谱系聚类法时，运行的速度要比 CLUSTER 过程中其他方法慢很多。

5. 动态聚类法计算原理

系统聚类时，样品一旦归入某一类就不再变动了，这要求分类方法要较为准确。另外，还需计算距离阵等，对于大样本数据，计算量非常大，可能会导致系统聚类法无法进行下去。此时，可考虑使用动态聚类法。

动态聚类法适用于大型数据，它借鉴计算方法中的迭代思想，先给出一个粗糙的初始分类，然后按某种原则进行修改，直至分类比较合理或达到人为规定的调整次数为止。为了得到初始分类，有时需选择一些凝聚点，使样品按某种原则向凝聚点凝聚。其聚类过程如图 14-6 所示。

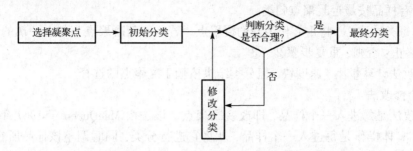

图 14-6　动态聚类法聚类过程示意图

下面结合图 14-6，依次介绍凝聚点的选择方法、初始分类的确定方法和分类的修改方法。

（1）凝聚点的选择

所谓凝聚点就是一批有代表性的点，是欲形成类的中心。凝聚点的选择可以人为地选择，也可以根据某种标准来确定，常用方法有以下几种。

① 经验选择法：根据对问题的已有了解及相关经验，预先确定分类个数和大致分类，并从每一类中选择一个有代表性的样品作为凝聚点。

② 人为分类法：人为地将样品分成 k 类，计算每一类的重心作为凝聚点。

③ 密度法：先人为地定两个正数 d_1 和 d_2（$d_2 > d_1$），以每个样品点为球心，以 d_1 为半径，落在这个球内的样品数（不包括球心的样品）就叫作这个点的密度。首先选择具有最大密度的样品点作为第一凝聚点，然后考察次大密度的样品点，它和第一凝聚点的距离如果小于 d_2，该点取消；如大于 d_2，该点作为第二凝聚点。如此按照样品的密度大小依次选下去，每次和已选的任一凝聚点的距离均不小于 d_2 的样品作为新的凝聚点。常取 $d_2 = 2d_1$。

④ 人为选定一个正数 d，计算全部样品的均值作为第一凝聚点，然后依次输入样品，若样品与已定的凝聚点距离均大于 d，则该样品作为新的凝聚点，否则输入下一样品。

⑤ 样品数较大时，也可随机抽取部分样品，用某种方法（如系统聚类法）进行聚类，以各类的重心作为凝聚点。

（2）初始分类的确定

得到凝聚点后，可进行初始分类。当然，初始分类不一定必须通过凝聚点获得。以下是几种常用的确定初始分类的方法。

① 定义样品间距离，每个样品按最近凝聚点归类。

② 选择一批凝聚点，每个凝聚点自成一类，样品依次进入，每个样品划入最近凝聚点所在的类。重新计算该类的重心，以此重心代替原凝聚点，然后进入下一个样品，依此类推。

初始分类一般不是非常合适的分类，还需要进行修改和调整。以修改分类的原则不同，可将动态聚类法分为逐批修改法和逐个修改法。

（3）逐批修改法

逐批修改法是样品全部归类后，才改变凝聚点。具体操作是所有样品按最近凝聚点分类后，一次调整所有类的重心，其特点是每次类重心的计算都是在所有类形成之后。基本步骤如下：

① 选择一批凝聚点，并定义样品间的距离。

② 将所有样品按最近凝聚点归类。

③ 计算每类的重心，将重心作为新的凝聚点。若所有新凝聚点都与上一次的老凝聚点重合，则聚类终止；否则，重复步骤②、③。

逐批修改法计算量小、速度快，但分类结果依赖于凝聚点的选择。

（4）逐个修改法

逐个修改法是每进入一个样品，即改变凝聚点。该法由 MacQueen 于 1967 年提出，又称 k-means 法。具体操作是每进入一个样品，就将它进行分类，同时调整该样品所在类的重心。其特点是每次类重心的计算都是在当前类形成之后。基本步骤如下：

① 人为选定分类数目 k，取前 k 个样品作为凝聚点。

② 将剩余 $n-k$ 个样品依次进入，每进入一个样品，将它归入最近凝聚点的那一类，随即计算该类重心，以此重心代替原凝聚点。

③ 将全部 n 个样品再从始至终输入一遍，每进入一个样品，将它归入最近凝聚点的那一类，重新计算该类重心，以此重心代替原凝聚点。

④ 若 n 个样品通过后，所分的类与原来的分类没有区别，则分类停止；否则，重复第③步。

逐个修改法不止一种，以上介绍的这种方法计算简单，分类迅速，但由于人为地规定了分类数目 k，若定得不合适反而影响分类效果。故对其进行改进，使分类过程中类的个数可以根据情况而有所变化，太近的类可以合并，太远的样品则分离出来产生新类。基本步骤如下：

① 设定 3 个参数：k（初定的凝聚点数）、c（类间距离最小值）、R（类内距离最大值）。

② 取前 k 个样品作为凝聚点，计算这 k 个凝聚点两两之间的距离，如最小的距离小于 c，则将相应的两凝聚点合并，以这两点的重心作为新凝聚点。重复本步骤，直到所有凝聚点之间的距离均大于等于 c 为止。

③ 将剩余 $n-k$ 个样品依次进入，每进入一个样品，计算该样品与所有凝聚点的距离。若该样品与其他凝聚点的距离均大于 R，则该样品作为新的凝聚点；否则，该样品归入最近凝聚点所在的类，随即重新计算该类的重心，以此重心作为新的凝聚点。重新验证凝聚点之间的距离，如有凝聚点间距离小于 c 的，则按第②步的办法将相应类进行合并，直至所有凝聚点之间的距离大于等于 c 为止。

④ 将所有样品从头至尾再逐个输入，用第③步的办法进行归类。但与第③步又稍有区别，不同之处在于：某样品进入后，若分类与原来一致，则不必重新计算重心；如有分类与原来不同，则所涉及的两类重心均需要重新计算。

⑤ 若新的分类与前一次相同，则聚类过程停止，否则重复第④步。

逐个修改法的分类结果与样品归类的次序有关，所以开始时选择的凝聚点最好是有代表性的点，而不是简单的取前 k 个样品，这样聚类效果更合理一些。

14.2.5　CLUSTER 过程等简介

在 SAS 系统里，进行聚类分析时常用的过程主要有 CLUSTER、FASTCLUS、TREE 等。

1. 用 SAS 实现聚类分析的数据结构

SAS 聚类分析的过程能对数据集中的观测或变量进行分类，其方法主要有系统聚类和互斥聚类，但是它要求所分析数据集中的数据必须是数值型的。

用于样品聚类的数据通常以距离或原始数据的形式录入。通常情况下，常使用原始数据作为 SAS 的多变量数据集。

2. CLUSTER 过程

CLUSTER 过程主要是对样品进行系统聚类，SAS 目前有 11 种系统聚类的方法可用来对样品进行聚类，分别是类平均法（AVE）、重心法（CEN）、最长距离法（COM）、密度估计法（DEN）、最大似然法（EML）、可变法（FLE）、McQuitty 相似分析法（MCQ）、中间距离法（MEDIAN）、最短距离法（SIN）、二阶段密度法（TWO）、离差平方和法（WAR）。在进行数据录入时，其数据的形式可以是以原始数据构成的数据集，也可以是各样品间的距离值。并可以产生一个输出数据集，TREE 过程可以利用该数据集绘制出聚类图。CLUSTER 过程一般采用欧氏距离进行聚类，如果不想用欧氏距离进行聚类，则可以先用 DISTANCE 过程计算所选用的距离。并且在输出结果中，CLUSTER 过程将会把每一步聚类的过程显示出来。

CLUSTER 过程的语法如下：

```
PROC CLUSTERMETHOD = name < options > ;
BYvariables ;
COPYvariables ;
FREQvariable ;
IDvariable ;
RMSSTDvariable ;
VARvariables ;
```

PROC CLUSTER 语句后有很多选项，其中"METHOD ="最为重要，它是指明进行系统聚类的具体方法。例如，"METHOD = WAR"是指要采用离差平方和法进行聚类；"DATA ="是指明所要进行处理的数据集；"OUTTREE = <数据集名称>"是将系统聚类的分析结果存入一个适当的数据集中，以便用 TREE 过程制作树形图。

BY 语句可将数据集按照它所指的变量分成几个小的数据集，然后对每个小的数据集分别执行系统聚类分析。在使用时，数据集内的数据必须先按照 BY 语句后的变量名，用 PROC SORT 过程进行排序。

COPY 语句是将数据集中的变量复制到输出数据集中（OUTTREE = <数据集名称>所指定的数据集名称）。

FREQ 语句后的变量的值应为正整数，它表示样品重复出现的次数，CLUSTER 过程将根据这些值自动将数据集中的每一个变量进行重复计算。

ID 语句是将数据集中的样品进行编号以便于识别，如果省略 ID 语句，则 SAS 自动将各样品进行编号，以 OBn（n 值等于观测样品的序号）表示。

RMSSTD 语句可以对聚类的每一步计算精确的统计量，但是它对数据集有一定的要求。第一，数据集中的坐标数据代表类的均值，且数据集中需包含两个变量：表示每类中原始观测数目的变量和表示每类方均根标准差的变量；第二，要选用类平均法、重心法及离差平方和法时才可使用。在使用时，RMSSTD 语句要与 FREQ 语句联用。

VAR 语句是指出数据集中用来进行聚类分析的变量名称。如果省略，则 SAS 会自动对其他语句中使用过的所有数值变量进行聚类分析。

值得注意的是，通常在一个 CLUSTER 过程中，只含 PROC CLUSTER 及 VAR 就可以了，其他语句均可以省略。

在使用 CLUSTER 过程对数据进行聚类分析时，如果数据中有缺失值，当输入数据集是原始数据时，则将缺失数据所在的观测完全从分析中剔除；当输入数据集是欧氏距离时，将中断分析，也就是说，在以欧氏距离作为录入数据时，不能有缺失数据。

在实际应用时，为了达到较好的聚类效果，通常采用两种以上的聚类方法来进行样品聚类，这样可以参考比较分析结果，从而得到较客观的结论。

3. FASTCLUS 过程

FASTCLUS 过程主要是对数据进行互斥式聚类的过程，又称不重叠式聚类法。此聚类方法与系统聚类不同，它所生成的类全是互相排斥的，也就是说，每个数据点只隶属于一个类，所以不能用互斥聚类法输出的结果画树形图。该方法只适合用来分析大型的数据集，即输入的数据集中有成百上千，甚至 10 万个以上的观测。如果数据集中的观测少于 100，那么该法将会受到数据排列先后顺序的影响，从而产生不可靠的结果。FASTCLUS 过程的主要特点便是只要经过两三次的检验便可以找出数据集的大概结构，这大大提高了聚类的速度。

FASTCLUS 过程的语法如下：

```
PROC FASTCLUS < DATA = SAS-data-set > < MAXCLUSTERS = n > < RADIUS = t > ;
VARvariables ;
IDvariables ;
FREQvariable ;
WEIGHTvariable ;
BYvariables ;
```

PROC FASTCLUS 后的选项可分为四大类，第一类是与输入和输出数据集有关；第二类选项是用来控制类中心点的初选；第三类选项是用来控制类中心点的最后决定；第四类是其他一些选项。下面对常用的选项进行简要介绍。

① "DATA = "是指明要进行聚类分析的数据集的名称。PROC FASTCLUS 过程所分析的数据集只能是原始数据或坐标数据。

② "OUT = "是指明输出数据集的名称。此数据集中包括所有输入数据集中的变量，另外还增加了 "CLUSTER" 和 "DISTANCE" 两个新变量。

③ "MAXCLUSTERS = "是指明所要分的类的最大数目，其后为必须为正整数，若省略此选项，则有 SAS 自动假设所要分的类的数目的最大值是 100。

④ "RADIUS = "是设定一个距离以供 SAS 选择新的中心点，选项为正实数。当一个观测距原中心点的最近距离超过 "RADIUS = " 所定的值时，此观测便有机会成为一个新的中心点。RADIUS 的默认值为 0，若使用 "REPLACE = RANDOM" 选项，则 "RADIUS" 选项不会产生任何作用。

⑤ "MAXITER = "用来决定重复计算类中心点的次数，其后必须为正整数，默认值为 1。在每次重复计算的过程中，每个观测将会被归纳到最邻近的中心点所在的类中。类的中心点的值也将会因新的观测的纳入而重新计算，它永远是类内各数据的平均值。

VAR 语句后是指明需要进行互斥聚类分析的变量名称。

ID 语句后的变量可以是数值型的，也可以是字符型的，主要是用来鉴别数据集中不同的观测。

FREQ 语句后的变量是正整数，代表每个观测在数据集中重复出现的次数，用此语句可以节省录入数据的时间。

WEIGHT 语句后的变量是一个加权变量，它代表每个观测的权重，其值为正有理数。该变量决定各观测在聚类分析中的不同权重，这样会对类的平均数的计算产生影响。

BY 语句可将数据集按照它所指的变量分成几个小的数据集，然后对每个小的数据集分别执行互斥聚类分析。在使用时，数据集内的数据必须先按照 BY 语句后的变量名，用 PROC SORT 过程对其进行排序。

在 PROC FASTCLUS 过程中，如果数据集中的数据有缺失值，该过程将会剔除完全没有数据的观测，那些有部分缺失数据的观测将不能成为所生成类的中心点。如果在该过程中使用"NOMISS"选项，那么只要是数据不完整的观测都将被剔除。

4. TREE 过程

TREE 过程主要是用于绘制聚类分析的树形图。其绘制树形图的数据一般是由 PROC CLUSTER 或 PROC VARCLUS 中的"OUTTREE = 数据集名称"提供。其输出结果则为聚类的树形图。

TREE 过程的语法如下：

```
PROC TREE < options >;
NAMEvariables ;
HEIGHTvariable ;
PARENTvariables ;
BYvariables ;
COPYvariables ;
FREQvariable ;
IDvariable ;
```

PROC TREE 后有很多选项，其中最常用的有"DATA = "、"SPACE = "、"PAGES = "、"POS = "等。

① "DATA = "选项是指明绘制树形图时所使用的数据集。一般是由 PROC CLUSTER 或 PROC VARCLUS 中的"OUTTREE = 数据集名称"提供的。

② "SPACES = "选项后为正整数，它指明在树形图上节点与节点之间的空隙。

③ "PAGES = "选项后为正整数，它确定整个树形图的大小，即由树根到树叶的长度，此长度以计算机报表纸的页数表示。

④ "POS = "选项后为正整数，它用来确定树形图上纵轴参考点的总个数。

⑤ "HORIZONTAL"选项的作用是使绘制的树形图将会横向显示出来，即树节点会在横轴上，数据集中的变量则显示在纵轴上。如果树形图的长度超过一页的计算机报表纸时，为了能更好地显示树形图，可使用该选项。

NAME 语句后为变量名称，其作用是为树形图中的树节点命名。它与下面的 PARENT 变量共同决定树形图的结构。如果省略此语句，SAS 会在数据集中自动寻找_NAME_变量来代替。如果在数据集中没有_NAME_变量，则 SAS 将会发出错误信息，并停止执行该过程。

PARENT 语句后为变量名称，其作用是为树形图中的树节点所属的类命名。在使用中应注意，该变量名的长度应与 NAME 语句后所指的变量的长度相等。如果省略此语句，SAS 会在数据集中自动寻找_PARENT_变量来代替。如果在数据集中没有_PARENT_变量，则 SAS 将会发出错误信息，并停止执行该过程。

ID 语句后为变量名称，它是用来识别树形图上树叶。ID 后的变量可以是一个英文字母，也可以是一个任意长度的数字。如果省略此项，则 SAS 将以 NAME 语句后的变量或数据集中的_NAME_变量来代替。

14.3　无序样品聚类分析的应用

14.3.1　SAS 程序

对于例 14-1，要对这 39 个城市进行分类，可采取系统聚类分析法中的多种方法进行分类，其 SAS 程序如下（程序名为 SASTJFX14_1. SAS）：

```
data sastjfx14_1;
  length city $16;
  infile 'D:\SASTJFX\SASTJFX14_1.txt' delimiter = ',';
  input city SO2 temperature factories population windspeed rain rainydays;
run;
ods html;
proc cluster data = sastjfx14_1 method = complete simple ccc pseudo std outtree
= cluster;
  var temperature--rainydays;  id city;  copy SO2;
run;
proc tree horizontal;
run;
ods html close;
```

以上是使用最长距离法（method = complete）对数据进行分类，在 SAS 中用系统聚类法对样品进行聚类时提供了 11 种不同的聚类形式（即距离的定义方法不同），指定的方法是在"METHOD ="后面填入一个相应的选择项，这些选项包括类平均法（AVE）、重心法（CEN）、最长距离法（COM）、密度估计法（DEN）、最大似然法（EML）、可变法（FLE）、McQuitty 相似分析法（MCQ）、中间距离法（MEDIAN）、最短距离法（SIN）、二阶段密度法（TWO）和离差平方和法（WAR）。

不同的聚类形式之间的主要区别在于，计算新类与其他类之间的距离的递推公式不同，一旦任何两类之间的距离算出来后，仍按距离最小者先合并。用不同的聚类形式对同一个资料进行聚类，其聚类结果不完全相同，需结合专业知识从各种聚类结果中选择最合适的。这 11 种方法所对应的递推公式从略，感兴趣的读者可参阅有关专著。

用模拟的方法对样品聚类的方法进行了比较，其结果为具有最好综合特性的聚类方法是类平均法和 WARD 最小方差法，最差的则为最短距离法。

"CCC"、"PSEUDO"选项是为了计算一些统计量用以判别全部样品究竟聚成几类合适。CCC 要求打印出类数目确定标准值的立方值（Cubic Clustering Criterion）及在一致无效假设下近似期望值 R^2，PSEUDO 要求打印伪 F（标志 PSF）和 t^2（标志 PST2）统计量。当分类数目不同时，它们就有不同的取值，CCC 和 PSF 出现峰值所对应的分类数较合适、PST2 出现峰值的前一行所对应的分类数较合适。

"outtree = cluster"是产生一个名为 cluster 的输出数据集，它可被 TREE 过程用来输出聚类结果的树状图。"copy SO2;"是将变量 SO2 复制到 cluster 数据集中，HORIZONTAL 要求将树状图水平放置，SPACES = 1 要求在树形图中各样品之间的间隔为 1。

根据程序 SASTJFX14_1 的输出结果(见 14.3.2 节中关于例 14-1 的输出结果及其分析)，可以认为将这 39 个城市分为 4 类比较合适。下面对这 4 类城市的 SO_2 进行比较，其 SAS 程序如下(程序名为 SASTJFX14_2.SAS)：

```
ods html;
proc cluster data = sastjfx14_1 method = WARD simple ccc pseudo std outtree =
ward;
var temperature--rainydays;  id city;  copy SO2;
run;
proc tree data = ward out = war n = 4 noprint;
  copy city SO2 temperature--rainydays;
run;
proc sort data = war;  by cluster;
run;
proc boxplot data = war;  symbol1 c = green v = '! ';  plot SO2 * cluster;
run;
proc glm data = war;  class cluster;  model SO2 = cluster;
  means cluster /bon;
run;
ods html close;
```

例 14-2 与例 14-1 不同，因为其样本量较大，为 893，如果仍用 CLUSTER 过程就需要计算很长时间。况且，在实际问题中，常希望将样品聚成较少的几类更有实用价值。此时，用 SAS 中提供的 FASTCLUS 过程能很好地将资料聚成 2 类或 3 类。程序会自动给每个样品加上所属类别的标记，于是可对每类样品进行进一步的分析。

将包含 10 个变量、893 个观测的资料录入后建立一个名为 data14_2.dat 的数据文件，存储在 D 盘 SASTJFX 目录下，SAS 程序如下(程序名为 SASTJFX14_3.SAS)：

```
DATA sastjfx14_3;
  INFILE 'd:\SASTJFX\data14_2.dat';
  INPUT AGE TJ SG XX XS TS CK BJ JJ BS;  id = _N_;
run;
ods html;
PROC FASTCLUS OUT = clust MAXC = 3 CLUSTER = C MAXITER = 8;
  VAR AGE TJ SG XX XS TS CK BJ JJ BS;  id id;
RUN;
DATA B1 B2 B3;
  SET clust;
  IF C = 1 THEN OUTPUT B1;  IF C = 2 THEN OUTPUT B2;  IF C = 3 THEN OUTPUT B3;
PROC PRINT DATA = B1;  PROC PRINT DATA = B2;  PROC PRINT DATA = B3;  RUN;
proc candisc data = Clust out = Can noprint;
  class c;  var AGE TJ SG XX XS TS CK BJ JJ BS;
  symbol1 c = green v = "!";  symbol2 c = black v = "@ ";  symbol3 c = red v = "#";
proc gplot data = Can;  plot can2 * can1 = c ;
run;
ods html close;
```

　　首先调用 FASTCLUS 过程对资料进行快速聚类，要求将那些在 10 个指标上尽可能接近的样品聚在同一类，共聚成 3 类（MAXC = 3）；分类的标志用 C 表示（CLUSTER = C），它的取值为 1～3；将聚类结果（含原始数据和分类标志）输出到数据集 clust 中去（OUT = clust）；MAX-ITER = 8 是指重新计算类重心的最大迭代次数为 8 次，其默认值为 1。

　　程序中从第 2 个 DATA 步到程序结束是产生 3 个数据集 B1、B2、B3，它们分别包含标志为 1、2、3 的样品，最后用 PRINT 过程将它们分别输出到 OUTPUT 窗口中（14.3.2 节中是部分结果），也可对数据集进行其他处理。

　　需要说明的是，由于 893 个样本中由 1 个样本数据不全，在进行典型相关分析时，将其视为了缺失数据，故程序运行后在日志窗口会有绿色警告信息。

14.3.2　主要分析结果及解释

　　以下是程序 SASTJFX14_1. SAS 输出的主要结果。

Variable	Mean	Std Dev	Skewness	Kurtosis	Bimodality
temperature	55. 5231	6. 9762	0. 9101	0. 7883	0. 4525
factories	395. 6	330. 9	1. 9288	5. 2670	0. 5541
population	538. 5	384. 0	1. 7536	4. 3781	0. 5341
windspeed	9. 5077	1. 3447	0. 3096	0. 2600	0. 3120
rain	37. 5908	11. 0356	− 0. 6498	1. 0217	0. 3328
rainydays	115. 7	23. 976	− 0. 1314	0. 3393	0. 2832

　　以上是数据集 sastjfx14_1 中参加聚类分析的 6 个变量的有关分布的统计量。其中，"Skewness"为偏度系数，"Kurtosis"为峰度系数，"Bimodality"为双峰指数。当双峰指数的值大于 0. 55 时，可以认为该变量的分布为双峰或者多峰的。因此，在数据集中变量 population 及 factories 的值接近 0. 55，表明这两个变量的分布是多峰或者双峰的。

	Eigenvalues of the Correlation Matrix			
	Eigenvalue	Difference	Proportion	Cumulative
1	2. 09248727	0. 45164599	0. 3487	0. 3487
2	1. 64084127	0. 36576347	0. 2735	0. 6222
3	1. 27507780	0. 48191759	0. 2125	0. 8347
4	0. 79316021	0. 67485359	0. 1322	0. 9669
5	0. 11830662	0. 03817979	0. 0197	0. 9866
6	0. 08012683		0. 0134	1. 0000

　　以上是用最长距离法进行样品聚类分析的结果，首先给出的是相关矩阵的特征值、两相邻特征值之差、各特征值占总方差的百分比、累计百分比。

		Cluster History								NormT
NCL	Clusters Joined		FREQ	SPRSQ	RSQ	ERSQ	CCC	PSF	PST2	Maxi Diste
38	Atlanta	Memphis	2	0. 0007	0. 999	.	.	40. 7	.	0. 1709
37	Jacksonville	New Orleans	2	0. 0008	0. 998	.	.	37	.	0. 1919
36	Des Moines	Omaha	2	0. 0009	0. 998	.	.	35. 2	.	0. 2023

35	Nashville	Richmond	2	0.0009	0.997	.	.	34.7	.	0.2041
34	Pittsburgh	Seattle	2	0.0013	0.995	.	.	32.5	.	0.236
33	Washington	Baltimore	2	0.0015	0.994	.	.	30.3	.	0.2577
32	Louisville	Columbus	2	0.0021	0.992	.	.	27.3	.	0.3005
31	CL33	Indianapolis	3	0.0024	0.989	.	.	24.8	1.6	0.3391
30	Minneapolis	Milwaukee	2	0.0032	0.986	.	.	22	.	0.3775
29	Hartford	Providence	2	0.0033	0.983	.	.	20.5	.	0.3791
28	Kansas City	St. Louis	2	0.0039	0.979	.	.	19	.	0.412
27	Little Rock	CL35	3	0.0043	0.975	.	.	17.8	4.5	0.4132
26	CL32	Cincinnati	3	0.0042	0.97	.	.	17.1	2	0.4186
25	Denver	Salt Lake City	2	0.004	0.967	.	.	16.8	.	0.4191
24	CL37	Miami	3	0.005	0.962	.	.	16.3	5.9	0.4217
23	Wilmington	Albany	2	0.0045	0.957	.	.	16.2	.	0.4438
22	CL31	CL28	5	0.0045	0.953	.	.	16.2	1.7	0.4882
21	CL38	Norfolk	3	0.0073	0.945	.	.	15.5	11	0.5171
20	CL36	Wichita	3	0.0086	0.937	.	.	14.8	9.2	0.5593
19	Dallas	Houston	2	0.0078	0.929	.	.	14.5	.	0.5861
18	CL29	CL23	4	0.0077	0.921	.	.	14.4	2	0.5936
17	CL25	Albuquerque	3	0.009	0.912	.	.	14.3	2.2	0.6291
16	CL30	Cleveland	3	0.01	0.902	.	.	14.2	3.1	0.6667
15	San Francisco	CL17	4	0.0089	0.893	.	.	14.4	1.4	0.6696
14	CL26	CL34	5	0.013	0.88	.	.	14.1	5.2	0.6935
13	CL27	CL21	6	0.0132	0.867	.	.	14.1	4	0.7053
12	CL16	Buffalo	4	0.0142	0.853	.	.	14.2	2.2	0.7463
11	Detroit	Philadelphia	2	0.0142	0.839	.	.	14.6	.	0.7914
10	CL18	CL14	9	0.02	0.819	.	.	14.5	3.9	0.8754
9	CL13	CL22	11	0.0354	0.783	.	.	13.5	8.2	0.938
8	CL10	Charleston	10	0.0198	0.763	.	.	14.3	2.8	1.0649
7	CL15	CL20	7	0.0562	0.707	0.731	-1.1	12.9	8.9	1.134
6	CL9	CL8	21	0.0537	0.653	0.692	-1.6	12.4	6.8	1.2268
5	CL24	CL19	5	0.0574	0.596	0.644	-1.9	12.5	12.7	1.2532
4	CL6	CL12	25	0.1199	0.476	0.58	-3.2	10.6	11.9	1.5542
3	CL4	CL5	30	0.1296	0.347	0.471	-3.2	9.5	8.6	1.8471
2	CL3	CL7	37	0.1722	0.174	0.296	-3	7.8	9.4	1.9209
1	CL2	CL11	39	0.1744	0	0	0	.	7.8	2.3861

以上结果中给出了 39 个样品依次聚成 38～1 类的结果。NCL 为聚类数；（Clusters Joined）为每次聚成一个新类的两个样品；FREQ 为新类中所含的样品数；SPRSQ 为半偏 R^2，它表示每次合并对信息的损失程度，看这一列的数值可知，合并类数在 4 类及其以下时，每减少 1 类，信息损失程度都很大，且在 2 类合并为 1 类时信息损失达到最大，为 0.1744。但在实际应用中，类数太少，反而没有多大的实际意义。依据经验，这里分为 4 类较为合适。RSQ 为 R^2，它反映的是累计聚类结果，上一次的 R^2 减去本次半偏 R^2 等于本次 R^2；ERSQ 为在一致无效假设下近似期望 R^2；再结合 CCC、PSF、PST2 这 3 个统计量的值，看看究竟分几类较合适。CCC 在 NCL=4 或 NCL=3 时达到唯一的峰值（峰值可以是高峰值，也可以是低峰值）-3.2。综合这些统计量的结果可知，将 39 个样品分为 4 类较合适。

图 14-7 所示是 TREE 过程绘制的树形图。从图中可以看出，这样分类不是十分理想。下面是用类平均法（AVE）和离差平方和法（WAR）绘制的树形图。在编程时，分别将"method ="选项改为"method = ave"、"method = war"即可。图形如图 14-8 和图 14-9 所示。

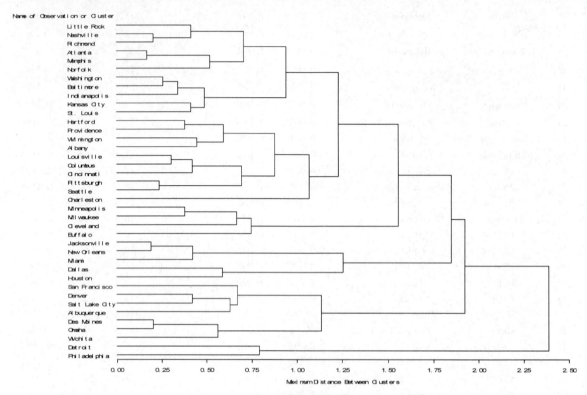

图 14-7　用最长距离法对 39 个城市分类的树形图

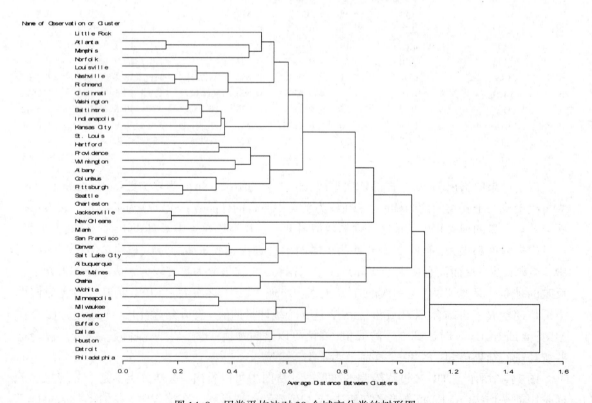

图 14-8　用类平均法对 39 个城市分类的树形图

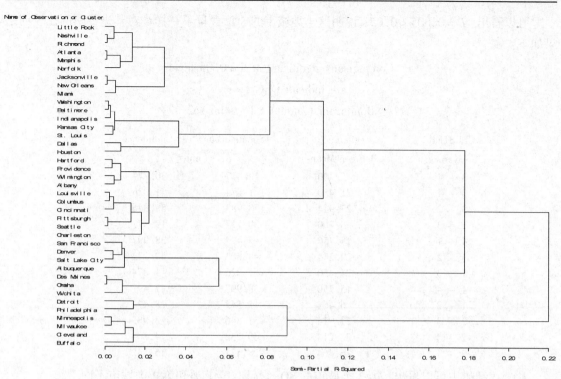

图 14-9　用离差平方和法对 39 个城市分类的树形图

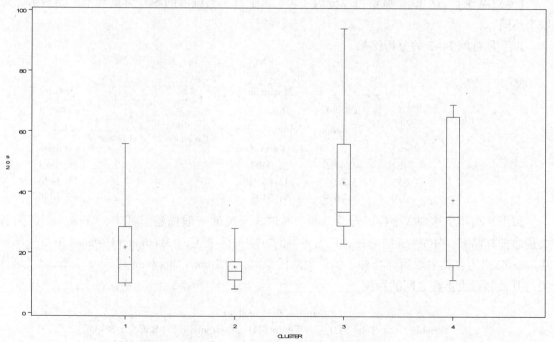

图 14-10　4 类城市空气中 SO_2 含量的箱式图

以下是程序 SASTJFX14_2. SAS 输出的主要结果：

从图 14-10 可以看出，这 4 类城市的 SO_2 含量不一样，对其进行方差分析的结果如下：

Source	DF	Type III SS	Mean Square	F Value	Pr > F
CLUSTER	3	4598.215018	1532.738339	5.08	0.0050

可以看出, $P=0.005<0.05$, 说明这 4 类城市的 SO_2 含量不一样。对其进行两两比较的结果如下:

Comparisons significant at the 0.05 level

are indicated by ***.

Bonferroni (Dunn) t Tests for so2

CLUSTER Comparison	Difference Between Means	Simultaneous 95% Confidence Limits		
3 - 4	5.700	-19.377	30.777	
3 - 1	21.450	1.874	41.026	***
3 - 2	27.914	3.983	51.846	***
4 - 3	-5.700	-30.777	19.377	
4 - 1	15.750	-7.497	38.997	
4 - 2	22.214	-4.803	49.232	
1 - 3	-21.450	-41.026	-1.874	***
1 - 4	-15.750	-38.997	7.497	
1 - 2	6.464	-15.542	28.471	
2 - 3	-27.914	-51.846	-3.983	***
2 - 4	-22.214	-49.232	4.803	
2 - 1	-6.464	-28.471	15.542	

从上述结果中可以看出, 第 3 类城市的 SO_2 含量与第 1 类和第 2 类城市不同。

【专业结论】　这 39 个城市可以分为 4 类, 其中第 3 类城市的 SO_2 含量与第 1 类和第 2 类城市不同。

以下是对例 14-2 的分析结果。

Cluster Summary

Cluster	Frequency	RMS Std Deviation	Maximum Distance from Seed to Observation	Radius Exceeded	Nearest Cluster	Distance Between Cluster Centroids
1	164	4.4986	28.9493		3	25.8993
2	359	3.8037	32.6610		3	15.1436
3	370	3.7649	54.9191		2	15.1436

以上是初步将这 893 个样品分为 3 类, 对这 3 个类的一般描述。其中, "Frequency" 为各类所含的样品数; "RMS Std Deviation" 为各类的方均根标准差; "Maximum Distance from Seed to Observation" 为各类中观测到类种子的最大欧氏距离; "Distance Between Cluster Centroids" 是该类与其最邻近类重心之间的距离。

Statistics for Variables

Variable	Total STD	Within STD	R-Square	RSQ/(1-RSQ)
AGE	13.44972	6.82587	0.743011	2.891210
TJ	3.83281	3.38134	0.223453	0.287752
SG	1.08501	1.02434	0.110705	0.124486
XX	4.98329	4.79347	0.076808	0.083198
XS	3.96141	3.86314	0.051135	0.053891
TS	1.64573	1.59808	0.059189	0.062912
CK	2.96104	2.79589	0.110436	0.124146

BJ	7.97057	5.58502	0.510112	1.041285
JJ	5.26539	3.75163	0.493473	0.974230
BS	1.39945	1.19637	0.270805	0.371376
OVER-ALL	5.84847	3.92497	0.550620	1.225290

以上是对参与聚类的各个变量的统计分析,"Total STD"为各变量的标准差,"Within STD"为各变量的类内标准差,"R-Square"为 R^2 统计量,"RSQ/(1-RSQ)"为类间方差与类内方差的比值。

Pseudo F Statistic =	545.25
Approximate Expected Over-All R-Squared =	0.50752
Cubic Clustering Criterion =	6.161

以上的 3 个统计量,即伪方差值、近似期望 R^2、CCC 标准,可以用来比较 PROC FAST-CLUS 在用不同的最大分类数"MAXCLUSTER ="的分类结果,从中选取合适的分类数目。

Obs	AGE	TJ	SG	XX	XS	TS	CK	BJ	JJ	BS	id	C	DISTANCE
1	16	17	9	14	5.14	4	9	54	35.32	3.92	1	1	20.1209
2	16	17	8	14	0.71	3	8	46	31.78	3.87	2	1	16.8633
3	18	12	8	14	3.57	5	11	46	30.66	3.30	3	1	15.1449

以上是用 PROC FASTCLUS 生成的数据集"clust"中的部分数据。其中,"C"为分类的标志,取值为 1~3;"id"为样品的编号;"DISTANCE"为样品到类中心的距离;"AGE-BS"为原始数据。

为了进一步了解分类的效果,可以用 CANDISC 和 GPLOT 过程对各类中的数据绘制散布图来表现各类数据的分布情况。首先用 CANDISC 过程对"clust"数据集进行典型判别,并生成数据集"can",程序中的"noprint"选项是在 output 窗口中压缩输出的内容;然后运用 GPLOT 过程对数据集"can"中的数据绘制散布图,如图 14-11 所示。

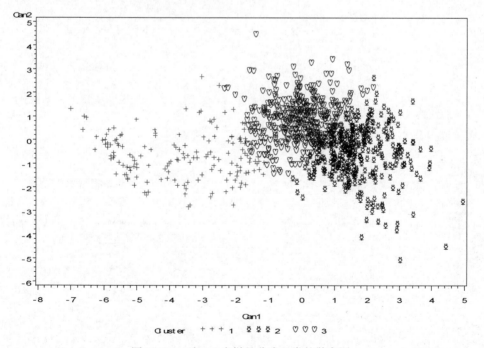

图 14-11　对 893 个样品分为 3 类的散布图

　　从图 14-11 中可以看出，对 893 个样品分成 3 类是比较合适的，典型判别中第 1 典型变量 "can1" 对分类起了主要的作用。

14.4　本 章 小 结

　　本章介绍了无序样品聚类分析的基本方法及计算步骤，列举了用 SAS 实现无序样品聚类分析的一些应用实例，并对其结果进行了解释。在应用中应正确掌握聚类分析的应用场合及数据结构，并要结合实际，多选几种聚类的方法，以便得到较好的效果。

（葛毅　高辉）

第 15 章 有序样品聚类分析

当一组样品受 $m(m \geqslant 2)$ 个定量指标(不含时间或固定顺序的变量)取值的影响时,若希望对样品进行分类,就需要采用一般样品聚类分析方法,通常依据任何两个样品在 m 个定量指标上的距离(有多种定义距离的方法)远近,将彼此接近的样品聚在一起。但是,当一组样品的特征指标与时间顺序密切相关时,样品的聚类只能在相邻的样品中进行,即只能按特定顺序去聚集样品,而不能改变样品原先的严格顺序,这样的样品聚类分析被称为有序样品聚类分析。本章将介绍有关的理论、方法和用 SAS 实现的具体应用。

15.1 问题与数据结构

15.1.1 实例

【例 15-1】 某医生想对女性青少年的生长发育进行合理分期,调查了 7~16 岁的女生身高平均增长量(cm),数据见表 15-1。试对她们的生长发育情况进行合理的分期。

【例 15-2】 某医生为了解儿童的生长发育规律,现统计了男孩从出生到 11 岁平均每年增长的体重(kg),数据见表 15-2。试对他们的生长发育情况进行合理的分期。

<table>
<tr><td colspan="3">表 15-1 某地 10 名 7~16 岁的女
生身高平均增长量(cm)</td></tr>
<tr><td>样品序号</td><td>年龄(岁)</td><td>身高增长量(cm)</td></tr>
<tr><td>1</td><td>7</td><td>3.19</td></tr>
<tr><td>2</td><td>8</td><td>5.36</td></tr>
<tr><td>3</td><td>9</td><td>4.58</td></tr>
<tr><td>4</td><td>10</td><td>5.39</td></tr>
<tr><td>5</td><td>11</td><td>4.97</td></tr>
<tr><td>6</td><td>12</td><td>4.93</td></tr>
<tr><td>7</td><td>13</td><td>4.67</td></tr>
<tr><td>8</td><td>14</td><td>2.41</td></tr>
<tr><td>9</td><td>15</td><td>1.64</td></tr>
<tr><td>10</td><td>16</td><td>0.35</td></tr>
</table>

<table>
<tr><td colspan="3">表 15-2 某地男孩从出生到 11 岁
平均每年增长的体重(kg)</td></tr>
<tr><td>样品序号</td><td>年龄(岁)</td><td>体重增长量(kg)</td></tr>
<tr><td>1</td><td>1</td><td>9.3</td></tr>
<tr><td>2</td><td>2</td><td>1.8</td></tr>
<tr><td>3</td><td>3</td><td>1.9</td></tr>
<tr><td>4</td><td>4</td><td>1.7</td></tr>
<tr><td>5</td><td>5</td><td>1.5</td></tr>
<tr><td>6</td><td>6</td><td>1.3</td></tr>
<tr><td>7</td><td>7</td><td>1.4</td></tr>
<tr><td>8</td><td>8</td><td>2.0</td></tr>
<tr><td>9</td><td>9</td><td>1.9</td></tr>
<tr><td>10</td><td>10</td><td>2.3</td></tr>
<tr><td>11</td><td>11</td><td>2.1</td></tr>
</table>

【例 15-3】 某地质工作者收集了某地层多个样品铀(U)的测定数据,其次序是按层位顺序排列的,数据见表 15-3。试对这些有序的地质样品进行合理的分组,使每组样品处在本质上相同的地质层面上。

表 15-3 某地层 20 个样品铀的测定数据($\times 10^{-6}$)

样品序号	层位序号	U($\times 10^{-6}$)	样品序号	层位序号	U($\times 10^{-6}$)
1	1	17	11	11	12
2	2	27	12	12	10
3	3	31	13	13	27
4	4	21	14	14	63

续表

样品序号	层位序号	U（×10^{-6}）	样品序号	层位序号	U（×10^{-6}）
5	5	28	15	15	12
6	6	46	16	16	16
7	7	12	17	17	46
8	8	12	18	18	9
9	9	114	19	19	6
10	10	17	20	20	6

15.1.2　对数据结构的分析

对于例 15-1，资料中仅涉及一个组，即 10 名 7~16 岁的女生，获得她们在各年龄上身高的年平均增长量数据，这两项数据均为定量的观测指标，所以该资料为单组设计二元定量资料。

例 15-2 与例 15-1 相似，区别在于观测的受试对象是男孩，观测的指标是年龄和体重的年平均增长量，该资料亦为单组设计二元定量资料。

对于例 15-3，资料中仅涉及一个组，即某地层的 20 个层位，并获得样品铀的测定数据。层位序号是一个有序变量，本质上为"空间中的前后或上下顺序"；铀量是一个定量的观测指标。

15.1.3　分析目的与统计分析方法的选择

目的一：事先不知道样品所属的类别，且没有历史依据来对样品进行分类，仅根据现有样品的数据将其分为若干类，分类时无须考虑样品间的顺序，可选用无序样品聚类。

目的二：事先不知道样品所属的类别，且没有历史依据来对样品进行分类，仅根据现有样品的数据将其分为若干类，分类时须考虑样品间的顺序，可选用有序样品聚类。

目的三：事先知道样品有哪几种可能的类型，需根据现有数据建立对新样品进行分门别类的依据或标准时，可采用判别分析。

15.2　有序样品聚类分析内容简介

15.2.1　概述

有序样品聚类，顾名思义就是样品按一定顺序排列，聚类时，只能在相邻样品中进行划分，而不能将不相邻的某些样品聚在同一类中。具体地说，假定有 10 个有序样品，它们按一定顺序排列后，在它们之间就有 9 个"间隔"，若希望将它们分成 3 类，则需要从 9 个间隔中选择 2 个间隔，分别插入"标记"，这样就把 10 个有序样品分成了 3 段。至于这 3 段中的每段分别包含几个样品，取决于划分的标准，即在什么意义下得到一种划分的结果。对有序样品聚类，常采用费歇最优解法。

15.2.2　有序样品聚类分析的基本概念

1. 何为有序样品聚类分析

有序样品聚类，顾名思义就是样品按一定顺序排列，聚类时不能根据其特征指标将不相邻的某些样品聚在同一类中，而只能在相邻样品中进行划分，即只能按特定顺序去聚集样品，而不能改变样品原先的严格顺序。设 X_1，X_2，$\cdots$，X_n 是一组有序的样品，X_i 是 m 维向量（$1 \le i \le n$，$m \ge 1$），要对这组样品进行分类，则每类必须是如下形式：

$$\{ X_i, X_{i+1}, X_{i+2}, \cdots, X_j \}$$

其中，$i \le j \le n$，即同一类样品必须是相互邻接的。

　　n 个有序样品之间有 $n-1$ 个"间隔"，若希望将它们分成 k 类，则需要从 $n-1$ 个间隔中选择 $k-1$ 个间隔，分别插入"标记"，即可把 n 个有序样品分成了 k 段。从 $n-1$ 个间隔中选择 $k-1$ 个间隔的方法数为 $R = C_{n-1}^{k-1} = \dfrac{(n-1)!}{(k-1)!(n-k)!}$，这比无序样品聚类分析的可能分法要少很多。所以，可以在 n 不大的情况下，讨论所有可能的分类结果，并在某种损失函数意义下，从中求得最优解。

2. 何为费歇最优解法

　　有序样品聚类分析中，以 Fisher 发展的费歇最优解法最为流行。其基本思想是定义类的直径，在分类必须相邻的限制条件下定义了损失函数，在逐步递推的计算中寻找到使得损失函数最小的最优分类。

3. 分类个数的确定

　　有序样品聚类分析中，类别个数的确定可采用作图法。具体做法是：绘制最小损失函数值随类别个数 k 变化的趋势图，如图 15-1 所示。一般选择变化曲线的拐点作为分类数。

　　当然，若有专业依据，在聚类分析前，已知分为几类较为合适，则应以专业分类为准。

15.2.3　有序样品聚类分析的计算原理

　　系统聚类法开始时将 n 个样品分为 n 类，然后逐步并类，直到所有样品聚为一类为止。而有序样品聚类的费歇最优解法则与之相反，开始时将所有样品聚为 1 类，然后分为 2 类、3 类，直到所有样品各自成为一类为止。具体分析步骤如下：

　　① 定义类的直径，并计算一切可能的类的直径。

　　② 定义分类的损失函数，并计算最小损失函数。

　　③ 确定类的个数，求得最优分类。

　　相关定义和计算方法介绍如下。

1. 定义类的直径

设某类 G 中包含的样品有 $\{X_i, X_{i+1}, \cdots, X_j\}$（$j > i$），简记为 $G = \{i, i+1, \cdots, j\}$，则该类的均值向量为

$$\bar{X}_G = \frac{1}{j-i+1} \sum_{l=i}^{j} X_l \tag{15-1}$$

用 $D(i, j)$ 表示此类的直径，其定义为

$$D(i, j) = \sum_{l=i}^{j} (X_l - \bar{X}_G)'(X_l - \bar{X}_G) \tag{15-2}$$

显然，这里所谓的直径实际上就是处于同一类中的有序样品之间的离差平方和，简称直径。

2.定义分类的损失函数

费歇最优解法定义分类损失函数的思想类似于系统聚类法中的 Ward 离差平方和法，即要求分类后产生的离差平方和增量最小。用 $b(n,k)$ 表示 n 个有序样品分成 k 类的一种分法，具体分类结果是

$$G_1 = \{j_1, j_1 + 1, \cdots, j_2 - 1\}$$
$$G_2 = \{j_2, j_2 + 1, \cdots, j_3 - 1\}$$
$$\vdots$$
$$G_k = \{j_k, j_k + 1, \cdots, n\}$$

其中，$1 = j_1 < j_2 < j_3 < \cdots < j_k < n = j_{k+1} - 1$。

与这种分法对应的损失函数定义为

$$L[b(n,k)] = \sum_{t=1}^{k} D(j_t, j_{t+1} - 1) \tag{15-3}$$

可以看出，与此分法对应的损失函数的值等于各类的直径之和，即等于各类离差平方和之和。n 和 k 固定时，$L[b(n,k)]$ 越小，说明各类的离差平方和之和越小，分类也就越合理。因此，需要寻找一种分类方法 $b^*(n,k)$，使分类损失函数值达到最小。

3.求最优解的递推公式

将 n 个有序样品分成 k 类的最优解对应的一切损失可用以下两个递推公式获得：

$$L[b^*(n,2)] = \min_{2 \leqslant j \leqslant n}\{D(1, j-1) + D(j, n)\} \tag{15-4}$$

$$L[b^*(n,k)] = \min_{k \leqslant j \leqslant n}\{L[b^*(j-1, k-1)] + D(j, n)\} \tag{15-5}$$

式(15-5)表明，若要找到 n 个有序样品分为 k 类的最优分割，应建立在将前 $j-1$ 个样品分为 $k-1$ 类的最优分割基础之上。

4.最优解的求法

由递推公式可知，欲得到最后一个分类点 j_k，使得下式成立：

$$L[b^*(n,k)] = L[b^*(j_k - 1, k-1)] + D(j_k, n) \tag{15-6}$$

从而得到第 k 类 $G_k = \{j_k, j_k + 1, \cdots, n\}$，需先求得使下式成立的倒数第二个分类点 j_{k-1}，从而得到第 $k-1$ 类 $G_{k-1} = \{j_{k-1}, j_{k-1} + 1, \cdots, j_k - 1\}$：

$$L[b^*(j_k - 1, k-1)] = L[b^*(j_{k-1} - 1, k-2)] + D(j_{k-1}, j_k - 1) \tag{15-7}$$

依此类推，要得到分类点 j_3，使得下式成立：

$$L[b^*(j_4 - 1, 3)] = L[b^*(j_3 - 1, 2)] + D(j_3, j_4 - 1) \tag{15-8}$$

从而得到第 3 类 $G_3 = \{j_3, j_3 + 1, \cdots, j_4 - 1\}$，需先求得使下式成立的分类点 j_2，从而得到第 2 类 $G_2 = \{j_2, j_2 + 1, \cdots, j_3 - 1\}$ 和第 1 类 $G_1 = \{1, 2, \cdots, j_2 - 1\}$：

$$L[b^*(j_3 - 1, 2)] = \min_{2 \leqslant j_2 \leqslant j_3 - 1}\{D(1, j_2 - 1) + D(j_2, j_3 - 1)\} \tag{15-9}$$

至此，可求得全部的类 G_1、G_2、$\cdots$、G_k，这就是要求的最优解，即

$$b^*(n,k) = \{G_1, G_2, \cdots, G_k\}$$

综上可知，实际的求解过程是从计算 j_2 开始的，直到最后求得 j_k 为止。总之，最优解的求解过程，主要是计算类的直径 $D(i,j)$ $(1 \leqslant i < j \leqslant n)$ 和最小损失函数值 $L[b^*(l,p)]$ $(2 \leqslant p \leqslant l \leqslant n)$。

15.3　有序样品聚类分析的应用

15.3.1　SAS 程序

对例 15-1 而言，研究目的就是要将 10 个有序样品进行有序样品的聚类分析，希望将它们分成 3、4、5 类，并给出每种分类的最优结果。所需要的 SAS 程序显得比较复杂，因为 SAS 软件未提供相应的分析过程，故作者自编了相应的程序如下（程序名为 SASTJFX15_1.SAS，此程序基于中文界面 SAS 软件编写）：

```
% let yyj_home = D:\yyj;
libname yyj "&yyj_home";
OPTIONS   MSTORED SASMSTORE = yyj;
data yyj.a1;
    input x @ @ ;
cards;
3.19 5.36 4.58 5.39 4.97
4.93 4.67 2.41 1.64 0.35
;
run;
proc iml;
    * reset print;
    use yyj.a1;
        read all into a1;
    close yyj.a1;
    n = nrow(a1);
    call symputx("n",nrow(a1));
    /* 产生直径矩阵 */
    * 初始化直径矩阵;
    D = j(n,n,0);
    do i = 1 to n;
        do j = 1 to n;
            if j < i then D[j,i] = .;
            else
                do;
                    * 计算 i~j 的平均数;
                    tempSum = 0;
                    do m = i to j;
                        tempSum = tempSum + a1[m];
                    end;
                    tempMean = tempSum/(j - i + 1);
                    * 给直径矩阵赋值;
                    do m = i to j;
                        D[j,i] = D[j,i] + (a1[m] - tempMean) ** 2;
                    end;
                    D[j,i] = round(D[j,i],0.001);* 数据取 3 位小数, 四舍五入;
                end;
        end;
    end;
    create yyj.D var("x01":"x&n") ;* 此处 &n 为实际样本数,或者直接写 create yyj.D
form D,变量名称自动为 col1~coln;
```

```
    append from D;
    /* 产生直径矩阵结束 */
    /* 产生最小损失矩阵 */
    Lb = j(n,n,0);
    lastN = j(n,n,0);
    Lb_lastN = j(n,n,"");
    do j = 1 to n;
        do i = 1 to n;
            * 排除无意义的点;
            if i < j | j = 1 then
                do;
                    Lb[i,j] = .;
                    lastN[i,j] = .;
                end;
            else
                do;
                    temp = j(i-j+1,1) -1;
                    do k = j to i;* 设最后一段的开始点为 k,由于有 j 段, 所以 k 至少为 j;
                        if j = 2 then temp[k-j+1] = D[k-1,1] + D[i,k];
                        else temp[k-j+1] = Lb[k-1,j-1] + D[i,k];* 当 j>2 时, 即
分段数大于 3 时, 用递归公式;
                    end;
                    Lb[i,j] = temp[><];
                    lastN[i,j] = temp[>:<] + j-1;* 由当前位置 m = k-j+1 推出最后
一段的开始点 k = m+j-1;
                end;
        end;
    end;
    Lb_lastN = char(Lb,15,3) + "(" + char(lastN,2,0) + ")"; **** 将数值矩阵转化为
字符矩阵, char 函数的第 3 个参数为小数点的位数 ****;
    create yyj.Lb from Lb;
    append from Lb;
    create yyj.lastN from lastN;
    append from lastN;
    create yyj.Lb_lastN from Lb_lastN;
    append from Lb_lastN;
    /* 产生最小损失矩阵结束 */

    /* 找出 4 分段点
    blockNum = j(4,1,0);* 初始化一个元素个数为 4 的向量;
    do j = 4 to 1 by -1;
        if j = 4 then blockNum[j] = lastN[n,j];* 首先得到最后一分段点;
        else if j > 1 then blockNum[j] = lastN[blockNum[j+1] -1,j];
        else blockNum[j] = 1;
    end;
    找出 4 分段点结束 */

    /* 分别找出 k 分段点 */
    blockNum = j(n,n,.);* 初始化一个元素个数为 n* n 的向量;
    do k = n to 2 by -1;* 至少分 2 段, 最多分 n 段;
        do j = k to 1 by -1;
            if j = k then blockNum[k,j] = lastN[n,j];* 首先得到最后一分段点;
            else if j > 1 then blockNum[k,j] = lastN[blockNum[k,j+1] -1,j];
            else blockNum[k,j] = 1;
```

```
            end;
        end;
        /* 分别找出 k 分段点结束*/

        create yyj.blockNum from blockNum;
        append from blockNum;

quit;
% put &n;
ods listing close;
ods HTMLCSS file = "&yyj_home\result.htm" style = printer ;

title "&n.个有序样品的直径 D 表";
proc print data = yyj.D;
run;
title " ";

title "&n.个有序样品的最小损失表";
proc print data = yyj.Lb_lastN;
run;
title " ";

title "&n.个有序样品的聚类结果";
proc print data = yyj.blockNum;
run;
title " ";
ods HTMLCSS  close;
ods listing;
```

对例 15-2 而言，研究目的就是要将 11 个有序样品进行有序样品的聚类分析。希望分别将它们分成 3、4、5 类，并给出每种分类的最优结果。SAS 程序名为 SASTJFX15_2.SAS，除数据步中的数据需更换为表 15-2 的体重增长量外，其他与程序 SASTJFX15_1.SAS 完全相同。为节省篇幅，此处从略。

对例 15-3 而言，研究目的就是要将 20 个有序样品进行有序样品的聚类分析，希望分别将它们分成 4、6、8 类，并给出每种分类的最优结果。SAS 程序名为 SASTJFX15_3.SAS，除数据步中的数据需更换为表 15-3 的 $U(\times 10^{-6})$ 值外，其他与程序 SASTJFX15_1.SAS 完全相同。为节省篇幅，此处从略。

15.3.2　主要分析结果及解释

以下是对例 15-1 分析的结果及其解释。

10 个有序样品的直径 D 表

Obs	x1	x2	x3	x4	x5	x6	x7	x8	x9	x10
1	0.000	.	.	.	.	.	.	.	.	.
2	2.354	0.000	.	.	.	.	.	.	.	.
3	2.416	0.304	0.000	.	.	.	.	.	.	.
4	3.187	0.422	0.328	0.000	.	.	.	.	.	.
5	3.279	0.437	0.328	0.088	0.000	.	.	.	.	.
6	3.324	0.453	0.330	0.130	0.001	0.000	.	.	.	.
7	3.328	0.571	0.401	0.266	0.053	0.034	0.000	.	.	.
8	8.026	6.247	5.601	5.592	4.543	3.842	2.554	0.000	.	.
9	14.982	13.995	12.571	12.284	9.972	8.031	4.960	0.296	0.000	.
10	27.819	27.472	24.773	23.714	33.458	15.534	9.863	2.167	0.832	0

以上是 10 个样品点任何两者之间的距离矩阵。第 1 列为第 1 个样品与其后的 9 个样品之间的距离；第 2 列为第 2 个样品与其后的 8 个样品之间的距离，依次类推。

10 个有序样品的最小损失表

Obs	COL1	COL2	COL3	COL4	COL5	COL6	COL7	COL8	COL9	COL10
1	( )	( )	( )	( )	( )	( )	( )	( )	( )	( )
2	( )	0.000(2)	( )	( )	( )	( )	( )	( )	( )	( )
3	( )	0.304(2)	0.000(3)	( )	( )	( )	( )	( )	( )	( )
4	( )	0.422(2)	0.304(4)	0.000(4)	( )	( )	( )	( )	( )	( )
5	( )	0.437(2)	0.328(3)	0.088(4)	0.000(5)	( )	( )	( )	( )	( )
6	( )	0.453(2)	0.330(3)	0.130(4)	0.001(5)	0.000(6)	( )	( )	( )	( )
7	( )	0.571(2)	0.401(3)	0.266(4)	0.053(5)	0.001(7)	0.000(7)	( )	( )	( )
8	( )	3.328(8)	0.571(8)	0.401(8)	0.266(8)	0.053(8)	0.001(8)	0.000(8)	( )	( )
9	( )	3.624(8)	0.867(8)	0.571(9)	0.401(9)	0.266(9)	0.053(9)	0.001(9)	0.000(9)	( )
10	( )	5.495(8)	2.738(8)	0.867(10)	0.571(10)	0.401(10)	0.266(10)	0.053(10)	0.001(10)	0.000(10)

以上是将 10 个有序样品分成 2 ~ 9 段所对应的目标函数值，也称最小损失值矩阵。表内数据（即最小损失值）后括号内的编号叫作起始样品号，表头上的编号（即 col 后的数值）叫作分段数。

从最后一行可看出，将 10 个有序样品分为 2 段时，第 1 段为 1 ~ 7 号，第 2 段为 8 ~ 10 号，即分 2 段的最优分法为（1 ~ 7）和（8 ~ 10），此时损失最小值为 5.495。

将 10 个有序样品分为 3 段时，第 3 段为 8 ~ 10 号，前 7 个有序样品应分成 2 段。此时，看倒数第 4 行（即 Obs =7），第 1 段为 1 号，第 2 段为 2 ~ 7 号，即分 3 段的最优分法为（1）、（2 ~ 7）和（8 ~ 10），此时损失最小值为 2.738。

同理，将 10 个有序样品分为 4 段时，第 4 段为 10 号，前 9 个有序样品应分成 3 段。此时，看倒数第 9 行（即 Obs =9），第 3 段为 8 ~ 9 号，前 7 个有序样品应分成 2 段。再看倒数第 4 行（即 Obs =7），第 1 段为 1 号，第 2 段为 2 ~ 7 号，即分 4 段的最优分法为（1）、（2 ~ 7）、（8 ~ 9）和（10），此时损失最小值为 0.867。

从此表中看结果似乎很麻烦，因为此表的目的是呈现各种分割方法下对应的最小损失值。看下面的表，可快速获得全部有序样品分成几类及各类对应的起始样品号：

10 个有序样品的聚类结果

Obs	COL1	COL2	COL3	COL4	COL5	COL6	COL7	COL8	COL9	COL10
1	.	.	.	.	.	.	.	.	.	.
2	1	8	.	.	.	.	.	.	.	.
3	1	2	8	.	.	.	.	.	.	.
4	1	2	8	10	.	.	.	.	.	.
5	1	2	8	9	10	.	.	.	.	.
6	1	2	3	8	9	10	.	.	.	.
7	1	2	3	4	8	9	10	.	.	.
8	1	2	3	4	5	8	9	10	.	.
9	1	2	3	4	5	7	8	9	10	.
10	1	2	3	4	5	6	7	8	9	10

以上是以简化的形式呈现有序样品聚类的结果。看表的方法是按"行"看！表内数据为新段开始的样品序号。例如，第 1 行代表全部 10 个样品分为 1 类，没有分割点；第 2 行代表将全

部 10 个有序样品分割成 2 类，对应的样品号分别为 1～7 和 8～10；第 3 行代表将全部 10 个有序样品分割成 3 类，对应的样品号分别为 1、2～7 和 8～10；第 4 行代表将全部 10 个有序样品分割成 4 类，对应的样品号分别为 1、2～7、8～9 和 10；其余类推，第 9 行代表将全部 10 个有序样品分割成 9 类，仅 5～6 号在一类，其他样品各在一类；最后一行是 10 个有序样品分成 10 类，每个样品在一类。

快速看结果的方法如下：

若希望将 10 个有序样品分成 3 类，其各类对应的起始样品号为 1、2、8，即分类结果为 (1)、(2～7) 和 (8～10)。

若希望将 10 个有序样品分成 4 类，其各类对应的起始样品号为 1、2、8、10，即分类结果为 (1)、(2～7)、(8～9) 和 (10)。

若希望将 10 个有序样品分成 5 类，其各类对应的起始样品号为 1、2、8、9、10，即分类结果为 (1)、(2～7)、(8)、(9) 和 (10)。

以下是对例 15-2 分析的结果及其解释。

11 个有序样品的直径 D 表

Obs	x1	x2	x3	x4	x5	x6	x7	x8	x9	x10	x11
1	0.000	.	.	.	.	.	.	.	.	.	.
2	28.125	0.000	.	.	.	.	.	.	.	.	.
3	37.007	0.005	0.000	.	.	.	.	.	.	.	.
4	42.208	0.020	0.020	0.000	.	.	.	.	.	.	.
5	45.992	0.088	0.080	0.020	0.000	.	.	.	.	.	.
6	49.128	0.232	0.200	0.080	0.020	0.000	.	.	.	.	.
7	51.100	0.280	0.232	0.088	0.020	0.005	0.000	.	.	.	.
8	51.529	0.417	0.393	0.308	0.290	0.287	0.180	0.000	.	.	.
9	51.980	0.469	0.454	0.393	0.388	0.370	0.207	0.005	0.00	.	.
10	52.029	0.802	0.800	0.774	0.773	0.708	0.420	0.087	0.08	0.00	.
11	52.182	0.909	0.909	0.895	0.889	0.793	0.452	0.088	0.08	0.02	0

以上是 11 个样品点任何两者之间的距离矩阵。第 1 列为第 1 个样品与其后的 10 个样品之间的距离；第 2 列为第 2 个样品与其后的 9 个样品之间的距离；依次类推。

此处应是"11 个有序样品的最小损失表"，表比较宽，从略。

11 个有序样品的聚类结果

Obs	COL1	COL2	COL3	COL4	COL5	COL6	COL7	COL8	COL9	COL10	COL11
1	.	.	.	.	.	.	.	.	.	.	.
2	1	2	.	.	.	.	.	.	.	.	.
3	1	2	8	.	.	.	.	.	.	.	.
4	1	2	5	8	.	.	.	.	.	.	.
5	1	2	5	8	10	.	.	.	.	.	.
6	1	2	5	8	10	11	.	.	.	.	.
7	1	2	4	5	8	10	11	.	.	.	.
8	1	2	4	5	6	8	10	11	.	.	.
9	1	2	3	4	5	6	8	10	11	.	.
10	1	2	3	4	5	6	7	8	10	11	.
11	1	2	3	4	5	6	7	8	9	10	11

　　显然，若希望将 11 个有序样品分成 3 类，其各类对应的起始样品号为 1、2、8，即分类结果为 (1)、(2~7) 和 (8~11)。

　　若希望将 11 个有序样品分成 4 类，其各类对应的起始样品号为 1、2、5、8，即分类结果为 (1)、(2~4)、(5~7) 和 (8~11)。

　　若希望将 11 个有序样品分成 5 类，其各类对应的起始样品号为 1、2、5、8、10，即分类结果为 (1)、(2~4)、(5~7)、(8~9) 和 (15~11)。

　　以下是对例 15-3 分析的结果及其解释。

　　距离矩阵和最小损失值矩阵占篇幅很大，此处从略。

20 个有序样品的聚类结果

Obs	COL1	COL2	COL3	COL4	COL5	COL6	COL7	COL8	COL9	COL10	COL11	COL12	COL13	COL14	COL15	COL16	COL17	COL18	COL19	COL20
1																				
2	1	18																		
3	1	9	10																	
4	1	9	10	18																
5	1	9	10	14	15															
6	1	9	10	14	15	18														
7	1	9	10	14	15	17	18													
8	1	7	9	10	14	15	17	18												
9	1	6	7	9	10	14	15	17	18											
10	1	6	7	9	10	13	14	15	17	18										
11	1	2	6	7	9	10	13	14	15	17	18									
12	1	2	6	7	9	10	11	13	14	15	17	18								
13	1	2	4	5	6	7	9	10	13	14	15	17	18							
14	1	2	4	5	6	7	9	10	11	13	14	15	17	18						
15	1	2	3	4	5	6	7	9	10	11	13	14	15	17	18					
16	1	2	3	4	5	6	7	9	10	11	13	14	15	16	17	18				
17	1	2	3	4	5	6	7	9	10	11	13	14	15	16	17	18	19			
18	1	2	3	4	5	6	7	9	10	11	12	13	14	15	16	17	18	19		
19	1	2	3	4	5	6	7	8	9	10	11	12	13	14	15	16	17	18	19	
20	1	2	3	4	5	6	7	8	9	10	11	12	13	14	15	16	17	18	19	20

　　显然，若将 20 个有序样品分别分成 4、6、8 类，对应的划分结果分别如下：

　　分成 4 类，各类起始序号为 1、9、10、18，即 (1~8)、(9)、(10~17) 和 (18~20)。

　　分成 6 类，各类起始序号为 1、9、10、14、15、18，即 (1~8)、(9)、(10~13)、(14)、(15~17) 和 (18~20)。

　　分成 8 类，各类起始序号为 1、7、9、10、14、15、17、18，即 (1~6)、(7~8)、(9)、(10~13)、(14)、(15~16)、(17) 和 (18~20)。

15.4　本　章　小　结

　　本章扼要介绍了关于有序样品和有序样品聚类分析的基本概念，给出了适合于有序样品聚类分析的实例、数据结构和实例解析。

　　值得一提的是，本章所介绍的 3 个实例的数据结构中，反映样品特征的定量指标都只有 1 个［分别是身高增长量 (cm)、体重增长量 (kg) 和铀含量 ($\times 10^{-6}$)］。事实上，反映有序样品特征的定量指标的个数可以有多个，此时，式 (15-1) 中的均值就变成了均值向量，每个样品的观测值也就变成了观测值向量。

（胡纯严　胡良平　高辉）

第16章 多维尺度分析

多维尺度分析起源于心理测验学，属于常用的多元统计分析方法之一，广泛应用于市场学、心理学、社会学、物理学、生物学、教育科学领域。它可以对数据进行探索性分析，可用来进行相似性评价，同时也是检验观察数据是否符合研究者提出的结构关系的一种理想方法。本章将从多维尺度分析的基本原理入手，重点介绍如何用 SAS 实现多维尺度分析。

16.1 问题与数据结构

16.1.1 实例

【例16-1】 收集中国社会科学院公布的 2007 年全国八大主要省会城市白领月工资标准，本资料包括各城市物价水平、居住成本、交通成本、城市现代化等诸多方面因素，具体见表 16-1。若希望对中国八大主要省会城市白领月工资标准的相似程度进行评价，请选择合适的统计分析方法处理此资料，以便达到预期的研究目的。

表 16-1 中国社会科学院公布 2007 年全国主要城市白领月工资标准(元)

城市	上海	北京	杭州	广州	南京	天津	太原	兰州
工资标准	5350	5000	4980	4750	3780	3150	1980	1500

现根据表 16-1 中的数据重新计算各城市白领月工资标准之差值，并以此为依据，采用类似矩阵的形式列出，见表 16-2。

表 16-2 中国社会科学院公布 2007 年全国主要城市白领月工资差距的数据结构(元)

Obs	shanghai	guangzhou	nanjing	tianjin	taiyuan	lanzhou	hangzhou	beijing	city
1	0								上海
2	600	0							广州
3	1570	970	0						南京
4	2200	1600	630	0					天津
5	3370	2770	1800	1170	0				太原
6	3850	3250	2280	1650	480	0			兰州
7	370	230	1200	1200	3000	3480	0		杭州
8	350	250	1220	1850	3020	3500	20	0	北京

【例16-2】 收集几种常见食物蛋白质质量的营养学资料，见表 16-3。希望了解这几种常见食物蛋白质的相似程度，请选择合适的统计分析方法处理此资料。

表 16-3　几种常见食物蛋白质氨基酸评分的数据结构

| 氨基酸评分 | | | | | | | | 食物 |
全鸡蛋 egg	全牛奶 milk	鱼 fish	牛肉 beef	大豆 bean	精面粉 flour	大米 rice	土豆 potato	food
0								全鸡蛋
8	0							全牛奶
6	2	0						鱼
6	2	0	0					牛肉
43	35	37	37	0				大豆
72	64	66	66	29	0			精面粉
47	39	41	41	4	25	0		大米
58	50	52	52	15	14	11	0	土豆

16.1.2　对数据结构的分析

例 16-1 中，表 16-2 以下三角矩阵的形式给出了数据，此数据形式较为特殊。表 16-2 中，横、纵向均是 8 个主要城市，而横纵向交叉点上的数据则是 2 个城市白领月工资的差额。

例 16-2 与例 16-1 相似，不再另行分析。

16.1.3　分析目的与统计分析方法的选择

目的一：若希望以低维空间图形的形式展现不同对象间的差异性或相似性，可采用多维尺度分析。

目的二：若希望以低维空间图形的形式展现样品与观测指标之间的关系，可采用对应分析。

16.2　多维尺度分析内容简介

16.2.1　概述

多维尺度分析（Multidimensional Scaling，MDS），又译为多维标度分析，也称相似度结构分析（Similarity Structure Analysis）或多维量表法，是多元统计分析方法的一个新分支，是主成分分析和因子分析的一个自然延伸。它使用降维技术将高维空间中点际之间的距离进行转换，而后在低维空间中以图形的形式直观地呈现研究变量之间的相似性（或差异性）关系，达到简化数据、揭示数据潜在规律的目的。其中，距离数据（Proximity Data）是指两个对象或刺激物间的距离长短。这个距离可以是相似性的（Similarity）或相异性的（Dissimilarity）。相似性的数据代表两物之间相近或类似的程度，如任意两种颜色的相似性。相异性数据与相似性数据相反，即数据值越大，其所代表的距离也越远。最典型的相异性数据就是两点间的欧几里得距离或两城市间飞行的距离等。

16.2.2　度量型多维尺度分析的计算原理

1. 度量型多维尺度分析概述

当已知 n 个研究对象之间的相似度（或距离）时，多维尺度法可以在低维空间中找出与之相对应的 n 个点，使得这些点之间的距离与原来的相似度基本上匹配。这些低维空间中的点在分析结果中会以图形的形式呈现，它们之间的距离就直观地反映了 n 个研究对象之间相似程度。分析过程中要解决的核心问题是确定这些点的坐标。这就是多维尺度分析的基本思想。要考察的研究对象既可以是变量，也可以是样品。

多维尺度分析中利用的是研究对象间的近似数据（Proximity Data）。它可以分为相异性数据（Dissimilarity）与相似性数据（Similarity）。相异性数据是用较大的数值表示不相似，较小的数值表示相似，也称距离数据；相似性数据则正好相反，用较大的数值表示相似，较小的数值表示不相似。与这两者相对应的分别是距离矩阵与相似系数矩阵，下面分别简单介绍。

一个 $n \times n$ 阶矩阵 $\boldsymbol{D} = (d_{ij})_{n \times n}$，如果满足 $\boldsymbol{D} = \boldsymbol{D}'$，$d_{ii} = 0$，$d_{ij} \geqslant 0$（$i$、$j = 1, 2, \cdots, n$），则称 $\boldsymbol{D}$ 为广义距离阵，d_{ij} 称为第 i 点与第 j 点间的距离。

一个 $n \times n$ 阶矩阵 $\boldsymbol{C} = (c_{ij})_{n \times n}$，如果满足 $\boldsymbol{C} = \boldsymbol{C}'$，$c_{ij} \leqslant c_{ii}$（$i, j = 1, 2, \cdots, n$），则称 $\boldsymbol{C}$ 为相似系数矩阵，c_{ij} 称为第 i 点与第 j 点间的相似系数。

设有 n 个研究对象，用 δ_{ij} 表示第 i 个对象与第 j 个对象之间的相似性或相异性，该数据是已知的。$\boldsymbol{X}_1, \cdots, \boldsymbol{X}_n$ 代表 p 维空间中的 n 个点，第 i 个点 $\boldsymbol{X}_i$ 的坐标为（$x_{i1}, x_{i2}, \cdots, x_{ip}$），它是未知的。任意两点 $\boldsymbol{X}_i$ 和 $\boldsymbol{X}_j$ 之间的距离为 $\hat{d}_{ij}$，一般采用欧氏距离。多维尺度分析就是要用 $\boldsymbol{X}_1$，$\cdots, \boldsymbol{X}_n$ 分别表示待研究的 n 个对象，将第 i 个和第 j 个对象之间的相似性或相异性 δ_{ij} 映射成为 p 维空间中 $\boldsymbol{X}_i$ 与 $\boldsymbol{X}_j$ 之间的距离 $\hat{d}_{ij}$，其映射函数为

$$f : \delta_{ij} \rightarrow \hat{d}_{ij} \tag{16-1}$$

对上述映射函数进行相应变换，可得到

$$f(\delta_{ij}) = \hat{d}_{ij} \tag{16-2}$$

实际应用中，由于多维尺度分析采用了降维的技术，n 个观测对象的所有信息不可能被全部保留，不同对象间的差异也不会被完全保留下来。在降维的过程中，总是有少量信息是损失掉的，故一般只能得到尽可能接近的结果，即 $f(\delta_{ij}) \approx \hat{d}_{ij}$。

在度量型多维尺度分析中，函数 f 可以取多种形式，包括恒等函数、线性函数、对数函数、指数函数等，一般情况下采用单调函数。不同的函数形式表示对相似性或相异性数据进行不同的变换，它们分别可以表示如下：

$$\hat{d}_{ij} = \delta_{ij} \tag{16-3}$$

$$\hat{d}_{ij} = b\delta_{ij} \tag{16-4}$$

$$\hat{d}_{ij} = a + b\delta_{ij} \tag{16-5}$$

$$\hat{d}_{ij} = a + b \lg(\delta_{ij}) \tag{16-6}$$

$$\hat{d}_{ij} = a + b \exp(\delta_{ij}) \tag{16-7}$$

在以上各式中，a 和 b 都是未知参数，需要在具体计算的过程中与各点的坐标一起进行估计。

根据求解方法的不同，度量型多维尺度分析主要包括两种类型，分别是古典多维尺度分析和最小平方多维尺度（Least Squares Scaling）分析，以下分别进行讨论。

2. 古典多维尺度分析

对于距离阵 $\boldsymbol{D} = (d_{ij})_{n \times n}$，如果存在某个正整数 p 及 p 维空间中的 n 个点 $\boldsymbol{X}_1, \cdots, \boldsymbol{X}_n$，使得

$$d_{ij}^2 = (\boldsymbol{X}_i - \boldsymbol{X}_j)'(\boldsymbol{X}_i - \boldsymbol{X}_j), \quad i, j = 1, 2, \cdots, n \tag{16-8}$$

则称 $\boldsymbol{D}$ 为欧氏距离阵。

由距离阵 D，可以构造出矩阵 $B = (b_{ij})_{n \times n}$，其中

$$b_{ij} = \frac{1}{2}\left(-d_{ij}^2 + \frac{1}{n}\sum_{i=1}^n d_{ij}^2 + \frac{1}{n}\sum_{j=1}^n d_{ij}^2 - \frac{1}{n^2}\sum_{i=1}^n \sum_{j=1}^n d_{ij}^2 \right) \tag{16-9}$$

一个 $n \times n$ 距离阵 D 是欧氏距离阵的充要条件是 $B \geq 0$。

用 $X = (X_1, X_2, \cdots, X_n)'$ 表示求得的 p 维空间中的 n 个点，这些点之间的距离阵 $\hat{D}$ 与 D 尽可能的接近，称 X 为距离阵 D 的拟合构造点。如果 $\hat{D} = D$，则称 X 为 D 的构造点。当 D 是欧氏距离阵时，可以得到构造点 X；当 D 不是欧氏距离阵时，不存在 D 的构造点，只能寻求 D 的拟合构造点。在实际应用中，即使 D 是欧氏距离阵，它的构造点 X 也是 $n \times p$ 阵，当 p 较大时往往没有实用的价值，这时一般用低维的拟合构造点 $\hat{X}$ 代替构造点 X。

矩阵 B 称为 X 的中心化内积阵，求 B 的特征根 $\lambda_1 \geq \lambda_2 \geq \cdots \geq \lambda_p$，对应的单位特征向量为 $e_1, e_2, \cdots, e_p$。$\Gamma = (e_1, e_2, \cdots, e_p)$ 是以单位特征向量为列组成的矩阵，则有 $X = (\sqrt{\lambda_1} e_1, \sqrt{\lambda_2} e_2, \cdots, \sqrt{\lambda_p} e_p)$，矩阵 X 中的每一行对应 p 维空间中的一个点，第 i 行即为 X_i。令 $\Lambda = \mathrm{diag}(\lambda_1, \lambda_2, \cdots, \lambda_p)$，则有

$$B = XX' = \Gamma \Lambda \Gamma' \tag{16-10}$$

$$X = \Gamma \Lambda^{1/2} \tag{16-11}$$

当 B 的所有特征根非负，表明 $B \geq 0$，D 是欧氏距离阵，X 是 D 的构造点；若有负特征根，D 一定不是欧氏距离阵，X 是 D 的拟合构造点。

基于上述思想得到的构造点或拟合构造点称为多维尺度法的古典解。由以上讨论，可以给出求古典解的基本步骤如下：

① 由距离阵 D，根据式(16-9)计算 b_{ij}，构造出中心化内积阵 B。

② 计算矩阵 B 的特征根和 k 个最大特征根对应的单位特征向量。这里，k 就是低维空间的维数，它的确定有两种方法：一是事先确定 $k = 1$、2 或 3；二是通过计算前 k 个大于零的特征根占全体特征根的比例确定，该比例相当于主成分分析中的累积贡献率，即让

$$\frac{\lambda_1 + \lambda_2 + \cdots + \lambda_k}{|\lambda_1| + |\lambda_2| + \cdots + |\lambda_n|}$$

大于预先给定的一个贡献率。

③ 根据式(16-11)计算拟合构造点 $\hat{X}$，由 $\hat{X}$ 可以在 k 维空间中绘出每个研究对象所对应的点，进而判断研究对象之间的关系。

3. 最小平方多维尺度分析

在度量型最小平方多维尺度分析中，通过最小化损失函数 S 来得到低维空间中各个点的坐标。损失函数由研究对象之间的相异性 δ_{ij} 与低维空间中两点之间的距离 $\hat{d}_{ij}$ 来定义，也可以由 δ_{ij} 的函数 $f(\delta_{ij})$ 与距离 $\hat{d}_{ij}$ 来定义，这里，函数 f 可以采用式(16-3) ～ 式(16-7)中的任何一种形式。

损失函数可以有很多种形式，在多维尺度分析中应用最广的是应力函数(Stress Function)，这里仅给出 Sammon 所建议的损失函数

$$S = \sum_{i<j} \delta_{ij}^{-1} (\hat{d}_{ij} - \delta_{ij})^2 \Big/ \sum_{i<j} \delta_{ij} \tag{16-12}$$

通过距离 $\hat{d}_{ij}$，求损失函数关于各点坐标的偏导数并使之为 0，就可以得到一个以各点坐标

为未知数的方程组。解出该方程组，便能够获得各个点的坐标值，进而在低维空间中绘出各点。该方程组的求解需要采用数值解法，如梯度法。

4. 权重多维尺度分析

在实际工作中，往往需要根据多个距离阵数据确定感知图。例如，在市场调查中，让多名消费者对若干种产品进行两两相似性评价，就会得到多个相似矩阵。此时，如果想综合多名消费者的评价结果，对若干种产品之间的相似程度进行分析，就需要采用权重多维尺度分析。权重多维尺度分析也称为个体差异模型，下面对其进行简要介绍。

设由 m 个个体对 n 个研究对象进行相似性评价，得到 m 个 $n \times n$ 相似矩阵，然后将其转换为距离阵。每个距离阵都有自己的拟合构造空间，个体差异模型通过给予不同个体不同的权重综合得到 m 个个体的公共拟合构造空间。

用 $(x_{i1}, x_{i2}, \cdots, x_{ip})$ 表示第 i 个研究对象所对应的点 X_i 在公共拟合构造空间中的坐标，则对于 X_i 第 s 个个体在公共拟合构造空间的坐标为 $(w_{s1}^{1/2} x_{i1}, w_{s2}^{1/2} x_{i2}, \cdots, w_{sp}^{1/2} x_{ip})$，其中 $(w_{s1}^{1/2}, w_{s2}^{1/2}, \cdots, w_{sp}^{1/2})$ 为第 s 个个体所对应的权重。权重是个体间唯一不同的参数，而 X_i 在公共拟合构造空间中的坐标对于所有个体都是相同的。

对于第 s 个个体，任意两点 X_i 和 X_j 之间的距离为

$$\hat{d}_{sij} = \sqrt{w_{s1}(x_{i1} - x_{j1})^2 + \cdots + w_{sp}(x_{ip} - x_{jp})^2} \tag{16-13}$$

在此基础上按照古典多维尺度分析中求内积阵的式（16-9）可以得到

$$\hat{b}_{sij} = \frac{1}{2}\left(-\hat{d}_{sij}^2 + \frac{1}{n}\sum_{i=1}^{n}\hat{d}_{sij}^2 + \frac{1}{n}\sum_{j=1}^{n}\hat{d}_{sij}^2 - \frac{1}{n^2}\sum_{i=1}^{n}\sum_{j=1}^{n}\hat{d}_{sij}^2\right) = \sum_{t=1}^{p}w_{st}x_{it}x_{jt} \tag{16-14}$$

进而可以通过最小化损失函数

$$S = \sum_{s,i,j}\left(b_{sij} - \sum_{t=1}^{p}w_{st}x_{it}x_{jt}\right)^2 \tag{16-15}$$

得到权重与各点坐标的估计值。其中，b_{sij} 可以按照式（16-9）根据每个个体进行评价所得到的距离阵算得。

16.2.3　非度量型多维尺度分析的计算原理

非度量型多维尺度分析适用于无法获得研究对象间精确的相似性或相异性数据，仅能得到它们之间等级关系数据的情形。目前应用最广的非度量型多维尺度模型由 Shepard 于 1962 年提出，其基本特征是将对象间的相似性或相异性数据看成点间距离的单调函数，在保持原始数据次序关系的基础上，用新的相同次序的数据列替换原始数据进行度量型多维尺度分析。

沿袭 16.2.2 节中的表示方法，用 δ_{ij} 表示第 i 个对象与第 j 个对象之间的相似性或相异性；$X_1, \cdots, X_n$ 代表 p 维空间中的 n 个点，第 i 个点 X_i 的坐标为 $(x_{i1}, x_{i2}, \cdots, x_{ip})$；任意两点 X_i 和 X_j 之间的距离为 $\hat{d}_{ij}$。

将所有研究对象之间的 δ_{ij} 由小到大排列为

$$\delta_{i_1 j_1} \leqslant \delta_{i_2 j_2} \leqslant \cdots \leqslant \delta_{i_m j_m}, m = \frac{1}{2}n(n-1) \tag{16-16}$$

对象 i 和对象 j 所对应的 δ_{ij} 在该排列中的序次可以看作是 δ_{ij} 的秩。在非度量型多维尺度分析中，就是要寻找与研究对象对应的点 X_i 和 X_j，使得 X_i 和 X_j 之间的距离 $\hat{d}_{ij}$ 也有如上的次序

$$\hat{d}_{i_1 j_1} \leqslant \hat{d}_{i_2 j_2} \leqslant \cdots \leqslant \hat{d}_{i_m j_m} \tag{16-17}$$

综上所述, 在非度量型多维尺度分析中, 就是要使研究对象之间相似性或相异性 δ_{ij} 的次序关系与低维空间中各点距离 $\hat{d}_{ij}$ 的次序关系相匹配。

在求解非度量型多维尺度模型的不同算法中, Kruskal 的算法最为流行, 其基本步骤如下:

① 确定空间的维数 k, 给出 X_1, $\cdots$, X_n 的初始值, 也就是各点坐标的初始值, 该初始值可以采用古典解或随机初始值。

② 根据各点的坐标计算两点之间的距离 $\hat{d}_{ij}$。

③ 根据 δ_{ij} 以及第 2 步中计算的距离 $\hat{d}_{ij}$, 采用最小二乘单调回归计算出 d_{ij}^*, 由此将 δ_{ij} 转换为 d_{ij}^*。

④ 以 d_{ij}^* 为基础, 通过最小化应力函数重新计算各点的坐标。应力函数的定义有多种形式, 其中原应力(Raw stress)、应力-1(Stress-1)、应力-2(Stress-2)可以分别定义如下:

$$\sigma_r = \sum_{i=1}^{n} \sum_{j=1}^{n} (d_{ij}^* - \hat{d}_{ij})^2 \tag{16-18}$$

$$\text{Stress-1} = \sigma_1 = \sqrt{\sum_{i=1}^{n} \sum_{j=1}^{n} (d_{ij}^* - \hat{d}_{ij})^2 / \sum_{i=1}^{n} \sum_{j=1}^{n} \hat{d}_{ij}^2} \tag{16-19}$$

$$\text{Stress-2} = \sigma_2 = \sqrt{\sum_{i=1}^{n} \sum_{j=1}^{n} (d_{ij}^* - \hat{d}_{ij})^2 / \sum_{i=1}^{n} \sum_{j=1}^{n} (\hat{d}_{ij} - \bar{d})^2} \tag{16-20}$$

式(16-20)中 $\bar{d}$ 为距离 $\hat{d}_{ij}$ 的平均值。应力函数同样可以应用于度量型多维尺度分析中, 只需要将以上各式中的 d_{ij}^* 用 $f(\delta_{ij})$ 代替就可以了。

在应力函数中, d_{ij}^* 是已知的, 由第 3 步算得, $\hat{d}_{ij}$ 以及与之相关的各点坐标是未知的, 需要进行估计, 这时不再使用第 1 步中的初始值。最小化应力函数就可以估计出各点的坐标, 估计过程可以使用梯度法。

⑤ 估计出各点新的坐标值后, 如果满足收敛标准, 则计算停止, 该值即为最终的估计值; 如果不满足收敛标准, 则以该估计值为初始值, 返回第 2 步重新进行整个计算过程, 如此反复进行, 一直到收敛标准被满足为止。

Kruskal 算法是一个二重迭代过程, 其目的就是找到使应力尽可能小的 k 维空间中的 n 个点。当 Stress-1 =0 时, 说明拟合完美; 当 0 < Stress-1 ≤ 2.5% 时, 说明拟合非常好; 当 2.5% < Stress-1 ≤ 5% 时, 说明拟合较好; 当 5% < Stress-1 ≤ 10% 时, 说明拟合一般; 当 10% < Stress-1 ≤ 20% 时, 说明拟合较差。

16.3 多维尺度分析的应用

16.3.1 SAS 程序

对例 16-1 进行多维尺度分析, SAS 程序如下(程序名为 SASTJFX16_1. SAS):

```
data SASTJFX16_1;
   input shanghaiguangzhou nanjing tianjin taiyuan lanzhou hangzhou beijing
city $ ;
cards;
    0    .    .    .    .    .    .    .  shanghai
   600    0    .    .    .    .    .    .  guangzhou
  1570  970    0    .    .    .    .    .  nanjing
```

```
     0     .     .     .     .     .  .  .  shanghai
   600     0     .     .     .     .  .  .  guangzhou
  1570   970     0     .     .     .  .  .  nanjing
  2200  1600   630     0     .     .  .  .  tianjin
  3370  2770  1800  1170     0     .  .  .  taiyuan
  3850  3250  2280  1650   480     0  .  .  lanzhou
   370   230  1200  1200  3000  3480  0  .  hangzhou
   350   250  1220  1850  3020  3500 20  0  beijing
  ;
ods html;
proc mds out = out;
var shanghaiguangzhou nanjing tianjin taiyuan lanzhou hangzhou Beijing;
  id city;
run;
% plotit(data = out, datatype = MDS, tsize = 0.5 , color = 'black')
ods html close;
```

　　宏程序 plotit 的主要作用就是将行与列的变量名与图中的各点对应起来，并以标签的形式显示出来。在使用时有两个选项需要设置，一个是"data ="，其后是需要分析的数据集的名称；另一个是"datatype ="，指明所采用的分析方法，其选项可以有"CORRESP"、"MDS"、"PRINCOMP"等，分别为对应分析、多维尺度分析和主成分分析。在多维尺度分析中应使用"datatype = MDS"选项。

　　对例 16-2 进行多维尺度分析，SAS 程序如下（程序名 SASTJFX16_2. SAS）：

```
data SASTJFX16_2;
  input egg milk fish beef bean flour rice potato food $;
  cards;
   0     .     .     .     .     .  .  .  egg
   8     0     .     .     .     .  .  .  milk
   6     2     0     .     .     .  .  .  fish
   6     2     0     0     .     .  .  .  beef
  43    35    37    37     0     .  .  .  bean
  72    64    66    66    29     0  .  .  flour
  47    39    41    41     4    25  0  .  rice
  58    50    52    52    15    14 11  0  potato
  ;
ods html;
proc mds out = out;
  var egg milk fish beef bean flour rice potato;
  id food;
run;
% plotit(data = out, datatype = MDS, tsize = 0.7 , color = 'black');
ods html close;
```

16.3.2　主要分析结果及解释

　　以下是例 16-1 的分析结果及解释。

Multidimensional Scaling：Data = WORK. SASTJFX9_1. DATA

Shape = TRIANGLE Condition = MATRIX Level = ORDINAL

Coef = IDENTITY Dimension = 2 Formula = 1 Fit = 1

Mconverge = 0. 01 Gconverge = 0. 01 Maxiter = 100 Over = 2 Ridge = 0. 0001

Iteration	Type	Badness-of-Fit Criterion	Change in Criterion	Convergence Measures	
				Monotone	Gradient

0	Initial	0.1082	.	.	.
1	Monotone	0.0545	0.0537	0.0779	0.7040
2	Gau-New	0.0392	0.0153	.	.
3	Monotone	0.0300	0.009221	0.0229	0.5650
4	Gau-New	0.0298	0.000194	.	.
5	Monotone	0.0220	0.007764	0.0192	0.3503
6	Gau-New	0.0209	0.001064	.	.
7	Monotone	0.0188	0.002136	0.009116	0.3507
8	Gau-New	0.0173	0.001500		0.1318
9	Gau-New	0.0171	0.000206		0.0441
10	Gau-New	0.0171	0.0000215		0.0128
11	Gau-New	0.0171	1.7943E-6		0.003692

Convergence criteria are satisfied.

Shape = TRIANGLE 表示数据矩阵为下三角矩阵；Condition = MATRIX 时一般取每个数据矩阵为一个分块，Level = ORDINAL，即每个数据分块使用最小二乘单调递增变换类型；Coef = IDENTITY，表示产生的矩阵为欧氏距离矩阵；Dimension = 2 规定在 MDS 过程中使用的维数为 2；Formula = 1 表示用未修正的平方和规范化每个方块；Fit = n，表示拟合数据的 n 次幂为距离的 n 次幂；Gconverge = 0.01，规定梯度收敛标准为 0.01；Maxiter = 100，规定最大迭代次数为 100；Over = 1，规定最大过度松弛因子为 1；Ridge = 0.0001，规定初始岭值为 0.0001。结果表明，经 11 次迭代，拟合劣度达到 0.0171，表明数据对模型的拟合是好的，收敛度是满意的。

宏程序 plotit 绘制的图形如图 16-1 所示。由图 16-1 可以看出，中国八大主要省会城市被分为 3 类：第 1 类是经济较发达城市上海、广州、北京和杭州，第 2 类是经济中等发达城市南京、天津，第 3 类是经济欠发达城市太原和兰州，第 1 类间比较集中。从第 1 维度方向上，主要反映居民的生活成本，可以看出中国居民生活成本高的城市上海和北京在最右侧，居民生活成本中等的城市南京和天津在中间，居民生活成本低的城市兰州和太原在最左侧。从第二维度方向上，很难给出明确的解释，可以猜测主要反映居民生活质量，南京最高，天津最低，上海与北京、广州比较接近，但各城市之间差异不是很大。

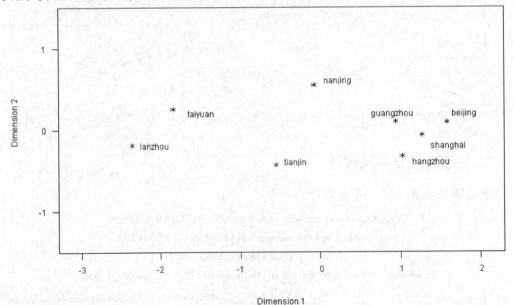

图 16-1 例 16-1 概念空间图

以下是对例 16-2 的分析结果及解释。

Multidimensional Scaling：Data = WORK. SASTJFX16_2. DATA

Shape = TRIANGLE Condition = MATRIX Level = ORDINAL

Coef = IDENTITY Dimension = 2 Formula = 1 Fit = 1

Mconverge = 0. 01 Gconverge = 0. 01 Maxiter = 100 Over = 2 Ridge = 0. 0001

		Badness- of-Fit	Change in	Convergence Measures	
Iteration	Type	Criterion	Criterion	Monotone	Gradient
0	Initial	0. 0265	.		.
1	Monotone	0. 005989	0. 0205	0. 0227	0. 7836
2	Gau-New	0. 003450	0. 002539	.	
3	Monotone	0. 002295	0. 001155	0. 002572	0. 5879
4	Gau-New	0. 001858	0. 000438	.	0. 0123
5	Gau-New	0. 001857	1. 4086E-7	.	0. 000225

Convergence criteria are satisfied.

结果表明，几种常见食物蛋白质氨基酸评分的相似性评价采用 MDS 过程，经 5 次迭代，拟合劣度达到 0. 001857，表明数据对模型的拟合是好的，收敛度是满意的。

由图 16-2 可以看出，几种常见食物蛋白质营养价值按氨基酸评分被分为 2 类：第 1 类是全鸡蛋、牛肉、全牛奶和鱼；第 2 类是大豆、精面粉、大米和土豆。从第 1 维度方向上，主要反映食物质量，可以看出营养价值高的食物全鸡蛋、牛肉、全牛奶和鱼在最右侧，营养价值一般的食物大豆、精面粉、大米和土豆在最左侧。从第 2 维度方向上，看不出非常明确的解释。

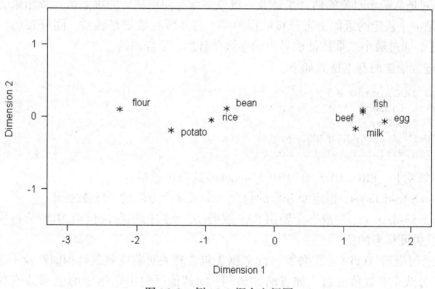

图 16-2　例 16-2 概念空间图

16.4　MDS 过程简介

多维尺度(MDS)分析用测量到的对象两两之间的距离来估计这组对象在给定维数空间中的坐标。各种模型都可以使用，包括计算距离的不同方法以及与实际数据有关的各种距离函数。MDS 过程拟合 2 ~ 3 个因子的度量型和非度量型多维尺度模型。

MDS 过程通过非线性最小二乘法来估计以下参数：

① 维系数（Dimension Coefficient）：来自加权欧氏空间模型，与个别差异模型有关。维系数与共同的、分组的欧氏距离空间的相乘后，就产生单个未加权的欧氏距离空间。维系数是对象权数的平方根。

② 相对位置（Configuration）：指每个对象在一维或多维欧几里得空间或加权欧氏空间内的坐标值。MDS 过程利用非线性最小二乘法（Nonlinear Least Squares）根据测量数据的距离资料来估计各坐标值。

③ 变换函数（Transformation Function）：指使数据和距离对应起来的线性、仿射或幂变换中的截距、斜率或指数。

根据选项 level = 的界定，变换函数可以是一个回归模型或测量模型。若函数的形式是回归模型，其模型如下：

$$fit(datum) = fit[trans(distance)] + error$$

若函数的形式是计量模型，其模型如下：

$$fit[trans(datum)] = fit(distance) + error$$

其中：

fit 为由选项 fit = 所规定的幂变换或对数变换，可自行选择。

trans 是由选项 level = 规定的的一种估计的线性变换、仿射变换、幂变换、单调递增或递减变换。

datum 是两个对象或刺激物之间的相似性及不相似性的量度。

distance 是从两个对象的估计坐标及一维或多维空间中估计的维系数计算出来的距离。

error 是一个假定的近似正态分布的误差项，且其所有数据是独立、同分布的。在这种假定的条件下，通过最小二乘估计法导出的参数估计值，是合理的。

MDS 过程语法的基本格式如下：

```
PROC MDS <options>;
VARvariables; INVAR variables;
ID |OBJECT variable;
MATRIX |MAX |SUBJECT |SUB variable;
WEIGHTvariables; BY variables;
```

【程序说明】　PROCMDS 语句中的"options"选项可包括：

DATA = SAS-data-set，指定要分析的包含一个或多个方阵的 SAS 数据集。

OUT = SAS-data-set，生成一个输出 SAS 数据集，该数据集默认包括 MDS 分析所有参数的估计及拟合劣度标准的值。

VAR 语句指定"DATA = 数据集"（此数据集包含有关对象或刺激物相似性及不相似性的量度）中的部分或全部数值变量。如省略此语句，则其他语句中未指定的全部数值变量都将被使用。

INVAR 语句指定"INITIAL = 数据集"中（此数据集包含初始参数估计）的数值变量名称，第 1 个变量对应于第 1 维，第 2 个变量对应于第 2 维；

ID 语句在包含对象描述标签的"DATA = 数据集"中指定一个变量，标签在打印输出结果及向"OUT = 数据集"复制时使用。

MATRIX 语句在包含数据矩阵或对象的描述标签的"DATA = 数据集"中指定一个变量，标签在打印输出结果及向"OUT = 数据集"和"OUTRES = 数据集"复制时使用。

　　WEIGHT 语句指定"DATA = 数据集"(此数据集包含有关对象或刺激物每个相似性及不相似性量度的权重)中的一些数值变量, 这些权重被用于计算加权最小二乘估计, WEIGHT 语句中变量的数目必须与 VAR 语句中变量的数目相同, 且两语句中变量出现的次序必须相同。如果省略了 WEIGHT 语句, 那么在一个分块内的所有数据的权重相同。

　　BY 语句与 PROC MDS 语句一起使用, 根据 BY 语句中变量的取值对观测结果进行分组单独分析, 当出现 BY 语句时, MDS 过程要求输入的 DATA 数据集要按照 BY 变量的顺序进行排序。

16.5　本章小结

　　研究者可通过多维尺度分析得到降维后的图示, 从而直观形象地描述资料, 也可以描述性地对变量或样品进行分类, 解释隐藏在数据背后的深层信息。其作用与因子分析相似, 但对数据的要求低于因子分析, 适用范围更广。但由于多维尺度分析的解不唯一, 所以即使距离模型拟合效果非常好, 其输出的概念空间图也可能与常规认识存在差异。

　　本章通过举例详细介绍了多维尺度分析的数据结构和 SAS 程序, 并对 SAS 程序和输出结果进行了简要解释, 概括介绍了多维尺度分析的基本概念和基本原理, 从不同角度全面阐述了多维尺度分析的基本理论和应用价值, 便于读者掌握其分析技巧, 并为解决实际问题提供帮助。

(赵铁牛　柳伟伟　高辉)

第4篇 样品与变量或原因与结果之间的关联性分析

第17章 定量资料对应分析

在因子分析中,既可以对变量进行分析(R型因子分析),也可以对样品进行分析(Q型因子分析)。然而,在很多情况下,研究者所关心的不仅仅是行或列本身之间的关系,而是行与列的相互关系,这就是因子分析等方法所没有达到的目的。

针对上述问题,20世纪70年代初,法国统计学家Jean-Paul Benzecri提出了对应分析方法,其名称是从法语"analyse des correspondence"翻译过来的。对应分析是以因子分析为基础,对原始数据采用适当的标度方法。采用R型和Q型分析相结合的方法,同时得到两方面的结果,即在同一因子平面上对变量和样品一起进行分类,从而揭示所研究的样品和变量间的内在联系。本章主要介绍用SAS软件中的CORRESP过程对数据进行对应分析。

17.1 问题与数据结构

17.1.1 实例

【例17-1】 众所周知,疾病与人的基因型密切有关,而不同民族人群中各种基因出现的频率不尽相同。表17-1是某研究者收集到的资料,试分析各种基因频率与民族之间的关系。各民族下面的小数是各行上的基因出现的频率。

表17-1 不同民族的各种基因出现的频率

基因型 (JY)	频 率				基因型 (JY)	频 率			
	藏族 (Z)	尼泊尔 (N)	印度 (Y)	汉族 (H)		藏族 (Z)	尼泊尔 (N)	印度 (Y)	汉族 (H)
A1	0.0308	0.018	0.119	0.0149	B38	0.0465	0.047	0.003	0.0015
A2	0.3333	0.107	0.148	0.3492	B39	0.0102	0	0.009	0.0176
…	…	…	…	…	…	…	…	…	…
B37	0.0102	0.018	0.009	0.0067	C8	0.005	0	0.004	0.0027

17.1.2 对数据结构的分析

表17-1列出了4个民族的若干个基因型的出现频率。通常,可以将民族视为样品,将基

因型视为变量,即研究者抽查了 4 个民族的人群,观测各民族中多种基因出现的频率。那么,此资料就是单组设计多元定量资料。当然,对于后面进行的对应分析而言,样品和变量地位相同,所以,为方便表达资料,也可将基因型视为样品,将民族视为变量。这样,在绘制表 17-1 时,就可以将种类比较多的基因型放置在表格左边,而将种类较少的民族放在表格的上方,节省篇幅。

17.1.3 分析目的与统计分析方法的选择

目的一:若希望以低维空间图形的形式展现不同对象间的差异性或相似性,可采用多维尺度分析。

目的二:若希望以低维空间图形的形式展现样品与观测指标之间的关系,可选用对应分析。

17.2 定量资料对应分析简介

17.2.1 概述

对应分析,也称相应分析,是列联表资料的加权主成分分析,是寻求列联表的行变量与列变量之间联系的低维图示法。它是多元统计分析中一种探索性的分析方法。在 Jean-Paul. Benzecri 提出对应分析之初,该法并未引起学界的关注,直到 1974 年 MO Hill 在 *Applied Statistics* 杂志上以《相应分析———一种被忽视的多元分析方法》为题,再度介绍了该法及其优点之后才引起人们的兴趣。从此,对应分析在地质、农林、海洋、医药等各领域的科学研究中,成为常用的多元统计分析方法。它主要能解决以下两方面的问题:

一是根据 R 型和 Q 型分析的内在联系,可将指标(变量)和样品同时反映到具有相同坐标轴(因子轴)的图形上,便于对问题进行分析,从而揭示指标与样品之间的联系。

二是对应分析从 R 型因子分析出发,能直接获得 Q 型因子分析的结果,从而克服了由于样品容量大,作 Q 型分析所带来的计算上的困难。

根据资料类型的不同,可将对应分析分为定量资料对应分析和定性资料对应分析两类。本章主要介绍如何借助 SAS 软件实现定量资料对应分析,而借助 SAS 软件实现定性资料对应分析将在第 18 章介绍。

17.2.2 定量资料对应分析的基本原理

对应分析的关键是利用一种数据变换方法,使含有 n 个样品 m 个变量的原始数据矩阵 $X = (x)_{nm}$,通过对应变换及标准化后形成另一个矩阵 $Z = (z)_{nm}$,通过这个过渡矩阵 Z 将变量与样品有机地结合起来,具体地说,首先给出变量间的协差阵 $S_R = Z'Z$,和样品间的协差阵 $S_Q = ZZ'$。这时有 $Z'Z$ 的特征根为 $\lambda_1 \geqslant \lambda_2 \geqslant \cdots \geqslant \lambda_m$;由于 $Z'Z$ 与 ZZ' 有相同的非零特征值,$Z'Z$ 相应的特征向量为 v_1,v_2,$\cdots$,v_m,则 ZZ' 相应的特征向量 u_1,u_2,$\cdots$,u_n 与 $Z'Z$ 的特征向量的关系为

$$u_i = \frac{1}{\sqrt{\lambda_i}} Zv_i$$

对最大的 m 个特征值得因子载荷阵,就可以很方便地借助 R 型因子分析而得到 Q 型因子

分析的结果。其 R 型与 Q 型的因子载荷阵如下：

$$A_{\mathrm{R}} = \begin{pmatrix} v_{11}\sqrt{\lambda_1} & v_{12}\sqrt{\lambda_2} & \cdots & v_{1m}\sqrt{\lambda_m} \\ v_{21}\sqrt{\lambda_1} & v_{22}\sqrt{\lambda_2} & \cdots & v_{2m}\sqrt{\lambda_m} \\ \vdots & \vdots & \ddots & \vdots \\ v_{p1}\sqrt{\lambda_1} & v_{p2}\sqrt{\lambda_2} & \cdots & v_{pm}\sqrt{\lambda_m} \end{pmatrix}$$

$$A_{\mathrm{Q}} = \begin{pmatrix} u_{11}\sqrt{\lambda_1} & u_{12}\sqrt{\lambda_2} & \cdots & u_{1m}\sqrt{\lambda_m} \\ u_{21}\sqrt{\lambda_1} & v_{22}\sqrt{\lambda_2} & \cdots & u_{2m}\sqrt{\lambda_m} \\ \vdots & \vdots & \ddots & \vdots \\ u_{n1}\sqrt{\lambda_1} & u_{n2}\sqrt{\lambda_2} & \cdots & u_{nm}\sqrt{\lambda_m} \end{pmatrix}$$

由于 S_{R} 与 S_{Q} 有相同的非零特征根，而这些特征根又正是在因子分析中各个公共因子的方差，因此可以用相同的因子轴同时表示变量点和样品点，即把变量点和样品点同时反映在具有相同坐标轴的因子平面上，以便对变量点和样品点一起考虑进行分析。

17.2.3　定量资料对应分析的实施步骤

设有 n 个样品，每个样品有 p 个观测指标，则原始数据阵为

$$X = \begin{pmatrix} x_{11} & x_{12} & \cdots & x_{1p} \\ x_{21} & x_{22} & \cdots & x_{2p} \\ \vdots & \vdots & \ddots & \vdots \\ x_{n1} & x_{n2} & \cdots & x_{np} \end{pmatrix}$$

对 X 进行对应分析的过程如下：

① 通过 X 首先计算出对应矩阵 P 及对应变换后的新的矩阵 Z。其中，计算对应矩阵 P 的公式为 $P = \dfrac{1}{T}X$，T 为数据矩阵 X 中所有元素的和。那么 P 中的各个元素 p_{ij} 为 $p_{ij} = \dfrac{1}{T}x_{ij}$ （$i = 1,\cdots,n; j = 1,\cdots,p$）。对应变换后的新的矩阵 Z 的计算公式如下：

$$z_{ij} = \frac{p_{ij} - p_{i\cdot}p_{\cdot j}}{\sqrt{p_{i\cdot}p_{\cdot j}}} = \frac{x_{ij} - x_{i\cdot}x_{\cdot j}/T}{\sqrt{x_{i\cdot}x_{\cdot j}}} \quad (i = 1,\cdots,n; j = 1,\cdots,p)$$

② 计算行轮廓分布（或行形象分布），其公式如下：

$$R = \left(\frac{x_{ij}}{x_{i\cdot}}\right)_{n\times p} = \left(\frac{p_{ij}}{p_{i\cdot}}\right)_{n\times p}$$

R 矩阵由 X 矩阵或对应阵 P 的每一行除以行和得到，其目的在于消除各样本点出现概率不同的影响。

③ 计算列轮廓分布（或行形象分布），其公式如下：

$$C = \left(\frac{x_{ij}}{x_{\cdot j}}\right)_{n\times p} = \left(\frac{p_{ij}}{p_{\cdot j}}\right)_{n\times p}$$

C 矩阵由 X 矩阵或对应阵 P 的每一列除以列和得到，其目的在于消除各变量点出现概率不同的影响。

④ 计算总惯量和 χ^2 统计量，其计算方法如下：

先计算不同样品点的 χ^2 距离，$D^2(k,l) = \sum\limits_{j=1}^{p}\left(\dfrac{p_{kj}}{p_{k\cdot}} - \dfrac{p_{lj}}{p_{l\cdot}}\right)^2 / p_{\cdot j}$，然后根据此公式将 n 个样品

点(即行点)到重心 c 的加权平方距离的总和定义为行轮廓点集 $N(R)$ 的总惯量 Q,其计算公式如下:

$$Q = \sum_{i=1}^{n} p_i \cdot D^2(i,c) = \sum_{i=1}^{n} p_i \cdot \sum_{j=1}^{p} \frac{1}{p_{\cdot j}}\left(\frac{p_{ij}}{p_{i\cdot}} - p_{\cdot j}\right)^2$$

$$= \sum_{i=1}^{n} \sum_{j=1}^{p} \frac{p_{i\cdot}}{p_{\cdot j}} \cdot \frac{(p_{ij} - p_{i\cdot}p_{\cdot j})^2}{p_{i\cdot}^2} = \sum_{i=1}^{n} \sum_{j=1}^{p} \frac{(p_{ij} - p_{i\cdot}p_{\cdot j})^2}{p_{i\cdot}p_{\cdot j}} = \sum_{i=1}^{n} \sum_{j=1}^{p} z_{ij}^2 = \chi^2/T$$

其中,χ^2 统计量是检验行点和列点是否互不相关的检验统计量,χ^2 统计量计算公式为

$$\chi^2 = T\sum_{i=1}^{n} \sum_{j=1}^{p} z_{ij}^2 = \mathrm{Ttr}(Z'Z) = \mathrm{Ttr}(S_R) = \mathrm{Ttr}(S_Q)$$

⑤ 通过求 $S_R = Z'Z$ 的特征值和标准化特征向量来对矩阵 Z 进行奇异值分解,设 S_R 的特征值为 $\lambda_1 \geqslant \lambda_2 \geqslant \cdots \geqslant \lambda_m > 0$,其相应的标准化特征向量为 $v_1, v_2, \cdots, v_m$。由特征值计算出累计贡献率,其公式为 $\dfrac{\lambda_1 + \lambda_2 + \cdots + \lambda_l}{\lambda_1 + \lambda_2 + \cdots + \lambda_l + \cdots + \lambda_m}$,其中,$l$ 是当累计贡献率大于或等于 0.8 时确定的,$l(l \leqslant m)$ 的值为所取公共因子的个数,Z 的奇异值 $d_j = \sqrt{\lambda_j}$。

⑥ 计算行轮廓的坐标 G 和列轮廓的坐标 F,其计算公式如下:

$$F = \begin{pmatrix} \dfrac{d_1}{\sqrt{p_{\cdot 1}}}v_{11} & \dfrac{d_2}{\sqrt{p_{\cdot 1}}}v_{12} & \cdots & \dfrac{d_m}{\sqrt{p_{\cdot 1}}}v_{1m} \\ \dfrac{d_1}{\sqrt{p_{\cdot 2}}}v_{21} & \dfrac{d_2}{\sqrt{p_{\cdot 2}}}v_{22} & \cdots & \dfrac{d_m}{\sqrt{p_{\cdot 2}}}v_{2m} \\ \vdots & \vdots & \ddots & \vdots \\ \dfrac{d_1}{\sqrt{p_{\cdot p}}}v_{p1} & \dfrac{d_2}{\sqrt{p_{\cdot p}}}v_{p2} & \cdots & \dfrac{d_m}{\sqrt{p_{\cdot p}}}v_{pm} \end{pmatrix}$$

$$G = \begin{pmatrix} \dfrac{d_1}{\sqrt{p_{1\cdot}}}u_{11} & \dfrac{d_2}{\sqrt{p_{1\cdot}}}u_{12} & \cdots & \dfrac{d_m}{\sqrt{p_{1\cdot}}}u_{1m} \\ \dfrac{d_1}{\sqrt{p_{2\cdot}}}u_{21} & \dfrac{d_2}{\sqrt{p_{2\cdot}}}u_{22} & \cdots & \dfrac{d_m}{\sqrt{p_{2\cdot}}}u_{2m} \\ \vdots & \vdots & \ddots & \vdots \\ \dfrac{d_1}{\sqrt{p_{n\cdot}}}u_{p1} & \dfrac{d_2}{\sqrt{p_{n\cdot}}}u_{p2} & \cdots & \dfrac{d_m}{\sqrt{p_{n\cdot}}}u_{nm} \end{pmatrix}$$

在这里,行轮廓的坐标 G 和列轮廓的坐标 F 的定义与 Q 型和 R 型因子载荷矩阵稍有差别。在 SAS 软件的 CORRESP 过程中提供了行和列坐标的多种定义,可根据需要进行选择,上述定义是一般常用的坐标定义。G 的前两列包含了数据最优二维表示中的各对行点(样品点)的坐标,而 F 的前两列则包含了数据最优二维表示中的各对列点(变量点)的坐标。

⑦ 在同一个二维平面上用行轮廓的坐标 G 和列轮廓的坐标 F 绘制出各点的平面图。这样就把 n 个行点(样品点)和 p 个列点(变量点)在同一个平面坐标系中表现出来。在图中各行点或列点的欧氏距离与原始数据中各行或列轮廓之间的加权距离是相对应的,但需要注意的是,行轮廓点与对应的列轮廓点之间无直接的距离关系。

⑧ 根据对总惯量 Q 和 χ^2 统计量的分解,对样品点和变量点进行分类,并结合专业知识对各类进行解释。

17.3　定量资料对应分析的应用

17.3.1　SAS 程序

借助 SAS 软件对例 17-1 资料进行分析。先读取存在 D 盘"SASTJFX"文件夹下的数据文件 data17_1. dat，其格式为 44 行 5 列的数据矩阵，然后进行对应分析，SAS 程序如下（程序名为 SASTJFX17_1. SAS）：

```
data SASTJFX17_1;
infile 'd:\SASTJFX\data17_1.dat';
input jy $ Z N Y H;
run;
ods html;
PROC CORRESP OUTC = CCC;
VAR Z N Y H;
ID JY;
RUN;
ods html close;
% plotit(data = ccc, datatype = corresp, tsize = 0.5,
          color = 'black', href = 0, vref = 0)
```

17.3.2　主要分析结果及解释

Inertia and Chi-Square Decomposition

Singular Value	Principal Inertia	Chi-Square	Cumulative Percent	Percent	8　16　24　32　40 ----+----+----+----+----+---
0.42302	0.17895	1.83072	41.61	41.61	************************************
0.39266	0.15418	1.57736	35.85	77.46	************************
0.31137	0.09695	0.99184	22.54	100	**************
Total	0.43007	4.39992	100		

Degrees of Freedom = 129

以上是对所得的特征值矩阵 S_R 进行分析所得的特征值（见第 2 列）。将根据前两个较大的特征值分别算出与样品（基因型）和变量（民族）对应的特征向量。

Column Coordinates

	Dim1	Dim2
Z	−0.2025	0.0083
N	0.3658	−0.5460
Y	0.4529	0.5754
H	−0.5915	0.0430

以上是每个列变量在 2 个公因子上的负荷，在以 dim_1 与 dim_2 作为横、纵轴的直角坐标系内，每个变量就是一个点，如 Z（藏族）点的坐标为（−0.2025，0.0083）。显然，Z（藏族）、H（汉族）两点在第 2 象限内；N（尼泊尔）点在第 4 象限内、Y（印度）点在第 1 象限内。这 4 个点中任何两点之间的欧氏距离如下：

两民族间	Z—N	Z—Y	Z—H	N—Y	N—H	Y—H
欧氏距离	0.794	0.867	0.391	1.125	1.124	1.172

　　显然，藏族与汉族之间的距离最短，说明这两个民族在多数基因的出现频率上具有较高的正相关关系。计算公式如下：

$$D(A - B) = \sqrt{(a_1 - a_2)^2 + (b_1 - b_2)^2}$$

其中，$D(A - B)$ 代表 A、B 两个民族间的距离，A、B 两点的坐标分别为 (a_1, b_1)、(a_2, b_2)。

Summary Statistics for the Column Points

	Quality	Mass	Inertia
Z	0.1413	0.2629	0.1777
N	0.9737	0.2630	0.2713
Y	0.9815	0.2274	0.2888
H	0.7697	0.2468	0.2622

　　Quality 为每个变量上 2 个公因子贡献率之和，此值接近于 1，表明对应的变量信息由 2 个公因子就可很好地反映出来；Mass 为原始数据中各列数据之和占总合计的百分比；Inertia 为每个变量对总特征值 0.43007 贡献的比例，后 3 个民族对它的贡献的百分比十分接近。

Partial Contributions to Inertia
for the Column Points

	Dim1	Dim2
Z	0.0602	0.0001
N	0.1967	0.5086
Y	0.2606	0.4883
H	0.4825	0.0030

　　以上是每个公因子上每个变量的贡献率，各列数值之和为 1。显然，汉族对第 1 公因子贡献最大；尼泊尔、印度这两个民族对第 2 公因子贡献最大。

Indices of the Coordinates that Contribute
Most to Inertia for the Column Points

	Dim1	Dim2	Best
Z	0	0	1
N	2	2	2
Y	2	2	2
H	1	0	1

　　以上是各变量的坐标对特征值贡献最多的标志，贡献少、中、多分别用 0、1、2 来表示。

Squared Cosines for the Column Points

	Dim1	Dim2
Z	0.1411	0.0002
N	0.3016	0.6721
Y	0.3754	0.6060
H	0.7657	0.0040

以上是每个变量上两个公因子各自的贡献率，各行数值之和近似为1，因为只用了2个主要的公因子，与最小特征值0.09695对应的公因子的贡献未给出，故少了一点信息。由各行数值可看出，尼泊尔、印度这两个民族的信息几乎完全可由这2个公因子反映出来，而藏族的信息则不能很好地由这2个公因子来反映。

同理，可以解释关于行变量(本例为基因型)的类似输出结果。因这部分结果占篇幅太多，此处从略，仅给出扼要的说明(实际上是本例的专业结论)如下。

B46、C3对第1公因子贡献最大；B48、C6对第2公因子贡献最大。

绘制本资料的对应分析图，结果如图17-1所示。

由图17-1及上面关于"Column Coordinates"部分的解释可知，藏族与汉族接近主要表现在B46与C3两种基因型上有较高的一致性(因为这4点都落在第2象限内、且距离很近，指Z、H、B46、C3)；而尼泊尔族与印度族接近主要表现在B48与C6两种基因型上有较高的一致性(因为这4点中有3点落在第4象限内、且距离较近，指N、B48、C6)。

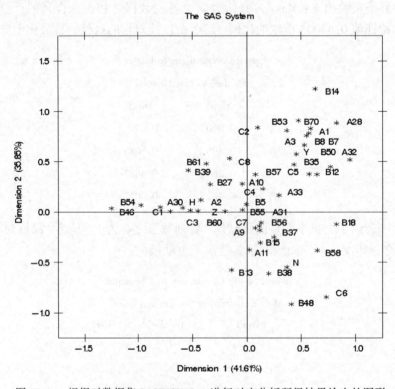

图17-1　根据对数据集SASTJFX17_1进行对应分析所得结果绘出的图形

17.4　本章小结

本章介绍了定量资料对应分析的原理及计算步骤，并列举了用SAS实现定量资料对应分析的应用实例。在应用中应正确掌握对应分析的数据结构，以便能用SAS软件对其进行正确分析，并结合实际情况及专业知识对其结果给出正确解释。

（葛毅　高辉）

第 18 章　定性资料对应分析

第 17 章介绍了定量资料对应分析的基本原理及如何借助 SAS 软件实现定量资料对应分析。本章主要介绍如何用 SAS 软件中的 CORRESP 过程实现定性资料对应分析。

18.1　问题与数据结构

18.1.1　实例

【例 18-1】　某研究将 4 种止痛药分别用于 121 名住院病人，并观察各药的疗效，具体数据见表 18-1。试探讨药物与效果的对应关系。

表 18-1　121 名住院病人使用 4 种止痛药的效果

药品种类	例数（人）				
	疗效: 差	尚可	好	很好	极好
A	5	1	10	8	6
B	5	3	3	8	12
C	10	6	12	3	0
D	7	12	8	1	1

【例 18-2】　一项有关母婴的调查研究，对母亲的年龄、是否吸烟及其婴儿的情况进行了调查，其数据见表 18-2。请分析婴儿情况与母亲情况的对应关系。

表 18-2　母婴情况的调查数据

母亲年龄	是否吸烟	例数（人）			
		早　产		足　月	
		1 年内死亡	1 年后存活	1 年内死亡	1 年后存活
年轻	否	50	315	24	4012
	是	9	40	6	459
年长	否	41	147	14	1594
	是	4	11	1	124

18.1.2　对数据结构的分析

对于例 18-1 的资料，由表 18-1 可知，该资料为定性资料，且原因变量和结果变量各为 1 个。原因变量为多值名义变量，结果变量"疗效"是多值有序变量。所以，该资料是结果变量为多值有序变量的二维列联表资料。

对于例 18-2 的资料，由表 18-2 可知，该资料也是定性资料，但原因变量有 3 个：母亲年龄、是否吸烟和是否早产。结果变量是婴儿 1 年内状态（死亡或存活），是一个二值变量。所以，该资料是结果变量为二值变量的四维列联表资料。

18.1.3　分析目的与统计分析方法的选择

对例 18-1 的资料，若要分析不同药物种类组间结果变量的构成是否相同，可选择 χ^2 检验或 Fisher 精确检验；若要分析不同药物种类组间的疗效是否相同，可选择秩和检验或 Ridit 检验；若要探讨药物与疗效之间的对应关系，则需采用对应分析。

对例 18-2 的资料，若要分析各原因变量对结果变量的影响是否有统计学意义，可选择 CMHχ^2 检验、对数线性模型或多重 Logistic 回归分析；若要探讨药物与疗效之间的对应关系，则需采用对应分析；若要分析婴儿情况与母亲情况的对应关系，则需采用对应分析。

18.2　定性资料对应分析内容简介

由 17.2.2 节内容可知，其所采取的变量变换方法不仅适用于单组设计多元定量资料，也适合于二维列联表资料，甚至适合于伪二维列联表(也称 Burt 表，即表的左侧可以由多个定性变量依次由上到下分列出来，表头上可以由多个定性变量依次由左到右分列出来)资料。所以，定量资料对应分析与定性资料对应分析在本质上是一回事，其原理不再赘述。

18.3　定性资料对应分析的应用

18.3.1　SAS 程序

对例 18-1 的资料，用"DRUG"代表药物的种类，用"e"、"d"、"c"、"b"、"a"分别代表"差"至"极好"的疗效，SAS 程序如下(程序名为 SASTJFX18_1. SAS)：

```
data SASTJFX18_1;
  input drug $2.  e d c b a;
  cards;
A  5   1   1   0  8
B  5   3   3   8  12
C  10  6   12  3  0
D  7   12  8   1  1
;
ods html;

proc corresp all data = SASTJFX18_1
  outc = Coor;
  var a b c d e;
  id drug;
run;
% plotit(data = Coor, datatype = cor-
resp, color = 'black', href = 0, vref
=0);
ods html close;
```

对例 18-2 的资料，在对其进行对应分析时应先将其行变量(母亲情况)与列变量(婴儿情况)定义出来。SAS 程序如下(程序名为 SASTJFX18_2. SAS)：

```
data SASTJFX18_2;
  input c1 - c4;
  length rowid $12.;
  select(_n_);
  when(1) rowid = 'Young NS';
  when(2) rowid = 'Young Smoker';
  when(3) rowid = 'Old NS';
  when(4) rowid = 'Old Smoker';
  end;

41  147  14  1594
 4   11   1   124
;
run;
ods html;
proc corresp data = SASTJFX18_2 out
 = coor;
  var c1 - c4;
  id rowid;
```

```
    label c1 = 'Prem Died' c2 = 'Prem              run;
    Alive' c3 = 'FT Died'                          %plotit (data = coor, datatype = cor-
    c4 = 'FT Alive';                               resp, tsize = 0.8, color = black);
  cards;                                           ods html close;
  50  315  24  4012
    9   40   6   459
```

以上程序中在 DATA 步中先用 SELECT 语句对行变量进行定义，然后用 label 语句对列变量 c1 ~ c4 进行定义。

18.3.2　主要分析结果及解释

用 SAS 软件对例 18-1 进行对应分析的结果及其解释摘录如下。

Inertia and Chi-Square Decomposition

Singular Value	Principal Inertia	Chi-Square	Percent	Cumulative Percent	16 32 48 64 80 ----+----+----+----+----+---
0.55197	0.30467	36.8647	78.32	78.32	**************************
0.27810	0.07734	9.3583	19.88	98.20	******
0.08376	0.00701	0.8488	1.80	100.00	*
Total	0.38902	47.0718	100.00		

Degrees of Freedom = 12

以上是对矩阵 S_Q 进行分析所得的特征值(见第 2 列)。前两个特征值计算出累计贡献率已达 98.2%，可以认为前两维解释了总惯量的 98.2%。

Row Coordinates

	Dim1	Dim2
A	-0.3493	-0.3012
B	-0.7040	0.2460
C	0.4549	-0.2480
D	0.6277	0.3137

Column Coordinates

	Dim1	Dim2
a	-0.9456	0.2761
b	-0.5829	-0.1567
c	0.2676	-0.2986
d	0.6423	0.4435
e	0.2467	-0.0746

以上两个表分别是行变量(不同药物)与列变量(治疗效果)的坐标，以此绘制的平面图如图 18-1 所示。

从图 18-1 可以看出，药物 B 与效果"极好"之间关系密切，可以归为一类；药物 A 与效果"很好"可以归为一类；药物 D 与效果"尚可"可以归为一类。说明 A、B 两药的治疗效果比较明显。

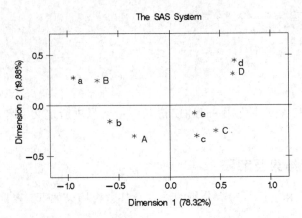

图 18-1　根据对数据集 SASTJFX18_1 进行对应分析所得结果绘出的图形

用 SAS 软件对例 18-2 进行对应分析的结果及其解释摘录如下：

Inertia and Chi-Square Decomposition

Singular Value	Principal Inertia	Chi-Square	Percent	Cumulative Percent	18　36　54　72　90 ----+----+----+----+---
0.05032	0.00253	17.3467	90.78	90.78	************************
0.01562	0.00024	1.6708	8.74	99.52	**
0.00365	0.00001	0.0914	0.48	100	
Total	0.00279	19.109	100		

Degrees of Freedom = 9

以上是对矩阵 S_R 计算所得的特征值（见第 2 列）。前两个特征值计算出累计贡献率已达 99.52%，可以认为前两维解释了总惯量的 99.52%。

Row Coordinates

	Dim1	Dim2
Young NS	−0.0370	−0.0019
Young Smoker	0.0427	0.0523
Old NS	0.0703	−0.0079
Old Smoker	0.1042	−0.0316

Column Coordinates

	Dim1	Dim2
Prem Died	0.3504	−0.0450
Prem Alive	0.0595	−0.0010
FT Died	0.2017	0.1800
FT Alive	−0.0123	−0.0005

以上两个表分别是行变量（母亲情况）与列变量（婴儿情况）的坐标，以此绘制的平面图如图 18-2 所示。

从图 18-2 中可以看出年轻非吸烟母亲与足月 1 年后婴儿存活关联比较密切，而年龄偏大的母亲似乎与早产关系密切，吸烟似乎也与早产有关。如果将足月 1 年后存活的数据不考虑，只是列变量的前 3 项加以考虑，即非正常妊娠婴儿与母亲的年龄和吸烟情况的关系进行对应分析，将程序中"var c1-c4；"改为"var c1 c2 c3；"其结果如下：

Inertia and Chi-Square Decomposition

Singular Value	Principal Inertia	Chi-Square	Percent	Cumulative Percent	17　34　51　68　85 ----+----+----+----+---
0.10474	0.01097	7.26238	83.14	83.14	*************************
0.04716	0.00222	1.47239	16.86	100.00	*****
Total	0.01319	8.73477	100.00		

Degrees of Freedom = 6

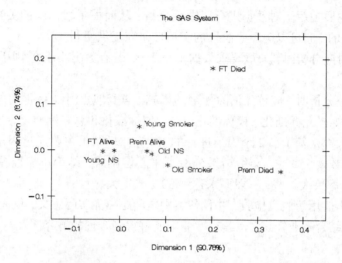

图 18-2　根据对数据集 SASTJFX18_2 进行对应分析所得结果绘出的图形

以上说明这两个特征根的累积贡献率为 100%，用二维图形可以充分显示行变量与列变量的关联性。绘制对应分析图如图 18-3 所示，可以看出年轻吸烟母亲与婴儿足月 1 年后死亡关系密切，而年龄偏大母亲与早产密切相关，特别是年龄偏大并吸烟的母亲与婴儿早产 1 年后死亡关系密切。

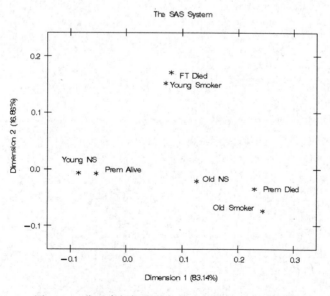

图 18-3　非正常妊娠婴儿与母亲情况的对应分析图

　　由此，可以得出专业结论：年龄偏大容易导致婴儿早产，母亲吸烟易于导致婴儿 1 年后死亡。

18.4　本 章 小 结

　　本章介绍了如何用 SAS 软件实现定性资料对应分析的一些应用实例。在应用中，还应注意下列问题：

　　① 对应分析主要是用于对数据进行探索性分析，从而揭示数据间的关系，而不是用来进行试证与检验假设的，它可以为后一阶段的实证性研究提供便利。

　　② 定性资料对应分析时，一般要求数据不小于 0，若有数据小于 0，则所有数据加上同一适当的常数即可。

　　③ 在进行对应分析时，应首先消除量纲的影响。实际应用中，最常用的方法是对原始数据作标准化处理，如极差标准化、模标准化、最大值标准化和总和标准化。

　　④ 对应分析大都是基于前 2 个因子进行的（对应分析结果主要通过因子得分投影图来显示，若入选因子个数大于 2 时，会给结果分析带来一定困难，结论可靠性差），这就要求前 2 个因子的累积贡献率要大一些，一般要求达到 80% 或更大。

　　⑤ 对应分析不能用于假设检验，并且各类别之间距离无实际意义，仅表示相对密切关系。因此，下结论时要结合专业知识，使其在专业上能够得到合理的解释。

（葛毅　高辉）

第 19 章　Shannon 信息量分析

Claude E. Shannon 于 1948 年发表了论文《通信的数学理论》，给出了信息量度量的数学公式，奠定了现代信息论的基础。按 Shannon 方式发展起来的信息论统称为狭义信息论，而按其他方式发展起来的信息论均称为广义信息论。半个多世纪以来，信息论理论不断丰富和完善，在自然科学各领域中得到了广泛的应用。本章阐述 Shannon 信息量的原理及其在二维列联表资料统计分析中的应用。

19.1　问题与数据结构

19.1.1　实例

【例 19-1】　动物栖息环境的多样性是动物生存进化的条件，要想对动物资源进行保护和开发，就必须进行种群在各种环境下密度的调查，以便获得种群在各种环境下的信息。表 19-1 是秦岭西部山区林麝种群的调查资料。试对不同海拔及不同植被类型动物种群的分布情况进行分析。

表 19-1　林麝种群数量统计表

海拔(m)	林麝种群数量			
植被类型：	原生林	次生乔木林	次生灌木林	合计
500～1000	69	38	26	133
1000～1500	104	79	42	225
1500～2000	216	165	115	496
2000～2500	128	54	28	210
合计	517	336	211	1064

【例 19-2】　在大的繁育群体(孟德尔群体)中，往往有多种基因型(或表型)并存的现象，称为遗传多态性或遗传多型性。遗传多态性是群体适应环境能力大小的表现，只有这样才能保障种内的进化。例如，人类的 MN 血型，基因型和表型是一致的，共有 MM、NM 和 NN 3 种。表 19-2 是人类不同类群中 MN 血型的基因型频率。试对不同类群中 MN 血型的基因型分布情况进行分析。

表 19-2　人类不同类群中 MN 血型的基因型频率结果

类群	基因型频率		
	MM	MN	NN
爱斯基摩人	0.83357	0.15886	0.00757
澳大利亚土著人	0.03097	0.29005	0.67898
埃及人	0.27353	0.49894	0.22753
德国人	0.30250	0.49500	0.20250
中国人	0.33062	0.48875	0.18063
尼日利亚人	0.30031	0.49539	0.20430

19.1.2　对数据结构的分析

例 19-1 的资料是以 $R \times C$ 二维列联表的形式给出的，共涉及两个定性变量，且不区分变量的地位(原因或结果)。横标目上的变量(以下简称行变量)——"海拔"为多值有序变量，纵标目上的变量(以下简称列变量)——"植被类型"为多值名义变量。

例 19-2 的资料是同样是一个 $R \times C$ 二维列联表，共涉及两个定性变量，行变量"类群"和列变量"MN 血型"均为多值名义变量，其中前者为原因变量，后者为结果变量。

19.1.3　统计分析目的与分析方法的选择

以上两个问题的研究目的均为评价分组变量不同水平下的频数分布情况，可以采用 Shannon 信息量分析法。Shannon 信息量(信息熵)可以作为有限个状态的离散型随机变量的分布均匀性的度量，其相关原理参见 19.2.2 节。此法似乎与处理二维列联表资料的一般 χ^2 检验或 Fisher 的精确检验的作用类似，但却有区别。Shannon 信息量法关心的是横向中某些行与纵向上某些列之间有密切关联，而一般 χ^2 检验或 Fisher 的精确检验关心的是各行上的频数分布规律是否相同。事实上，Shannon 信息量法与定性资料对应分析希望达到的目的是相同的，它们之间的区别在哪里，请读者自己归纳和总结。

19.2　Shannon 信息量分析内容简介

19.2.1　概述

现在几乎人人都听说过"信息"这一名词，但信息是什么？人们并不一定能给出确切的解释。早年的"信息"与"消息"是同义词，而现今人们通常把信息看作由语言、文字、图像表示的新闻、消息或情报。信息是人类认识世界、改造世界的知识源泉。人类社会发展的速度，在一定程度上取决于人类对信息利用的水平。信息、物质和能量被称为构成系统的三大要素。系统的状态往往具有多样性，如生物多样性、环境多样性，人类社会活动的多样性等。信息是人们在认识多样性问题中所获得知识的反映，而知识总是和事物存在的多种状态及每个状态发生的可能性(随机性)有关。信息论中的信息是描述系统状态多样性丰富度的一个概念。信息量是指信息含量的多少，它用来定量地描述信息。信息的获得是与情况的不确定度的减少相联系的。信息获得越多，不确定度越少，信息获得足够时，不确定度为零。

19.2.2　Shannon 信息量分析的基本原理

1. Shannon 信息量

在热力学中，熵是系统无序度大小的度量。1948 年，Shannon 把熵的概念引入到信息论中，他所定义的信息熵，实际上就是平均信息量。熵是系统的无序度的度量，而获得信息却使不确定度(熵)减少。

对于只取有限个状态的随机变量 $X = (x_1, x_2, \cdots, x_n)$，形成了一个状态空间，其状态称为信息符号。信息符号 x_i 出现的概率为 $P_i(i = 1, 2, \cdots, n)$，即 X 的概率向量为 $\boldsymbol{P} = (P_1, P_2, \cdots, P_n)$。包含信息符号出现概率的状态空间，称为信源，一般用以下方式表示：

$$[\boldsymbol{X}, \boldsymbol{P}] \text{ 或 } X : \begin{pmatrix} x_1, x_2, \cdots, x_n \\ p_1, p_2, \cdots, p_n \end{pmatrix} \tag{19-1}$$

式中，$P_i \geq 0$，$\sum\limits_{i=1}^{n} P_i = 1$。

可以证明，信息符号 x_i 的信息量是其概率的单调递减函数 $f(P_i)$，即

$$f(P_i) = -\log_b P_i \tag{19-2}$$

式中，b 的取值决定了信息量的单位，$b = 2$、e、10，信息量的单位分别为 bit(比特)，nat(奈特)和 hart(哈特)。它们的换算关系为

$$1\text{hart} = 3.32\text{bit}, \quad 1\text{nat} = 1.44\text{bit}$$

如何定义式(19-1)中的整个信息量呢？Shannon 的定义为各信息符号信息量的平均信息量(即信息熵)，用 $S(\boldsymbol{X})$ 表示为

$$S(\boldsymbol{X}) = -\sum_{i=1}^{n} P_i \log_b P_i \tag{19-3}$$

通常情况下，均采用 nat 为单位，即

$$S(\boldsymbol{X}) = -\sum_{i=1}^{n} P_i \ln P_i \tag{19-4}$$

由式(19-2)~式(19-4)可以看出，Shannon 信息量仅与信源的概率向量 $\boldsymbol{P} = (P_1, P_2, \cdots, P_n)$ 有关，而与信息符号的具体状态获取值无关。

例如，设有 5 个状态 A、B、C、D 和 E，对应的概率分别为 1/2、1/4、1/8、1/16 和 1/16，组成信源

$$\begin{pmatrix} \text{A}, & \text{B}, & \text{C}, & \text{D}, & \text{E} \\ \dfrac{1}{2}, & \dfrac{1}{4}, & \dfrac{1}{8}, & \dfrac{1}{16}, & \dfrac{1}{16} \end{pmatrix}$$

试求该信源的信息熵。

利用式(19-4)，有

$$S(\boldsymbol{X}) = -\sum_{i=1}^{n} P_i \ln P_i = -\left(\frac{1}{2}\ln\frac{1}{2} + \frac{1}{4}\ln\frac{1}{4} + \frac{1}{8}\ln\frac{1}{8} + \frac{1}{16}\ln\frac{1}{16} + \frac{1}{16}\ln\frac{1}{16} \right) = 1.302 \text{(单位：nat)}$$

2. Shannon 信息量的性质

下面简单阐述 Shannon 信息量的一些性质：

①连续性：$S(\boldsymbol{X})$ 是 P_1，P_2，$\cdots$，P_n 的连续函数。

②对称性：$S(\boldsymbol{X})$ 仅与 P_1，P_2，$\cdots$，P_n 有关，故其中任意两项互换，$S(\boldsymbol{X})$ 不变。

③极值性：$S(\boldsymbol{X})$ 满足不等式：$0 \leq -\sum\limits_{i=1}^{n} P_i \ln P_i \leq \ln n$。$S(\boldsymbol{X})$ 的极值性说明它与 X 的状态数 n 有关，n 越大，相应的 $S(\boldsymbol{X})$ 大。当只有一个状态时，其出现概率为 1，这时它不包含信息，这时 $S(\boldsymbol{X}) = 0$；当各状态的概率均等于 $1/n$ 时，信息量最大，$S(\boldsymbol{X}) = \ln n$；当各种状态概率不等时，$S(\boldsymbol{X})$ 取值在 0 与 $\ln n$ 之间。这就说明 Shannon 信息量可以作为状态空间分布均匀性的度量。

④可加性：对于信源

$$\boldsymbol{X} : \begin{pmatrix} x_{11}, x_{12}, \cdots x_{1n_1}, x_{21}, x_{22}, \cdots x_{2n_2}, \cdots, x_{m1}, x_{m2}, \cdots x_{mn_m} \\ p_{11}, p_{12}, \cdots p_{1n_1}, p_{21}, p_{22}, \cdots p_{2n_2}, \cdots, p_{m1}, p_{m2}, \cdots p_{mn_m} \end{pmatrix}$$

令 $P_k = \sum\limits_{i=1}^{n_i} P_{ki}$，$(k = 1, 2, \cdots m)$，则 $\sum\limits_{k=1}^{m} P_k = \sum\limits_{k=1}^{m} \sum\limits_{i=1}^{n_i} p_{ki} = 1$。

信息量的可加性是指

$$S(\boldsymbol{X}) = S(P_{11}, P_{12}, \cdots, P_{mn_m}) = S(P_1, P_2, \cdots, P_m) + \sum_{k=1}^{m} P_k S\left(\frac{P_{k_1}}{P_k}, \frac{P_{k_2}}{P_k}, \cdots, \frac{P_{k_n}}{P_k}\right) \quad (19\text{-}5)$$

可加性是 Shannon 信息量的本质，在理论上它保证了 Shannon 信息量表达式的唯一性。

19.3　Shannon 信息量分析的应用

19.3.1　对例 19-1 的资料进行 Shannon 信息量分析

【分析与解答】　对例 19-1 进行 Shannon 信息量分析的 SAS 程序如下（程序名为 SAS-TJFX19_01. SAS）：

```
% let nr = 4;
% let nc = 3;
data a1;
  do a = 1 to &nr;
  do b = 1 to &nc;
    input f @@ ;
    output;
  end;
  end;
cards;
69 38 26
104 79 42
216 165 115
128 54 28
;
proc freq data = a1;
  tables a * b/out = a2 (drop = count
percent) outpct noprint;
  weight f;
run;
data a3(drop = pct_row pct_col);
  set a2;
  row = - (pct_row* log(pct_row/100)/
100);
  col = - (pct_col* log(pct_col/100)/
100);
run;
proc sort data = a3;
  by a b;
run;

data a4 (keep = a row_entropy);
  set a3;
  by a b;
  if first.a then row_entropy = 0;
  row_entropy + row;
  if last.a;
run;
proc sort data = a3;
  by b a ;
run;
data a5 (keep = b col_entropy);
  set a3;
  by b a ;
  if first.b then col_entropy = 0;
  col_entropy + col;
  if last.b;
run;
ods html;
% macro print (dataset, title);
  proc print data = &dataset noobs;
    title &title;
  run;
% mend;
% print (a4,"行变量的信息熵");
% print (a5,"列变量的信息熵");
ods html close;
```

【程序说明】　首先是利用宏变量 nr 和 nc 分别指定列联表中行变量和列变量的取值水平。通过数据步建立原始 sas 数据集"a1"，利用 do→end 循环语句和 input→output 语句，输入变量

a、b、f，分别读入行变量、列变量、频数变量。过程步利用 freq 过程计算每个单元格对应的行百分比和列百分比。接下来的几个数据步和过程步，用于计算行变量和列变量不同取值水平所对应的 Shannon 信息量。最后使用 1 个名为"print"的宏，方便打印最终结果。ods html 和 ods html close 语句用于把程序运行结果以网页格式输出。该程序应用于其他类似的数据分析时，仅需修改宏变量 nr 和 nc 的具体取值，并替换数据步中的原始数据即可。

【主要输出结果及解释】

表 19-3 是行变量 a 不同取值水平对应的信息熵"row_entropy"的结果，可知熵值比较 $a_3 > a_2 > a_1 > a_4$。

表 19-4 是列变量"b"不同取值水平对应的信息熵"col_entropy"的结果，可知熵值比较 $b_1 > b_2 > b_3$。

表 19-3　行变量的信息熵

a	row_entropy
1	1.01748
2	1.03750
3	1.06704
4	0.91965

表 19-4　列变量的信息熵

b	col_entropy
1	1.30164
2	1.22991
3	1.17811

【专业结论】　由以上 Shannon 信息量分析的结果可见，在不同海拔水平上，林麝种群密度在不同植被类型中的分布均匀程度以 1500～2000 m 最好，1000～1500 m 和 500～1000 m 次之，2000～2500 m 最差，说明海拔 1500～2000 m 最适合林麝的栖息。在不同植被类型中，林麝种群密度在不同海拔水平上的分布均匀程度以原生林最好，次生乔木林次之，次生灌木林最差，说明原生林是林麝最理想的栖息地。

19.3.2　对例 19-2 的资料进行 Shannon 信息量分析

【分析与解答】　对例 19-2 进行 Shannon 信息量分析的 SAS 程序如下（程序名为 SAS-TJFX19_02.SAS）：

```
% let nr = 6;
% let nc = 3;
data a1;
  do a = 1 to &nr;
  do b = 1 to &nc;
    input f @@ ;
    output;
  end;
  end;
cards;
0.83357 0.15886 0.00757
0.03097 0.29005 0.67898
0.27353 0.49894 0.22753
0.30250 0.49500 0.20250
0.33062 0.48875 0.18063
0.30031 0.49539 0.20430
;
proc freq data = a1;
  tables a * b/out = a2 (drop = count
percent) outpct noprint;
```

```
proc sort data = a3;
  by a b;
run;
data a4 (keep = a row_entropy);
  set a3;
  by a b;
  if first.a then row_entropy = 0;
  row_entropy + row;
  if last.a;
run;
proc rank data = a4 out = a5 descend-
ing;
  var row_entropy;
  ranks order;
run;
ods html;
% macro print (dataset, title);
  proc print data = &dataset noobs;
  title &title;
  run;
```

```
    weight f;
  run;
  data a3(drop=pct_row pct_col);
    set a2;
    row= -(pct_row* log(pct_row/100)/
100);
    col= -(pct_col* log(pct_col/100)/
100);
  run;
```

```
% mend;
% print(a5,"行变量的信息熵");
ods html close;
```

【程序说明】 该程序与例19-1的程序基本类似，不同之处在于本资料的研究目的是仅关心不同类群中MN血型的基因型分布情况，因此，本程序仅输出行变量不同取值水平对应的信息熵值。为了方便比较，利用rank过程按熵值大小进行排序。

【主要输出结果及解释】

表19-5是行变量 a 不同取值水平对应的信息熵"row_entropy"的结果，"order"表示按Shannon熵值从大到小的排序结果，可知熵值比较 $a_3 > a_6 > a_4 > a_5 > a_2 > a_1$。

【专业结论】 由以上Shannon信息量分析的结果可见，在人类不同类群中，MN血型的基因型分布均匀程度埃及人和尼日利亚人最好，德国人和中国人次之，澳大利亚土著人和爱斯基摩人最差，基因型分布的情况能够反映遗传变异大小。

表 19-5　行变量的信息熵

a	row_entropy	order
1	0.48097	6
2	0.72948	5
3	1.03834	1
4	1.03317	3
5	1.02494	4
6	1.03368	2

19.4　本章小结

本章介绍了Shannon信息量分析的概念、应用场合，并利用SAS软件实现了Shannon信息量分析，并给出结果解释。

（毛玮）

第5篇 数据挖掘与分析

第20章 决策树分析

20.1 决策树简介

决策树是一种简单且应用广泛的分类方法。它生成一个类似于流程图的树结构，其中每个内部节点表示在一个属性上的测试，每个分支代表一个测试输出，而每个树叶节点代表类或类分布。树的最顶层节点是根节点，如图 20-1 所示。

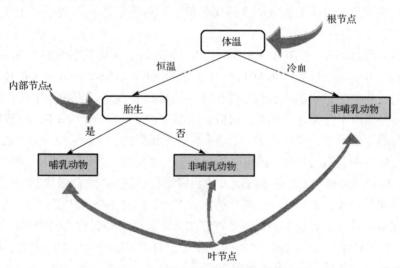

图 20-1 哺乳动物分类问题的决策树

20.2 决策树的基本原理

决策树是一种非线性的判别分析的方法，它通过原因变量竞争分裂，分裂成一系列更小的子群。在树的每个分支中重复迭代此过程，在某种标准下，选择与结果变量有最强关联的原因变量进行分裂。它首先对数据进行处理，利用归纳法生成可读的规则，然后使用该规则对新数据进行分析。本质上，决策树是通过一系列规则对数据进行分类的过程。决策树技术发现数据模式和规则的核心是采用递归分割（Recursive Partitioning）的贪婪算法（Greedy Algorithm）。决策树主要有二元分支(二元分裂，Binary Split)树和多元分支(多元分裂，Multiway Split)树，如图 20-2 所示。一般采用二元分裂，因为二元分裂在穷举搜索中更加灵活。

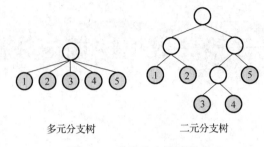

多元分支树　　　　　二元分支树

图 20-2　常见的决策树形式

20.3　决策树种类及决策树构造思路

构造一个决策树分类器，它的输入是一组带有类别标记的例子，构造的结果是一棵二叉或多叉树。构造决策树的方法一般是采用自上而下的递归分割，采用贪婪算法，从根节点开始，如果训练集中的所有观测是同类的，则将其作为叶子节点，节点内容即是该类别标记；否则，根据某种策略选择一个属性，按照属性的各个取值，把训练集划分为若干个子集合，使得每个子集上的所有例子在该属性上具有同样的属性值。然后再依次递归处理各个子集，直到符合某种停止条件。

决策树的算法有多种，如 ID3、C4.5、C5.0、卡方自动交互式检测树(Chi – squared Automatic Interaction Detector Tree，CHAID)、分类和回归树(Classification and Regression Tree，CART)等。这些算法是针对决策树构建中的不同方面进行改进过程中产生的，如 C4.5 对 ID3 最大的改进就是修改了分类评价函数，用信息增益率(Information Gain Ratio)取代信息增益作为新方法的分类评价函数，但它们算法的基本原理是相通的，即都采用贪心算法。不同之处在于树的每层允许的拆分点的数目、建树时拆分点的选择原则(集中在递归分割的分裂标准的选择、分裂搜索捷径的选择、加快搜索速度及防止穷举搜索造成"组合爆炸"等)、为防止过度拟合该怎样限制树的成长、如何对算法进行优化等方面。而在 SAS EM 模块中，可通过不同的选项来近似实现各种算法。通过如何实现各种算法大致就能了解它们之间的联系和区别。

ID3、C4.5 和 CART 等都采用归纳的贪心算法，自顶向下递归分割、分而治之的方式。基本的决策树算法概括如下(具体流程如图 20-3 所示)。

①决策树从单个节点 N 开始，训练数据集为 S。

②如果 S 中的观测均为同一类 C，则节点 N 称为树叶，并用 C 标记(步骤②和步骤③)。

③否则，算法调用 Attribute_selection_method 确定分裂准则。分裂准则是用来确定 S 中的观测划分为类的"最好"的方法，得出候选的节点 N 上的分裂变量(步骤⑥)，还得出对于分裂变量下的"最好"的分裂点。

④节点 N 用分裂准则标记作为节点上的测试(步骤⑦)。对于分裂准则的每个输出，由节点 N 生长一个分枝。S 中的观测根据该准则进行划分(步骤⑩~⑪)。

⑤对于 S 的每个结果划分 S_j 上的观测，使用以上过程递归地形成决策树(步骤⑭)。

⑥递归分割当以下条件之一成立时即停止：

A. 对于节点 N，候选 S 的所有观测都属于同一类(步骤②和步骤③)。

B. 没有剩余属性可以用来进一步划分观测对象(步骤④)。

C. 给定的分枝没有观测，即划分 S_j 为空(步骤⑫)。在此情况下，以 S 中的多数类创建一个树叶(步骤⑬)。

⑦返回结果决策树。

算法：Generate_decision_tree　　由给定的训练数据产生一棵判定树。

输入：

①S：训练样本；

②attribute_list：候选变量的集合；

③Attribute_selection_method：一个确定"最好"的划分数据集为个体类的分裂准则的过程，这个准则是要确定分裂变量和分裂点(或分裂子集)。

输出：一棵决策树。

步骤：

①创建一个节点 N；

②if S 都在同一个类 C then；

③返回 N 作为节点，以类 C 标记；

④if attribute_list 为空 then；

⑤返回 N 作为叶节点，标记 samples 中最普通的类；//多数表决

⑥使用 Attribute_selection_method 找出最好的分裂准则；

⑦用分裂准则标记节点 N；

⑧if attribute_list 是离散值的并且允许多路划分 then；//不限于二叉树

⑨attribute_list ＝ attribute_list － 分裂属性；//删除划分变量

⑩ for 分裂准则的每个输出 j //划分数据集并对每个划分产生子树

⑪ 设 S_j 是 S 中满足输出 j 的数据集合；//一个划分

⑫ if S_j 为空 then；

⑬ 加一个树叶到节点为 N，标记为 S 中的多数类；

⑭ else 加一个由 Generate_decision_tree(sample$_j$, attribute_list)返回的节点到节点 N；

end for

⑮ 返回 N。

图 20-3　由训练样本归纳判定树的基本算法

来源：Pang-Ning Tan 著. 范明，范宏建，译. 数据挖掘导论[M]. 北京：人民邮电出版社，2006. 略有改动。

20.4　递归分割的分裂准则

决策树的建立从根节点开始进行分割(对于连续变量将其分段)，穷尽搜索各种可能的分割方式，通过分裂准则(通常用结果变量在子节点中变异的减少的多少作为标准)来决定哪个原因变量作为候选分割变量(即分裂变量)。根节点分割后，子节点会像根节点一样重复分割过程，分割在该子节点下的观测一直到符合某种条件停止分割。按照结果变量的分类，分裂准则主要有以下几个指标。

1. 结果变量是分类变量

当结果变量是分类变量时，生成的树称为分类树。其分裂的标准主要有以下 2 个：

(1)纯度的减少指标(如图 20-4 所示)

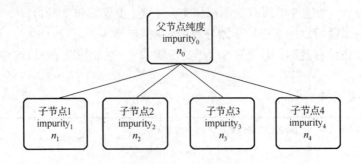

纯度减少：$\Delta i = i(0) - \left(\dfrac{n_1}{n_0} i(1) + \dfrac{n_2}{n_0} i(2) + \dfrac{n_3}{n_0} i(3) + \dfrac{n_4}{n_0} i(4) \right)$

图 20-4　决策树分裂纯度减少标准示意图

图 20-4 中，$i(.)$ 是指节点纯度的计算值。Gini 系数变化和 entropy 变化都基于纯度减少原理。

①Gini 系数变化（ΔGini）：该指标是用来测量节点纯度的指标，其中 Gini 系数定义为

$$1 - \sum_{j=1}^{r} p_j^2 = 2 \sum_{j<k} p_j p_k \tag{20-1}$$

式中，$p_1, p_2, \cdots, p_r$ 是指第 r 类在某节点中的概率；r 指分类变量的类别。一个完全纯的节点 Gini 系数为 0，随着节点内部种类的增加，Gini 系数趋近于 1，Gini 系数越大说明节点越不纯，如图 20-5 所示。

P_r（种间纯度）$=1-2(3/8)^2-2(1/8)^2=0.69$

P_r（种间纯度）$=1-(6/7)^2-(1/7)^2=0.24$

图 20-5　Gini 系数计算纯度示意图

②熵值变化（Δentropy）：该指标用来对分类资料变异性进行度量，其中熵值定义为

$$H(p_1, p_2, \cdots, p_r) = - \sum_{i=1}^{r} p_i \log_2(p_i) \tag{20-2}$$

（2）χ^2 检验

分类树的分裂能整理成列联表的形式，行代表子节点，列代表结果变量的类别，单元格里是相应类别的频数。采用 Pearsonχ^2 检验来判断分裂的价值，即

$$\chi_\nu^2 = \sum \frac{(O-E)^2}{E} \tag{20-3}$$

式中，$\nu = (r-1)(B-1)$，r 指结果变量的水平数，B 指原因变量的分类数（即树的分支）。由此可见，列联表越大，即分支越多，χ^2 值越大。χ^2 分割标准是用 χ^2 检验的 P 值作为分裂的标准。为计算方便起见，一般把求得的 P 值进行对数变换，即 $\text{logworth} = -\lg(P)$，$\text{logworth}$ 随 P 值的减少而增大。

2. 结果变量是连续变量

当结果变量是连续变量时生成的树称之为回归树。其分裂的标准主要有以下 2 个：

（1）纯度的减少指标

图 20-4 中，对于目标变量是分类变量时，采用 Gini 系数和 Entroy 值作为纯度度量指标，而当原因变量是连续变量时，纯度的衡量标准是样本的方差，即

$$i(t) = \frac{1}{n_t} \sum_{j=1}^{n_t} (y_{jt} - \bar{y}_t)^2 \tag{20-4}$$

式中，$i(t)$ 指第 t 个节点的纯度；n_t 指第 t 个节点的观测数；y_{jt} 指第 t 个节点的第 j 个结果变量的观测值；$\bar{y}_t$ 指第 t 个节点的结果变量的均值。

（2）F 检验

$$F = \left(\frac{\text{SS}_{组间}}{\text{SS}_{组内}}\right)\left(\frac{n-B}{B-1}\right) \sim F_{B-1,\,n-B} \tag{20-5}$$

式中，B 指分裂的分支数；n 指总观测例数。通过 F 值计算 P 值。P 值用来作为分裂标准同分类树中的 χ^2 检验的 P 值作用。

以上对如何选择分裂变量的指标进行了简要的介绍，对于详细应用，将在下面结合实例运用 SAS EM 模块进行介绍。

3. P 值调整

采用分裂准则进行决策树的构建中，分裂准则一般可以看作两个步骤，这两个步骤可能都需要进行变量间或拆分点之间进行比较，以保证进行了无偏的比较。

（1）比较同一个输入变量不同分割点的调整

对于 χ^2 检验统计量（或 ΔGini、Δentropy），分裂的分支越多，值越大。而 P 值（或 logworth 值）通过调整自由度来调整这种偏倚。若规定的是二元分裂，则不需要进行调整。

（2）选择"最好"的变量作为分裂变量

从所有的输入变量中找出"最好"的输入变量作为分裂变量。当输入变量有多个水平时，可能分裂的方式也有多种，而对于二分类变量，只有一种分裂方式。logworth 值会随着可能的分裂数目 m 的增加而增加，造成的影响是：分裂时倾向于首先选择多水平的输入变量，相同水平下，名义变量比等级变量易被选入作为分裂变量；对于在相同测量尺度下，变量的水平数越多，越易被选入作为分裂变量。

为了尽量校正这种偏倚，有多种方法用来进行校正。Kass 于 1980 年提出采用 Bonferroni 进行 P 值的校正来避免这种偏倚。具体方法是：定义 α 为每次检验的 I 型错误的概率，对于 m 次检验，保守估计 I 型错误概率的上限为 $m\alpha$，因此，Kass 通过调整 P 值来校正偏倚，即 Pm（等价于 $\text{logworth} - \lg m = -\lg mP$）。在图 20-6 中，以结果变量（目标变量）取值为 1、7、9 为例，给出 X_1、X_{10} 在不同分裂方式下计算相应的统计量，即校正后的结果。

X₁: 38.5			χ_v^2	v	$-\log_{10}(P)$	m	$-\log_{10}(mP)$
1	293	71					
7	363	1	644	2	140	96	138
9	42	294					

X₁: 17.5 36.5				
1	249	42	73	
7	338	25	1	660　4　141　4560　137
9	26	16	294	

X₁₀: 0.5 41.5 51.5				
1	9	143	65	147
7	221	88	1	54　　814　6　172　156849　167
9	1	4	16	315

图 20-6　不同变量、不同分裂方式下的 Kass 调整示意图

乘子 $\boldsymbol{m}$ 的计算如下：对于等级输入变量，$\boldsymbol{m} = \begin{pmatrix} L-1 \\ B-1 \end{pmatrix}$；对于多值名义输入变量，$\boldsymbol{m} = S(L,B)$。其中，$L$ 为水平数，B 为分支数，即几元分裂，具体如图 20-7 所示。

	等　级　变　量		名　义　变　量					
			可能分裂方式					
			1—234					
			2—134					
			3—124		可能分裂数 m			
			4—123					
	可能分裂方式	可能分裂数 m	12—34					
	1—234		13—24	$B:$	2	3	4	total
	12—34	$\begin{pmatrix} 3 \\ 1 \end{pmatrix}=3$	14—23	2	1			1
	123—4		1—2—34	3	3	1		4
			1—3—24	4	7	6	1	14
	1—2—34		1—4—23	L　5	15	25	10	51
	1—23—4	$\begin{pmatrix} 3 \\ 2 \end{pmatrix}=3$	2—3—14	6	31	90	65	202
	12—3—4		2—4—13	7	63	301	350	876
			3—4—12	8	127	966	1701	4139
	1—2—3—4	$\begin{pmatrix} 3 \\ 3 \end{pmatrix}=1$	1—2—3—4	9	255	3025	7770	21146
	$\begin{pmatrix} L-1 \\ B-1 \end{pmatrix} = \dfrac{(L-1)!}{(B-1)!(L-B)!}$		$S(L,B) = B \cdot S(L-1,B) + S(L-1,B-1)$					

图 20-7　不同条件多值名义和等级变量的分裂次数计算示意图

应该指出的是，ΔGini 和 Δentropy 分裂标准随着分枝数的增加而增加，不能像 χ^2 检验一样对自由度进行调整，因此它们不能作为多元分裂时的分裂标准，因为其倾向于大的分枝。

4. 剪枝

最大的决策树对训练集的准确率能达到100%，但其结果往往会导致过拟合(对信号和噪声都适应)，因此建立的树模型不能很好地推广到总体中的其他样本中去。同样，太小的决策树仅含有很少的分支，会导致欠拟合。一个好的树模型有低的偏倚(适应信号)和低的方差(不适应噪声)，模型的复杂性往往在偏倚和方差之间做一个折中，因此要对树进行剪枝。剪枝方法主要有前剪枝和后剪枝。

（1）前剪枝（上－下停止规则）

类似于回归分析中的向前选择法选择变量。向前停止的规则主要包括：①限制树的深度，即限制树长成几层结束。②限制断裂的数量，即限制每个节点中的观测的数目，若低于某个值则该节点不在分裂。③依据假设检验的 P 值（如 χ^2 检验或 F 检验的 P 值，若不具有统计学意义则停止生长）。当用 χ^2 检验或 F 检验作为分裂准则时，P 值即作为停止的标准；当分裂不再具有统计学意义时，即停止分裂。需要指出的是，用 P 值作为分裂标准时，要对 P 值进行深度和分裂次数的校正。

（2）后剪枝（下-上停止规则）

类似于回归分析中的向后剔除法选择变量。通过长成一个大的树后，然后从下向上进行剪枝。后剪枝需要有两个条件：一个条件是要有一个分类或预测性能的评价方法，最简单的是将数据集分成训练集和测试集。测试集用来进行模型的比较。但是存在一个问题，当数据集小时，数据集拆分会降低拟合度。另一个条件是要有一个选择模型的标准，如准确度、利润、误差均方等。

有一些研究者利用仿真数据进行了许多次试验，研究发现，前剪枝通常比后剪枝快，但不如后剪枝效果好。在 SAS 的 EM 模块中采用的是混合剪枝的方法，决策树的基本原理比较简单，其目的是，找出在子节点中能达到最大同质性的变量及其分割点。

20.5　变量重要性检测

决策树模型可通过对变量的重要性进行检测，进行探索性分析。通过对变量重要性的检测，可以作为神经网络模型、Logistic 回归模型建模的辅助工具。BFOS 于 1984 年提出在决策树中对变量重要性进行检测的一种方法。

$$\text{Importance}(x_j) = \sum_{t=1}^{T} \frac{n_t}{n} \Delta \text{Gini}[s(x_j,t)] \tag{20-6}$$

式中，$s(x_j,t)$ 代表在第 $t(t=1,2,\cdots)$ 个内部节点（包括最初分裂）的第 j 个输入变量；重要性是第 j 个输入变量在所有节点基尼系数的平均减少；n 指总观测数；n_t 是指第 t 个节点的观测数。

20.6　实际应用与结果解释

现以 UCI Adult（Census）Data 数据集（数据集命名为 SAMPSIO. DMLCENS）为例，试构造决策树模型。SAMPSIO. DMLCENS 数据集中共有 14 个输入变量（原因变量）、1 个目标变量（结果变量），共 32561 个观测，目标变量为年收入是否高于 5 万元（二分变量：>5 万元，≤5 万元）。在该数据集中有 24% 的观测年收入高于 5 万元，而已知人群中只有 2% 的人年收入高于 5 万元。各变量及含义见表 20-1。

表 20-1　数据集中各变量含义及其属性设置

变量名	角色	测量水平	变量类型	变量标签
CLASS	input	target	char	whether the case earns more than 50K per year
AGE	input	interval	num	age
WORKCLAS	input	nominal	char	workclass:federal-gov, local-gov, never-worked, etc.
FNLWGT	input	interval	num	Washington State Population Survey Weighted
EDUC	input	nominal	char	Educational level, e. g bachelor, master, etc.
EDUC_NUM	input	interval	num	Educational time

续表

变量名	角色	测量水平	变量类型	变 量 标 签
MARITAL	input	nominal	char	Marital status, e. g., married-AF-spouse, seperate, divorced, etc.
OCCUPATN	input	nominal	char	Occupation of the customer, e. g., Adm-clerical, sales, etc.
RELATION	input	nominal	char	relationship with the customer, e. g., husband, wife, child, etc.
RACE	input	nominal	char	race, e. g., black, white, Amer-Indian-Eskimo, etc.
SEX	input	binary	char	sex
CAP_GAIN	input	interval	num	Current capital gains
CAP_LOSS	input	interval	num	Current capital losses
HOURWEEK	input	interval	num	hours-per-week
COUNTRY	input	nominal	char	country

　　分析目标一：通过训练数据集 SAMPSIO. DMLCENS，建立决策树模型，对测试集 SAMP-SIO. DMTCENS(该数据集不参与建模)进行分类预测。

　　分析目标二：通过变量重要性分析，了解年收入高于 5 万元的相关因素。

　　下面采用 SAS　EM 模块介绍如何实现上述目标。由于在第 22 章中将对如何使用 SAS EM 模块进行详细介绍，因此本章直接进入如何构造决策树模型的环节。总流程如图 20-8 所示。

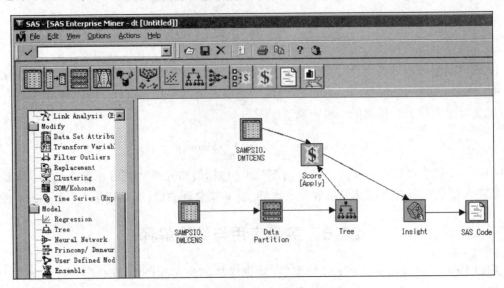

图 20-8　构建决策树模型总流程图

　　1. 进入 EM 界面形式，从工具箱中拖一个输入数据源节点(Input Data Source)进入工作区中，将 SAMPSIO. DMLCENS 导入。定义 CLASS 为目标变量，如图 20-9 所示。

　　2. 先验概率的设置。在 Prior tab 中，加一个 prior vector，并右击选中 set to use，在先验概率列分别输入"0.02"和"0.98"，如图 20-10 所示。

　　3. 添加数据拆分节点(Data Partition)到工作区中。

　　在 Partition 节点中，将数据集拆分成 67% 用于训练，33% 用于校正(在此是采用后剪枝的方法，为防止树模型出现过拟合现象的发生)，如图 20-11 所示。

　　训练集(Train Set)是用来训练数据进行建模的数据集，校正集(Validation Data)是一组用于优化或选择模型参数的数据集，而测试集用来测试一个模型在新数据上的性能表现，评估预测性能，如误分率等。训练集、校正集和测试集必须保持独立性。

Name	Model Role	Measurement	Type
CLASS	target	binary	char
COUNTRY	input	nominal	char
HOURWEEK	input	interval	num
CAP_LOSS	input	interval	num
CAP_GAIN	input	interval	num
SEX	input	binary	char
RACE	input	nominal	char
RELATION	input	nominal	char
OCCUPATN	input	nominal	char
MARITAL	input	nominal	char
EDUC_NUM	input	interval	num
EDUC	input	nominal	char
FNLWGT	input	interval	num
WORKCLAS	input	nominal	char
AGE	input	interval	num

图 20-9 定义目标变量

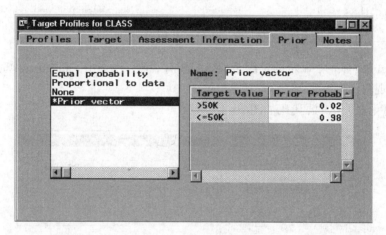

图 20-10 输入先验概率

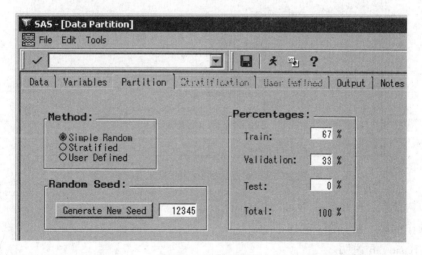

图 20-11 数据拆分

4. 单击 Data Partition 节点, 右击选中 Run, 运行该节点后, 即可把原始数据集分成两部分。结果如图 20-12 所示。

	educ	educ_num	marital	occupatn	relation
1	Bachelors	13	Never-married	Adm-clerical	Not-in-family
2	11th	7	Married-civ-spouse	Handlers-cleaners	Husband
3	Bachelors	13	Married-civ-spouse	Prof-specialty	Wife
4	9th	5	Married-spouse-absent	Other-service	Not-in-family
5	Some-college	10	Married-civ-spouse	Exec-managerial	Husband
6	Bachelors	13	Married-civ-spouse	Prof-specialty	Husband
7	Bachelors	13	Never-married	Adm-clerical	Own-child
8	Assoc-acdm	12	Never-married	Sales	Not-in-family
9	Assoc-voc	11	Married-civ-spouse	Craft-repair	Husband
10	HS-grad	9	Never-married	Farming-fishing	Own-child
11	HS-grad	9	Never-married	Machine-op-inspct	Unmarried
12	11th	7	Married-civ-spouse	Sales	Husband
13	Masters	14	Divorced	Exec-managerial	Unmarried

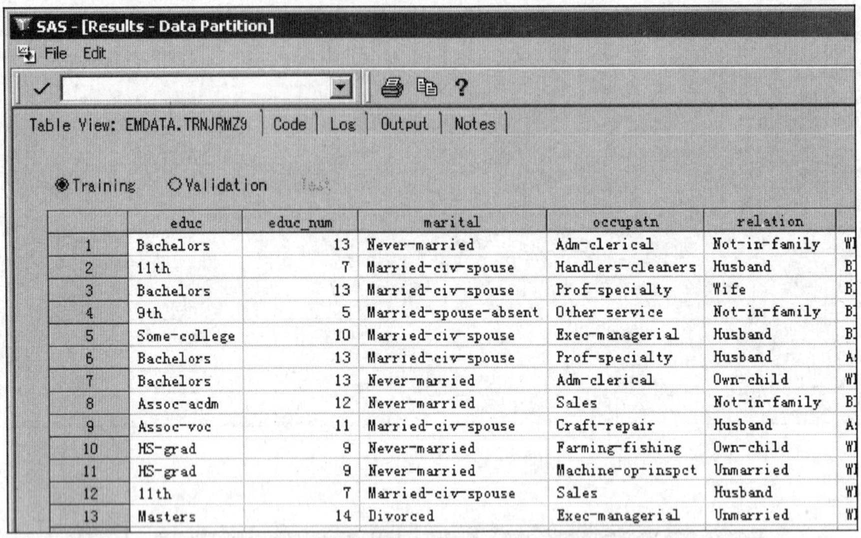

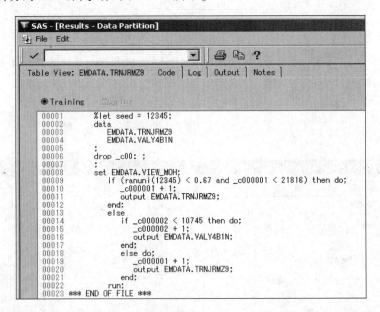

图 20-12　原始数据集拆分结果

当选中 Training 项时，显示的是用于训练的所有观测；当选中 Validation 项时，显示的是用于校正的所有观测。

实现数据拆分的 SAS 源代码如图 20-13 所示。

```
%let seed = 12345;
data
    EMDATA.TRNJRMZ9
    EMDATA.VALY4B1N
;
drop _c00: ;
;
set EMDATA.VIEW_MOH;
   if (ranuni(12345) < 0.67 and _c000001 < 21816) then do;
      _c000001 + 1;
      output EMDATA.TRNJRMZ9;
   end;
   else
      if _c000002 < 10745 then do;
         _c000002 + 1;
         output EMDATA.VALY4B1N;
      end;
      else do;
         _c000001 + 1;
         output EMDATA.TRNJRMZ9;
      end;
   run;
*** END OF FILE ***
```

图 20-13　实现数据拆分的 SAS 源代码

5. 添加树节点，打开 Tree Node 的 Basic tab。

具体操作的第一步如图 20-14 所示。

(1) 对 Basic tab 说明。

Splitting criterion 为分裂准则，从上向下依次为：

① χ^2 检验，默认的显著性水平 $\alpha = 0.200$ (logworth = 0.7)。

②熵值减少。

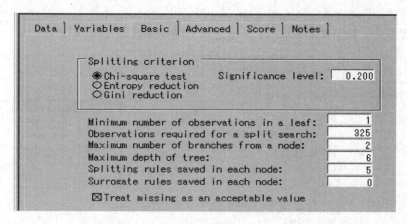

图 20-14　打开 Tree Node 的 Basic tab 显示的窗口

③Gini 系数减少。

④每个叶子中最少的观测数。

⑤每次分裂所需的最小观测数。

⑥从一个节点分出的最大分枝数：默认为 2，即默认是二元分裂。

⑦树的最大深度：默认为 6。

⑧每个节点保存的分裂规则数。

⑨每个节点的保存的代理规则，用来评价新的数据集。

⑩将缺失值看作可以接受的值：决策树在处理缺失值时，是把缺失值看做输入变量的一个水平。如某 L 个水平的多值名义变量，其缺失值被看作 $L+1$ 个水平。

注：因为本例中目标变量是分类变量，所以分裂准则是以上 10 个，若目标变量是定量变量（连续型变量），分裂准则如下。

①F 检验：默认的显著性水平 $\alpha = 0.200$（logworth $= 0.7$）。

②方差减少：分裂准则界面如图 20-15 所示。

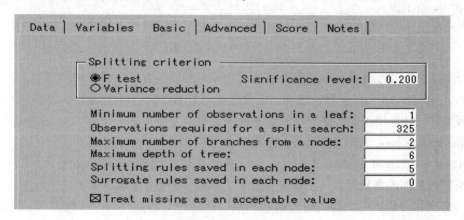

图 20-15　分裂准则界面

（2）对 Advanced tab 说明。

进入 Advanced tab 后有如图 20-16 和图 20-17 所示的界面。从上到下依次为：

①模型评价度量，用来选择"最好"的树。有 5 种指标，默认为正确分类的比例。如果定

义了损益矩阵，则 Proportion of event in top 10、25、50% 是用来评价上 $n\%$ 的观测最大的利润或最小的损失有多少。Total leaf impurity 是指选择不纯度降低最大的(即最小 Gini 系数)树。

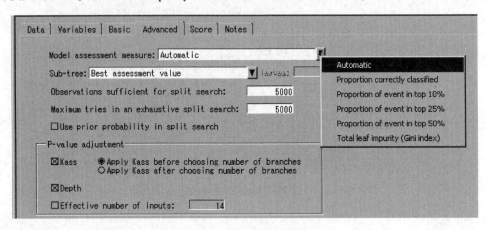

图 20-16　模型评价度量界面(一)

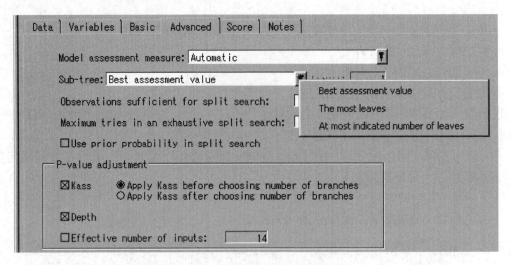

图 20-17　模型评价度量界面(二)

②子树选择标准，是指从一棵完全长成的树中采用何种方法选择子树。

- Best assessment value：默认选项。定义选择最好的评价值对应的最小的子树，如果有校正集，则计算校正集最好的评价值来选择子树。
- The most leaves：长成最多叶子的树。
- At most indicated number of leaves：当选择该项时，子树会选择最多包含 n 个叶子的树，可以在后面的框里键入一个最多包含多少个叶子的数值，默认为1。

③设置每次分裂所需要搜索的最大观测数。默认每个节点一次分裂搜索时，最多用该节点内的 5000 个观测，若不足，则按实际观测树计算。

④若需要搜索的分裂准则太多，如找最优的分裂点需要搜索可能的分裂太多，可以采用该选项。如果某个特定变量在某个节点的数量多于"The maximum tries in an exhaustive split search"选项，那么其他的启发式算法如逐步法会被应用于搜索分裂点。

⑤在分裂中采用先验概率进行调整。

⑥P 值调整方法 1(默认状态),当在 Basic tab 中选择 χ^2 检验或 F 检验时,可选用 Kass 方法进行 P 值的调整。两个选项分别是在选择分裂成几个树枝(也就是把变量分成几个等级)之前和之后进行 P 值调整。

⑦P 值调整方法 2,深度调整(默认状态是进行深度调整)。若不进行深度调整,树长的过深会出现假阳性的结果。

⑧P 值调整方法 3,有效的输入变量即原因变量个数(默认是不进行该选项调整)。输入变量数越多,不相关的变量越有可能在树的构建中"胜出",把实际有意义的变量挤掉,当不相关的输入变量越多时,越易产生这种现象。有效输入变量数为当前状态下应用的变量数。

默认状态下,Kass 和深度调整方法被选用来进行 P 值调整。实际分析中,可根据情况选择 P 值调整的方法。

(3)对 Score tab 的说明。

如图 20-18 和图 20-19 所示,在 Score 项中有两个子项(Data Subtab 和 Variables Subtab)。

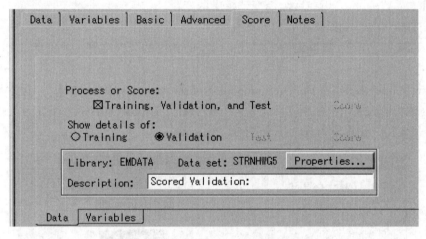

图 20-18　进入 Score tab 后第一个界面

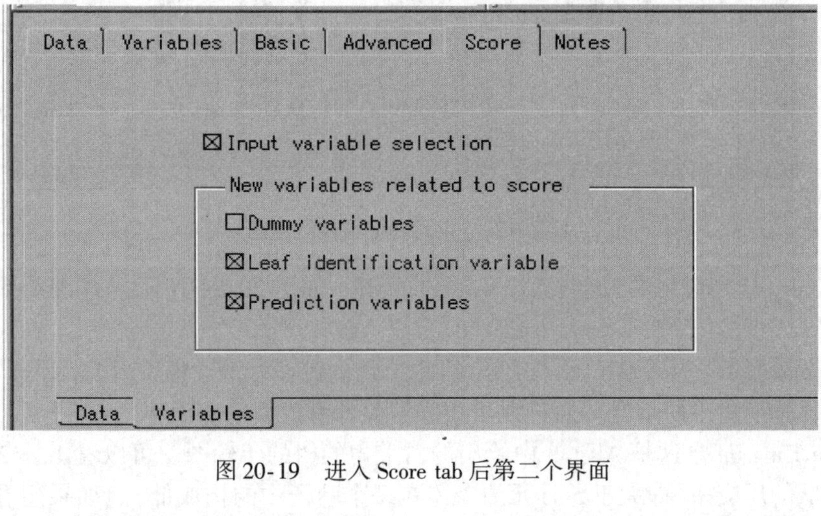

图 20-19　进入 Score tab 后第二个界面

①Data Subtab 是对数据集的描述,用来设置 Score 数据集(如在本例随机抽取了 33% 的观测进行校正,即为了防止过拟合,用校正集对模型进行后剪枝)和显示哪个输出数据集的细节(如在本例中显示校正集观测的预测概率及其分组)。

②Variable Subtab 是用来选择变量的，选择的变量是为下一步另一个节点的建模作为输入变量的。

③Input variable selection，决策树模型可以计算每个输入变量的重要性，当运行 Tree Node 之后，每个输入变量的重要性就会被计算出来，重要性低于 0.05 的不会被采用。输入变量的重要性会被依次在结果窗口中排出(具体见结果部分)，并且只有重要性不低于 0.05 的变量才会被后续的建模(如在 Tree Node 后面添加 Neural Network Node)采用。由此可见，决策树模型可起到降维的作用。

④New variables related to score。

- Dummy variables：指在每个叶子产生 1 个哑变量，即如果某个观测被分到某个叶子之中，则该叶子对应的哑变量就包含一个 1，否则该哑变量为 0，可用于随后其他的建模中。

- Leaf identification variable：该变量包含了观测进入到每个叶子中的数量。

- Prediction variables：用在后续模型建模中的变量。

6. 运行 Tree Node，结果如下：

(1)Model tab。给出了数据集的来源及树模型的相应的分裂准则、评价标准等，是对模型选择的描述。

(2)单击 Tools→Define colors→the proportion of the target event (>50K)。设置最大的构成比是"0.2"(注：该构成比是根据实际情况自行设定的，在该例中由于大于 5 万元的观测构成较低，故将最大构成比设置为 0.2)，如图 20-20 所示。

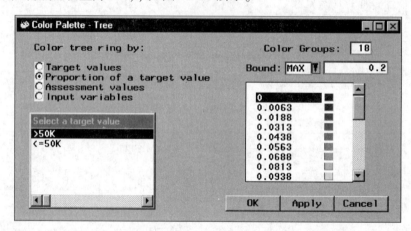

图 20-20　设置目标事件的比例

(3)All tab。这是对树模型生成后的结果的概述，如图 20-21 所示。详细结果在其他几个 tab 中分别给出。

(4)Summary tab。这是 All tab 中给出的左上角的混淆矩阵，即训练集和测试集的观测被分入相应的目标变量中的情况。通过混淆矩阵可以计算模型的准确率。

(5)Tree Ring tab。这是 All tab 中给出的右上角的树的年轮图。可以看出，12 个叶子中大多数具有较低的反应率(即大于 5 万元的个体在每个叶子中的构成低)。如果想看一下绿色的叶子对应的观测结果变量的情况，则单击绿色的叶子，选择 View → Path→View →Diagram Node Types→Leaves, variables, and variable values→OK，如图 20-22 和图 20-23 所示。

需要指出的是，该结果反应的是先验概率(2% 和 98%)调整后的结果。

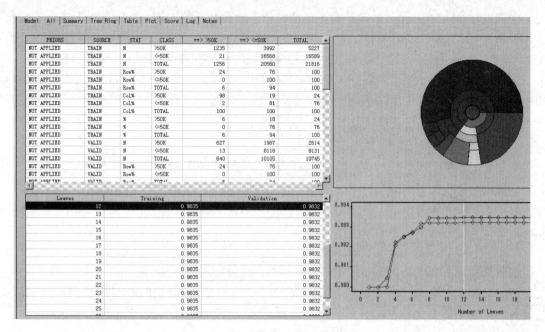

图 20-21 树模型生成后的结果

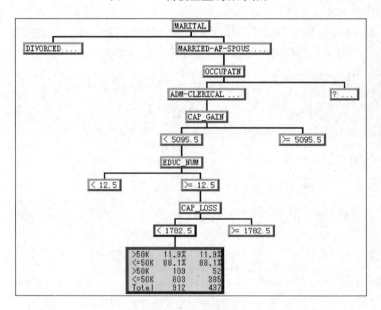

图 20-22 树形图

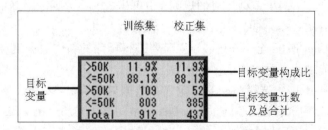

图 20-23 训练集与校正集各项所占比例

（6）Table tab。在 tab 显示的是训练集和校正集随着叶子的增加，其分类的正确率的变化，见 All tab 中给出的左下角。可以看出，在 12 个叶子的时候，校正集的误分率不再降低，故选择 12 个叶子时作为最后的树模型，并生成相应的规则。该规则可以导出，导出步骤如下：

选择"File→Save rules"。将分类规则可导出至 C：\temp\rules.txt。这些布尔规则用来对新的数据集评分。比如，上面绿色的叶子即可导出如下规则：

```
IF  CAP_LOSS  <     1782.5
AND      12.5 <= EDUC_NUM
AND CAP_GAIN  <     5095.5
AND OCCUPATN  IS ONE OF: ADM-CLERICAL ARMED-FORCES EXEC-MANAGERIAL
    PROF-SPECIALTY SALES TECH-SUPPORT
AND MARITAL   IS ONE OF: MARRIED-AF-SPOUS MARRIED-CIV-SPOU
THEN
   NODE    :       32
   N       :      912
   >50K    :    11.9%
   <=50K   :    88.1%
```

这些规则也可在 SAS Editor 环境中直接运行，评价新的数据集。

（7）Plot tab。是 All tab 中给出的右下角的图。该图是训练集和校正集随着叶子的增加，其分类的正确率的变化示意图。

（8）Score tab。在该 tab 中，有 4 个子项，主要介绍 Variable selection subtab 和 Score subtab。

①Variable selection subtab：给出了变量重要性计算的结果，各个变量的重要性从大到小依次排列，重要性低于 0.05 的不纳入模型构建，如图 20-24 所示。

Name	Importance	Role
MARITAL	1.0000	input
OCCUPATN	0.8698	input
EDUC_NUM	0.7086	input
CAP_GAIN	0.5433	input
CAP_LOSS	0.2649	input
HOURWEEK	0.2395	input
AGE	0.1406	input
EDUC	0.0000	rejected
SEX	0.0000	rejected
COUNTRY	0.0000	rejected
WORKCLAS	0.0000	rejected
FNLWGT	0.0000	rejected
RELATION	0.0000	rejected
RACE	0.0000	rejected

图 20-24　各变量重要性计算结果

② Code subtab：给出了决策树生成的规则，也可生成 SAS 程序，对新的数据集评分，选择 File→Save as→C：→code.sas→OK，如图 20-25 所示。

7.添加另一个 Data Node 至工作区，导入需要进行预测的新的数据集。

8.添加 Score Node 节点至工作区。

（1）在 Data tab—Role 中选择"Score"，定义该数据集是用来测试的。

（2）在 Setting tab 中选择"Apply training data score code to score data set。"

（3）运行该节点。对新数据集评价的结果是以数据集的形式存入的。要通过下一个节点 Insight Node 进行查看，如图 20-26 和图 20-27 所示。

9. 添加 Insight Node 至工作区。

（1）打开 Insight 节点，在 Data tab 中，insight based on 选择"Entire data set"，如图 20-28 所示。

（2）打开 Select... 项，可以看到对各数据集（训练、校正、测试）进行评分后对应的输出数据集，如 EMDATA. SD_V99MD 就是本例中对测试集进行评分后的数据集，如图 20-29 所示。

（3）选择"Tools"，运行"Insight Node"。

```
Model | All | Summary | Tree Ring | Table | Plot | Score | Log | Notes |

00001 ***************************************************************;
00002 **             DECISION TREE SCORING CODE                    ;
00003 ***************************************************************;
00004
00005 LENGTH _FNORVAL $ %DMNORLEN ; DROP _FNORVAL;
00006 _FNORVAL = ' '; /* Initialize to avoid warning. */
00007 LENGTH _FORMAT $200; DROP _FORMAT;
00008 _FORMAT = ' '; /* Initialize to avoid warning. */
00009 DROP _DECNUM; _DECNUM=1;
00010
00011 ******      LENGTHS OF NEW CHARACTER VARIABLES        *****;
00012 LENGTH I_CLASS  $     5;
00013 LENGTH U_CLASS  $     5;
00014 LENGTH F_CLASS  $     5;
00015 LENGTH _WARN_   $     4;
00016
00017 ******        LABELS FOR NEW VARIABLES               *****;
00018 LABEL _NODE_   = 'Node Identification Number' ;
00019 LABEL P_CLASS50K = 'Predicted: CLASS=>50K' ;
00020 LABEL P_CLASS_50K = 'Predicted: CLASS=<=50K' ;
00021 LABEL I_CLASS   = 'Into: CLASS' ;
00022 LABEL U_CLASS   = 'Unnormalized Into: CLASS' ;
00023 LABEL F_CLASS   = 'From: CLASS' ;
00024 LABEL R_CLASS50K = 'Residual: CLASS=>50K' ;
00025 LABEL R_CLASS_50K = 'Residual: CLASS=<=50K' ;
00026 LABEL _WARN_   = 'Warnings' ;
00027
00028 ******       FORMATS FOR NEW VARIABLES               *****;
00029 FORMAT _NODE_    5.;
00030 FORMAT P_CLASS50K   6.4;
00031 FORMAT P_CLASS_50K   6.4;
00032 FORMAT I_CLASS    $CHAR5.;
00033 FORMAT F_CLASS    $CHAR5.;
00034 FORMAT R_CLASS50K   6.4;
00035 FORMAT R_CLASS_50K   6.4;
00036
00037 IF CLASS  EQ ' '  THEN F_CLASS  = ' ';
00038 ELSE DO;
00039 _FORMAT = PUT( CLASS , $5.);
00040 %DMNORMCP( _FORMAT, F_CLASS );
00041 END;

Data | Variable Selection | New Variables | Code
```

图 20-25　决策树生成的规则

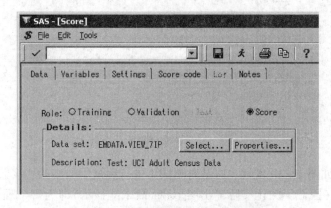

图 20-26　查看新数据集评价的结果（一）

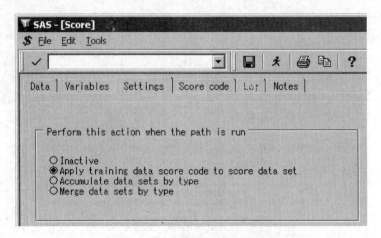

图 20-27 查看新数据集评价的结果(二)

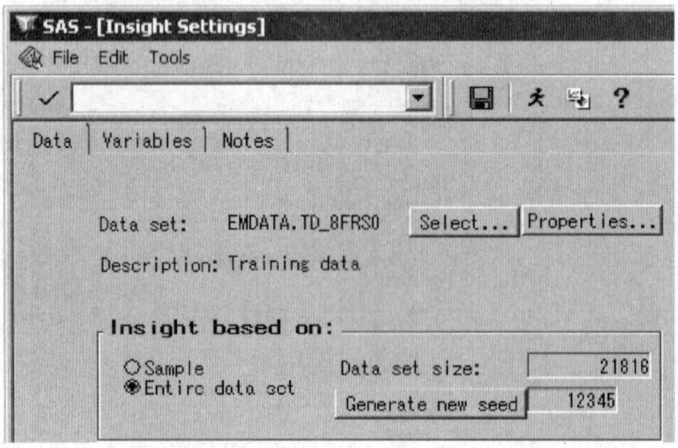

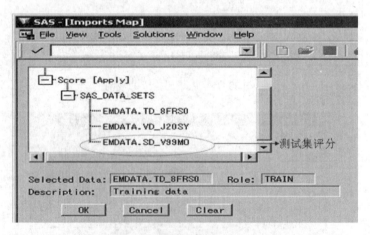

图 20-28 打开 Insight 节点

图 20-29 对测试集评分结果

得到的结果,如图 20-30 所示,这是对测试集进行测试后的结果,该数据集中生成了新的变量,带 P_前缀的(因截屏图比实际输出图形窄,故未能显示)即为每个观测计算的年收入 ≥5 万元和 <5 万元的概率各为多少,以 $P = 0.5$ 为界限分组后的结果,另外还有各自的残差值等。

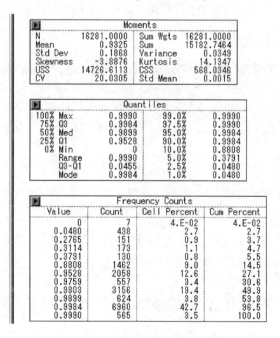

图 20-30　对测试集测试后的结果

（4）选择"Analyze→Distribution（Y）"。选择 P_CLASS_50K 作为 Y，单击"确定"按钮，即以年收入 ≥5 万元为关心的事件 A，则输出 $P(A) \geq 0.5$ 的所有自变量各种组合下的频数分布情况，如图 20-31 所示。还可输出频数分布图，在此从略。

```
                    Moments
N                  16281.0000   Sum Wgts   16281.0000
Mean                   0.9325   Sum        15182.7464
Std Dev                0.1868   Variance       0.0349
Skewness              -3.8876   Kurtosis      14.1347
USS                14726.6113   CSS          568.0346
CV                    20.0305   Std Mean       0.0015

                    Quantiles
100%  Max   0.9990        99.0%     0.9990
 75%  Q3    0.9984        97.5%     0.9990
 50%  Med   0.9899        95.0%     0.9984
 25%  Q1    0.9528        90.0%     0.9984
  0%  Min   0            10.0%     0.8808
      Range  0.9990        5.0%     0.3791
      Q3-Q1  0.0455        2.5%     0.0480
      Mode   0.9984        1.0%     0.0480

              Frequency Counts
Value        Count    Cell Percent   Cum Percent
     0            7       4.E-02        4.E-02
0.0480         438       2.7           2.7
0.2765         151       0.9           3.7
0.3114         173       1.1           4.7
0.3791         130       0.8           5.5
0.8808        1462       9.0          14.5
0.9528        2058      12.6          27.1
0.9759         557       3.4          30.6
0.9803        3156      19.4          49.9
0.9899         624       3.8          53.8
0.9984        6960      42.7          96.5
0.9990         565       3.5         100.0
```

图 20-31　$P(A) \geq 0.5$ 的自变量各种组合下的频数分布情况

10. 添加 Insight Node 至工作区，对预测分类的结果进行评价。

树模型建立后，采用测试集对模型的预测性能进行评价，除了看测试集中的准确率的大小、相对误差的大小外，还可以通过计算 ROC 面积来看模型预测性能的好坏。因此，可以通过在工作区中添加 Code Node，来计算 ROC 面积的大小。

（1）打开 Code 节点"Program tab"，输入以下程序，如图 20-32 所示。

```
proc rank data = &_score out = r;
   var P_CLASS_50K;
   ranks rp;run;
proc sql;
select sum(&_targets = '>50K') as n1,
       (sum(rp* (&_targets = '>50K')) - .5* (calculated n1)* (calculated n1 +1))
       /((calculated n1)* (count(&_targets) - (calculated n1))) as c
       from r;quit;
```

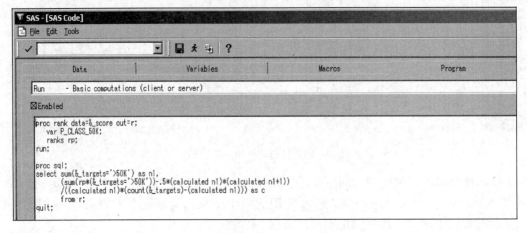

图 20-32　计算 ROC 曲线下面积的程序

(2)运行该节点,结果如图 20-33 所示。

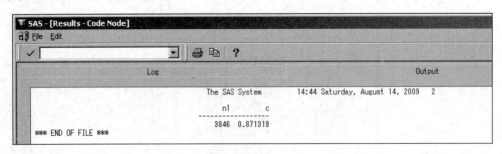

图 20-33　计算 ROC 曲线下面积的结果

得出 ROC 曲线下面积为 0.871319。若要求模型的准确率,假阴性率、假阳性率等均可通过在 Code 节点中写语句简单地实现,在此不再赘述。

20.7　用数据挖掘模块近似实现各种决策树算法

由于决策树算法比较多,而关于各种算法性能的比较有人也进行了相关的研究。在 SAS EM 模块中,可以根据需要,选择相应的方法,甚至可以将各种方法混合使用。目前没有公认的认为何种决策树方法最优,在建模时可尝试采用不同的方法建模,选择较优的模型。

1. 分类和回归树(CART:Classification and Regression Tree)

(1)该方法由 BFOS(Breiman, Friedman, Olshen, Stone)4 人详细进行了描述,其特点是具有二分支树的结构,即根节点包含所有样本,在一定的分裂规则下,根节点被分裂为两个子节点，这个过程又在子节点上重复进行，直至不可再分，成为叶节点为止。分裂的标准一般采用纯度减少（如 Gini 系数）的标准，具体参见相关著作。

（2）SAS EM Tree Node 近似实现 BFOS 描述的 CART 法。

当数据集目标变量为多值名义型（Nominal Targets）时，在 Basic tab 中选择"Gini reduction"分裂准则；当数据集目标变量为区间型（Interval Targets）时，在 Basic tab 中选择"Variance reduction"分裂准则。

对于 nominal targets 或 interval targets，在 Basic tab 中将 Maximum number of branches from a node 设置为"2"；将缺失值的选项去掉；surrogate rules 设置为"5"。在 Advanced tab 中选择"Total leaf impurity"作为模型选择标准；Observations sufficient for split search 设置为"1000"。

另外，在树节点中导入一个校正集，用于在 Best assessment value 中选择子树。

BFOS 提出的分类和回归树方法中，当数据集目标变量为等级型（Ordinal Targets）时，其合并了利润和损失的概念，与 SAS Tree node 不同。

2. 卡方自动交互式检测树（CHAID: Chi - squared Automatic Interaction Detector Tree）

（1）其特点是基于 χ^2 检验基础之上。根节点包含所有样本，在一定的分裂规则下，根节点被分裂为两个或多个子节点，这个过程又在子节点上重复进行，直至不可再分，成为叶节点为止。分裂的标准一般采用 χ^2 检验。

（2）SAS EM Tree Node 近似实现 CHAID 法。

对于多值名义目标变量，在 Basic tab 中选择"Chi - square test"分裂准则；为了避免自动修剪，在 Advanced tab 中选择"Total leaf impurity（Gini index）"作为模型选择标准。

对于区间目标变量，在 Basic tab 中选择"F test"分裂准则；为了避免自动修剪，在 Advanced tab 中选择"The most leaves"作为模型选择标准。

对于多值名义型或区间型目标变量，在 Basic tab 中选择"Chi - square test"或"F test"分裂准则，P 值定为 0.05，将 Maximum number of branches from a node 项设置为"2"为了避免自动修剪，在 Advanced tab 中选择 The most leaves 作为模型选择标准。

20.8　本章小结

本章介绍了决策树分析的基本概念、基本原理、决策树种类和构造思路，递归分割的分裂准则和变量重要性检测；还通过实例介绍了如何用 SAS/EM 模块对实际资料进行决策树分析的详细过程和结果解释；最后，概括地介绍了用数据挖掘模块近似实现各种决策树算法。

（李长平　郭晋）

第21章　神经网络分析

神经网络是一种模拟生物神经元工作方式的数学模型，被广泛应用于模式识别、预报预测等。神经网络中最常用的是前馈性神经网络，本章将着重对最常用的前馈型神经网络，即多层感知器(Multilayer Perceptron，MLP)方法进行简要介绍，并阐述如何用 SAS EM 模块实现 MLP 算法。

21.1　前馈型神经网络简介

如图 21-1 所示，前馈型神经网络的结构一般分为 3 层：①输入层，③输出层，②隐含层(可有多个隐含层)。每层可包含一个或多个神经元(称为节点)，其中每层的每个神经元和前一层相连接，同一层之间没有连接，其表达式见式(21-1)~式(21-3)。

$$g_0^{-1}\left[E(y)\right] = w_0 + w_1 H_1 + w_2 H_2 \tag{21-1}$$

$$H_1 = g_1\left(w_{01} + w_{11}x_1 + w_{21}x_2 + w_{31}x_3\right) \tag{21-2}$$

$$H_2 = g_2\left(w_{02} + w_{12}x_1 + w_{22}x_2 + w_{32}x_3\right) \tag{21-3}$$

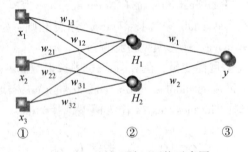

图 21-1　前馈型神经网络示意图

图 21-1 所示的前馈型神经网络架构中，包括 1 个输入层，包含了 3 个输入节点(Input Units)(即 3 个输入变量)；1 个隐含层，包含 2 个神经元(H_1，H_2)(Hidden Units)，隐含层通过激活函数(Activation Functions)与输出层相连。其中，$g_0^{-1}\left[E(y)\right]$ 是指目标变量(结果变量)的期望变换，即输出激活函数的反函数，为非线性激活函数的线性合并。其中，w 指权重；H 代表隐单元；x 指输入变量；$g_0(.)$ 指输出激活函数；$g_i(.)$ 指非线性变换的激活函数。

偏倚项(Bias)即截距(Intercept)参数 (w_0, w_{01}, w_{02}) 在图 21-1 中未给出，若不忽略偏倚项，则可在示意图中用一个节点标记出来。

1. 激活函数

隐含节点与输出节点之间用两个函数产生计算值。首先，从前一节点产生的所有的计算值输送给特定的节点，合并生成一个新的值，叫作合并函数。例如，在图 21-1 中，$w_{01} + w_{11}x_1 + w_{21}x_2 + w_{31}x_3$ 即为一个合并函数。在 MLP 中采用的合并函数为线性合并函数(Linear Combination Functions)。另外还有径向合并函数(Radial Combination Functions)，用在径向基神经网络

（Radial Basis Function Networks）中，在此从略。由线性合并函数产生的数值通过链接函数进行非线性转换，构成激活函数，常用的激活函数有：

①恒等函数（The Identity Functions），也称线性函数，分析时采用的是原始变量，不对数值进行转换。

②S 型函数（Sigmoid Functions），如 logistic 和双曲正切函数等，变换后的数值范围在 0 ~ 1 或 − 1 ~ 1 之间。

③softmax 函数（The Softmax Function），又称多重 logistic 函数，是一种泛化的 logit 函数，目标变量是多分类变量（如多值名义变量）时，采用该函数作为激活函数。

2. 链接函数（Link Function）

在神经网络中，链接函数的反函数就是输出激活函数，如图 21-2 所示。

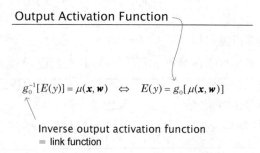

图 21-2 输出激活函数与连接函数关系示意图

常见的链接函数见表 21-1。链接函数与激活函数之间的对应关系见表 21-2。

表 21-1 常见的链接函数及其取值

链接函数名称	$g_0^{-1}[E(y)]$	$E(y)$	取值范围
恒等（identity）	$E(y)$	$\mu(x,w)$	$(-\infty, +\infty)$
Logit	$\ln \dfrac{E(y)}{1-E(y)}$	$\dfrac{1}{1+e^{-\mu(x,w)}}$	$(0,1)$
log	$\ln[E(y)]$	$e^{\mu(x,w)}$	$(0, +\infty)$

表 21-2 链接函数与激活函数之间的对应关系列表

链接函数形式	激活函数形式
恒等（identity）	恒等
线性（Linear）	恒等
Logit	Logitic
对数（Log）	指数
倒数（Reciprocal）	倒数
平方根（SQRT）	平方（Square）

3. 含有 1 个隐含层的多层感知器

最常用于预测的前馈型神经网络模型是多层感知器模型，MLP 用的是 S 型激活函数（如双曲正切函数），如图 21-3 所示。

其中，S 型函数有很多种，如 logistic 函数、双曲正切函数、反正切函数、Elliott 函数。实际应用中多选择双曲正切函数，因为该函数计算效率高，易于收敛。

对于含有 1 个隐含层（隐含层内含有 k 个神经元）、k 个输入变量的多层感知器，其参数的总数量为 $h(k+1) + h + 1 = h(k+2) + 1$。

另外，在图 21-1 的基本架构基础上，可以产生多种 MLP 的形式，比如可以在输入节点与输出节点之间直接连接，如图 21-4 所示，为加跳跃层的 MLP 基本架构。

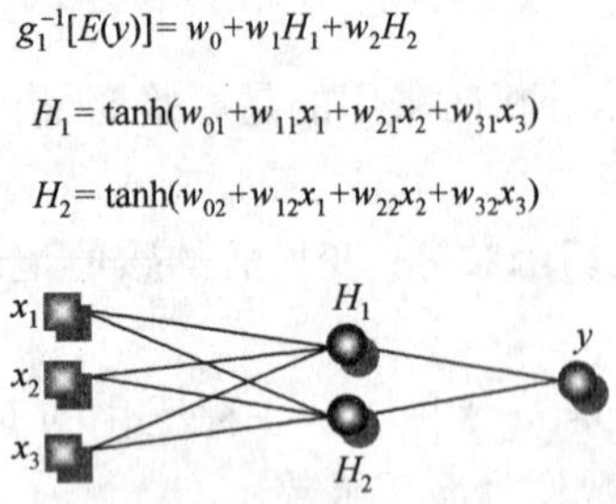

$g_1^{-1}[E(y)] = w_0+w_1H_1+w_2H_2$
$H_1 = \tanh(w_{01}+w_{11}x_1+w_{21}x_2+w_{31}x_3)$
$H_2 = \tanh(w_{02}+w_{12}x_1+w_{22}x_2+w_{32}x_3)$
x_1
x_2
x_3
H_1
H_2
y

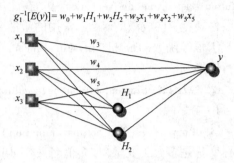

图 21-3　多层感知器模型构架及函数表达式示意图

$g_1^{-1}[E(y)] = w_0+w_1H_1+w_2H_2+w_3x_1+w_4x_2+w_5x_5$
x_1
x_2
x_3
w_3
w_4
w_5
H_1
H_2
y

图 21-4　加跳跃层的 MLP 及其函数表达式示意图

对于该跳跃层的 MLP，其参数总数的计算公式为 $h(k+2)+k+1$。其中，h 为隐含层数；k 为输入神经元节点数。

4. 含有 2 个隐含层的多层感知器

理论上认为，只要有充足可靠的数据、充足的隐藏神经元(节点)、足够的神经网络训练时间，仅含有 1 个隐含层的神经网络可以逼近任意函数，也就是说能达到“普遍的近似”。尽管如此，为了更好地提高模型的泛化能力，也有采用多个隐含层、较少的隐藏节点的网络结构。含有 2 个隐含层的 MLP 如图 21-5 所示。

含有 2 个隐含层的 MLP，2 个隐含层各有 H_1 和 H_2 个隐含单元，其参数的总数量为：

$$H_1(k+1)+H_2(H_1+1)+H_2+1。$$

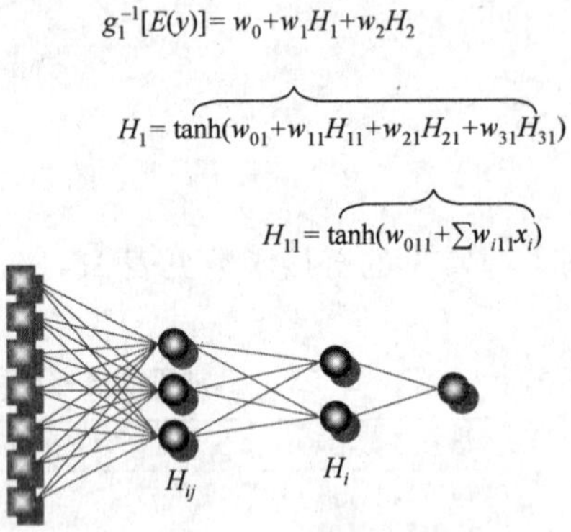

$g_1^{-1}[E(y)] = w_0+w_1H_1+w_2H_2$
$H_1 = \tanh(w_{01}+w_{11}H_{11}+w_{21}H_{21}+w_{31}H_{31})$
$H_{11} = \tanh(w_{011}+\sum w_{i11}x_i)$
H_{ij}
H_i

图 21-5　含有 2 个隐含层的 MLP 及其函数表达式示意图

在 SAS EM 中，默认的神经网络结构为最流行的 MLP 结构，一个多层感知器主要有以下 6 个方面的特征：

①具有一定数量的输入变量。

②有 1 个或多个隐含层。

③在隐含层与输出层之间采用线性合并函数。

④在隐含层采用 S 型激活函数。

⑤有多少输出变量就有多少激活函数。

⑥各层之间依次连接。

对于输入层的输入变量，在拟合神经网络时，一般要将连续型输入变量进行标化，如采取中位数法、标准化法(默认)。对于多值名义变量(如有 k 个水平)，一般自动生成 $k-1$ 个 输入变量。在隐含层中，每个隐含节点用一个激活函数将输入节点的合并值进行变换，该激活函数可能是非线性的(如 MLP 是 S 型激活函数)，每个隐含节点通过激活函数的计算值，在输出层进行合并，在输出层有另一个激活函数(可能不同于前一个激活函数)被采用。

21.2　多层感知器的学习

多层感知器的学习主要包含两个方面，即学习连接权值和学习网络结构。

1. 学习连接权值

MLP 网络权值的调整早期采用后向传播（Backpropagation）算法，训练一个后向传播神经网络有 3 个步骤：

①得到一个训练实例，在网络中使用现有的权重来计算实例的输出。

②向后传播，然后计算误差——计算结果和期望（实际）结果的差 [估计误差函数（Error Function）]。

③该误差用来调整权重。此过程可看作是把误差通过神经网络反馈的过程。可以看出，神经网络训练过程的核心在于对误差函数的估计，实现误差函数的最小化。可以采用很多的算法估计误差函数，如最小二乘法、最大似然法、离差、权重最小二乘法、M - 估计等方法。各种算法的详细介绍请参见相关参考书，在此从略。

大多数误差函数估计方法是基于最大似然法的，不同的目标变量误差函数对应于不同的分布。

①正态分布误差函数：适合于区间型目标变量（取值无边界），且目标变量无异常值，等方差，且对称分布，也能用于含有异常值的分类变量。

②Huber M - 估计（Huber M-Estimator）误差函数：适合于含有异常值的区间型目标变量（取值无边界），中等程度的方差不齐，但为对称分布，也能用于预测分类变量的众数。

③Redescending M 估计（Redescending M Estimators）误差函数：适合于区间型目标变量（取值无边界），且目标变量含有严重的异常值。

④Gamma 分布（Gamma Distribution）误差函数：适合于目标变量为偏态分布、均为正值、标准差与均数成比例的区间变量。

⑤Possion 分布误差函数：适合于目标变量为偏态分布、取值非负、方差与均数成比例的区间变量，特别是罕见事件的计数资料。

⑥Bernoulli 分布误差函数：适合于目标变量是二项分布（0/1）的资料。

⑦熵（Entropy）误差函数：当目标变量是二项分布时，熵误差函数与 Bernoulli 分布误差函数一样；也适合于 0 ~ 1 之间的区间变量。

⑧多重 Bernoulli 分布（Multiple Bernoulli）误差函数：适合于分类（包括名义和等级）目标变量。

⑨多重熵（Multiple Entropy）误差函数：当目标变量是二项分布时，多重熵误差函数与多重 Bernoulli 分布误差函数一样；还适合于目标变量为构成比的资料，各构成比相加等于 1。

在 SAS EM 模块中，采用 neural network node 进行模型拟合时，对于分类目标变量，默认的误差函数是多重 Bernoulli 分布误差函数；对于区间目标变量，默认的误差函数是正态分布函数。

由于标准的后向传播算法存在着收敛速度慢，易陷入局部最小及网络泛化能力差等缺点，近些年各种对后向传播算法的改进算法相继被提出，并广泛用于解决各种实际问题。这类算法主要分为两类。一类是启发式技术，主要有标准批后向传播算法（Standard Batch Backprop）、Standard Incremental Backprop、Quickprop 算法、RPROP 算法；另一类是使用数字最优化技术，如 L - M 法（Levenberg-Marquardt）、准牛顿法（Quasi-Newton Method）、共轭梯度法（Conjugate Gradient Descent）等。

在启发式技术中，L - M 法对于小网络可靠性强，计算速度快，但需要较大的内存；准牛顿法对中等大小的网络训练较好,该方法比 L－M 迭代的次数多,但每次迭代需要的计算量小,需要的内存一般仅为 L－M 法的 1/2;共轭梯度法对于大的网络比较适合,该方法比 L－M 法和准牛顿法迭代的次数多,但每次迭代的计算量要比前两种方法小。

在函数逼近方面,最常用到的是 L－M 法,因为 L－M 不仅收敛速度快,特别是对训练精度要求高的网络,L－M 方法可以获得更低的误差均方。当网络权值数目增加时,L－M 算法有时会略有下降,但还是优于其他算法。

启发式技术普遍的特点是训练速度快,通过调整学习速率和学习动量,对权重进行调整;不足之处主要在于学习效率、学习动量的选择存在困难,在函数逼近问题上性能不好。

2. 学习网络结构

一般来说,网络层数(即隐含层数)和隐含层神经元数(即隐层节点数)越多,网络规模越大,其逼近能力越强,误差越小。但是,网络的参数是通过样本学习的,其可能由于样本含量不足或学习时间不够带来误差,同时,过大的网络训练容易发生过拟合,导致网络泛化能力下降,因此对网络结构的选择很关键。

(1)网络层数的确定

由映射存在定理可知,给定任一连续函数 $f:u^n \to r^m, f(x) = y, u$ 是闭单位区间 $[0, 1]$, f 可以精确地用一个 3 层感知器网络实现。因此,在实际问题中,隐含层数一般取 1～2 即可,增多层数会增加网络的复杂性,可能会影响网络收敛的速度。

(2)单隐含层神经元数的确定

隐层节点数的大小依靠训练的样本数、噪声的数量和函数的复杂性而定。目前并没有公认的计算隐层节点数的公式,以下是几种单隐层网络中隐层节点数的估计方法:

$$① \qquad\qquad h = 2n + 1 \qquad\qquad (21\text{-}4)$$

式中,n 为输入神经元个数;h 为隐层节点个数。

$$② \qquad\qquad k < \sum_{i=1}^{n} C\binom{h}{i} \qquad\qquad (21\text{-}5)$$

式中,k 为样本数;其他符号含义同式(21-4)。

$$③ \qquad\qquad h = \sqrt{n + m} + a \qquad\qquad (21\text{-}6)$$

式中,m 为输出神经元个数;a 的取值在 1～10 之间;其他符号含义同式(21-4)。

$$④ \qquad\qquad h = \log_2 n \qquad\qquad (21\text{-}7)$$

式中的符号含义同式(21-4)。

在实际的问题中,往往采用"试算法",不断增加神经元数目,直到模型泛化能力不再明显增加为止。

3. 权重初始化

含有隐含层的神经网络的训练要首先设置权重的初始值,对于 MLP 来说,尚无合理的初始权重的计算方法,所以初始权重是由随机数字生成的。随机数字可以是正态分布或均匀分布的随机数。在 SAS EM neural network node 中,用户可以定义随机种子数。对于所有输出连接权重,初始权重默认为 0。

4. 预训练

对于非线性神经网络,局部最优是一个普遍的问题。解决局部最优问题最简单的方法是首先用少数的迭代次数训练网络，然后神经网络节点选择预训练中最优的估计值进行随后的网络训练。

21.3　模型过拟合

在 MLP 构建中要防止模型出现过拟合现象的发生，主要有权重衰减和早停止两种方法。

1. 权重衰减

其基本思想是惩罚大的权重，它通过构造一个目标函数（Objective Function），即在误差函数的基础上加一个惩罚函数。目标函数如下：

$$\bar{O} = \frac{L_+ + P_+}{\sum_i \sum_k f_i} \tag{21-8}$$

$$P_+ = d \sum_l w^2_{(l)} \tag{21-9}$$

式中，$\bar{O}$ 是目标函数；L_+ 是误差函数；P_+ 是惩罚函数；d 是权重衰减常数；$w_{(l)}$ 是第 l 个权重（不包含输出偏倚项）；f 指观测频数。模型的训练就是通过对目标函数进行训练，使目标函数最小化。

2. 早停止

其主要是通过将数据集分成训练集和校正集进行，通过监控训练集和校正集的性能变化（如准确率）来发现模型训练何时结束。

21.4　模型复杂性的评价

21.4.1　模型泛化能力（Generalization）的评价

对于模型中参数越多（如输入变量、隐藏单元、隐藏层），神经网络越复杂。两种极端的情况下，即空模型（仅含有输出偏倚，无输入变量）和饱和模型，均不能对新的数据做到好的泛化。所谓泛化能力，即对未参与建模的数据进行评价的能力，如预测能力、分类能力等。因此，构造一个较好的神经网络模型，是在系统误差和随机误差之间的折中。

1. 误差的估计

模型选择的一个非常关键的部分是定义一个恰当的模型泛化能力评价标准，即进行恰当的误差估计。误差的估计是估计实际值与预测值之间的偏差。很多的图解法可用于评价模型的拟合优度，也可采用计算单一的指标用于模型的选择，如残差平方和 $\sum (y_i - \hat{y}_i)^2$、决定系数 $R^2 = 1 - \dfrac{\sum (y_i - \hat{y}_i)^2}{\sum (y_i - \bar{y}_i)^2}$。对于非正态资料，离差（Deviance）较适合。

2. 可靠性评价

模型拟合后，用训练集（Train Set）数据进行测试所产生的误差为重新代入误差，它是将训练实例重新代入由这些训练实例而产生的模型进行计算的，会对拟合的模型估计过于乐观，虽然它不可能可靠地反映模型在新数据上的真实的误差,但依然有一定的参考价值。为了能测试一个模型在新数据上的性能表现,需要一组没有参与建模的数据集,并在此数据集上评估预测性能。这组独立的数据集称为测试集(Test Set)。此外,还有可能需要一组用于优化或选择模型参数的数据集,如对于神经网络,即验证集(Validation Data)。这里需要强调的是,训练集、校正集和测试集必须保持独立性。

因此,评价模型的泛化能力时,可采用以下 3 种方法。

(1)保持法

简单的方法是采用保持法进行评价,即将数据分成两个部分,一部分为训练集,用于建模;另一部分为测试集,用于模型的测试、评价。如果是一个大的数据集,可以将该数据集分成训练集和测试集两个部分,即取一个大的样本进行训练,取一个不同的有代表性的大样本进行测试,从而得到反映模型真实性能的估计。一般来说,训练样本量越大,所建的模型预测性能越好(虽然样本量超过一定的限度,性能提高会有所减缓);测试样本量越大,误差估计越准确。问题关键点在于,小样本时,用于训练、测试的数据量非常有限,采用保持法对模型进行泛化能力的评价可能会产生不准确的估计结果。此时,可采用 k 折交叉验证的方法。

(2)k 折交叉验证法

此方法即先决定一个固定的折数,也就是说将数据分成大致相同的 k 份,每份被轮流用于测试而其他数据用于训练。此过程重复 k 次,从而每个观测恰好有一次用于测试。由于学习过程共进行 k 次,因此可以得到 k 个误差率或总误差(k 次学习过程测试集误差之和),最后可将 k 个误差率平均得出一个综合误差估计。对于小数据集来说,交叉验证法显著地优于保持法。交叉验证能有效地利用数据,因为每个观测既用于训练也用于测试,但交叉验证比保持法需要更多的计算时间。

(3)自引导法(Bootstrap Method)

该方法是基于有放回抽样理论。它是采取有放回抽样形成训练集,即已经选取的观测将放回原来的数据集中,使得它与数据集中其他的观测有相同的概率被重新抽取。最常用的为 0.632 自引导法,即一个拥有 n 个观测的数据集(原始数据集)进行了 n 次有放回抽样,形成另一个含有 n 例的数据集,在该数据集中,会有(几乎肯定会)一些重复观测,那么在原始数据集中必有部分观测未被抽取,因此可选取这些未被抽取的观测作为测试集。因为观测被抽中的概率是 $1 - (1 - 1/N)^N$,当 N 足够大,该概率逐渐逼近 $1 - e^{-1} = 0.632$。因为训练集只用了 63.2% 的观测,用测试集进行泛化能力的估计,得到的将是一个对真实误差较为悲观的估计。为了补偿这一点,通常采用 0.632 自引导法评估模型的性能。如计算指标是准确率,则通过计算每个 bootstrap 样本的准确率(ε_i)和由包含所有标记样本的训练集的准确率($\mathrm{acc_s}$),从而计算最终准确率的估计值,如公式(21-10)所示。

$$\mathrm{acc_{boot}} = \frac{1}{b}\sum_{i=1}^{b}(0.632\varepsilon_i + 0.368\mathrm{acc_s}) \tag{21-10}$$

式中,b 是生成的 bootstrap 样本的个数。

3. BIC(Bayesian Information Criterion)

对于最小二乘法,$\mathrm{SBC} = N\ln(\mathrm{SSE}/N) + P\ln N$。其中,SSE 为训练集的离均差平方和;$N$ 为训练集的样本量;P 为模型包含截距项在内的参数个数。对于最大似然法估计,$\mathrm{SBC} = 2\mathrm{NLL} + P\ln N$。其中,NLL 为负对数似然函数;$N$ 为训练集的样本量;P 为模型包含截距项的参数个数。BIC 的主要优点是在模型进行选择时，所有的资料均能用来训练和校正，不用求助大量计算的方法，如 k 折交叉验证或自引导法。

4. ROC 面积

非参数方法计算 ROC 面积大小的方法是：假设对照组有 n_c 个观察值，记为 $X_j (j = 1, 2, \cdots, n_c)$，病例组有 n_a 个观察值，记为 $X_i (i = 1, 2, \cdots, n_a)$。如果观察值大判归为病例，根据 Wilcoxon-Mann-Whitney 检验统计量，ROC 面积（用 A_z 表示）就是病例组每个观察值大于对照组每个观察值的概率，即

$$\text{ROC Area} = \frac{\sum_{y=1}^{n} \text{rank}(\hat{y}_i) - \frac{1}{2} n_1 (n_1 + 1)}{n_1 (n - n_1)} \frac{n!}{r!(n-r)!} \tag{21-11}$$

式中，n_1 是目标变量中分类为病例组的观测计数；$\sum_{y=1}^{n} \text{rank}(\hat{y}_i)$ 是将病例组估计值对应的秩次求和。

21.4.2 模型选择的标准

不同数据集模型选择指标列表见表 21-3。

表 21-3 不同数据集模型选择指标列表

校　正　集	训　练　集	约　束　条　件
Deviance		适合于最大似然估计
Profit		
ROC 面积		适合于目标变量为二分变量
	SBC	适合于最大似然估计

21.5 实际应用与结果解释

以 BANK8DTR 数据集（命名为 SAMPSIO. BANK8DTR）为例，该数据集中有 2000 个银行客户的观测，目标变量是是否会购买新的投资项目（$y = 1$ 代表会购买；$y = 0$ 代表不会购买）。该数据集中有 1000 例观测购买，1000 例观测不购买，已知整个人群中有 4% 的人会购买该投资项目，试构造神经网络模型。SAMPSIO. BANK8DTR 数据集中共有 8 个输入变量（原因变量）、1 个目标变量（结果变量），各变量及含义见表 21-4。

表 21-4 数据集中各变量含义及其属性设置

变 量 名	角　　色	测量水平	变量类型	变　量　标　签
atmct	input	interval	num	每月的自动柜员机交易数量
adbdda	input	interval	num	每日平均余额在他们的支票账户
ddatot	input	interval	num	支票交易总量
ddadep	input	interval	num	总金额的支票存款
savbal	input	interval	num	储蓄账户余额
income	input	interval	num	月收入
invest	input	interval	num	投资金额
atres	input	interval	num	在居住地的时间
acquire	target	binary	num	购买与否

分析目标一：通过训练数据集 SAMPSIO. BANK8DTR，尝试采用不同的数据拆分方法（采用保持法、不拆分的方法）和不同的选择模型的方法（如 SBC、ROC 面积）、是否加跳跃层等，建立 MLP 模型，选出较佳的 MLP 模型。

分析目的二：对测试集 SAMPSIO.BANK8DTE(该数据集不参与建模)进行分类预测。

下面采用 SAS EM 模块介绍如何实现上述目标。总流程如图21-6所示。

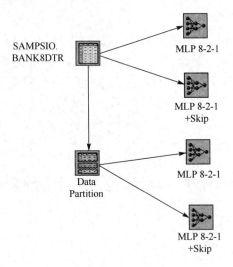

图21-6　总流程图

1. 进入 EM 界面

从工具箱中拖一个输入数据源节点(Input Data Source)进入工作区中，将 SAMPSIO.DML-CENS 导入，定义 ACQUIRE 为目标变量，如图21-7所示。

Name	Model Role	Measurement	Type
ACQUIRE	target	binary	num
ATMCT	input	interval	num
ADBDDA	input	interval	num
DDATOT	input	interval	num
DDADEP	input	interval	num
INCOME	input	interval	num
INVEST	input	interval	num
ATRES	input	interval	num
SAVBAL	input	interval	num

图21-7　数据集变量描述

2. 对先验概率的设置

在 Prior tab 中，加一个 Prior vector，并右击选择"set to use"选项，在先验概率列分别输入"0.04"和"0.96"，如图21-8所示。

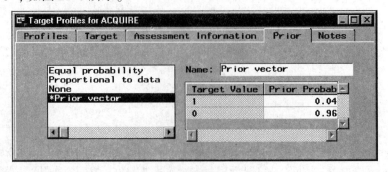

图21-8　先验概率设置图

3. 在 Assessment Information tab 中，加一个利润矩阵

正确判断会购买的观测会获得 12 个单位的利润，判断错误会损失 0.5 个单位的利润。

4. 首先添加第一个 Neutal network Node（图 21-6 中最右上角的神经网络节点）

右击，选择"About"选项，将其命名为"MLP 8-2-1"，如图 21-9 所示。注意：在 SAS EM 模块中，建立的 MLP 神经网络默认状态下是具有 1 个隐含层的神经网络，每个隐含层中可以设置多个隐含节点。

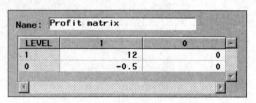

图 21-9　利润矩阵设置图

双击 Neutal network 节点，打开 General tab，如图 21-10 所示。

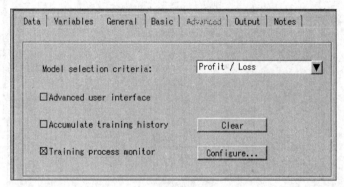

图 21-10　Neural Network 节点 General tab 示意图

（1）对 General tab 的说明

①Model selection criterion：模型选择标准，从上至下依次为：

- Average Error，平均误差。
- Classification Rate，误分率。
- Profit/Loss，SAS 默认，将损益作为模型选择的标准。

②Advanced user interface：高级用户界面，当选择该项时，Advanced tab 激活。在界面中，用户可以自动定义神经网络的结构。

③Accumulate training history：模型累积训练历史，当选择该项时，模型训练的过程将被累积记录下来。

④Training process monitor：训练误差监控过程，模型训练集和校正集随着迭代次数的变化，误差变化的过程。

（2）对 Basic tab 的说明

如图 21-11 所示，从上至下依次为：

①Network architecture，定义网络结构。

②Preliminary runs，预训练次数。可选择 3、5、10、15、20、30、40、50 次。

③Training technique，网络训练方法。可供选择的有 Levenberg-Marquadt 法、Conjugate-Gradient 法、Quasi-Newton 法、Standard-Backprop 法，默认为 Levenberg-Marquadt 方法。

④Runtime limit，训练时间。可供选择的有 10min、1h、2h、…、无限制，等等，默认为 2h。

在 Network architecture 中，有 3 个子项，如图 21-12 所示。

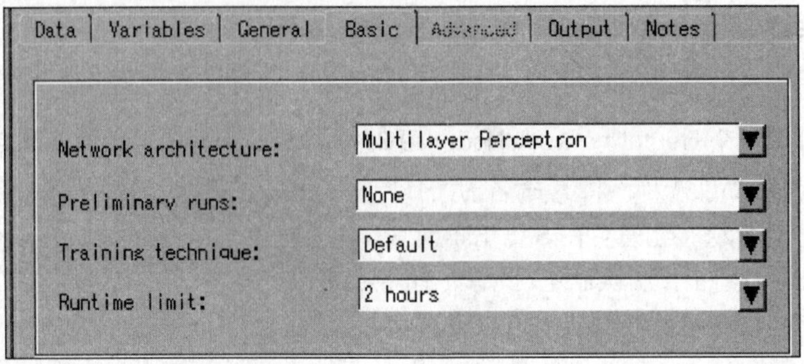

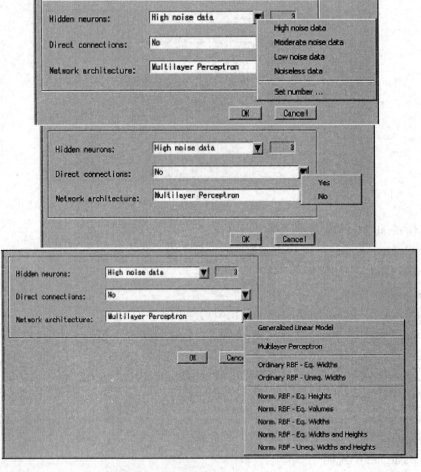

图 21-11 Neural Network 节点 Basic tab 示意图

图 21-12 Network architecture 选项示意图

从上至下依次为：

①Hidden neurons，在该选项中可定义隐含层中隐含神经元数目。默认为数据是高噪声数据，隐含层神经元数目为3。

②Direct connections，即是否加跳跃层。

③Network architecture，定义神经网络的结构，包含广义线性模型（是 MLP 的特例，不含隐含层）、MLP、径向基函数（定义径向基函数的不同的宽度和高度）。

在本例中选择隐含层隐含神经元数目为 2，预训练 5 次，避免局部最优。设置结果如图 21-13 所示。

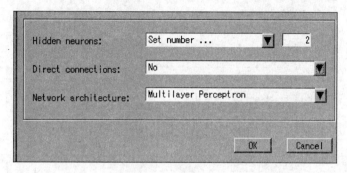

图 21-13　MLP 8-2-1 结构各选项选择示意图

（3）对 Advanced tab 的说明

若选择自己定义神经网络结构，选择 Basic tab 中的"Advanced user interface"，高级用户界面就被激活，如图 21-14 所示。

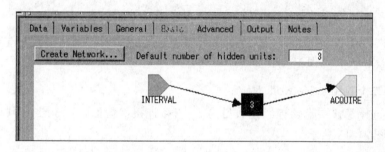

图 21-14　高级用户界面

单击"Create Network"按钮，如图 21-15 所示。

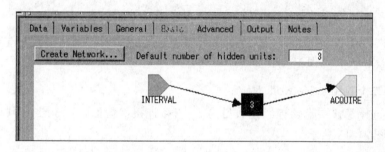

图 21-15　Advanced tab 选项示意图

（4）对 Output tab 的说明

如图 21-16 所示，在 Output tab 选项中有以下两个选项：

①Process or Score，定义训练输出的过程，是否包含训练、校正和测试。默认仅为训练过程。

②Show details of，定义显示的种数据集的详细情况，默认为训练集。

在 Output tab 中，还有一个 variable subtab，如图 21-17 所示，可定义是否输出标化输入变量等。

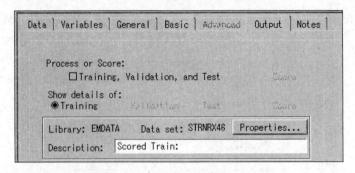

图 21-16　Output tab 选项示意图

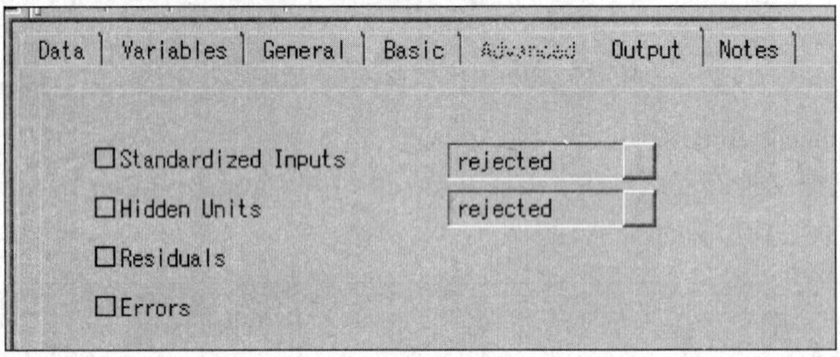

图 21-17　Output tab 选项中的 variable 子项示意图

5. 添加第二个 Neural Network Node

在本例中选择隐含层隐含神经元数目为 2，直接连接（即加入 Skip 层），预训练 5 次，避免局部最优，如图 21-18 所示。

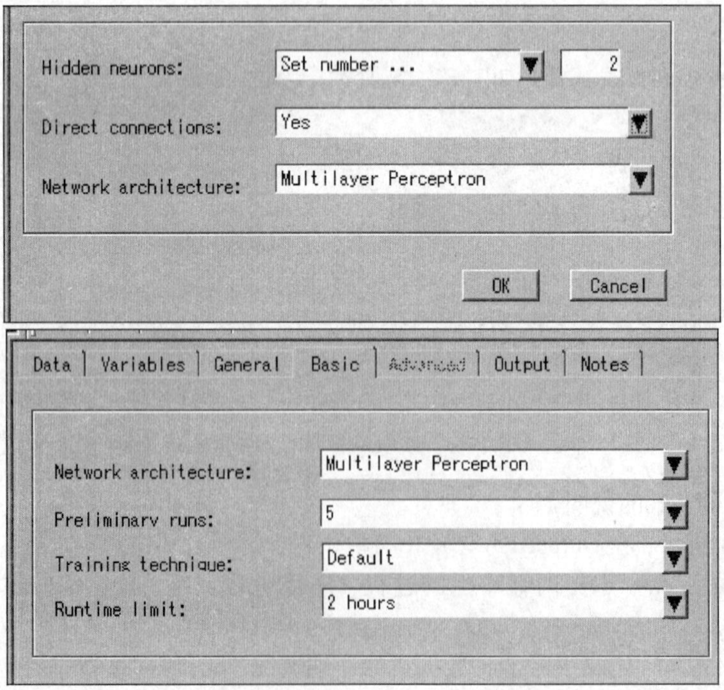

图 21-18　MLP 8-2-1 + Skip 结构各选项选择示意图

运行这两个 Neural Network Node。

第一个 Neural Network Node 运行后的结果如图 21-19 ~ 图 21-23 所示。

	Fit Statistic	Training	Validation	Test
1	[TARGET=ACQUIRE]	.	.	.
2	Average Profit	0.32496	.	.
3	Misclassification Rate	0.3605	.	.
4	Average Error	0.3667832326	.	.
5	Average Squared Error	0.1141646564	.	.
6	Sum of Squared Errors	456.65862573	.	.
7	Root Average Squared Error	0.3378882075	.	.
8	Root Final Prediction Error	0.3414491978	.	.
9	Root Mean Squared Error	0.3396705839	.	.
10	Error Function	1467.1329304	.	.
11	Mean Squared Error	0.1153761055	.	.
12	Maximum Absolute Error	0.9880729254	.	.
13	Final Prediction Error	0.1165875546	.	.
14	Divisor for ASE	4000	.	.
15	Model Degrees of Freedom	21	.	.
16	Degrees of Freedom for Error	1979	.	.
17	Total Degrees of Freedom	2000	.	.
18	Sum of Frequencies	2000	.	.
19	Sum Case Weights * Frequencies	4000	.	.
20	Akaike's Information Criterion	1509.1329304	.	.
21	Schwarz's Baysian Criterion	1626.751882	.	.

图 21-19　MLP 8-2-1 模型拟合统计量各指标列表

	From	To	Weight
1	ADBDDA	H11	0.3402031824
2	ATMCT	H11	-0.027050336
3	ATRES	H11	0.06915189
4	DDADEP	H11	0.1157879205
5	DDATOT	H11	-0.044974587
6	INCOME	H11	0.0371525315
7	INVEST	H11	0.7589941015
8	SAVBAL	H11	1.2283906262
9	ADBDDA	H12	-8.889517222
10	ATMCT	H12	0.2073088338
11	ATRES	H12	0.0437019102
12	DDADEP	H12	-3.284451269
13	DDATOT	H12	-0.457346378
14	INCOME	H12	-0.196371365
15	INVEST	H12	-0.179726579
16	SAVBAL	H12	-1.171466232
17	BIAS	H11	0.8764811266
18	BIAS	H12	-4.899491156
19	H11	ACQUIRE1	4.2114941648
20	H12	ACQUIRE1	-2.229936335
21	BIAS	ACQUIRE1	-2.88718374

图 21-20　MLP 8-2-1 模型各参数权重列表

第二个 Neural Network Node 运行后的结果如图 21-24 所示(仅给出模型拟合统计量各指标列表, 其他从略)。

在图 21-19 和图 21-24 中, 包含了各种模型拟合的统计量, SBC 在最后一行, 误差函数(Error Function)即为离差(Deviance), 模型的自由度(p)在倒数第 5 行。

对前两个模型对应的模型拟合优度统计量进行比较, 结果见表 21-5。

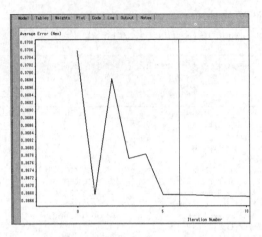

图 21-21　MLP 8-2-1 模型不同迭代次数误差变化示意图

```
Model | Tables | Weights | Plot | Code | Log | Output | Notes |
● Training    ○ Scoring

00001 *;
00002 * SAS NEURAL NETWORK - TRAINING FUNCTION;
00003 *;
00004 proc neural data=EMDATA.DMDBR5TG dmdbcat=EMPROJ.DMDBR5TG
00005 network=EMPROJ.NNS_BRW5.NETWORK
00006 predata=EMDATA.NNDZY03P
00007 ;
00008 netoptions plot;
00009 decision decisiondata= EMPROJ.ACQUIRE_ decvars=
00010 _DEC1
00011 _DEC2
00012 priorvar = _PRIOR
00013 ;
00014 *;
00015 prelim 5
00016 outest= EMPROJ.NNPA856O
00017 ;
00018 *;
00019 train
00020 outest= EMPROJ.NNECO5MJ estiter=1
00021 outfit= EMPROJ.NNF2G93P
00022 ;
00023 *;
00024 code noerror nores metabase=EMPROJ.NNS_BRW5.DATASTEP.SOURCE;
00025 *;
00026 RUN;
00027
```

图 21-22　MLP 8-2-1 模型拟合程序示意图

```
                         The NEURAL Procedure
                        Optimization Results

Iterations                        10   Function Calls              17
Jacobian Calls                    12   Active Constraints           0
Objective Function       0.3667115542  Max Abs Gradient Element  0.0001922301
Lambda                   0.0792650889  Actual Over Pred Change   0.3259168617
Radius                   0.0105963746

FCONV convergence criterion satisfied.    The SAS System    11:26 Monday, December 13, 2009   5

                        The NEURAL Procedure

                        Optimization Results
                        Parameter Estimates
                                                   Gradient
                                                   Objective
         N Parameter              Estimate         Function

         1 ADBDDA_H11             0.341685        -0.000000842
         2 ATMCT_H11             -0.027116        -0.000037708
         3 ATRES_H11              0.069470         0.000007206
         4 DDADEP_H11             0.118454         0.000017022
         5 DDATOT_H11            -0.042633        -0.000068564
         6 INCOME_H11             0.037428        -0.000039959
         7 INVEST_H11             0.752711         0.000019671
         8 SAVBAL_H11             1.222768         0.000010968
         9 ADBDDA_H12            -9.340246         0.000058993
        10 ATMCT_H12              0.209203         0.000016193
        11 ATRES_H12              0.049016         0.000031986
        12 DDADEP_H12            -3.402240         0.000024363
        13 DDATOT_H12            -0.335209         0.000192
        14 INCOME_H12            -0.202867        -0.000031430
        15 INVEST_H12            -0.193933        -0.000040336
        16 SAVBAL_H12            -1.233083         0.000017089
        17 BIAS_H11               0.877595        -0.000044100
        18 BIAS_H12              -5.071886         0.000109
        19 H11_ACQUIRE1           4.238467         0.000001158
        20 H12_ACQUIRE1          -2.153878         0.000011835
        21 BIAS_ACQUIRE1         -2.843201        -0.000027295

         Value of Objective Function = 0.3667115542
```

图 21-23　MLP 8-2-1 模型结果输出窗口示意图

	Fit Statistic	Training	Validation	Test
1	[TARGET=ACQUIRE]	.	.	.
2	Average Profit	0.3264	.	.
3	Misclassification Rate	0.346	.	.
4	Average Error	0.3631441783	.	.
5	Average Squared Error	0.113745203	.	.
6	Sum of Squared Errors	454.98081187	.	.
7	Root Average Squared Error	0.3372613274	.	.
8	Root Final Prediction Error	0.342187591	.	.
9	Root Mean Squared Error	0.3397333884	.	.
10	Error Function	1452.5767132	.	.
11	Mean Squared Error	0.1154187752	.	.
12	Maximum Absolute Error	0.9920110736	.	.
13	Final Prediction Error	0.1170923474	.	.
14	Divisor for ASE	4000	.	.
15	Model Degrees of Freedom	29	.	.
16	Degrees of Freedom for Error	1971	.	.
17	Total Degrees of Freedom	2000	.	.
18	Sum of Frequencies	2000	.	.
19	Sum Case Weights * Frequencies	4000	.	.
20	Akaike's Information Criterion	1510.5767132	.	.
21	Schwarz's Baysian Criterion	1673.0028845	.	.

图 21-24　MLP 8-2-1 + Skip 模型拟合统计量各指标列表

表 21-5　两种模型对应的拟合统计量

模 型 种 类	Deviance	p	SBC
MLP 8-2-1	1467	21	1627
MLP 8-2-1 + Skip	1453	29	1673

可见，增加 1 个跳跃层，减少了 14 个单位的离差是以增加了 8 个参数且 SBC 增加了 46 个单位为代价的，显然，不加跳跃层的 MLP 8-2-1 优于加跳跃层的 MLP。

6. 添加数据拆分节点 (Data Partition) 到工作区中

在 Partition 节点中，将数据集拆分成 67% 用于训练，33% 用于校正，如图 21-25 所示。

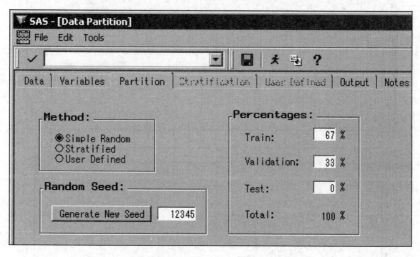

图 21-25　Data Partition 示意图

7. 在 Data Partition 节点后添加第三个 Neural Network Node

在本例中选择隐含层隐含神经元数目为 2，预训练 5 次，避免局部最优。在 Output tab 中，选择 process or score，如图 21-26 所示。

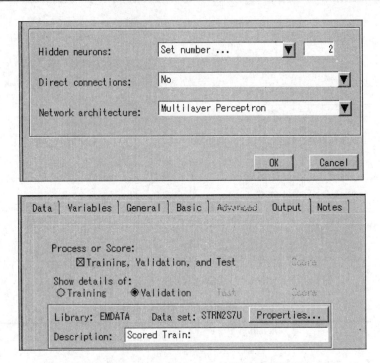

图 21-26　数据拆分后 MLP 8-2-1 结构各选项选择示意图

8. 在 Data Partition 节点后添加第四个 Neural Network Node

添加第四个 Neural Network Node 后，结果如图 21-27 所示。

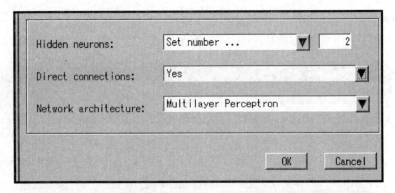

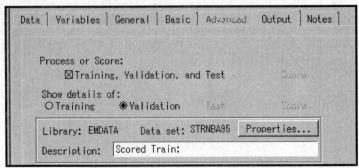

图 21-27　数据拆分后 MLP 8-2-1＋Skip 结构各选项选择示意图

9. 在工作区中添加 Code Node，计算 ROC 面积的大小

打开 Code 节点 Program tab，输入以下程序：

```
proc rank data=&_mac_4 out=r1;
var p_acqui1;　ranks rp;　run;
proc rank data=&_mac_3 out=r2;
var p_acqui1;　ranks rp;　run;
proc sql;
select sum(&_targets=1) as n1,
    (sum(rp*(&_targets=1))-.5*(calculated n1)*(calculated n1+1))
    /((calculated n1)*(count(&_targets)-(calculated n1))) as c_nosl
    from r1;
select sum(&_targets=1) as n1,
    (sum(rp*(&_targets=1))-.5*(calculated n1)*(calculated n1+1))
    /((calculated n1)*(count(&_targets)-(calculated n1))) as c_sl
    from r2;
quit;
```

结果如图 21-28 所示。

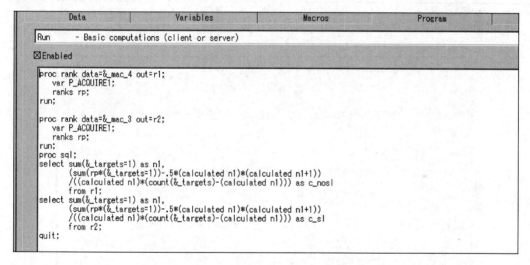

图 21-28　数据 Code Node 计算 ROC 面积示意图

10. 运行 Code Node 节点

运行 Code Node 节点，结果如下。

由图 21-29 ~ 图 21-31 可得出带有校正集的两种 MLP 对应的拟合统计量，见表 21-6。

由表 21-6 可以看出，两个模型的 profit 相同，而离差、ROC 面积前者均优于后者。可见，采用带有校正集，拟合的 MLP 也支持不带跳跃层的网络结构。两种选择模型的方法，即数据拆分、不拆分均支持不带跳跃层的 MLP，因此，最后选出第一个 MLP 8-2-1 神经网络模型用于新的数据的分类预测。

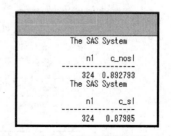

图 21-29　带有校正集的两种 MLP
模型ROC面积计算结果

	Model	Tables	Weights	Plot	Code	Log	Output	Notes	

Fit statistics ▼

	Fit Statistic	Training	Validation	Test
1	[TARGET=ACQUIRE]			.
2	Average Profit	0.333077636	0.3043915344	
3	Misclassification Rate	0.3082089552	0.3196969697	
4	Average Error	0.3471328312	0.4221881157	
5	Average Squared Error	0.1077665347	0.132954148	
6	Sum of Squared Errors	288.81431289	175.49947533	
7	Root Average Squared Error	0.3282781361	0.3646287811	
8	Root Final Prediction Error	0.3334637454		
9	Root Mean Squared Error	0.3308810996	0.3646287811	
10	Error Function	930.31598762	557.28831271	
11	Mean Squared Error	0.1094823021	0.132954148	
12	Maximum Absolute Error	0.9826860743	0.9950370381	
13	Final Prediction Error	0.1111980695		.
14	Divisor for ASE	2680	1320	
15	Model Degrees of Freedom	21		
16	Degrees of Freedom for Error	1319		
17	Total Degrees of Freedom	1340		
18	Sum of Frequencies	1340	660	
19	Sum Case Weights * Frequencies	2680	1320	
20	Akaike's Information Criterion	972.31598762	.	
21	Schwarz's Baysian Criterion	1081.5249104		

图 21-30　带有校正集的 MLP 8-2-1 模型拟合统计量各指标列表

	Model	Tables	Weights	Plot	Code	Log	Output	Notes	

Fit statistics ▼

	Fit Statistic	Training	Validation	Test
1	[TARGET=ACQUIRE]			.
2	Average Profit	0.3438825123	0.3043915344	
3	Misclassification Rate	0.3246268657	0.3393939394	
4	Average Error	0.3404462555	0.4631917867	
5	Average Squared Error	0.105945638	0.1398586984	
6	Sum of Squared Errors	283.93430986	184.61348188	
7	Root Average Squared Error	0.3254929154	0.3739768688	
8	Root Final Prediction Error	0.3326150672		
9	Root Mean Squared Error	0.32907326	0.3739768688	
10	Error Function	912.39596473	611.4131584	
11	Mean Squared Error	0.1082892105	0.1398586984	
12	Maximum Absolute Error	0.9844997712	0.9999923113	
13	Final Prediction Error	0.1106327829		.
14	Divisor for ASE	2680	1320	
15	Model Degrees of Freedom	29		
16	Degrees of Freedom for Error	1311		
17	Total Degrees of Freedom	1340		
18	Sum of Frequencies	1340	660	
19	Sum Case Weights * Frequencies	2680	1320	
20	Akaike's Information Criterion	970.39596473		
21	Schwarz's Baysian Criterion	1121.2082866		

图 21-31　带有校正集的 MLP 8-2-1 + Skip 模型拟合统计量各指标列表

表 21-6　带有校正集的两种模型对应的拟合统计量

模型种类	Deviance	p	Profit	ROC 面积
MLP 8-2-1	557	21	0.30	0.893
MLP 8-2-1 + Skip	611	29	0.30	0.880

11. 对测试集 SAMPSIO.BANK8DTE(该数据集不参与建模)进行分类预测

在该数据集中所含的变量与训练集相同, 共有 1000 个观测, 50% 的观测会购买投资项目,该数据集未参与建模。试用筛选出的第一个神经网络模型 MLP 8-2-1 对该数据集进行分类预测，并计算 ROC 面积的大小。

在工作区中添加 Data Node，导入需要进行分类预测的新的数据集 SAMPSIO. BANK8DTE。选中其数据集角色为 SCORE，如图 12-32 所示。

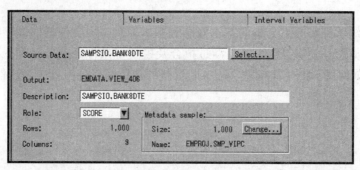

图 21-32　SCORE 数据集的各选项选择示意图

12. 在工作区中添加 Score Node，与第一个 MLP 8-2-1 建立链接

①在 Setting tab 中选择"Apply training data score code to score data set。"
②运行该节点。

13. 在工作区中添加 Code Node，与 Score Node 建立链接，计算 ROC 面积的大小

打开 Code 节点 Program tab，输入以下程序：

```
proc rank data = &_score out = r;
var P_ACQUIRE1;  ranks rp;  run;
proc sql;
select sum(&_targets =1) as n1,
    (sum(rp* (&_targets =1)) - .5* (calculated n1)* (calculated n1 +1))
    /((calculated n1)* (count(&_targets) - (calculated n1))) as c
    from r;
quit;
```

运行结果如图 21-33 所示。

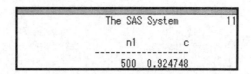

图 21-33　MLP 8-2-1 评价新数据集的 ROC 面积大小

得出 ROC 面积为 0.925。若要求模型的准确率，则假阴性率、假阳性率等均可通过在 Code 节点中写语句简单地实现，在此不再赘述。

21.6　本 章 小 结

本章简单介绍了神经网络分析的基本概念和基本原理，主要包括前馈型神经网络和多层感知器等方面的概念和知识；介绍了模型过拟合及模型复杂性评价等较深入的问题。通过实例，详细介绍了如何用 SAS/EM 模块实现实际资料的神经网络分析方法和过程，包括操作步骤和结果解释。

（李长平　郭晋）

第 22 章　数据挖掘与分析

本章主要介绍数据挖掘的相关知识和 SAS 企业数据挖掘器的基本原理和操作方法。首先，对数据挖掘的背景、基本概念和相关应用进行简要的概述；其次，介绍 SAS 企业数据挖掘器的基本工作原理，以及 SAS 企业数据挖掘器所包含的功能和支持的数据挖掘算法；再次，详细阐述数据挖掘中关联规则和序列规则的定义和常用统计量，并通过实例介绍如何在 SAS 企业数据挖掘器中进行关联规则和序列规则挖掘；最后，通过实例的方式概略描述如何在 SAS 企业数据挖掘器中进行分类预测。其中涵盖了数据准备、数据探索与数据转换、构造预测模型和模型评估与数据预测等步骤，涉及的分类模型主要有人工神经网络、决策树和 logistic 回归。因篇幅所限，本章详细内容请参阅本书附赠的光盘。

22.1　数据挖掘的基本概念

22.1.1　数据挖掘的背景

归纳数据挖掘产生的技术背景，下面一些相关技术的发展起到了决定性的作用：①数据库、数据仓库和 Internet 等信息技术的发展；②计算机性能的提高和先进的体系结构的发展；③统计学和人工智能等方法在数据分析中的研究和应用。

22.1.2　数据挖掘的基本概念

数据挖掘是从大量的、不完全的、模糊的、随机的数据中挖掘出隐含在其中的、人们事先不知道的但又是潜在有用的知识和规则的过程。这些规则中蕴含了数据库中一组对象之间的特定关系，揭示出一些有用的信息，可以为科学研究、经营决策、市场策划和金融预测等方面提供依据。

22.1.3　数据挖掘任务的分类

数据挖掘任务基本分为关联分析、分类和预测、聚类分析、孤立点分析以及演变分析。

关联分析是从数据库中发现知识的一类重要方法。若两个或多个数据项的取值之间重复出现且概率很高时，它就存在某种关联，可以建立起这些数据项的关联规则。

分类是找出一个类别的概念描述，它代表了这类数据的整体信息，即该类的内涵描述，一般用规则或决策树模式表示。一个类的内涵描述分为特征描述和辨别型描述。特征描述是对类中对象的共同特征的描述。辨别型描述是对两个或多个类之间的区别进行描述。

预测是利用历史数据找出变化规律，建立模型，并用此模型来预测未来数据的取值，特征等。典型的方法是回归分析，即利用大量的历史数据，以时间为变量建立线性或非线性回归方程，预测时，只要输入任意的时间值，通过回归方程就可求出该时间的状态。

聚类分析增强了人们对客观现实的认识，即通过聚类建立宏观概念。聚类方法包括统计分析方法、机器学习方法和神经网络方法等。

数据库可能包含一些数据对象，它们与数据的一般行为或模型不一样。这些数据对象就是孤立点。大部分数据挖掘方法将孤立点视为噪声或异常而丢弃。然而在一些应用中，罕见的事件可能比正常出现的那些更有趣。孤立点可以使用统计试验检测，它假定一个数据分布或概率模型，并使用距离度量，到其他聚类的距离很大的对象视为孤立点。

数据演变分析描述行为随时间变化的对象的规律或趋势，并对其建模。尽管这可能包括时间相关数据的特征化、区分、关联、分类或聚类，这类分析主要包括时间序列数据分析、序列或周期模式匹配和基于相似性的数据分析。

22.1.4　数据挖掘的应用

数据挖掘是一门广泛应用的新兴学科，数据挖掘的一般原理与针对特定应用领域需要的有效数据挖掘工具之间，还存在着一定的距离。本节只简单介绍几个应用较广的领域：针对生物医学和 DNA 数据分析的数据挖掘、金融行业的数据挖掘、零售业的数据挖掘、电信业数据挖掘。

22.2　SAS 企业数据挖掘器介绍

SAS 将数据挖掘定义为：在海量数据中发现隐藏模式的过程。许多行业应用数据挖掘来定位商业问题、寻找商业机会和规避商业风险，如欺诈检测、风险分析、数据库营销、客户流失、银行破产预测、产品组合分析等。SAS 数据挖掘过程可以归结为 SEMMA 方法论，其中，S 代表数据抽样（Sampling）；E 代表数据探索（Exploring）；M 代表数据修正（Modifying）；M 代表建模（Modeling）；A 代表模型评价（Accessing）。

数据抽样：通过创建一个或多个数据表对数据进行抽样。数据样本既要足够大，以保证不遗漏重要的信息，也要控制样本容量，以便于提高数据处理的效率。

数据探索：通过对数据的预期关系、非预期趋势和异常等情况的观察，实现对数据的深入理解。

数据修正：通过对变量的创建、选择、转换等操作对数据进行预处理，便于模型的构建。

建模：通过分析数据之间的关系构建模型，实现对期望输出的预测。

模型评价：对所构建的模型的有效性和可靠性进行评价。

在 SAS 的 SEMMA 数据挖掘过程中，不一定要包含所有的步骤，有时为了达到预期的效果，可能需要多次重复某一步骤。SAS 数据挖掘过程由图形界面支撑，通过工作流方式实现，用户通过拖拉相应节点，并连接节点实现数据挖掘流程。

说明：因篇幅所限，以下 9 部分内容从略：①SAS 企业数据挖掘器窗口的设计；②企业数据挖掘节点的结构；③抽样节点；④数据探索节点；⑤数据处理节点；⑥建模节点；⑦评估节点；⑧预测节点；⑨效用节点。

22.3　关联规则与序列规则

22.3.1　关联规则分析

关联规则挖掘的一个典型例子是购物篮分析。该过程通过发现顾客放入其购物篮中不同商品之间的联系，分析顾客的购买习惯。通过了解哪些商品频繁地被顾客同时购买，可以帮助零售商制订营销策略。例如，一次在超级市场的购物过程中，如果顾客购买了牛奶，他还购买面包的可能性有多大？通过帮助零售商有选择地经销和安排货架，这种信息可以引导销售。例如，将牛奶和面包尽可能放近些，可以进一步刺激顾客同时购买这些商品。

22.3.2 关联规则挖掘实例分析

假设你是一名超市的市场分析员，想要区分出哪些商品被频繁地同时购买。下面的信息能够帮助你做出决策，例如何时分发商品券，何时对一种商品进行促销，或者怎样引进一种新产品。在 SAS 数据挖掘器中，根据下面的步骤来执行关联规则挖掘：

1. 任务一：设置输入数据源

①在工作区中添加 1 个输入数据源节点。

②选择输入数据集 SAMPSIO.ASSOCS。对每个顾客购买每件产品，这个数据表都必须对应 1 个独立的观测。例如，如果顾客 A 购买了 1 打啤酒、1 袋薯片和 1 瓶沙拉酱，那么数据表中就应该包含此顾客的 3 个观测。

③选择 Variables 页、设定 CUSTOMER 变量的模型角色为 ID，设定 PRODUCT 变量为目标变量，如图 22-1 所示。在执行关联规则发现之前，必须在输入数据源节点的 Model Role 栏中先定义出 1 个 ID 变量和 1 个 non–interval 目标变量。

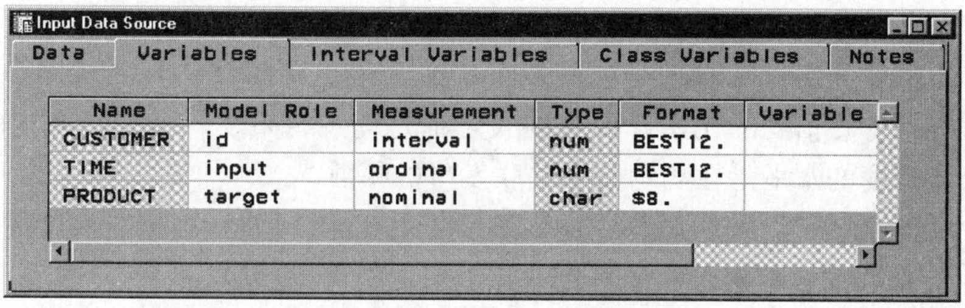

图 22-1　输入数据源节点 Variables 页参数配置界面

④关闭输入数据源节点。

2. 任务二：在工作区中添加一个关联节点

①将输入数据源节点连接到关联节点。使用关联节点的默认设置，执行关联发现。

②右击关联节点图标，然后单击"运行"。

③节点运行完毕后，在弹出窗口中单击"YES"按钮查看结果。

3. 任务三：查看关联发现的结果

关联结果显示在关联结果窗口中，如图 22-2 所示，包含下面的内容。

①Rules 页：在默认的情况下，这项将显示每条规则包含项的个数、提升度、支持度、置信度和每个规则的频数。

②Frequencies 页：显示在 Item 栏中有目标值指向的唯一 ID 值的频数。例如，假设在执行一个关联分析时，CUSTOMER 作为 ID 变量，PRODUCT 作为目标变量。Heineken 项显示的统计数值 600 代表着 600 个不同的顾客至少购买了 1 次 Heineken。Heineken 被购买的频数可以等于或者大于 600，因为每个顾客都有可能购买大于 1 次。因此，这个频数并不是目标函数的简单加合。

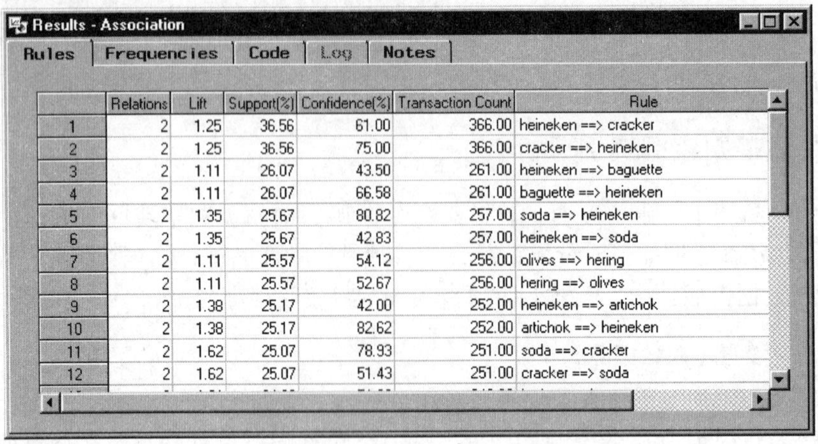

	Relations	Lift	Support(%)	Confidence(%)	Transaction Count	Rule
1	2	1.25	36.56	61.00	366.00	heineken ==> cracker
2	2	1.25	36.56	75.00	366.00	cracker ==> heineken
3	2	1.11	26.07	43.50	261.00	heineken ==> baguette
4	2	1.11	26.07	66.58	261.00	baguette ==> heineken
5	2	1.35	25.67	80.82	257.00	soda ==> heineken
6	2	1.35	25.67	42.83	257.00	heineken ==> soda
7	2	1.11	25.57	54.12	256.00	olives ==> hering
8	2	1.11	25.57	52.67	256.00	hering ==> olives
9	2	1.38	25.17	42.00	252.00	heineken ==> artichok
10	2	1.38	25.17	82.62	252.00	artichok ==> heineken
11	2	1.62	25.07	78.93	251.00	soda ==> cracker
12	2	1.62	25.07	51.43	251.00	cracker ==> soda

图 22-2　关联规则节点结果浏览界面

③Code 页：生成关联规则的 SAS 程序代码。

④Log 页：日志，如果 SAS 在运行中停止，可以在日志中找到出错的信息。

⑤Notes 页：输入并存储关于结果的注释。

Relations 栏显示生成规则中包含的项的数量。在这个例子中默认的情况下，Relations 的最大值是 4。可以在 General 栏中设置 Relations 的最大值。

提升度、置信度和支持度水平是关联发现中 3 个最重要的评估标准。提升度显示在第 2 栏，是置信度与期望置信度的比率。提升度大于 1 是理想结果。一个关联规则的强度由它的置信度决定，支持度的水平是在购物篮中关联发生的频数。

规则显示在最后一栏。当数据集中的观测少于 100 001 个时，根据支持度的不同将规则分类。一些规则有较强的置信水平和提升度水平，但支持度却很低。一个 2 维关联规则 cracker ==> heineken 显示，如果一个顾客购买 cracker，那么他有 75% 的可能会购买 heineken。大概有 37% 的顾客支持这一规则，这条规则的提升度值略高于 1。

4. 任务四：创建关联规则图形

通过单击视图主菜单选择图形菜单项，来查看关联规则图，如图 22-3 所示。在默认的情况下，图中不同的颜色标记代表不同规则的支持度，不同的形状标记代表着规则的置信水平。置信度的注释说明在图形的左下方。单击视图下拉菜单选择交换系统菜单项，交换置信度与支持度的统计表。在这种情况下，不同的形状标记代表支持度，而不同的颜色标记代表置信度。图中纵坐标表示规则左侧项，横坐标代表规则右侧项。

5. 任务五：设置关联规则子集

单击视图主菜单选择子集表格项，在关联结果窗口的规则表中设置子集的规则。关联规则子集表格窗口弹出，包含以下内容：

①Predecessor = > Successor：指定想要查询的左端项和右端项，并指定子集的类型。

②Confidence：设置置信度的起始范围。

③Support：设置支持度的起始范围。

④Exclude Relations：设置规则包含的项数，排除部分规则。

⑤Lift：设置提升度的起始范围。

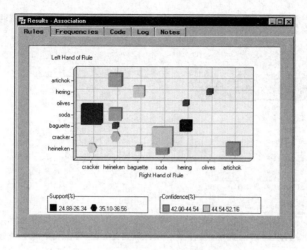

图 22-3　关联规则的图形展示界面

　　查询命令适用于规则表中显示的所有规则。在默认情况下，这个表格所包含的规则的关联度大于 1，并且置信度的值大于预期置信度。通过打开关联结果窗口，单击视图下拉菜单，取消选择的 Relations >1 的选项，使得在查询中独立项的规则也能包括在其中。通过打开关联结果窗口，单击视图下拉菜单，取消选择的 With Confidence > Expected Confidence 项，使得包含的规则的置信度小于预期置信度。在指定子集查询请求之前，不能在规则表中选择规则。

　　子集查询请求是基于并关系的逻辑算法，例如，寻找包含 Heineken 和 crackers 在左端项，任何项在右端项的规则，并且这些规则的最小置信度为 80%，最小提升度值为 1.2。

　　① 根据如下步骤在 Predecessor ==> Successor 页中确定搜索项和子集查询请求类型。

　　A. 在左端项和右端项中分别选取想要搜索的项，如图 22-4 所示。在列表中被选中的项是突出的。如果要选择多个项，按住 Ctrl 键或 Shift 键并单击或拖动鼠标来选定。通过在相应的列表栏中右击并选择 Select All 菜单项，可以选定左端项或右端项中的全部的项；通过在相应的列表栏中右击并选择 Deselect All 菜单项，可以取消选定。

　　B. 通过选择相应的类型下拉框，选择弹出菜单中的某一项来设置左端项或右端项的子集查询请求类型。

- Find any：查询所有的项。
- Combination Exclude Single：查询所有的联合，包含两个以上被选中的项，而不包含独立项。
- Combination & Single：查询所有联合，包含两个以上被选中的项和独立项。
- Only Combination Specified：只查询选定项的特定联合。
- Single Items：只查询独立项。
- Only Combination and Single：只查询选定项和独立项的特定联合。
- < Reset Type >：将 Type 设置为空白的。

　　如果不在左端项和右端项中指定一个子集查询请求，那么将弹出一个信息窗口提示选择一个子集查询请求。

　　C. 选择 Process，进行查询；选择 Cancel，取消选定并返回到关联规则结果表。

　　在这个例子中，节点将会查询如下规则：

- 左端项为 Heineken、右端项任意的规则。

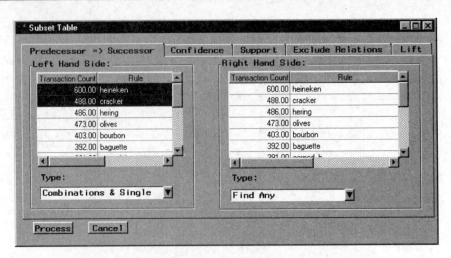

图 22-4　关联规则节点中的创建关联规则子集的配置界面

- 左端项为 Crackers、右端项任意的规则。
- 左端项为 Heineken 和 Crackers、右端项任意的规则。

②可以通过指定置信度、支持度和提升度值的起始范围，来进一步修改子集查询请求，设置支持度、置信度和提升度值的起始范围的方法是一样的。

A. 选择评估标准栏，如图 22-5 所示。每个表包含一个柱状图，显示了评估标准值的频数。

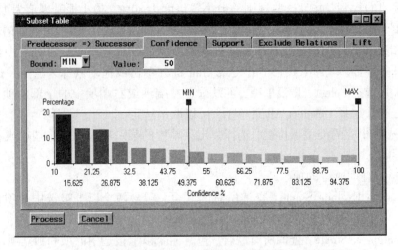

图 22-5　关联规则节点中的创建关联规则子集的配置界面

B. 有两种设置最大、最小起始值的方法：

- 选择 Move a boundary 工具，把指针放在最大或最小滑动图标上并点击，将其拖到想要的位置上。
- 选择 Bound 顺着箭头向下移，选择 Min 或 Max 项，在 Value 处输入值，最小或最大滑动条将会自动显示在设定的位置上。

重复上一步骤，来设定其他的评估标准。

单击"Process"按钮，进行查询；单击"Cancel"按钮，取消之前的选择并返回到关联发现结果图表。

如果子集查询请求发现匹配项，那么规则将自动显示在关联结果表的规则项中。单击"文件"主菜单中的"Save as Data Set"项，将规则保存到数据集中。单击"视图"主菜单选择"图形菜单"项，创建规则的表格图。

如果子集查询请求没有发现匹配项，则一个信息窗口将弹出。选择 Yes 修改子集查询请求；选择 No，返回到关联结果窗口的规则表。

③排除规则。

通过在排除关联规则表中设置排除的项值，来扩大子集查询请求的范围，如图 22-6 所示。根据以下步骤来标记被排除的关联：

A. 选择 Exclude Relations 表。表中包含一张图，在纵轴显示了各项数的百分比。

B. 选择想要排除的项数，被选择的柱变为灰色的，表示它们被设置为排除。

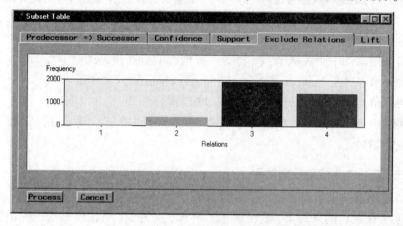

图 22-6　关联规则节点中的创建关联规则子集的配置界面

22.3.3　序列规则分析

事件序列是数据的一种常见形式，如果将一个顾客在商场的一次购买视为一个事件，则该顾客在一段时间内的若干次购买就形成了一个购买事件序列。事件序列中知识发现的一个重要问题就是从很多事件序列中发现那些经常出现的序列。例如，在一个超市交易数据库中，可能会发现这样的信息：在一段时间内，不少顾客先买了洗衣机，然后购买了冰箱，接着买了空调，这 3 类产品就很可能是一条有用的序列规则。

22.3.4　序列规则挖掘实例分析

如果你是一位食品供应链的市场分析人员，你想确定可能的产品销售序列。以下信息可以帮助你做出决策。序列规则的挖掘，遵循以下步骤。

1. 任务一：设置输入数据源

①在工作区添加输入数据节点。

②选择输入数据集 SAMPSIO. ASSOCS，数据表必须对不同顾客购买的不同产品及购买产品的时间有独立的观测。例如，如果一位名为乔的顾客在不同时间购买了 6 瓶装的啤酒、1 包烤干酪辣味玉米片和一罐沙拉，那么数据表需包含关于这位名为乔的顾客购买 3 种商品的 3 个观测及 1 个记录商品购买顺序的时间变量，表示 1 个购买行为的完成。购买时间的不同必须在统一指标上记录。

③选择变量表并且指定一个 id 变量，一个目标变量和一个序列变量，如图 22-7 所示。

④关闭输入数据节点。

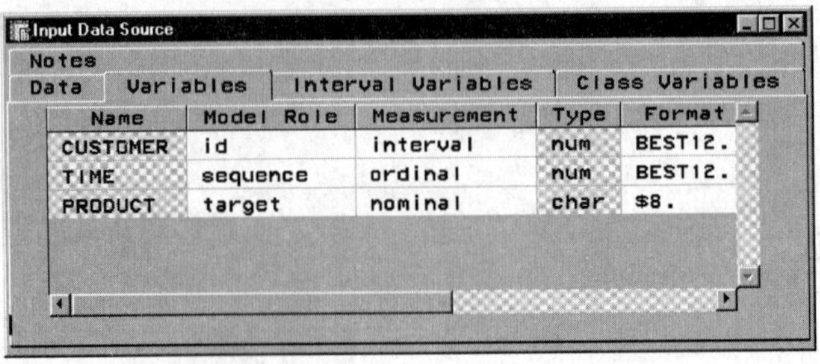

Name	Model Role	Measurement	Type	Format
CUSTOMER	id	interval	num	BEST12.
TIME	sequence	ordinal	num	BEST12.
PRODUCT	target	nominal	char	$8.

图 22-7　在输入数据源节点配置界面中，设置变量的模型角色用于序列规则挖掘

2. 任务二：挖掘序列规则

①在工作区中添加 1 个关联节点，将输入数据源节点连接到关联节点。

②打开关联节点，在 Number of items in longest chain 输入表中输入“4”。

③关闭关联节点，单击“YES”按钮保存关联设置。

④右击关联节点图标，然后单击“pop-up”菜单，选择“Run”。节点结束运行后，在消息窗口选择 Yes 观察结果。

3. 任务三：查看序列规则挖掘结果

结果在序列规则结果窗口显示出来，如图 22-8 所示，图中包含以下内容。

- Rules 页：在默认的条件下，表格显示了链长、支持度、置信度和规则的出现频率。单击“视图”主菜单的“图形菜单”选项，能够显示一个两项序列的图形。
- Frequencies：显示在项中有目标变量显示的唯一 ID 值的频数。例如，假设用 ID 变量和目标变量演示关联分析，数据显示至少有 600 位不同的顾客至少购买过一次喜力，购买喜力的频率等于或大于 600，因为每位顾客购买喜力的次数都大于 1 次。因而，目标变量不只是简单的频率基数。
- Code：显示生成序列规则的 SAS 代码。
- Log：显示日志。
- Note：记录并存储结果。

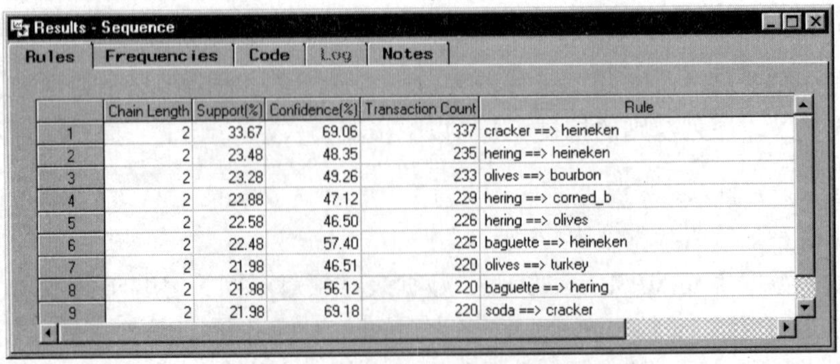

	Chain Length	Support(%)	Confidence(%)	Transaction Count	Rule
1	2	33.67	69.06	337	cracker ==> heineken
2	2	23.48	48.35	235	hering ==> heineken
3	2	23.28	49.26	233	olives ==> bourbon
4	2	22.88	47.12	229	hering ==> corned_b
5	2	22.58	46.50	226	hering ==> olives
6	2	22.48	57.40	225	baguette ==> heineken
7	2	21.98	46.51	220	olives ==> turkey
8	2	21.98	56.12	220	baguette ==> hering
9	2	21.98	69.18	220	soda ==> cracker

图 22-8　序列规则挖掘结果展示窗口

规则在每个关联链内是由支持度水平来分类的，链长栏显示每个规则的链长度，最大的链

长度与序列表格中设置的 Number of items in the longest chain 是相等。如果 Number of items in the longest chain 比在数据中收索的链长更长，那么在结果中链的长度会比预定的值小。如果设置将 Number of items in the longest chain 设置为 2，那么链长栏会在结果表中被忽略。

4. 任务四：生成序列规则子集

使用 Build Subset Expression 窗口（如图 22-9 所示）定义一个子集生成表达式。子集生成表达式是一个有效的算术或逻辑表达式，一般包括运算对象，如列的名称或一个常量。有两种方法可以打开 Build Subset Expression 窗口：

①单击"视图"主菜单，选择"Subset Table"选项。

②右击任意一个规则单元表格并选择"Where"选项。

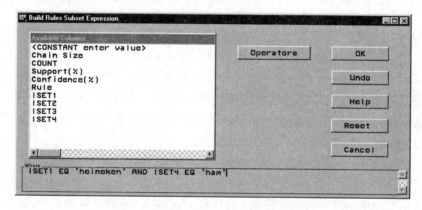

图 22-9 构建序列规则子集的配置界面

注意：ISET*n* 表示序列规则中的第 *n* 项。

通过从 Available Columns 列表中选择操作数或者单击"Operators"按钮选择圆括号或不操作，开始建立表达式。在这个例子中，在关系链中，节点将会找到包括喜力的最初事件和火腿的最终事件的规则。

可用的列表包含下列操作项。

- ＜Constant enter value＞：一个常量，如一个项目的名称、一个链的长度值、交易的计数或者一个信任度水平。
- Chain Size：在一个序列中事件的数量。
- Transaction Count：交易的数量。
- Support %：支持度，是总数量交易的百分比，并受规则限制。
- Confidence（%）：表示置信度，等于交易数量除以满足项目数量的左端项规则。
- Rule：显示规则的 200 个特征描述。
- ITEM1 ~ ITEM*n*：序列规则链中第 1 ~ *n* 项。
- ＜LOOKUP distinct values＞：打开 Lookup Distinct Values 的窗口，选择一个项名称。

5. 任务五：使用事务链管理

可以使用事务链管理来创建事务链。按照以下步骤，打开事务链管理窗口（如图 22-10 所示）：

①选择规则表。

②单击"视图"主菜单，选择"Event Chain"选项。

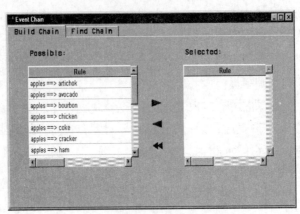

图 22-10　构建序列规则链的配置界面

　　表格按照字母的顺序列出了所有二分类序列。二分类序列可以识别一个项的置信度和支持度，这个项表示一个顾客购买一项产品之后将会购买下一个。

　　Find Chain 表可以用来查找包含 2 项关联以上的关联链。给顺序表格设置一个最长的数字，如果在顺序列表中设置 2 为最长链长，那么 Find Chain 表是灰白的。

　　通过将规则从 Possible 表移动到 Selected 表可以创建顺序事件链，如图 22-11 所示。

　　①选择 Possible 表的规则。

　　②点击右箭头控制显示的中心，移动规则到 Selected 表。

　　可以移动的最大行数是 9，单击左箭头按钮，可以将第一个或最后一个规则从 Selected 移动到 Possible 表格；单击双左箭头键按钮，将所有的规则从 Selected 移动到 Possible 表格。

　　选择一项规则之后，Possible 表格将包含顾客可以购买的下一步的所有项（例如，所有的项目都可以在买完鸡块后购买）。在选择第二个规则之后，显示事件链管理的结果。

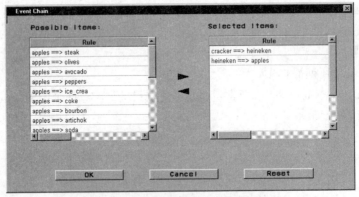

图 22-11　构建序列规则链的配置界面

　　每个规则的支持度和置信度的统计提供了 3 维的大概估计值，喜力 => 鸡块 => 冰淇淋（各自的支持度和置信度为 8.2817-13.1868、30.5000-41.9048）。

　　可以使用查找链表来获得所选择规则的支持度和置信度准确信息，如图 22-12 所示。

　　①选择查找链表。在建立链接表中的 Selected 表格的行是自动格式化的。

　　②选择 Search。如果查找是成功，序列的支持度和置信度在 Chains Found 表格中显示出来，例如，序列喜力 => 鸡块 => 冰淇淋的支持度和置信度分别是 11.79 和 64.48；如果查找不成功，文本显示在 Search 按键的下面，如图 22-13 所示。

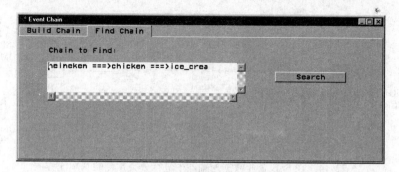

图 22-12 序列规则事件链列表

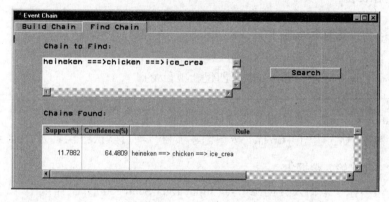

图 22-13 序列规则事件链的支持度和置信度信息

22.4 分 类 预 测

　　分类是数据挖掘中最频繁使用的功能，如客户对促销响应的预测（二分类问题，响应或不响应）、客户是否会产生欺诈的预测等。本节将以一个银行信贷的客户信用分类问题为实例，介绍如何在 SAS 企业数据挖掘器中进行分类挖掘。SAS 企业数据挖掘器中的数据挖掘流程主要由一些节点构成，本章主要包含以下节点：

- 输入数据集（Input Data Set）；
- 设置目标变量属性（Target Profile for the Target）；
- 数据集拆分（Partitioned Data Sets）；
- 变量转换（Variable Transformation）；
- 构建有监督分类模型（Supervised Modeling），包括 logistic 回归（Logistic Regression）、决策树（Tree）和神经网络（Neural Network Models）；
- 模型比较与评估（Model Comparison and Assessment）；
- 新数据预测（New Data Scoring）。

　　此实例的目的是构造分类模型，预测银行客户的信用状态，所使用的数据集是 SAMPSIO 逻辑库中的 DMAGECR 数据集，它包含 1000 个历史用户样本和相应的信用状态（"GOOD"或"BAD"），这个二分类目标变量名为 GOOD_BAD，其他 20 个变量作为输入变量。在本节实例中，SAMPSIO 逻辑库中的 DMAGESCR 数据集包含了 75 个新样本用于预测。构造此数据挖掘的流程如图 22-14 所示。

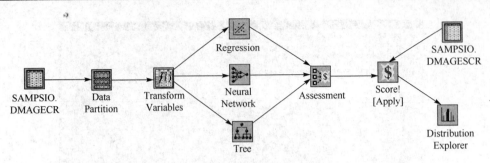

图 22-14　在 SAS 企业数据挖掘器中进行分类预测的基本流程图

22.4.1　数据准备

1. 任务一：创建新的本地项目
①在 SAS 命令栏中输入"miner"，按回车键，打开 SAS 企业数据挖掘器。
②通过菜单 File→New→Project 打开创建新项目窗口。
③在 Name 栏中输入项目名称。
④在 Location 栏中输入项目相关文件保存地址。
⑤设置参数完毕后，单击"Create"按钮创建项目。项目默认包含名为"Untitled"的视图。

2. 任务二：定义输入数据集
①从工具箱中拖一个输入数据源节点（Input Data Source）进入工作区中。
②双击数据源节点，打开参数配置界面，选择 Data 页面。
③在 Source Data 栏中输入"SAMPSIO. DMAGECR"。

3. 任务三：定义目标变量
对于分类问题来说，输入数据源必须指定目标变量，即将目标角色（Target Role）分配给某个变量。在此实例中，目标变量为 GOOD_BAD，设置目标变量的步骤如下：
①单击 Variables 页，选择变量 GOOD_BAD。
②右击 Model Role 单元格，选择 Set Model Role，弹出快捷菜单，选择 target。

4. 任务四：设置目标变量属性
目标变量属性包含事件层次（针对二分类变量）、决策矩阵和先验概率。目标变量属性值将被挖掘流程后续的建模节点和模型评估节点所使用。设置目标变量属性的步骤如下：
①右击 GOOD_BAD 变量，在弹出菜单中选择 Edit target profile，打开属性配置窗口。默认窗口中包含一个预定义的配置文件，文件名旁边的星号表示当前活动文件。可以通过菜单创建新的配置文件。
②设置目标事件水平。选择 target 页，默认输入数据源节点为二分类变量设置 order 属性的值为降序，因此，在本例中 good 为目标事件，即模型是预测用户为"GOOD"状态的概率。可以在 Class Variable 页中更改目标变量的 Order 属性值，从而更改目标事件。

22.4.2　数据探索与数据转换

1. 任务五：连续变量和分类变量汇总统计值的探索
在进行建模之前，需要对连续变量和分类变量的数据分布情况进行探索。如果连续变量的偏度和峰度过大，那么通常需要在建模之前进行过滤或者转换。此外，需要对数据缺失情况进行检查，因为多元回归模型和神经网络模型在建模时会剔除那些有缺失值的样本，可以用数据替换节点(Replacement)对缺失值进行估计。

①选择 Interval variables 页，查看连续变量的汇总统计量。变量 AMOUNT 有最大的偏度，数据分布呈对称特性的变量的偏度为 0。

②选择 Class Variable 页，查看分类变量的汇总统计量。

③关闭输入数据源节点，保存更改。

2．任务六：创建训练数据集和验证数据集

在数据挖掘中，评估模型效果的一个策略是将输入数据集进行拆分，一部分数据称作训练数据集(Train Data)，用作模型的拟合；其余数据称作验证数据集(Validation Data)，用于模型的实际验证。如果数据集容量足够大，那么可以进一步将验证数据集拆分成验证数据集和测试数据集(Test Data)，验证数据集用于防止模型对训练数据的过度拟合，以及模型预测效果的比较，测试数据集用于对最终选择模型的预测效果进行最后评估。

在此实例中，输入数据源只有 1000 个样本，因此，只创建训练集和验证集。

3．任务七：创建转换变量

构建模型的过程中经常使用数据的初始形式，并能取得较好的效果，但在某些情况下，对数据进行变换可以提升模型的拟合水平，如转换能够稳定方差、消除非线性、提升可加性和校正非正态性等。

22.4.3　构造预测模型

1．任务八：构造迭代回归模型

通过 SAS 企业数据挖掘器的回归节点(Regression)、神经网络节点(Neural Network)和决策树节点(Tree)可以构造预测模型，也可以通过用户自定义模型节点(User Defined Model)和基于 SAS 语言自定义预测模型。在构造模型之前可以通过变量选择节点(Variable Selection)选择重要的输入变量。许多信用管理组织经常使用 logistic 模型构造针对二分类目标变量的模型，因此，在此实例中首先训练回归模型。

2．任务九：创建多层感知机神经网络模型

标准多元 logistic 回归模型的特点是简单易于理解，但它无法表达输入变量和目标变量的非线性关系。如果这种非线性关系存在，那么标准 Logistic 回归模型预测的概率结果和模型的解释都将是不正确的。一般可以通过引入输入变量的交叉项和幂次项，解决非线性问题。此外，神经网络，如多层感知机也能很好的拟合非线性模型。神经网络是灵活的分类模型，具有很好的分类性能，但是却很难解释输入变量与目标变量之间的关系，因此，多层感知机经常被认为是黑箱。

3．任务十：创建决策树模型

决策树模型通过一组简单的规则实现对数据的分组，每个规则基于某个输入变量的取值将样本分配到每个组中，一个规则应用完毕之后，另一个规则再继续对数据进行分组，这样就构成了一个分组层次，这个层次结构称作树(Tree)，每个分组称作节点(Node)。最开始的分组包含了所有的数据，称作树的根节点，一个节点和它的后续节点构成了一个分枝，最底层的

节点称作叶。每个叶会有一个决策，这个决策适用于叶中的所有样本。决策的类型依赖于具体的应用，在本实例中，决策是用户信用差的概率。决策树模型能够很好地处理输入变量与目标变量之间的非线性关系，产生的规则易于理解，并能够解决数据有缺失值的问题。

22.4.4　模型评估与数据预测

1. 任务十一：评估模型

评估节点（Assessment）从预测能力、提升度、敏感度、收益/损失等几个角度，评价、比较模型的性能。

2. 任务十二：定义预测数据集

构建模型的目的是要对新的数据进行预测。如果神经网络模型的预测效果已经达到了预期标准，那么可以使用它预测新用户的信用状态；否则，需要对模型进行不断的调优，直到可以使用。SAMPSIO 逻辑库中的 DMAGESCR 数据集可用于进行预测。

3. 任务十三：预测数据

预测节点（Score）管理各预测模型节点生成的预测代码，这些代码以 SAS 步（SAS DATA step）的形式存在，可以在绝大多数的 SAS 环境中运行，不需要 SAS 企业数据挖掘器。

4. 任务十四：查看预测结果

本任务内容从略。

5. 任务十五：关闭视图

当关闭视图工作区时，视图中的所有内容将自动保存到项目中。

22.5　本章小结

本章介绍了数据挖掘的基本概念，关联规则、序列规则发现和分类预测的基本原理，以及 SAS 企业数据挖掘器的操作方法和操作流程。对关联规则和序列规则的实例进行了较详细的介绍，对分类规则的实例进行了概略介绍（略去了大量的图形）。本章详细内容请参见本书附赠的光盘。

（张晓航　李长平　郭晋）

第23章 基因表达谱分析

目前，大部分基于芯片的研究主要是监控基因表达水平，获得基因表达图谱。基因表达是根据基因的 DNA 模板进行 mRNA 和蛋白质合成的过程。基因芯片能够研究差异表达基因，找到基因调控网络及其机制，揭示不同层次多基因协同作用的生命过程。表达型基因芯片将在研究人类重大疾病如癌症、心血管病等相关基因及作用机理方面发挥巨大作用。

本章主要对基因表达谱的概念和常用的数据分析技术进行简要的介绍，并利用 SAS 软件对实例数据进行分析。详细内容请参阅本书附赠的光盘。

23.1 基因表达谱的概念

基因芯片是通过反应体系中不同来源的 DNA 与芯片探针的竞争性杂交获得检测信号，得到的检测数据是两个信道荧光强度的比值。一块芯片经过标准化以后，该芯片上的每个基因都可以获得一个"表达比（Ratio）"。表达比表示在某一试验条件下，某一基因在样品中的表达强度与其在对照中的表达强度的比值，通常采用表达比的对数形式，如 $\log_2$ Ratio 能够更直观地描述基因表达上调或下调的幅度。

基因芯片所遇到的挑战并不在于表达芯片本身，而是在于发展试验设计方法以对基因表达进行时空的全面探索，最大的挑战则是数据分析。基于芯片的表达监控试验产生大量的数据，在这些数据背后隐藏着丰富的信息，需要通过细致的数据分析揭示这些信息，得到有益的结果。

23.2 基因表达谱的数据获取及标准化

对于基因表达谱数据的分析是生物信息学的研究热点和难点。转化为数学问题，分析任务是从表达矩阵中找出具有统计学意义的结构，结构类型包括全局模型（Model）和局部模式（Pattern）。对基因表达谱数据的分析是数据挖掘问题，所采用的方法包括通过可视化进行探索性数据分析（Exploratory Data Analysis）、描述建模（Descriptive Modeling）、分类、聚类、回归和机器学习等。具体来讲，基因芯片数据的统计分析方法有聚类分析、连锁分析、决策树、自组织映射、神经网络、遗传算法等。

23.2.1 基因表达谱的数据获取

【例23-1】 为了研究大脑组织胚胎性肿瘤的中枢神经系统（CNS）的生物学功能，利用基因芯片进行试验获得 DNA 微阵列基因表达数据，数据集来自中枢神经系统的试验网站 http://www.broad.mit.edu/mpr/CNS。每块芯片样本上有 7129 个基因，总共 42 个肿瘤组织样本，具体包括 10 个成神经管细胞瘤（Medulloblastomas）样本、10 个恶性胶质瘤（Malignant Gliomas）样本、10 个 AT/RTs 样本、8 个周围神经上皮样瘤（PNETS）样本以及 4 个正常小脑组织（Normal

Erebella)样本。通过试验，从成神经管细胞瘤和恶性胶质瘤这两类样本的试验数据中，筛选出 112 个具有统计学意义的表达基因，称为差异表达基因，这些基因具体的表达情况见表 23-1（注：横行为基因、纵列为样本，这里的基因即为聚类分析中的样品，样本即为聚类分析中的变量）。现在给出这些基因表达数据的格式及 SAS 程序。

表 23-1　成神经管细胞瘤和恶性胶质瘤样本组的差异表达基因

no	genes	Brain_medulloblastomas（MD）			Brain_malignant gliomas（MG）		
		sample_1	…	sample_10	sample_1	…	sample_10
Gene1	RPS23	14.6621	…	14.7091	13.2274	…	13.3266
Gene2	SFRS3	12.9033	…	12.0275	10.9643	…	11.3182
…		…		…	…		…
Gene111	RAB31	9.8799	…	10.0444	11.0274	…	11.4131
Gene112	LOC642047	12.3817	…	10.6534	11.9193	…	12.1503

【研究目的】　用 SAS 程序读出 112 个基因的表达数据及其说明。

【数据结构】　本例总计 112 个差异表达基因，挑选出两类组织（成神经管细胞瘤和恶性胶质瘤）共计 20 个样本，其试验数据的标准型结构见表 23-1。

【SAS 程序】　（将文本文件导入 SAS 数据集的程序）：

```
data SASTJFX23_1;                          proc print DATA = SASTJFX23_1;
Infile 'E:\SASTJFX\DATA\genes.txt';         Ods html;Run;
Input name $ x1 - x20 @@ ;
```

【程序说明】　在 E 盘上新建一个名为 SASTJFX 的文件夹，在此文件夹中再建一个名为 DATA 的文件夹，将存有数据的文本文件 genes.txt 放在其中。

【输出结果】

Obs	name	x1	x2	x3	…	x18	x19	x20
1	RPS23	14.66	14.02	14.80	…	14.14	13.22	13.24
2	SFRS3	12.90	11.65	11.97	…	11.27	11.14	10.53
…	…	…	…	…		…	…	…
111	RAB31	9.88	10.14	10.28	…	11.60	12.07	11.47
112	LOC64204	12.38	11.81	10.85	…	13.34	13.00	11.64

23.2.2　基因表达数据的标准化

经过竞争性杂交试验，每块芯片可以得到针对两种荧光染料的两个波长信道的扫描图像。很多芯片扫描仪都自带图像分析的软件，通过对像素点的栅格化，计算出各样点及其背景范围在两个信道的荧光强度值，将图像信息转化成可计算的数字信息。

在图像处理之后，有必要对每个信道的相对荧光强度进行标准化。不同的标记物、对不同荧光标记的不同检测效能以及样品 RNA 的原始浓度的不同所产生的系统误差，都将在标准化中得到校正。现有的标准化方法主要有参照点标准化法、总强度标准化法、局部加权线性回归标准化法以及局部均值标准化法等。不同的标准化方法有着各自的特点，可根据不同密度的表达型基因芯片和芯片试验的实际质量采用不同的标准化方法。产生系统误差的原因众多，使得芯片表达数据的标准化变得非常复杂，想用单一的方法消除所有的系统误差几乎是不可能的，只能尽可能地减小。

值得注意的是，在 SAS 软件中，没有专门针对此部分的程序模块，所以这里无法给出具体的实例分析。不过可以利用 Powerbuolder 开发的 Gene – Norm 软件和 Excel 实现基因表达数据的标准化。

23.3　基因表达数据分析技术

23.3.1　差异表达基因的筛选

差异表达基因就是在若干试验组中表达水平有统计学差异的基因，有的文献也称之为"显著性基因（或有统计学意义基因）"。一般情况下，都把表达水平增高 1 倍或下降 1/2（即 $\log_2 \text{Ratio} \geq 1$ 或 ≤ -1）作为判断是否有表达差异的标准。用这种简单方法判断的结果虽然可以通过重复性试验得到可靠的验证，但却很难发现哪些在表达上有微小改变。

传统的 t-检验和方差分析在这里是很适用的。首先由所允许的假阳性 FP 的大小和基因的数目 m 计算出 α 值，其计算公式如下：

$$\alpha = \frac{\text{FP}}{m} \tag{23-1}$$

在 SAS 软件中，没有专门针对此部分的程序模块，所以这里无法给出具体的实例分析。不过利用 SAM（Significance Analysis of Microarray）和 Excel 软件可以实现差异表达基因的筛选，具体见参考文献。

23.3.2　基因表达的聚类分析方法

聚类分析是模式识别和数据挖掘中普遍使用的一种方法，是基于数据的知识发现的有效方法。聚类分析在基因表达数据分析中应用得很多，主要有分层聚类、K-均值、自组织特征映射网络等。

1. 分层聚类

分层聚类（Hierarchical Clustering），又称谱系聚类法，该法简便，结果容易可视化，已经成为在分析基因表达数据时应用最广泛的方法之一，它已被用于酵母和人的基因表达分析。然而，许多分层聚类方法都有一个潜在的问题，就是严格的系统进化树并不适于反映基因表达模式这种存在多种独特路径的情况，当类的容量增大时，代表类的表达向量与类中任何一个基因的表达向量都不能吻合。因此，当聚类进行时，基因自身的实际表达模式的关联性会越来越小。甚至，如果在早期的迭代中基因安放不合理，则会导致错误的聚类，而难于更改。聚类结果固定唯一不可逆，难于调整。

【例 23-2】　为了研究大脑组织胚胎性肿瘤的中枢神经系统（CNS）的生物学功能，利用基因芯片进行试验获得 DNA 微阵列基因表达数据，数据集来自于中枢神经系统的试验网站 http：//www. broad. mit. edu/mpr/CNS。每块芯片样本上有 7129 个基因，总共 42 个肿瘤组织样本，具体包括 10 个成神经管细胞瘤（Medulloblastomas）样本、10 个恶性胶质瘤（Malignant Gliomas）样本、10 个 AT/RTs 样本、8 个周围神经上皮样瘤（PNETS）样本以及 4 个正常小脑组织（Normal Erebella）样本。通过试验，从成神经管细胞瘤和恶性胶质瘤这两组样本的试验数据中，筛选出 112 个差异表达基因，这些基因具体的表达情况见表 23-1，试用分层聚类（Hierarchical Clustering）法对这 112 个基因进行聚类。

【研究目的】　本例研究目的是对筛选出的差异表达基因进行分类，在分类基础上研究其生物学功能。

【研究设计】　本例的研究设计类型属于试验设计。受试对象、试验因素、观察指标以及试验遵循"四原则"，即随机、对照、重复和均衡原则，通过芯片试验获得的大量的表达数据是可信的。

【数据结构】　本例总计 112 个基因（即样品），挑选出两种组织（成神经管细胞瘤和恶性胶质瘤）共计 20 个样本（即变量），其试验数据的标准型结构见表 23-1。

【方法选择与关键点】　本例研究目的是对这两种组织 20 个样本上的 112 个差异表达基因进行分类，获得的资料属于计量资料（基因表达强度），这里采用分层聚类（Hierarchical Clustering）中 ward 法（其他还有欧几里得平均距离法和重心聚类法等）可达到要求。

分层聚类法是按样品（即按基因）之间的距离来定义聚类间的距离。首先它从 n 个个案（Cases）中合并两个距离最近的个案，聚成一类，合并后重新计算类间距离；然后再决定哪个个案与哪个个案（或已聚成的类）相聚，如此反复进行，直到所有的个案合并为一大类；最后把结果绘制成一张聚类树形图，直观地反映整个聚类过程。

【基本原理与计算步骤】　利用上述介绍的聚类方法和原理对 112 个差异表达基因进行样品（即按基因）聚类分析，计算步骤见下面的 SAS 程序：

```
data SASTJFX23_2;
Infile 'E:\SASTJFX\DATA\genes.txt';
Input name x1 - x20 @@ ;
proc cluster data = SASTJFX23_2 sim-
ple method = ward outtree = tree0;
var x1 - x20;ods html;
run;

proc print data = tree0;
ods html;
run;
```

【程序说明】　"method = ward"采用分层聚类中的 ward 法。outtree 生成输出数据集，用于画树状图的 TREE 过程可以使用该数据集。

【简化的输出结果】

第一部分，默认统计量。主要包括均值、标准差、偏态、峰态及双峰系数，具体如下：

The CLUSTER Procedure

Ward's Minimum Variance Cluster Analysis

Variable	Mean	Std Dev	Skewness	Kurtosis	Bimodality
x1	11.6789	1.6784	0.0691	− 1.5206	0.6432
x2	11.4111	1.3716	0.00112	− 1.2289	0.5394
…	…	…	…	…	…
x20	11.2720	1.2410	0.2570	− 0.8539	0.4783

第二部分，协方差矩阵的特征值、从上到下相邻两个特征值之差、方差比、方差累计比，具体如下：

Eigenvalues of the Covariance Matrix

	Eigenvalue	Difference	Proportion	Cumulative
1	25.6004378	16.8781129	0.6389	0.6389
2	8.7223249	7.2474690	0.2177	0.8565
…	…	…	…	…

20	0.0481100		0.0012	1.0000

Root-Mean-Square Total-Sample Standard Deviation = 1.415481

Root-Mean-Square Distance Between Observations = 8.952286

第三部分，聚类过程，具体如下：

Cluster History

NCL	Clusters Joined		FREQ	SPRSQ	RSQ	Tie
111	OB9	OB16	2	0.0001	1.00	
....						
2	CL4	CL7	60	0.1390	.459	
1	CL2	CL3	112	0.4589	.000	

【结果解释】

第一部分，默认统计量。主要包括 20 个变量的均值、标准差、偏态、峰态及双峰系数。

第二部分，协方差矩阵的特征值、从上到下相邻两个特征值之差、方差比、方差累计比。

总部样品标准差的平方根为 1.415481，说明全部样品内部的变异性较小；观察值（基因）之间的距离为 8.952286，说明样本（即变量）之间也是远距离的。

第三部分，聚类过程。从聚类的类别号看，112 个观察值（基因）一共聚类了 111 次。按照距离的远近，第 1 次（第 1 聚类）是 gene9 和 gene16 聚成第 1 类，因为二者之间的标准化的欧几里得距离最小，只有 0.0001。依次类推聚类过程，最后一次是第 2 类 CL2 和第 3 类 CL3 聚为一大类。

2. K-均值聚类

K-均值聚类（K-means Clustering，KMC）是一种分割聚类法。K-均值聚类最后不会生成系统谱系聚类图。这种方法原理简单，分类迅速，适合于数据量巨大的样品聚类。但在实际应用时要事先知道分类的数目，因此在没有任何先验知识的情况下，可以先尝试几个不同的 K 值，再根据聚类结果判断选用哪一个较为合适；或者先进行分层聚类，看大致可以分为几类，再进行 K-均值聚类。由于第一步对类的初始化是随机的，因此不同的初始化会产生不同的聚类结果，不便于解释。

【例 23-3】　数据同例 23-1，试用 K-均值聚类法对这 112 个基因进行快速聚类。

【研究目的】　对筛选出的差异表达基因进行分类，在分类基础上研究其生物学功能。

【研究设计】　本研究设计类型属于试验设计。受试对象、试验因素、观察指标以及试验遵循"四原则"，即随机、对照、重复和均衡原则，通过芯片试验获得的大量的表达数据是可信的。

【数据结构】　本例总计 112 个基因，挑选出两种组织（成神经管细胞瘤和恶性胶质瘤）共计 20 个样本（即变量），其试验数据的标准型结构如表 23-1 所示。

【方法选择与关键点】　本例的研究目的是对这两种组织 20 个样本上的 112 个差异表达基因进行分类，获得的资料属于计量资料（基因表达强度）。这里采用分类或"动态"聚类法中的 K-均值聚类同样可以对基因进行聚类。

K-均值聚类是先选择初始凝聚点（聚类中心），根据欧氏距离系数，将每个样品归类，各类的重心代替初始凝聚点，采用迭代方法，对样品进行归类，直至分类达到稳定。其算法是采用误差平方和为准则的动态聚类方法，计算快速，对大样本的样品聚类很有效果，又称快速聚类方法。具体方法是先将 n 个观察单位分为 K 类，并确定 K 个初始类中心，然后根据聚类中心最小欧式距离原则，采用迭代方法，对样品进行归类。

【基本原理与计算步骤】 利用上述介绍的聚类方法和原理对 112 个差异表达基因进行样本聚类分析。计算步骤见下面的 SAS 程序：

```
data SASTJFX23_3;
Infile 'E:\SASTJFX\DATA\genes.txt';
Input name x1 - x20 @@ ;
proc fastclus data = SASTJFX23_3 maxc
= 8 maxiter = 4 out = fac;
var x1 - x20;ods html;run;
proc freq;
ods html;run;
proc candisc anova out = can;
class cluster; var x1 - x20;
title2 'Canonical Discriminant Analy-
sis ofgene Clusters';
ods html;run;

legend1 frame cframe = ligr label =
none cborder =black
position = center value = (justify =
center);
axis1 label = (angle =90 rotate =0) mi-
nor = none;
axis2 minor =none;
proc gplot data =Can;
plot  Can2 * Can1 = Cluster/frame
cframe = ligr legend = legend1 vaxis =
axis1 haxis =axis2;
title2 ' Plot of Canonical Variables
Identified by Cluster';
ods html;run;
```

【程序说明】 INPUT 语句中有两个"@"，它是 SAS 系统规定的指针控制符，要求读完每行的数据后才能读下一行的数据。Fastclus 过程对坐标数据使用 K-均值方法对观测寻找不相交的聚类。"maxc =8"要求从 1 类聚到 8 类，此选择项的最大值为变量的个数。"maxiter =4"指定重新计算类的"凝聚点"的最大迭代次数为 4。

【简化的输出结果】

初始聚类中心：

Cluster	x1	x2	x3	x4	x5	⋯	x17	x18	x19	x20
1	14.66	14.02	14.80	14.84	14.82	⋯	13.90	14.14	13.22	13.24
⋯	⋯	⋯	⋯	⋯	⋯	⋯	⋯	⋯	⋯	⋯
8	9.74	9.56	10.11	9.71	9.58	⋯	11.40	13.11	13.07	10.24

聚类摘要：

Cluster Summary

Cluster	Frequency	RMS Std Deviation	Maximum Distance from Seed to Observation	Radius Exceeded	Nearest Cluster	Distance Between Cluster Centroids
1	21	0.4721	4.3585		4	5.0429
2	21	0.7968	6.1629		7	5.5136
⋯	⋯	⋯	⋯	⋯	⋯	⋯
8	5	0.6160	3.7598		3	2.8579

聚类过程的迭代史从略。

聚类统计量：

Statistics for Variables

Variable	Total STD	Within STD	R-Square	RSQ/(1-RSQ)
x1	1.67843	0.59197	0.883453	7.580224
x2	1.37159	0.67431	0.773547	3.415936
⋯	⋯	⋯	⋯	⋯
x20	1.24101	0.64251	0.748854	2.981741
OVER-ALL	1.41548	0.64980	0.802546	4.064475

聚类结果：以图形方式呈现聚类结果，如图 23-1 所示。

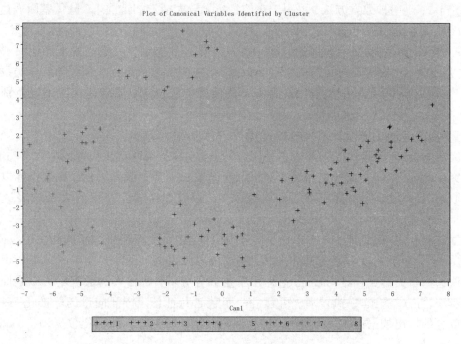

图 23-1　8 类聚类结果图示

3. 自组织图

自组织图(Self-organizing Map, SOM)是以神经网络算法为基础的一种分割性聚类方法。SOM 按照每一基因表达向量与各类中参照向量的相似性,将基因分类,因此它与 K-均值聚类的不同之处就是需要定义参照向量。在确定类的几何形状时,研究者就在有效地确定分类的数目。SOM 将高维的表达数据呈现在低维的空间中,结果便于解释。相邻节点的参照向量接近,结果图中保存了邻簇关系,更便于对结果进行调整。SOM 适于在没有先验知识的情况下,对数据进行探索性的分析,其算法易于实现,适合大规模的数据分析。

在 SAS 软件中,没有专门针对此部分的程序模块,所以这里无法给出具体的实例分析。不过利用 Matlab7.0 软件可以实现其聚类过程。

4. 支持向量机

支持向量机(Support Vector Machines, SVM)是在基因表达谱聚类中应用较广的机器学习方法。它利用表达数据,根据已知功能的基因来识别具有相似表达谱的未知基因。SVM 从一个具有某共同功能的基因集开始,并确定另一个不具有该功能的基因集。将这两个基因集合并为一个示范集,其中具有某功能的基因被标记为正,那些不具该功能的基因被标记为负。利用这个示范集 SVM 可以根据表达数据,学习区分该功能基因集的成员和非成员。之后,SVM 就可以根据新的基因的表达数据对其进行功能分类。将 SVM 用于示范集,还可以识别那些在示范集中被错误分类的基因,它们通常为离群值。

注:在 SAS 软件中,没有专门针对此部分的程序模块,所以这里无法给出具体的实例分析。不过利用 Matlab7.0 软件可以实现其聚类过程。

5. 主成分分析

主成分分析(Principal Components Analysis, PCA),或称单一值分解(Singular Value Decomposition，SVD），是一种数学方法，可用于在信息量无较大损失的情况下，降低基因表达空间的有效维数，在主成分中找出基因表达模式。数据可以在三维空间中展示为云状的点集，通过恰当的调整，从不同的角度展示数据的分布。PCA 简化了数据结构，更一目了然地反映出数据信息。要完成 PCA，最困难的问题就是定义数据类群的边界，或者定义属于某一个类群的基因或试验。但是，当用其他的聚类方法，比如 K-均值聚类或 SOM，要求研究者确定类别的数目时，PCA 不失为一种很有效的方法。

【例 23-4】　数据同例 23-1，对 112 个基因进行主成分分析。

【研究目的】　对筛选出的差异表达基因进行分类，在分类基础上研究其生物学功能。

【研究设计】　本研究设计类型属于试验设计。受试对象、试验因素、观察指标以及试验遵循"四原则"，即随机、对照、重复和均衡原则，通过芯片试验获得的大量的表达数据是可信的。

【数据结构】　本例总计 112 个基因，挑选出两种组织（成神经管细胞瘤和恶性胶质瘤）共计 20 个样本（即变量），其试验数据的标准型结构如表 23-1 所示。

【方法选择与关键点】　Princomp 过程用于主成分分析，所输入的数据集可以是原始数据或相关矩阵或协方差矩阵。执行后，可建立一个包含特征值、特征向量的标准化（或非标准化）的主成分的输出数据集，因此它是一种为回归分析、聚类分析而简化数据结构，减少变量个数的得力工具。

【基本原理与计算步骤】　利用上述介绍的聚类方法和原理对 112 个差异表达基因进行主成分分析。计算步骤见下面的 SAS 程序：

【简化的输出结果】

```
data SASTJFX23_4_1;
Infile 'E:\SASTJFX\DATA\sample.txt';
Input x $ gene1 - gene112 @@ ;
proc princomp cov out = Prin;
ods html;run;
proc sort; by Prin1;
ods html;run;
proc print;
var Prin1 Prin2 gene1 - gene112;
title2 '按第一主成分中的变量排序';
ods html;run;
proc sort;by Prin2;
ods html;run;
proc print;
var Prin1 Prin2 gene1 - gene112;
title2 '按第二主成分中的变量排序';
ods html;run;
title2 'Plot of Principal Components';
% plotit(data = Prin,plotvars = Prin2
Prin1,color = balck,colors = blue);
ods html;run;
```

```
data SASTJFX23_4_2;
Infile 'E:\SASTJFX\DATA\genes.txt';
Input name $ x1 - x20 @@ ;
proc princomp cov out = Prin;
ods html;run;
proc sort; by Prin1;
ods html;run;
proc print;
var Prin1 Prin2 x1 - x20;
title2 '按第一主成分中的变量排序';
ods html;run;
proc sort;by Prin2;
ods html;run;
proc print;
var Prin1 Prin2 x1 - x20;
title2 '按第二主成分中的变量排序';
ods html;run;
title2 'Plot of Principal Components';
% plotit(data = Prin,plotvars = Prin2
Prin1,color = balck,colors = blue);
ods html;run;
```

【程序说明】　princomp 过程执行主分量分析，Cov 要求从协差阵出发计算主分量。特征值和特征向量：

Eigenvalues of the Covariance Matrix

	Eigenvalue	Difference	Proportion	Cumulative
1	61. 6861932	49. 4880960	0. 6079	0. 6079
2	12. 1980972	6. 9598155	0. 1202	0. 7281
…	…	…	…	…
112	0. 0000000		0. 0000	1. 0000

注：说明从第 20 行起，直到第 112 行，前 3 列计算结果全为 0，最后一列全为 1。

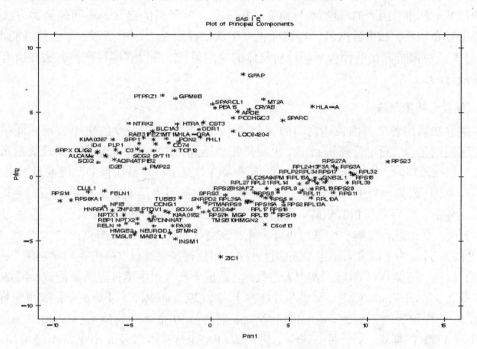

图 23-2　基因中第 1 主成分和第 2 主成分的散点图

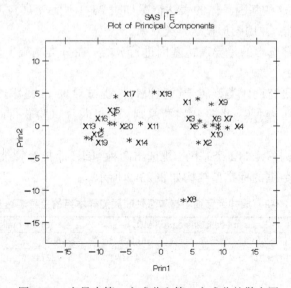

图 23-3　变量中第 1 主成分和第 2 主成分的散点图

【结果解释】　从特征值和特征向量的分布来看，第 1 特征值为 61.686，它的贡献率为 60.79%；第 2 个特征为 12.198，它的贡献率为 12.02%；第 3 个特征值为 5.238，它的贡献率为 5.16%；第 4 个特征值为 4.367，它的贡献率为 4.30%；第 5 个特征值为 3.311，它的贡献率为 3.26%；累计贡献率为 85.54%，这说明前 5 个主成分对数据的解释能力已经达到 85% 以上。一直到大于 1 的第 10 个特征值为 1.078，累计贡献率为 94.21%。说明用 10 个主成分比较恰当的描述这 112 个基因的信息。

聚类分析的挑战就是恰当地应用算法提高分类的合理性。但遗憾的是，这里并没有一个单一的最好的标准，因为对"类"本身而言，并没有一个严格的定义。不同的聚类方法要求不同的数据分布特征，如果数据的分布特征正好服从某种聚类方法的要求，那么就可能得到"真实的"分类。对聚类方法的评价只能针对具体的应用进行，并没有哪种聚类方法在所有的应用中都是最好的。

6. 聚类分析图示法

聚类算法算出各个基因表达之间的相似度，并将各基因按一定的次序放到一棵树中。对于 n 个基因的集合，通过计算得到一个上对角相似矩阵，其中的每个矩阵元素代表两个基因的相似度；扫描该矩阵，找出矩阵的最大值(该最大值对应于一对最相似的基因或基因集合)，为上述两个基因(或集合)建立一个新节点，计算这两个基因表达观察值的平均值，将其作为该节点表达轮廓；然后更新相似矩阵，用新节点代替原来的两个基因(或集合)。上述过程共执行 $n-1$ 次，直到最后仅剩一个基因集合为止，该集合对应于树的根节点。

【例 23-5】　为了研究大脑组织胚胎性肿瘤的中枢神经系统(CNS)的生物学功能，利用基因芯片进行试验，获得 DNA 微阵列基因表达数据，数据集来自于中枢神经系统的试验网站 http://www.broad.mit.edu/mpr/CNS。每块芯片样本上有 7129 个基因，总共 42 个肿瘤组织样本，具体包括 10 个成神经管细胞瘤(Medulloblastomas)样本、10 个恶性胶质瘤(Malignant gliomas)样本、10 个 AT/RTs 样本、8 个周围神经上皮样瘤(PNETS)样本以及 4 个正常小脑组织(Normal Erebella)样本。通过试验，从成神经管细胞瘤和恶性胶质瘤这两组样本的试验数据中，筛选出 112 个差异表达基因，这些基因具体的表达情况如表 23-1 所示。现在需要对这些基因进行分类并探讨其生物学功能，并用图形显示聚类效果。

【研究目的】　对筛选出的差异表达基因进行分类，在分类基础上研究其生物学功能，并用图形显示聚类效果。

【研究设计】　本研究设计类型属于试验设计。受试对象、试验因素、观察指标以及试验遵循"四原则"，即随机、对照、重复和均衡原则，通过芯片试验获得的大量的表达数据是可信的。

【数据结构】　本例总计 112 个基因，挑选出两种组织(成神经管细胞瘤和恶性胶质瘤)共计 20 个样本，其试验数据的标准型结构如表 23-2 所示。

表 23-2　成神经管细胞瘤和恶性胶质瘤样本组的差异表达基因

genes	Brain_medulloblastomas(MD)			Brain_malignant gliomas(MG)		
	sample_1	...	sample_10	sample_1	...	sample_10
RPS23	14.6621	...	14.7091	13.2274	...	13.3266
...	...	...	...	...	...	...
LOC642047	12.3817	...	10.6534	11.9193	...	12.1503

【方法选择与关键点】　本例的研究目的是对这两种组织 20 个样本上的 112 个差异表达基因进行分类，获得的资料属于计量资料（基因表达强度），很显然采用聚类分析的统计分析方法进行处理。

【基本原理与计算步骤】　利用上述介绍的聚类方法和原理对 112 个差异表达基因进行样本聚类分析。具体采用变量聚类和样品聚类方法，SAS 程序如下：

```
data SASTJFX23_5_1;                          data SASTJFX23_5_2;
Infile 'E:\SASTJFX\DATA\sample.txt';         Infile 'E:\SASTJFX\DATA\genes.txt';
Input x $ gene1 - gene112 @@ ;               Input name $ x1 - x20 @@ ;
proc varclus;                                proc varclus;
ods html; run;                               ods html; run;
proc cluster method = ward;                  proc cluster method = ward;
var gene1 - gene112; run;                     var x1 - x20; run;
proc tree;                                   proc tree; ods html;
ods html; run;                               run;
```

【程序说明】　varclus 过程根据相关阵或协方差阵对变量进行分裂聚类或谱系聚类。Tree 过程使用 cluster 过程或 varclus 过程产生的数据集来画树状图。

【简化的输出结果】

112 个差异表达基因的聚类结果：

Cluster Summary for 8 Clusters

Cluster	Members	Cluster Variation	Variation Explained	Proportion Explained	Second Eigenvalue
1	38	38	33.74605	0.8881	0.8905
2	17	17	11.95573	0.7033	1.1550
…	…	…	…	…	….
8	7	7	4.601135	0.6573	0.8039

聚类后各类之间的相关系数：

Inter-Cluster Correlations

Cluster	1	2	3	4	5	6	7	8
1	1.00000	−0.54869	−0.81262	0.45886	−0.78871	−0.27476	0.79923	0.73793
2	−0.54869	1.00000	0.60449	−0.76958	0.69650	0.03897	−0.63273	−0.66581
…	…	…	…	…	…	…	…	…
8	0.73793	−0.66581	−0.69975	0.61771	−0.62885	−0.14048	0.76260	1.00000

112 个差异表达基因的聚类树形图从略。从上述 112 个基因的聚类树形图看和专业角度分析，这 112 个基因大概聚为 8 大类比较合适，和前面的实际结果比较相符。

从上述 20 个变量的聚类树形图看，刚好聚为两大类，与题目给出的挑选出两类组织（成神经管细胞瘤和恶性胶质瘤）共计 20 个样本正好相符。

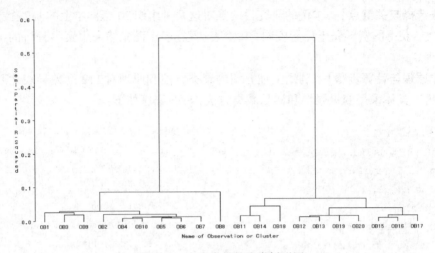

图 23-4　20 个变量的聚类树形图

【结果解释】　聚类结果表明，112 个差异表达基因被聚为 8 大类：第 1 类包括 38 个基因，第 2 类包括 17 个基因，第 3 类包括 12 个基因，第 4 类包括 13 个基因，第 5 类包括 12 个基因，第 6 类包括 2 个基因，第 7 类包括 11 个基因，第 8 类包括 7 个基因。

【统计与专业结论】　将这些聚类后的基因映射到 GO 数据库，发现其各个类别的生物学功能有所不同，属于同一类的基因具有相同或相似的生物学功能。这些正好说明了聚类分析的效果。具体来说，这 8 大类的主要生物学功能如下：第 1 类基因，主要参与了结合蛋白、核糖体和线粒体等功能；第 2 类基因，主要参与了结合蛋白、离子结合、转录因子、DNA 复制、膜、核、运输等功能；第 3 类基因，主要参与了骨化、细胞分化和结合蛋白等功能；第 4 类基因，主要参与了核、核酸结合、离子结合、蛋白氨基酸磷酸化、信号转导等功能；第 5 类基因，主要参与了胞浆小核糖体亚基(见于真核生物)、核糖体等功能；第 6 类基因，主要参与了细胞生长等功能；第 7 类基因，主要参与了核酸、核小体等功能；第 8 类基因，主要参与了转录调控、酶的调控活动、催化剂等功能。

23.4　基因调控网络分析

一个基因的表达受其他基因的影响，而这个基因又会影响其他基因的表达，这种相互影响、相互制约关系构成了复杂的基因表达调控网络。从系统的观点来看，一个细胞就是一个复杂的动力学系统，其中每个基因相当于系统的一个变量，各个变量之间相互影响。基因转录调控网络分析的目的就是要建立调控网络的数学模型，通过数学模型来分析基因之间的相互作用关系。

用相关系数模型研究生物学因果关系是一种经典的方法。虽然相关分析不能提供一个因果关系的实际依据，但它能给我们提供一种假设，而这种假设可以用其他方法检验。根据基因调控原则，基因 A 和基因 B 之间的一个高的相关性(或负相关)意味着：①基因 A 调控基因 B；②基因 B 调控基因 A；③基因 A 和基因 B 共同被第三个基因 C 调控；④偶然调控。当然，所有这些调控关系可以是间接性的。当然，若两个基因之间的相关性很高，则预示这两个基因一定存在某些联系。目前，应用于基因调控网络分析的相关系数模型有线性相关系数、非线性相关系数和信息熵相关系数等，其中线性相关系数的应用最为广泛。

相关系数方法被 Atul 等成功地应用于 NCI60 药物的筛选。NCI60 数据集是研究药物对癌细胞的抑制作用。Butte 等人利用该数据集，建立了基因和药物之间的关系网络，从而进行药物的筛选。

【例 23-6】 对上述基因进行相关分析，目的在于考察各个类与类之间的相关关系以及各个类内部基因与基因之间的调控网络。

【研究目的】 在分类基础上研究各类之间的相关关系。

【研究设计】 本研究设计类型属于试验设计。受试对象、试验因素、观察指标以及试验遵循"四原则"，即随机、对照、重复和均衡原则，通过芯片试验获得的大量的表达数据是可信的。

【数据结构】 本例总计 112 个基因，挑选出两种组织（成神经管细胞瘤和恶性胶质瘤）共计 20 个样品，聚类后总共被聚为 8 大类基因，其试验数据的标准型结构如表 23-3 所示。

表 23-3 聚类后 8 大类的基因表达矩阵

	class1	class2	class3	class4	class5	class6	class7	class8
x1	13.4814	11.0877	10.3995	10.6064	10.6845	9.7381	11.6968	9.7425
…	…	…	…	…	…	…	…	…
x20	11.9751	11.1810	11.4216	9.9561	12.0331	10.1172	10.5369	10.0494

注：表中数据的含义是各类中多个基因表达强度的平均值。

【方法选择与关键点】 本例的研究目的是对聚类结果的 8 大类进行相关分析，获得的资料属于计量资料（基因表达强度），这里采用相关分析的统计方法进行处理。

【基本原理与计算步骤】 利用前述介绍的相关分析原理对聚类的结果进行相关分析。具体采用线性相关系数 r 进行刻画和计算。SAS 程序如下：

```
data SASTJFX23_6;                          proc corr data = SASTJFX23_6 nomiss
Infile 'E:\SASTJFX\DATA\class.txt';        plots = scatter(nmaxvar = 8 alpha = .20
input class1 - class8 @@ ;                 .30);
proc corr nomiss plots = matrix(nmax-      var class1 - class8;
var = 8);                                  ods graphics on;
var class1 - class8;                       ods html;
ods graphics on;                           run;
ods html;
run;
```

【程序说明】 调用 CORR 过程。nomiss 规定在分析中若某变量有缺失值，则相应的观测从所有计算中删去。

【简化的输出结果】

简单统计量：

简单统计量

变量	N	均值	标准偏差	总和	最小值	最大值
class1	20	12.56710	0.82680	251.34197	11.10466	13.64945
…	…	…	…	…	…	…
class8	20	10.55040	0.44459	211.00804	9.74249	11.28207

聚类后 8 大类的相关系数矩阵：

Pearson 相关系数, N = 20

当 H0: Rho = 0 时, Prob > |r|

	class1	class2	class3	class4	class5	class6	class7	class8
class1	1.00000	− 0.46302	− 0.74465	0.47671	− 0.78408	− 0.27605	0.75510	0.55198
	0.0398	0.0002	0.0336	< .0001	0.2388	0.0001	0.0116	
...	...		...		...		...	...
class8	0.55198	− 0.45337	− 0.35184	0.55577	− 0.55178	− 0.30172	0.44950	
	0.0116	0.0447	0.1282	0.0109	0.0117	0.1961	0.0468	

此处省略散点图矩阵和 1 类与 2 类之间的散点关系图。

【结果解释】相关系数矩阵的结果表明，这 8 大类两两之间的相关系数值并不是很理想（$P > 0.05$）。同时从散点图的分布看，各类的点与点之间显得比较零散，表明各个类之间的距离比较大，从而正好说明了聚类的效果。

【统计与专业结论】由于这 8 类基因参与的生物学功能有所不同，它们之间的相关系数也因此而不同。相关系数大表示两类之间或许有相似的生物学功能，或许参与同一生物学反应过程，符合生物学假设。

23.5　本章小结

本章主要介绍了基因表达谱芯片的概念及其数据分析技术，利用一个典型的临床实例，从问题的研究目的、试验设计、数据结构、方法选择、基本原理与计算步骤、SAS 程序、输出结果、结果解释和统计与专业结论等层面进行了比较详细的分析，重点介绍了在 SAS 软件中的处理和分析实现过程，为基因表达数据的分析提供了较好的借鉴和分析技术平台。然而，基因表达数据的分析技术是当前生物信息学领域取得突破的一个关键所在，目前还面临着很多困难和挑战，无论是从生物学本身的结构、机制和功能等方面还有待试验的验证，还是在技术分析方法和理论上都需要得到进一步的发展和更新。因此，本章提出的一些方法和实现过程，由于受到软件和方法的限制也还不尽完善，在今后的研究中需要进一步改进和完善。

（易东　伍亚舟　葛毅　郭晋）

第 24 章 生物信息分析

生物信息学是一门以生物信息为基础的生物学学科，由于生物信息类型的不同，生物信息学可以细分为多种类型。例如，以基因表达谱为基础可以称为基因表达谱生物信息学，以质谱数据为基础可以称为质谱生物信息学。随着基因组测序和各种高通量试验技术的应用，产生了蕴含生物学规律的多种类型的海量生物信息，同时也吸引了越来越多的理工科研究人员加入到从海量生物信息中进行淘金的研究队伍，为了使这支队伍中的新战士能对生物信息学有一个初步的了解，特编写本章。

24.1 生物信息学定义

根据我们的理解，无论是生物信息学，还是计算生物学，均是一门概念性学科，是以生物信息为基础和计算为工具来解决生物学问题的一门学科，其内涵主要涉及下列三个方面。

24.1.1 生物学问题

具有生物学背景的人比具有其他背景的人从事生物信息学研究更具有优势，可以提出较好的生物学问题，做一些首创的工作。因此，如果以数学或计算机背景从事生物信息学研究，最好学一些生物学知识，如果不能自己提出一些生物学问题，那只能解决别人提出的生物学问题，在原创上要打一定折扣。

24.1.2 生物数据

随着人类基因组草图和多种模式生物基因组测序的完成，以及基因芯片和蛋白质芯片等多种高通量生物技术的出现，产生了基因组序列和基因（或蛋白质）表达谱等多种类型的海量数据。如何将这些数据组织好和利用好便是生物信息学的主要任务。现在的关键问题有两个，一个是基于已有的数据如何提出合适的科学问题，另一个是基于科学问题寻找合适的数据。目前，尽管已涌现出大量的各式各样的生物数据库，可以用海量的生物信息来形容，但是，当我们提出一个新的生物学问题时，常常是并没有现成的生物数据库可以利用，仍然需要自己从文献上收集数据。

24.1.3 计算工具

如何把基因组序列与人类的生长发育和衰老等过程联系起来呢？这就需要合适的淘金工具，这包含两个方面，一个是统计学，另一个是计算机科学。

统计学至少有两个方面的应用，一个是用于构建模型，另一个是为了更好地构建模型需要对影响因素进行试验设计。然而，利用统计学构建出数学模型只是把现象上升到理性认识，理性认识的正确与否还需要在实践中接受检验，同时，通过实践也可以将理性认识转化为实际的生产力。由于生物现象的复杂性，将模型应用于实践时经常涉及大规模或复杂的计算，很难手工完成，因此，需要开发计算机软件来加速这一过程，所以计算机科学在生物信息学研究中也非常重要。

24.2 统计学在生物信息学中的应用

这里重点介绍统计学在基因表达谱分析中的应用研究,重点讨论基于基因表达谱的样本分型与分类问题。聚类分析与分类研究在基因表达谱的研究中已得到广泛应用,如 Eisen 等利用谱系聚类方法对酵母基因表达谱数据进行分析(2467 个基因),结果表明,具有相似功能的基因聚类在一个簇中,由此可根据某一簇中已知功能的基因去推断同簇中其他基因的功能。Alizadeh 等基于基因表达谱数据将扩张性巨 B 细胞淋巴瘤分成两类。特别是基于基因表达谱的肿瘤诊断,已引起广泛共识,如 Golub 等根据急性淋巴细胞白血病和急性粒细胞白血病的基因表达谱,找出了用于诊断的基因集合,并发现了一些关键基因,类似的例子还有许多。这些例子充分说明了开展基于基因表达谱的样本分型与分类研究的重要性。这里重点介绍我们构建的样本分型系统 SamCluster 和分类系统 Tclass。

24.2.1 基于基因表达谱的样本分型研究

1. 引言

所谓基于基因表达谱的样本分型研究,是在假定样本表型为未知的情况下,采用很多基因的表达数据来进行聚类分析,最终获得基于基因表达谱的样本分型方案。目前,在基于基因表达谱的样本分型研究中,还没有成熟的基因变量选择方法。对不同的基因表达谱数据,常常采用不同的基因变量选择方法来对样本进行分型研究,并且,通过对多个基因表达谱数据的实际分析表明,即使对同一个基因表达谱数据,采用不同的聚类方法或采用同一种方法,对不同的基因子集进行聚类,所获得的样本分型方案也是不同的。现在的问题是,对一个特定的基因表达谱数据,从基因的表达模式来看,样本究竟可以分为几个亚型。对不同的分型方案来说,究竟哪一种分型方案比较科学? 是否可以发展一种通用的数学方法来较好地解决基于基因表达谱的样本分型问题,从而比较真实地反映样本的本质?

2. 数据与方法

为了评价 SamCluster 系统,我们收集了 4 个公开发表的数据集,分别是结肠癌数据集 CO-LON、白血病数据集 LEUKEMIA72、白血病数据集 LEUKEMIA38 和卵巢癌数据集 OVARIAN,具体信息如下。

- COLON:该基因表达谱包含 2000 个基因和 62 例样本,其中 22 例为正常组织,其余 40 例样本为结肠癌组织。此数据自网页 http://www. princeton. edu/colondata 下载[14]。
- LEUKEMIA72:该基因表达谱包含 6817 个基因和 72 例样本,其中 47 例为急性淋巴细胞白血病(ALL),其余 25 例为急性粒细胞白血病(AML)。此数据自网页 http://www. wi. mit. edu/MPR/data_set_ALL_AML. html 下载[7]。
- LEUKEMIA38:该基因表达谱包含 6817 个基因和 38 例样本,其中 27 例为急性淋巴细胞白血病(ALL),其余 11 例为急性粒细胞白血病(AML)。此数据由 LEUKEMIA72 提取而来。
- OVARIAN:该基因表达谱包含 7129 个基因和 36 例样本,其中 27 例为卵巢癌组织,5 例为正常组织,4 例为恶性的卵巢癌细胞系。此数据自网页 http://www. gnf. org/cancer/ovary 下载。

此外,在 SamCluster 系统中,我们提出了如下两条假设。

①第一条假设：有助于样本分型的基因在不同样本中的表达水平必须有波动。显然，如某个基因在各个样本中的表达水平保持相同，则该基因对样本类型发现研究就不提供任何有用的信息，在变量选择过程中，必须将这样的基因变量去掉；其次，反应基因表达水平波动的量必须可应用于不同的基因表达谱数据集，经过仔细分析后发现，变异系数是一个很好的指标，利用它可以刻画不同数据集中的各个基因的表达水平的波动情况。为了选出用于样本类型发现的基因变量，必须要求有关基因在各个样本中的表达水平有波动，且其变异系数大于某个指定的阈值，如阈值太低，选出的基因变量集合中将包含一定数目的噪声基因变量（即不利于样本类型发现的基因变量）；如阈值太高，选出的基因变量集合中将缺少一定数目的信号基因变量（即有利于样本类型发现的基因变量）。为此，采用下列公式来选择变异系数的阈值：

$$CV_{th} = M_{CV} + C_i S_{CV}$$

其中，CV_{th}、M_{CV} 和 S_{CV} 分别表示变异系数的阈值、变异系数的总体平均值和标准误；C_i 为标准误的系数因子，其值为 0.0，0.1，…。对每个 C_i，将获得一个特定的阈值 CV_{th}，进而获得一个可用于样本分型的基因变量集合。

②第二条假设：要求基因表达水平在不同的样本分型中（指假定的样本分型），其表达水平差异具有一定的统计学意义。由于在我们的研究中，总是假定两种可能的样本类型，因此，可用 t-检验来刻画。通过第一个假设，可以获得某个特定的基因变量集合，以之为基础进行聚类分析，可得到两个推定的样本类型。对此进行 t-检验分析，可找出表达水平呈现一定统计学差异的一些基因（可假定 $P=0.01$，0.05 或 0.1 等），从而将表达水平无统计学意义的一些噪声基因变量去除，在保留的基因变量集合基础上，进行进一步的聚类分析。此过程反复迭代，直到最后没有可剔除的基因变量为止，最终获得一个稳定的样本分型方案。

显然，上述获得的样本分型方案与两个参数有关，分别是阈值 CV_{th} 和差异具有统计学意义的检验水平 P 值。在特定的 P 值下，选取不同的阈值 CV_{th}，有可能获得不同的样本分型方案。如果样本类型预先未知，那么如何判断哪一种分型方案更合理？为此，我们进行了一致样本类型的构建研究。

为了构建样本的一致类型，在固定 P 值的情况下，改变标准误的系数因子 C_i 的值，如为 0.0，0.1，…，2.0。每次改动，都将获得一个推定的样本分型方案，并由此构建样本之间的关系矩阵 $S_{n \times n}$。开始时，$S_{n \times n}$ 中的各个元素赋初值 0，对每个推定的样本分型方案，可了解不同样本是否位于同一推定的样本类之中。如样本 i 与样本 j 不在同一个类中，则 $S_{ij}=S_{ij+1}$；否则，S_{ij} 保持不变。通过对 C_i 的多次改动，便可获得综合性的样本关系矩阵 $S_{n \times n}$，我们称以此为基础进行聚类分析所获得的样本分型方案为样本的一致分型方案。为了获得最佳的样本分型方案和对应的基因集合，考虑了样本的一致分型方案与各个推定的样本分型方案之间的距离，并称距离最小者为最佳的样本分型方案。一致样本类型构建流程如图 24-1 所示。

根据上述算法描述，我们运用 Matlab 程序设计语言，构建了基于基因表达谱的样本类型发现系统 SamCluster(http://ccb. bmi. ac. cn/samcluster/index. htm)，整个程序界面如图 24-2 所示。从图 24-2 中可以看出，该程序主要提供 3 个参数输入窗口：基因表达谱的文件输入、用于 t-检验的 P 值和推定的样本分型方案的个数。在输入有关参数后，单击"Run"按钮，程序开始运行，有关的分型情况将显示在右边的列表框中，其中包含样本的一致分型方案与各个推定的样本分型方案之间的距离，并根据距离从小到大排序。另外，我们还提供了"Export"按钮，以便将选中的基因集合对应的表达水平信息按 CLUSTER 和 TREEVIEW[7] 要求的格式输出到一个文件中，从而可对基因和样本同时进行聚类分析。

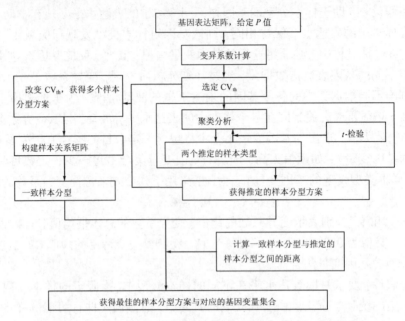

图 24-1　基于基因表达谱的样本类型发现的整合系统流程图

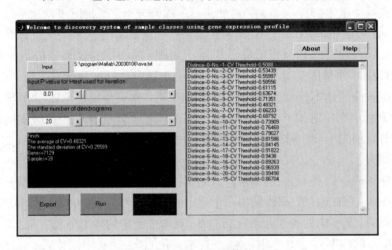

图 24-2　SamCluster 系统的界面

3. 结果与讨论：

（1）基于基因表达谱的样本聚类分析（无基因变量选择）。

为了说明基因变量选择的重要性和进行比较分析，首先对 3 个数据集 COLON、LEUKEMI-A72 和 LEUKEMIA38 直接进行聚类分析，获得的两类样本分类信息如表 24-1 所示。

表 24-1　3 个数据集 COLON、LEUKEMIA72 和 LEUKEMIA38 的样本分类信息

Class	COLON	LEUKEMIA72	LEUKEMIA38
Class I	14Normal ＋ 28 Tumor	18 ALL ＋ 18 AML	8 ALL ＋ 10 AML
Class II	8Normal ＋ 12 Tumor	29 ALL ＋ 7 AML	19 ALL ＋ 1 AML

从表 24-1 可以看出，在这 3 个数据集中，已知的两类样本没有得到很好的分开。例如，对 COLON 数据集，从临床诊断的角度来说，可分为两类：22 个正常组织和 40 个肿瘤组织，因

此，理想的基于基因表达谱的样本分型方案应该与临床诊断基本一致，但在没有变量选择的分型结果中，这两类样本没有得到很好的分开。

（2）基于整合系统的样本分型研究（进行基因变量选择）。

在利用整合方案 SamCluster 进行样本分型时，我们考虑了用于 t-检验的 3 个 P 值，分别是 0.01、0.05 和 0.1。对每个 P 值，分别考虑 C_i 的值为 0.0，0.1，0.2，…，2.0 等情况，并计算对应的样本分型方案，表 24-2 显示了对 3 个数据集的有关计算结果。

从表 24-2 的 D 列可以看出，对 COLON 数据集来说，在不考虑样本的临床诊断情况时，最好的样本分型方案（即距离最小的样本分型方案）为 $CV_i = 0.9$、1.0 和 1.1（$P = 0.01$），$CV_i = 0.7$（$P = 0.05$）和 $CV_i = 0.6$（$P = 0.1$），此时样本被正确分型的精度分别为 88.7%（55/62）、90.3%（56/62）和 90.3%（56/62）。

到目前为止，已经有多种分型方法应用于 COLON 数据集。在 COLON 数据集的原始文献中，Alon 等人使用了双向聚类方法对 62 个样本进行分型研究。为了达到比较好的基于基因表达谱的样本分型效果，他们在假定样本临床表型的情况下，利用 t-检验选择了表达水平呈现最显著差异的 20 个基因，并以之为基因变量集合进行聚类分析，在获得的两个样本分型中，有 5 个肿瘤样本被分到正常组织类型中，有 3 个正常组织被分到肿瘤组织类型中，因此分型的正确率为 87.1%（54/62）。另外，Xiong 等人在假定样本临床表型的情况下[15]，利用 Fisher 判别分析方法进行变量选择，在此基础上运用谱系聚类方法进行分型，分型的正确率为 92.0%（57/62）。在上述两种方法中，都在假定样本临床表型的情况下进行基因变量选择，而在我们构建的 SamCluster 系统中，不需要这种假设，仅根据基因表达矩阵就可以自动识别出样本分型方案，而且其效果优于 Alon 的结果，接近 Xiong 的结果[15]。如果基于样本的临床表型来选择样本的分型方案，同样可以获得与 Xiong 结果相同的分型方案，它们分别是 $CV_i = 0.5$（$P = 0.01$），$CV_i = 1.0$、1.1、1.2 和 1.3（$P = 0.05$）和 $CV_i = 0.5$、0.7、0.8、1.1、1.2 和 1.3（$P = 0.1$）。其树状图如图 24-3 所示。从图 24-3 中可以看出，在 62 个样本中，仅有 5 个样本被错误分型，有 2 个正常组织被分到肿瘤样本中，有 3 个肿瘤组织被分到正常样本中，因此，分型的正确率为 92.0%（57/62）。

表 24-2　误判的样本数目与不同 P 值和不同 CV 组之间的组合关系

CV_i	CV Threshold			The number of misclassified samples and distances														
				COLON						LEUKEMIA72						LEUKEMIA38		
	COLON	LEUKEMIA 72	LEUKEMIA38	P=0.01		P=0.05		P=0.1		P=0.01		P=0.05		P=0.1		P=0.01	P=0.05	P=0.1
				M	D	M	D	M	D	M	D	M	D	M	D	M	D	M	D	M	D
0.0	0.68711	0.50788	0.54798	9	3	9	3	9	3	13	13	13	15	1	3	3	1	3	1	3	1
0.1	0.70513	0.53551	0.57557	10	2	9	3	9	3	1	1	1	3	1	3	3	1	3	1	3	1
0.2	0.72314	0.56315	0.60316	8	4	9	3	9	3	1	1	2	0	2	0	3	1	3	1	3	1
0.3	0.74116	0.59079	0.63075	10	4	10	6	10	6	2	0	2	0	2	0	2	0	2	0	2	0
0.4	0.75918	0.61843	0.65834	11	9	10	6	11	7	2	0	2	0	3	1	2	0	2	0	2	0
0.5	0.77720	0.64607	0.68593	5	3	9	5	5	1	2	0	2	0	2	0	2	0	2	0	2	0
0.6	0.79522	0.67371	0.71352	12	4	7	1	5	0	2	0	2	0	2	0	2	0	2	0	2	0
0.7	0.81323	0.70135	0.74111	10	2	6	0	5	1	2	0	3	1	2	0	2	0	2	0	2	0
0.8	0.83125	0.72899	0.76870	6	1	7	1	5	1	1	1	4	1	4	1	2	0	2	0	2	0
0.9	0.84927	0.75663	0.79629	7	1	7	3	6	2	2	2	4	2	4	2	2	0	2	0	2	0
1.0	0.86729	0.78426	0.82388	7	1	5	0	6	2	1	1	4	2	4	2	2	0	2	0	2	0
1.1	0.88531	0.81190	0.85147	7	1	5	0	5	1	5	2	5	2	5	3	0	2	2	0	2	0
1.2	0.90332	0.83954	0.87906	9	3	5	1	5	1	5	7	2	0	3	1	11	9	2	0	2	0
1.3	0.92134	0.86718	0.90665	17	13	5	1	5	1	6	8	5	3	4	3	11	9	2	0	2	0
1.4	0.93936	0.89482	0.93424	10	6	7	1	10	6	8	8	5	4	5	4	9	11	1	0	2	0
1.5	0.95738	0.92246	0.96183	8	5	7	1	5	1	8	8	5	4	5	4	9	11	1	1	0	2
1.6	0.97540	0.95010	0.98942	14	6	5	1	5	1	5	8	4	4	5	3	9	11	0	0	0	2
1.7	0.99341	0.97774	1.01701	13	5	11	5	10	4	6	5	6	4	5	3	9	11	0	0	0	2
1.8	1.01143	1.00538	1.04460	15	11	9	13	13	7	6	5	6	5	5	5	10	10	0	2	0	2
1.9	1.02945	1.03302	1.07219	13	8	9	3	11	5	7	4	6	4	6	4	10	10	0	2	0	2
2.0	1.04747	1.06055	1.09978	12	3	5	1	11	5	7	7	6	6	7	6	10	10	0	2	0	2

注：CV_i（第 1 列）是 CV 阈值（第 2 列）计算公式 $M_Q + CV_i \times S_Q$ 中的系数；M_Q 和 S_Q 分别表示 CV 向量的均值和标准误，位于 M 列的数值表示误判的样本数目；位于 D 列的数值表示两个一致的样本类与两个推定的样本类之间的距离。

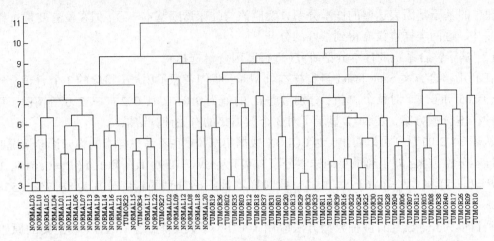

图 24-3 利用 SamCluster 系统进行基于结肠癌基因表达谱 COLON 的样本分型情况

对 LEUKEMIA72 数据集来说，最好的推定样本分型方案为（即距离 D 最小的样本分类）$CV_i = 0.3、0.4、0.5$ 和 0.6（$P = 0.01$）；$CV_i = 0.2、0.3、0.4、0.5、0.6、0.8$ 和 1.1（$P = 0.05$）；$CV_i = 0.2、0.3、0.5、0.6$ 和 0.7（$P = 0.1$）。这些分型给出了相同的分型精度 97.2%（70/72），只有两例 ALL 被误判。如果结合样本的临床表型来选择样本的分型方案，则只有 1 例样本 AML 被误判，此时的参数值分别为 $CV_i = 0.1、0.2、0.7、0.8$ 和 1.0（$P = 0.01$）；$CV_i = 0.1$（$P = 0.05$）；$CV_i = 0.0$ 和 0.1（$P = 0.1$）。其树状图如图 24-4 所示。与 CLIFF 分型系统相比，在 CLIFF 系统给出的最好分型结果中，有 3 个样本被误判，因此，我们构建的分型系统 SamCluster 要优于 CLIFF。

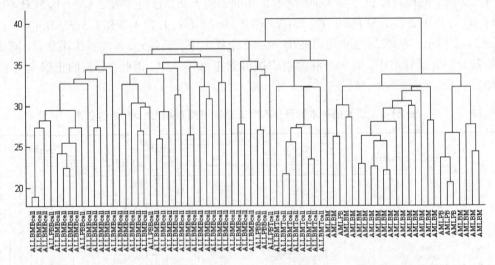

图 24-4 利用 SamCluster 系统进行基于白血病表达谱 LEUKEMIA72 的样本分型情况

对 LEUKEMIA38 数据集来说，最好的推定样本分型方案为（即距离 D 最小的样本分型）$CV_i = 0.3、0.4、0.5、0.6、0.7、0.8、0.9$ 和 1.0（$P = 0.01$）；$CV_i = 0.3、0.4、0.5、0.6、0.7、0.8、0.9、1.0、1.1、1.2$ 和 1.3（$P = 0.05$）；$CV_i = 0.3、0.4、0.5、0.6、0.7、0.8、0.9、1.0、1.1、1.2$ 和 1.3（$P = 0.1$）。这些分型方案给出了相同的分型精度 94.7%（36/38）。如果结合样本的临床表型来选择样本的分型方案，则所有样本都被正确分型，其树状图如图 24-5 所示。

在 Golub 的结果中，使用自组图方法 SOM 对 LEUKEMIA38 进行分型研究，在 38 个样本分为 2 个类型时，有 4 个样本被误判(1 AML、3 ALLs)，当所有样本被分为 4 个类型时，其中 19 个 B-ALLs 被分为 2 类，但由于这 2 类之间的表达水平差异不是很明显，因此，他们又建议将这 2 类合并成 1 类。但利用 SamCluster 系统时，从图 24-5 中可以看出，整个 38 个样本可自动分为 3 个类型：C1、C2 和 C3。C1 类中包含 11 个 AMLs，C2 类中包含 8 个 T-ALLs 和 1 个 B-ALL，C3 类中包含 18 个 B-ALLs。因此，对 LEUKEMIA38 数据集来说，SamCluster 系统要优于 SOM。

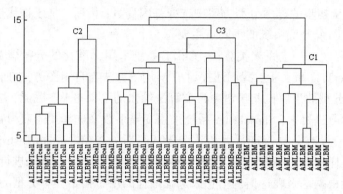

图 24-5　利用 SamCluster 系统的进行基于白血病表达谱 LEUKEMIA38 的样本分型情况

此外，从表 24-2 的 D 值分布来看，当 CV_i 位于区间[0.5，1.0]时，样本分型往往达到最佳效果，因此，我们可以认为，当 CV_i 值太高时，有许多有助于样本分型的基因变量将被舍弃；当 CV_i 值太低时，有许多不利于样本分型的基因变量将被引进。而且，3 个 P 值(0.01、0.05 和 0.1)均可以用来作为基因表达水平是否具有显著性差异的检验指标，其中以 0.05 和 0.1 的效果较好。

(3)基于卵巢癌基因表达谱的样本分型研究：

为了进一步说明 SamCluster 分型系统的性能，我们又考察了数据集 OVARIAN，将基因表达数据读入 SamCluster 之后，分别采用 3 个 P 值进行分型研究。结果表明，对 $P = 0.01$ 来说，有 3 个样本被误判；对 $P = 0.05$ 和 0.1 来说，所有样本都得到了正确分型。结果如图 24-6 所示。从图 24-6 中可以看出，5 个正常组织(A1)、27 个肿瘤组织(A3)和 4 个恶性的上皮卵巢癌细胞系(A2)被完全分开，而在 Welsh 结果中[11]，这些组织没有完全分开。

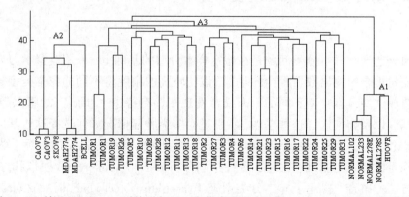

图 24-6　利用 SamCluster 系统进行基于卵巢癌基因表达谱 OVARIAN 的样本分型情况

通过这部分工作，我们构建了基于基因表达谱的样本类型自动识别系统 SamCluster，其中心思想是将基于变异系数和 t-检验的变量选择方法整合到常用的谱系聚类算法中，并提出了一致样本类型的概念，在此基础上获得了基于基因表达谱的样本最佳分型方案。通过对 4 个基因表达数据的测试，结果表明，获得的基于基因水平上样本分型与样本的临床分型具有较高的一致性。因此，这一工作对以基因芯片技术为基础的相关研究（如中药现代化等）具有较大意义。

SamCluster 系统和 CLIFF 系统均是为基于基因表达谱的样本分型而设计的，它们的共同特征是采用了类似的分析步骤。首先，基于非监督学习方法获得初步的样本分型方案；然后，基于监督学习方法，从初步的样本分型方案中选择基因变量；最后，基于迭代过程获得最终稳定的样本分型方案。两个分型系统的不同点主要有 5 个方面：

①SamCluster 系统采用谱系聚类算法，CLIFF 系统采用标准化的分割聚类算法（Normalized Cut Clustering Method）。事实上，我们还探讨了 K-均值方法与自组图方法在样本分型系统中的应用，结果表明，分型效果要比基于谱系聚类算法给出的结果略差，因此，这里没有给出。

②在非监督学习过程中，SamCluster 系统采用变异系数来选择用于获得初始样本分型方案的基因集合，因此，没有必要假定基因表达谱服从高斯分布（Gaussian Distribution）；而 CLIFF 系统却假定每一类样本服从高斯分布（考虑两种类型），并以之为基础来进行基因变量的选择。这两个系统都不能根据基因表达谱的信息来选择最佳的用于初始样本分型的基因变量。

③在监督学习过程中，SamCluster 系统采用 t-检验来选择其表达水平具有显著性差异的一些基因，然后用于进一步的样本分型；而 CLIFF 系统采用信息获得排序（Information Gain Ranking）和马尔科夫毯过滤（Markov Blanket Filtering）方法来选择基因变量，并以之为基础进行迭代分析。这两种方法都不能确定用于基因变量选择的最佳阈值。

④为了克服上述步骤中不能选择最佳基因变量阈值的缺点，在 SamCluster 系统中，提出了一致样本类型的概念，最终获得的最佳样本分型方案对有关的参数如 CV_i 或 P 值不是很敏感；而 CLIFF 系统，在非监督学习与监督学习过程中，阈值的选取靠的是经验，因此，获得的样本分型方案对阈值比较敏感。

⑤对同一个基因表达数据集 LEUKEMIA72，SamCluster 系统给出的分型方案要优于 CLIFF 系统。此外，由于在迭代过程中，我们使用 t-检验来进行基因变量的选择，所以在最后获得的样本分型方案中，相关基因的表达水平之间的差异均具有统计学意义。

24.2.2　基于基因表达谱的样本分类研究

1. 引言：

基于基因表达谱的样本分类问题是在假定样本分型的基础上，采用监督学习方法，从包含众多基因的变量集合中找出数目较少的基因，以比较高的精度将不同的样本类型分开，从基因水平上阐明造成这些样本类型不同的原因或者发现一些有待进一步研究的感兴趣基因。究竟采用多少个基因以及如何选择这些基因，特别是对多类肿瘤情况如何选择这些基因，到目前为止，还没有定论。不过，采用最少的基因达到最高的预测精度将是追求的目标。为此，以我们提出的分类稳定性概念为基础，探讨了多种判别分析方法与 Monte-carlo 模拟和逐步优化等基因变量选择方法的整合，构建了样本分类系统 Tclass（http://ccb. bmi. ac. cn/tclass/），以便对某个特定的基因表达谱，寻找最好的基因集合，这将对肿瘤发生机制与药物作用机制的理解具有一定意义，并且，所找出的最佳基因或基因集合可用于肿瘤诊断与药物靶基因识别等方面，为进一步的分子生物学试验提供思路。

2. 数据与方法：

为了说明 Tclass 分类系统的性能，我们以前述 COLON 数据集为例进行了系统研究。另外，在 Tclass 分类系统中，整合了多种判别分析方法，主要有 Fisher 线性判别分析方法、Naive Bayes 判别方法和 kNN 方法。鉴于本书已对上述方法进行了详细论述，这里仅对有关过程进行说明。

在运用判别分析方法对样本进行分类时，需要选择适当的基因集合，为此，我们运用下列方法进行选择：t-检验、邻近关系分析中 P 值、Monte-Carlo 模拟、逐步优化方法和全组合方法。

在基于基因表达谱的样本分类研究中，用不同的基因变量选择方法所选出的基因集合常常不一致，那究竟选择哪一个基因集合？用同一种方法，如常常选出具有相同或相近分类精度的基因集合，如何选择较好的基因集合？另外，在分类研究中，常常将整个样本按一定比例分为训练组与试验组，为此，不得不考虑样本分配情况对分类精度的影响。基于这些考虑，我们提出了分类稳定性概念，稳定性分析流程图如图 24-7 所示。基本思想如下：将整个样本按比例 50%:50%、68%:32% 和 95%:5% 随机分为训练组与试验组，然后考虑每个基因集合在测试集上的分类精度，该过程反复进行，并同时考虑分类精度均值的波动情况。通过多次计算机模拟试验表明，当上述重复次数达到 1000 次时，均值就趋于稳定。因此可以认为，如果将分类精度均值作为基因集合的分类精度，并且重复次数达到 1000 次时，基因（或基因集合）的分类精度与样本分配情况无关。此外，也可以采用其他的样本分配比例来分析某个基因集合的稳定性指标，通过多例计算表明，不同样本分配比例获得的稳定性指标具有很好的相关性。

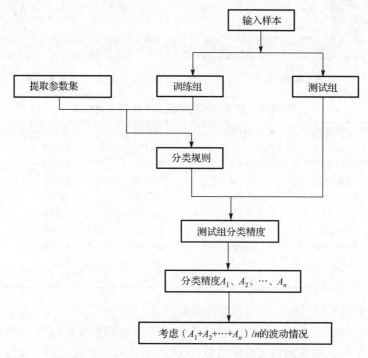

图 24-7 Tcass 分类系统中稳定性分析流程图

3. 结果与讨论：

为了说明样本分类系统 Tclass 的性能，我们以结肠癌基因表达谱 COLON 为例来说明。该基因表达谱包含 2000 个基因和 62 个样本，其中有 22 个为正常组织，其余 40 个样本为结肠癌组织。由于我们的目的是要用尽可能少的基因变量来达到尽可能高的分类精度,所以考虑了各种基因变量选择方法与分类精度之间的关系。

(1)基于 t-检验的基因个数与分类精度关系:

通过 t-检验分析表明,在 2000 个基因中,有 250 个基因的 P 值小于 0.01;有 97 个基因的 P 值小于 0.001。鉴于样本个数只有 62 个,并考虑分类时的分组情况,我们选择前 30 个基因作为肿瘤分类时的基因集合,并研究了基因个数与分类精度的关系,结果如图 24-8 所示。从图 24-8 中可以看出,对样本的 3 个不同的分配比例,以 95% :5% 获得的分类精度最高,其次是 68% :32%,最后是 50% :50%。这与人们的直观想象是一致的,因为随着分配比例的提高即训练组中包含的样本数目越来越多,所构建的分类规则是越来越好。另外,随着基因变量个数的增加,分类精度呈现波动情况,以 6 个基因的分类精度最高,分类精度为 87.0% 左右。为了进一步说明这种趋势,表 24-3 给出了基因个数与分类精度的具体数值。

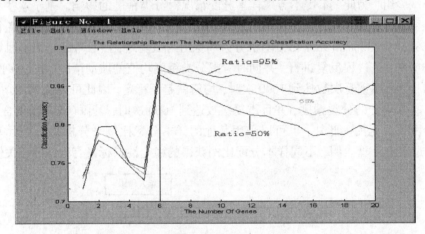

图 24-8　基于 t – 检验的基因个数与分类精度之间关系

表 24-3　基于 t-检验的基因个数与分类精度

基因个数	分配比例	训练组	试验组	刀切法	平均值
10	50% :50%	91.6%	79.1%	77.1%	82.6%
	68% :32%	90.5%	82.1%	81.6%	84.7%
	95% :5%	88.7%	86.8%	85.2%	86.9%
20	50% :50%	97.2%	72.4%	68.1%	79.2%
	68% :32%	93.9%	77.0%	75.6%	82.2%
	95% :5%	90.6%	84.5%	80.9%	85.3%
30	50% :50%	100.0%	54.6%	54.2%	69.6%
	68% :32%	98.7%	66.3%	66.2%	77.1%
	95% :5%	96.8%	76.8%	75.2%	83.0%

(2)基于 P 值的基因个数与分类精度的关系:

根据基因表达谱,计算每个基因的邻近关系分析中 P 值,并根据 P 的绝对值大小进行排序,选择 P 值较大的一组基因用于分类研究,结果如图 24-9 所示。从图 24-9 中可以看出,分类精度的趋势与基于 t – 检验的基因个数与分类精度关系类似。以 16 个基因给出的分类精度最好,分类精度约为 87.0%。

(3)基于 Monte-Carlo 模拟的基因个数与分类精度的关系:

在基于 Monte-Carlo 模拟的基因变量选择中,模拟次数必须足够大,才能保证选出的基因集合具有较好的分类效果，为此，我们在计算机上进行了多次试验。结果表明，当模拟次数为变量总数的 5 倍时，获得的分类精度保持相当的稳定性，即随着模拟次数的进一步增加，分类精度基本保持不变。我们以此为标准，采用 Monte-Carlo 模拟分别考虑了包含 1、2、…、10 个基因的基因集合情况，获得的结果如图 24-10 所示。由图 24-10 可见，当基因个数为 8 时，分类精度最高，约为 92.5%。

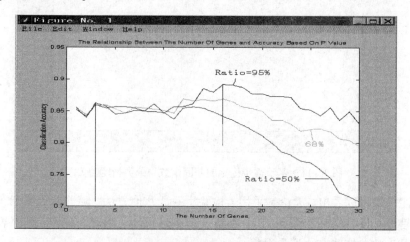

图 24-9　基于 P 值的基因个数与样本分类精度之间的关系

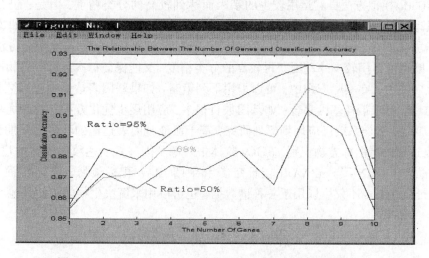

图 24-10　基于 Monte-Carlo 模拟的基因个数与分类精度的关系

(4)基于逐步优化选择的基因个数与分类精度的关系：

首先，从基因集合中选择分类效果最好的若干个基因；然后，以此若干个基因为基础，考虑其他基因与这些基因的组合，并以分类精度为指标，选择一定数目且给出较好分类效果的包含两个基因的集合，该过程反复进行，直到最后获得包含指定基因数目的基因集合；最后，对这些基因集合进行稳定性分析，找出最好的基因集合。图 24-11 即为用逐步优化方法进行基因变量选择时的基因个数与分类精度之间的关系。从图 24-11 中可以看出，当基因个数为 6 或 7 时，分类精度最高，约为 95.0%。

(5)基于全组合的基因集合的分类精度：

由于在此分类研究中，共有 2000 个基因，因此，如果考虑 2 个基因的组合，则有近 4 百万种组合，需要运行较长时间，为此，我们只考虑 1 个基因的情况。结果表明，无论是 t-检验、P 值方法、Monte Carlo 方法，还是逐步优化方法，得到的基因都是相同的。

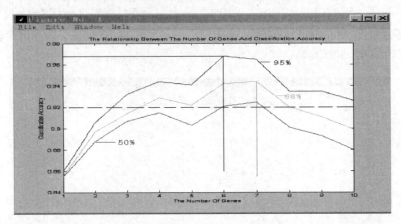

图 24-11　基于逐步优化的基因个数与分类精度的关系

通过上述结果可以看出，无论是采用 t-检验，还是 P 值方法，随着基因数目的增加，分类精度呈下降趋势，而用较少的基因，其分类精度却不是很高。因此，在基于基因表达谱的样本（肿瘤）分类研究中，这些方法不是很好。

Monte-Carlo 模拟方法虽然运用较少的基因而达到较高的分类精度，但是，仍存在下列缺点：计算机运行时间较长，不能保证所得的基因集合是最佳的，特别严重的是，每次计算所得的基因集合并不固定，因此，此方法也不宜使用。然而，逐步优化方法与全组合方法却能克服上述缺点，既保证运用较少的基因获得较高的分类精度，又能保证每次运行获得相同的基因集合，值得推广使用。在实际应用中，可以采用下列策略：如果基因表达谱中基因数目较少，采用全组合方法，寻求最佳基因集合；如基因数目很多，应用逐步优化方法寻找最优基因集合。

目前，Tclass 分类系统已应用到下列研究：基于血液基因表达谱的乳腺癌早期诊断、基于肺癌蛋白表达谱的蛋白标志物识别、pPIC9 载体中外源基因高效表达数学模型构建、基于 k – tuple 组合的酵母 ncRNA 与 mRNA 比较研究[19]和细菌 sRNA 靶标预测研究等方面。从这些应用中可以看出，Tclass 不仅可以用于各种谱数据，也可以用来解决生物学中的其他类型问题。

24.3　本章小结

通过本章的分析表明，针对基因表达谱的样本分型研究与分类研究具有重要的理论意义和实用价值，特别是可以识别新的样本类型，从而克服基于表型的样本分型所带来的主观性，可应用于基于基因表达谱的肿瘤分型和中药现代化研究等方面，寻找肿瘤相关基因集合和与中药某一有效成分相关的基因集合，从而预测基因功能。另外，随着生物学发展和各种新技术的出现，目前产生了多种类型的谱数据，如 miRNA 表达谱和血肽图数据等，但是不论数据类型如何变化，其数据结构仍是矩阵，上述分析方法仍然适用这些新的数据类型。各种谱数据与临床结合，从而为疾病诊断、分子分型和个性化治疗提供服务将是未来的一个发展方向。基于上述考虑，最近我们已开发了基于谱数据的疾病诊断与分型系统 BioSunMS，希望能促进各种谱技术在我国的推广和深层次应用。

（李伍举　郭晋）

第 6 篇　遗传资料统计分析

第 25 章　用 SAS 实现遗传资料统计分析

随着人类基因组计划(Human Genome Project, HGP)、人类单体型图计划(HapMap)和其他基因组范围内的研究的深入，遗传学和统计学的关系更加密切，遗传统计学有了更进一步的发展。其中一个重要的应用就是如何通过这些遗传数据进行影响复杂性状，特别是人类疾病的基因定位。常用的遗传统计学分析方法有连锁分析、关联分析、多位点分析等。

SAS 中已经包含了一部分分析遗传数据的自然特征(如频率等)的程序，SAS/Genetics 则开发了一些针对通常所用格式遗传学数据的新的统计过程。通过这些过程，我们可以更方便地对这些数据进行相关的统计分析。本章将重点对 SAS/Genetics 中语句的使用方法进行介绍。

25.1　SAS/Genetics 简介

为了对标准的遗传学数据进行统计分析，SAS 开发了 SAS/Genetics 模块。该模块主要分析遗传标记数据，一般为 SNPs(单核苷酸多态性)数据或微卫星(简单串联重复序列)数据。该模块分为以下几个部分。

1. ALLELE、HAPLOTYPE 和 HTSNP

这 3 个过程主要用于遗传数据的连锁不平衡分析。ALLELE 可以用来对遗传学数据进行描述性统计，如等位位点的基因频率、方差，基因型频率、方差，等位位点的信息含量以及是否符合哈代 - 温伯格平衡(Hardy - Weinberg Equilibrium, HWE)等。同时 ALLELE 还可以用来计算两个位点的连锁不平衡(Linkage Disequilibrium, LD)显著性。HAPLOTYPE 主要是对多个位点的单体型的频率等进行分析。HTSNP 则主要用来寻找单体型中的标签 SNP。

2. CASECONTROL 和 FAMILY

现在很多研究是来探索遗传位点与复杂性状特别是人类疾病之间的关系，我们称之为关联分析。一般地，我们把所研究的性状分为两类：连续的和离散的。连续性状也称定量性状，如身高、体重、血压等；离散性状也称定性性状，如疾病分型、疾病等级以及更一般的是否患病等。我们把是否有某种特征这种特殊的二值变量情况称为受累的和未受累的。CASECONTROL 和 FAMILY 都是对二值性状(受累和未受累)进行关联分析的过程。其中，CASECONTROL 对群体资料的遗传学数据进行关联研究，而 FAMILY 对家系资料的遗传学数据进行关联研究。

3. INBREED

亲缘系数和近交系数能够反映个体间的亲缘关系和个体是否由近亲结婚的系数关系，能够为人类遗传学研究提供很大的帮助。INBREED 过程可以使我们很方便地计算亲缘系数和近交系数。

4. PSMOOTH 和 % tplot

以上分析多为同时对大量位点进行研究，这就会造成假阳性率的增加，可以利用 PS-MOOTH 进行进一步的研究，如对 P 值进行平滑处理和多重检验校正等。为了更直观地分析结果，我们还可以利用 % tplot 进行图表式输出等。

25.2 ALLELE、HAPLOTYPE 和 HTSNP 过程简介

25.2.1 数据格式

首先介绍 SAS/Genetics 的数据格式。SAS/Genetics 所需的数据集一般包含 3 部分：包含基因型的数据、表型信息数据和位点信息数据。本章以 GAW15（Genetic Analysis Workshop）中的一套来自北美风湿性关节炎协会（the North America Rheumatoid Arthritis Consortium, NARAC）的风湿性关节炎（RA）部分数据为例。在处理之前，首先对缺失值进行处理，原文件对基因型缺失值采用的标记为 0/0，我们把它改为 SAS 中默认的空格，以方便后面的分析。建立一个由 3 部分数据组成的数据集。第一部分包含了位点基因型数据，命名为 "marker2"，它包含了一般群体中的 6 号染色体上的 404 个标记位点。图 25-1 所示为前 5 行和部分列的数据。

	famid	id	VAR3	VAR4	VAR5	VAR6	VAR7	VAR8	VAR9	VAR10	VAR11	VAR12
1	1001	200	2/2	1/2	1/2	1/1	2/2	1/1	1/1	2/2	2/2	1/2
2	1001	201	2/2	1/2	1/2	1/1	2/2	1/1	1/1	2/2	2/2	1/2
3	1002	101	1/2	1/1	2/2	1/1	2/2	1/2	1/1	1/2	1/1	1/2
4	1002	102	2/2	2/2	2/2	1/1	2/2	1/2	1/1	1/2	1/1	2/2
5	1002	200	2/2	1/2	2/2	1/1	2/2	1/2	1/1	1/1	1/1	1/2

图 25-1 NARAC 部分基因型数据

其中，前两列分别为家系标识和个体标识，我们把变量名称分别改为 "famid" 和 "id"；后面各列为这 404 个位点（上面只显示了 10 个）的基因型信息，为方便后续分析，我们使用的变量名为 var3 ~ var406，其中每个位点基因型中两个等位基因间用 "/" 分割。也可以采用基因型用 2 列来表示的数据，这时，就不需要使用分隔符 "/"。实际数据共 1998 行，每行代表一个个体。这些数据可以用以下程序（程序名为 SASTJFX25_1. SAS）导入：

```
PROC  IMPORT OUT = markers
DATAFILE = "markers.TXT" DBMS = TAB;
GETNAMES = no;
RUN;
data marker2;
set markers;
rename var1 = famid var2 = id;
run;
```

第二部分数据为表型信息数据，在这里命名为"phenol"。图 25-2 所示为该数据的前 5 行。

	FAMID	ID	FA	MO	SEX	RA	AgeOnset	YOB	YrOnset
1	1001	101	0	0	1	1	.	.	.
2	1001	102	0	0	2	1	.	.	.
3	1001	200	101	102	2	2	51	1936	1987
4	1001	201	101	102	2	2	52	1923	1975
5	1001	210	101	102	2	1	.	.	.

图 25-2　NARAC 表型数据

前 2 列为与基因型数据中一样的家系标识和个体标识；第 3、4 列分别为该个体的父母标识信息，其中 0 表示数据缺失；第 5 列表示性别，1 为男性，2 为女性；第 6 列表示个体是否患有风湿性关节炎，"1"表示该个体未患病，也称未受累，"2"表示该个体患病，也称受累；第 7 列以后各列为其他性状的值。在本例中，只使用该数据的前 6 列。可以通过以下程序选取这些列并与上面的基因型数据整合。整合后的数据命名为"markertrt"，程序如下（程序名为 SAS-TJFX25_2.SAS）：

```
PROC  IMPORT OUT = pheno
DATAFILE = " napheno.txt" DBMS = TAB;
    GETNAMES = yes;
run;
data pheno2;
    set pheno;
    keep famid id fa mo sex ra;
    RUN;
    proc sort data = marker2;
    by famid id;
    run;
data markertrt;
merge pheno2 marker2;
by famid id;
run;
```

如果所分析的数据已经为整合好的数据，则只需把该数据导入。

最后，还需要一个包含位点名称的数据，在这里命名为"Map"。图 25-3 所示为该数据 404 列的前 5 行。

	CHROMOSOME	NAME	bp
1	6	rs719065	110632
2	6	rs1986818	133969
3	6	rs727056	170044
4	6	rs6922081	199337
5	6	rs1987326	775990

图 25-3　NARAC 位点名称数据

可以通过以下程序（程序名为 SASTJFX25_3.SAS）把位点名称数据导入：

```
PROC IMPORT OUT = map
           DATAFILE = " N06.map"
           DBMS = TAB;
    GETNAMES = yes;
RUN;
```

在 ALLELE、HAPLOTYPE、CASECONTROL 和 FAMILY 中，可以采用"NDATA ="选项来指定该名称数据，它提供分析后输出结果时各个位点名称等信息。在这 4 个分析过程中，均需要使用"VAR"来指定要分析的变量。在 ALLELE、HAPLOTYPE 和 CASECONTROL 中，采用的均应为个体间为独立的群体数据，因此只分析各个家系中的创建者(父母亲标识信息均为"0")，且是存活的个体。

25.2.2　ALLELE 过程的语法结构

ALLELE 过程能够对数据进行预处理并分析这些等位位点的特征、所抽样的群体的特征以及它们的一些联合特征。它的语法格式如下：

```
PROC ALLELE <   >;
    BY variables;
    VAR variables;
```

BY 指定对数据进行分类，VAR 指定要分析的位点对应的变量名称。下面主要介绍 PROC ALLELE <　>中可选项的含义。

- ALLELEMIN = number 或 AMIN = number：表示在计算等位基因频率时，只包含当等位基因的频率大于或等于该阈值时才被包括。默认时只要等位基因的个数不为 0，就会包括在分析中。该值的大小应为 0 ~ 1。
- ALPHA = number：表示在计算等位基因频率和连锁不平衡系数的置信区间时的置信度为$(1 - number) \times 100\%$，设置的值的大小应为 0 ~ 1，默认值为 0.05。
- BOOTSTRAP = number 或 BOOT = number：表示计算等位基因频率和连锁不平衡系数的置信区间时进行随机自身取样的次数，一般推荐做 1000 次以上取样。如果忽略该选项，将不计算置信区间。
- CORRCOEFF：表示进行连锁不平衡分析并用表格表示结果，其中包含相关系数r。
- DELIMITER = 'string'：表示数据中在一个基因型中两个位点的分隔符，如果没有指定 GENOCOL，则该选项忽略。
- DELTA：表示计算连锁不平衡并用表格表示，其中包含测度参数δ。如果没有计算 HAPLO，该选项被忽略。
- DPRIME：表示计算连锁不平衡并用表格表示，其中包含测度参数D'。
- GENOCOL：表示数据的每列为基因型，而不是等位基因。如果选择该选项，每个位点的基因型只能有 1 列，基因型的两个等位基因中间用分隔符表示。
- GENOMIN = number 或 GMIN = number：表示在计算基因型频率时，只包含当基因型的频率大于或等于该阈值时才被包括。默认时只要基因型的个数不为 0，就会包括在分析中。该值的大小应为 0 ~ 1。
- HAPLO = NONE、HAPLO = EST 和 HAPLO = GIVEN：指定计算单体型的方法。其中，HAPLO = NONE 表示复合的连锁不平衡系数将代替通常的连锁不平衡系数，并且该复合的系数将用来计算连锁不平衡参数 CORRCOEFF 和 DPRIME；HAPLO = EST 表示用最大似然的方法计算 LD 并构建单体型；HAPLO = GIVEN 表示单体型已经给出，因此已知的单体型频率将用于 LD 检验和测度。默认值为 HAPLO = NONE。
- HAPLOMIN = number 或 HMIN = number：表示在计算单体型频率时，只有当单体型的频率大于或等于该阈值时才被包括。缺省时只要基因型的个数不为 0，就会包括在分析中。该值的大小应为 0 到 1。

- INDIVIDUAL = variable 或 INDIV = variable：指定要分析的个体标识，该变量可以为数值型或字符型。

- MARKER = variable：指定要分析的标记位点，该变量可以为数值型或字符型。

- MAXDIST = number：指定用来计算连锁不平衡的一对等位位点之间的距离的最大值。例如，如果 MAXDIST = 1，那么我们只计算相邻两个位点的连锁不平衡指标，如 M1 和 M2，M2 和 M3，等等。该值必须为整数，默认值为 50。该选项假定在 VAR 中指定的位点是按照他们在染色体上的位置排序的。

- NDATA = SAS-data-set：指定包括位点名称或标识符的 SAS 数据。该数据中必须有一个 NAME 变量，并且该变量的行数应为"DATA = "中输入数据的变量个数。当该变量的行数少于要分析的变量数时，我们采用"PREFIX = "选项来指定变量名称。同样，如果不指定"NDATA = "，我们将使用"PREFIX = "选项中的规定。注意，如果我们使用"TALL"，那么该选项将被忽略，因为此时，位点变量名称将从"MARKER = "选项中的 ID 变量获取。

- NOFREQ：不显示基因频率和基因型频率结果。

- NOPRINT：不显示正常输出结果。

- OUTSTAT = SAS-data-set：命名输出的数据集，其中包含标记内和标记间连锁不平衡统计。

- PERMS = number 或 EXACT = number：表示在用蒙特卡洛方法估计不平衡检验时的 P 值时的仿真次数。为了精确，一般设置大量的仿真（1000 次或更大），但是这样会增加计算时间，尤其是数据集比较大时。如果忽略该项，将不计算仿真的 P 值，而计算近似的 P 值。如果选择了 HAPLO = EST，那么将只进行 H - W 平衡检验的仿真，因为此时单体型已知，连锁不平衡检验的仿真无法进行。

- PREFIX = prefix：指定输出结果中的标记位点的变量名前缀。例如如果 PREFIX = VAR，则变量名为 VAR1，VAR2，…，VARn。注意如果使用了"NDATA = option"，则该选项会被忽略，除非 NDATA 里面的变量名比实际的变量名少。如果使用 TALL，那么里面已经有标记位点的变量名，此选项也被忽略。即使使用了，也将采用 GENOCOL 里面指定的变量名。

- PROPDIFF：表示计算连锁不平衡并用表格表示，其中包含测度参数 D，如果没有计算 HAPLO，该选项被忽略。

- SEED = number：表示在进行精确检验和自抽样进行仿真时产生随机数的初始种子值。该值必须为整数，如果忽略该选项或设定的数小于等于 0，则默认为系统时钟时间。

- TALL（根据相应试验选用）：表示输入的数据为另一种特定的格式。这种格式包含以下的列：2 列表示一个位点基因型（如果指定了 GENOCOL，则一列表示一个基因型），1 列表示标记位点名称，1 列表示个体标识符。如果选择该选项，那么"MARKER = "和"INDIV = "选项也必须指定。注意，如果使用该格式的数据，那么分析时应首先将数据分类，首先按照"BY"指定变量分类，然后按照标记标识符变量，最后按照个体标识符分类。

- YULESQ：表示计算连锁不平衡并用表格表示，其中包含测度参数 Yule's Q，如果没有计算 HAPLO，该选项被忽略。

下面使用 ALLELE 对以上资料进行计算(程序名为 SASTJFX25_4. SAS)：

```
proc allele data = markertrt genocol delimiter = '/' ndata = map outstat = ld no-
freq exact = 1000 haplo = est corrcoeff dprime;
var var3 - var406;
run;
proc print data = ld noobs;
run;
```

默认情况下，ALLELE 将输出 3 个表。第 1 表是标记位点的总体信息，其中包含多态信息含量、杂合率和等位位点多样性，每个位点的基因数、个体数以及哈代 – 温伯格平衡检验。默认的哈代 – 温伯格平衡检验采用卡方检验的方法。这里我们指定了 exact = 1000，表示采用精确检验的方法进行仿真 1000 次，图 25-4 所示为结果的一部分。

```
                          The ALLELE Procedure

                            Marker Summary

                                                  ----------Test for HWE----------

          Number   Number                                                    Pr >      Prob
            of       of                 Hetero-    Allelic      Chi-                    Prob
Locus     Indiv    Alleles     PIC      zygosity   Diversity    Square     DF   ChiSq   Exact
rs719065   1998      3        0.2236    0.2317     0.2539     2005.5612    3   <.0001  <.0001
rs1986818  1998      3        0.3724    0.5200     0.4930     2004.7402    3   <.0001  <.0001
rs727056   1998      3        0.3399    0.4104     0.4312     2001.3846    3   <.0001  <.0001
rs6922081  1998      3        0.2159    0.2472     0.2456     1998.3913    3   <.0001  <.0001
rs1987326  1998      2        0.2759    0.3268     0.3306        0.2589    1    0.6109  0.6370
```

图 25-4　ALLELE 部分总体信息输出结果

第 2 ~ 3 个表分别为基因频率表和基因型频率表。在这两个表中，还包含基因频率的标准差的估计。同时，如果选择"bootstrap = "这个选项，则还计算基因频率和基因型频率的置信区间。置信区间的置信水平默认为 0.95，也可以用"ALPHA = "来设定置信水平。这里使用了"nofreq"，因此这两个表格未给出。

"outstat = ld"表明把单个位点的 H – W 平衡检验和两个位点间的 LD 检验结果输出。因为单体型估计使用了"haplo = est"，所以两点间的 LD 值和单体型频率都采用了最大似然估计。同时，单体型频率检验只使用了卡方检验，因为此时无法进行精确检验。图 25-5 所示为部分结果。

	Locus1	Locus2	Number of Individuals	Test	Chi-Square	Degrees of freedom	Pr > Chi-Square
1	rs719065	rs719065	1990	HWE	7.5308969568	1	0.0060649704
2	rs719065	rs1986818	1988	LD	4.9546468537	1	0.0260206389
3	rs719065	rs727056	1986	LD	0.4205641201	1	0.5166556935
4	rs719065	rs6922081	1988	LD	32.189891486	1	1.3981629E-8
5	rs719065	rs1987326	1990	LD	0.5275507747	1	0.4676383886

图 25-5　ALLELE 部分单体型结果

这里还使用了"corrcoeff dprime"选项，因此计算了任意两个位点间的相关系数 r 和 D'，部分结果如图 25-6 所示。

```
                        Linkage Disequilibrium Measures

                                                  LD      Corr   Lewontin's
Locus1      Locus2        Haplotype   Frequency   Coeff   Coeff        D'

rs1902064   rs1132306     1-2         0.2292      0.0199   0.0805    0.0899
rs1902064   rs1132306     2-1         0.3126      0.0199   0.0805    0.0899
rs1902064   rs1132306     2-2         0.2017     -0.0199  -0.0805   -0.0899

rs1902064   rs1532145     1-1         0.3867      0.0077   0.0372    0.0721
rs1902064   rs1532145     1-2         0.0992     -0.0077  -0.0372   -0.0721
rs1902064   rs1532145     2-1         0.3932     -0.0077  -0.0372   -0.0721
rs1902064   rs1532145     2-2         0.1208      0.0077   0.0372    0.0721
```

图 25-6　ALLELE 部分连锁不平衡结果

25.2.3　HAPLOTYPE 过程的语法结构

为了对多于两个的位点进行单体型分析，可以使用 HAPLOTYPE 过程。该过程假定位点服从哈代-温伯格平衡，利用 EM 算法计算单体型的频率。它的基本语法如下：

```
PROC HAPLOTYPE < options >;
    BY variables;
    ID variables;
    TRAIT variable;
    VAR variables;
```

以下为 PROC HAPLOTYPE < options > 中的常用选项。

- ALPHA = number：表示在计算单体型频率和连锁不平衡系数的置信区间时的置信度为 $(1 - number) \times 100\%$，该值的大小应为 $0 \sim 1$，默认值为 0.05。
- CONV = number：表示在进行 EM 算法时的终止条件。当两次迭代的对数似然比差值小于或等于该值，或者超过设定的迭代最大次数 "MAXITER = " 时，迭代终止。该值为 $0 \sim 1$，默认值为 0.00001。
- CUTOFF = number：设定包含的单体型频率的最小值，只有当频率大于该值时才被考虑。该值为 $0 \sim 1$，默认所有可能的单体型都考虑。
- EST = EM 和 EST = STEPEM：指定进行单体型频率估计的方法。默认或指定 EST = EM 时采用 EM 算法，如果指定 EST = STEPEM，则采用逐步 EM 算法。
- INDIVIDUAL = variable 或 INDIV = variable：指定要分析的个体标识，该变量可以为数值型或字符型。
- INIT = LINKEQ、INIT = RANDOM 和 INIT = UNIFORM：指定估计单体型频率时的初始值设置。INIT = LINKEQ 表示使用假定连锁平衡时根据等位基因频率计算的频率。INIT = RANDOM 表示从 $(0,1)$ 均匀分布的随机数中选取。INIT = UNIFORM 表示每种单体型的频率相等。默认值为 INIT = LINKEQ。
- ITPRINT：显示迭代的过程。如果选定 NOPRINT，该选项被忽略。
- LD：当指定该选项时，将输出 "Test for Allelic Associations"，其中包含等位位点连锁的似然比检验。当选定 NOPRINT 时，该选项被忽略。
- MARKER = variable：当使用 TALL 时，指定要分析的标记位点。

- MAXITER = number：指定进行 EM 算法的迭代最大步数。此值必须为整数，默认值为 100。
- NLAG = number：指定要满足"CONV ="指定的终止条件的连续迭代的次数。该值必须为正整数，默认时只要一次迭代满足终止条件即可终止。
- NOPRINT：不输出" Analysis Information ,"、" Iteration History ,"、" Haplotype Frequencies ," 和 "Test for Allelic Associations" 表，否则，需要有 OUT = option、TRAIT，或者都有。
- NSTART = number：指定进行 EM 算法的初始值的个数。该值必须为正整数。当指定该值为 2 时，有两个初始值，其中一个为均匀分布的初始值，另一个为假定连锁平衡时算出的初始值。然后对结果进行比较，选择最好的结果。如果该项忽略或设置"NSTART =1"，则根据"INIT ="只设定一个初始值。
- OUTCUT = number：指定输出的单体型频率的最小值，如果频率小于该值，则不输出。该值为 0 ~ 1，默认值为 0.00001。为了显示所有可能的单体型，可以设置此值为 0。
- OUTID：指定在输出结果中包含的 PROC HAPLOTYPE 建立的除了 ID 指定变量以外的变量标识。当 ID 选项忽略时，该选项自动包含。
- PREFIX = prefix：指定输出结果中的标记位点的变量名前缀。如果 PREFIX = VAR ，则变量名为 VAR1，VAR2，…，VARn 。注意如果使用了 NDATA = option ，则该选项会被忽略，除非 NDATA 里面的变量名比实际的变量名少。如果使用 TALL，那么里面已经有标记位点的变量名，此选项也被忽略。即使使用了 TALL，也将采用 GENOCOL 里面指定的变量名。
- SE = BINOMIAL 和 SE = JACKKNIFE：指定标准误的估计方法。有两种方法：BINOMIAL 采用二项分布进行计算，为默认设置；JACKKNIFE 则采用 jackknife 的方法进行标准误的估计。
- SEED = number：表示在进行单体型频率估计和仿真时产生随机数的初始种子值。该值必须为整数，如果忽略该选项或设定的数小于等于 0，则默认为系统的时钟时间。
- STEPTRIM = number：指定使用 EST = STEPEM 时，进行逐步 EM 算法时的截断值，该值为 0 ~ 1。默认值为 $\min[0.001, 1/(2n)]$，其中 n 为样本中的个体数。

TRAIT 命令用来定义指示个体为病例个体还是对照个体的变量名称。该变量可以为字符型或数值型，但是只能包含两个非缺失的值。当选择该选项时，结果中将有"位点 – 性状的关联分析"。可以在此设置两个选项：

- PERMS = number 或 PERMUTATION = number：指定计算单体型病例对照检验的经验 P 值时数据的仿真次数。该值必须为正整数。默认时不进行仿真，而是输出根据卡方统计量计算的 P 值。该选项将大大增加计算时间。
- TESTALL：指定对所有的单体型进行关联分析。

我们对该数据的前 10 个位点用以下程序进行单体型分析（程序名为 SASTJFX25_5. SAS）：

```
proc haplotype data = markertrt genocol delimiter = '/' cutoff =0.01 out = out-
hap;
var var3 - var12;
run;
```

该程序对 var3 ~ var12 这 10 个位点进行单体型分析，部分结果如图 25-7 所示。

```
                    Haplotype Frequencies

                                        Standard        95% Confidence
Number    Haplotype              Freq     Error             Limits
     1    1-1-2-1-2-1-2-2-1-2   0.01216  0.00173     0.00876    0.01555
     2    2-1-1-1-2-1-2-2-1-1   0.01894  0.00216     0.01471    0.02317
     3    2-1-2-1-2-1-1-1-1-1   0.01139  0.00168     0.00810    0.01468
     4    2-1-2-1-2-1-1-1-2-1   0.01048  0.00161     0.00732    0.01364
     5    2-1-2-1-2-1-2-2-2-1   0.01255  0.00176     0.00910    0.01601
```

图 25-7　Haplotype 部分结果

25.2.4　HTSNP 过程的语法结构及其应用

HTSNP 可以用来寻找单体型的标签 SNP，它的一般语法如下：

```
PROC HTSNP < options >;
    BY variables ;
    FREQ variable ;
    VAR variables ;
    WEIGHT variable ;
```

其中，PROC HTSNP ＜　＞中常用的选项如下。

- BEST ＝ number：如果使用 METHOD ＝ SA 或 EX 时，指定在结果数据中保存的最好的选择的数目。该值必须为正整数，默认值为 1。

- CONV ＝ number：指定寻找单体型时迭代的收敛值。当单体型丰富测度值大于或等于该值时，迭代终止。该值为 0 ~ 1，默认值为 0.9。当使用 METHOD ＝ SA 或 METHOD ＝ EX 时，该选项被忽略。

- CUTOFF ＝ number：设定包含的单体型频率的最小值，当单体型频率大于该值时，该单体型才被列入，默认时所有可能单体型都列出。

- MAXSIZE ＝ number：当采用 METHOD ＝ INCR 时，指定该子集中包含的 SNP 的最大个数。该值必须为正整数，并少于总共的位点数。该搜索在达到收敛或个数达到最大值时终止。

- METHOD ＝ INCR ｜ INCREMENTAL、METHOD ＝ DECR ｜ DECREMENTAL 、METHOD ＝ EX ｜ EXHAUSTIVE 、METHOD ＝ IM ｜ ITERMAX 或 METHOD ＝ SA ｜ SIMANNEAL：指定寻找标签 SNP 的方法。指定 METHOD ＝ INCR 或默认时为逐步增加的方法；METHOD ＝ DECR 为逐步减少的方法；METHOD ＝ EX 为穷举算法；METHOD ＝ IM 为迭代最大算法；METHOD ＝ SA 为模拟退火算法。

- NOPRINT：禁止输出"Marker Summary"表。

- SCHEDULE ＝ number：指定在每一退火步时的重置次数。该值必须为整数，默认值为 100 ×（VAR 中指定的变量个数）。

- SEED ＝ number：表示在进行标记取样时产生随机数的初始种子值。该值必须为整数，如果忽略该选项或设定的数小于等于 0，则默认为系统的时钟时间。

- SIZE ＝ number：指定标签 SNP 的子集的个数。该值必须为正整数，并少于总共的位点数。该搜索在达到收敛或个数达到最大值时终止。在使用穷举算法、迭代最大算法和模拟退火算法时必须指定该选项。

- STEP = number：指定模拟退火算法的步数。该值必须为正整数，默认值为 1。
- TEMPERATURE = number 或 T = number：指定当使用 METHOD = SA 时进行模拟退火算法时的温度。该数值必须为整数，默认值为 1。
- TFACTOR = number：指定在进行模拟退火搜索时每次退火步温度减少的因素。该值必须为 0 ~ 1 之间，默认值为 0.90。

下面以数据集 outhap 中的数据为例说明如何使用 HTSNP。程序如下（程序名为 SAS-TJFX25_6. SAS）：

```
proc htsnp data = outhap size = 4 method = sa best = 3 seed = 123;
       var var3-var12;
       run;
```

该程序使用模拟退火算法（method = sa），选取 4 个标签 SNP（size = 4），保留最可能的 3 种情况（best = 3），模拟退火的初始种子值为 123（seed = 123），对前 10 个位点进行标签 SNP 分析，结果如图 25-8 所示。

```
                         htSNP Evaluation

Rank    HTSNP1    HTSNP2    HTSNP3    HTSNP4      PDE

  1     VAR5      VAR8      VAR11     VAR12     0.9734
  2     VAR5      VAR7      VAR11     VAR12     0.9725
  3     VAR7      VAR8      VAR11     VAR12     0.9724
```

图 25-8　HTSNP 部分结果

25.3　利用 CASECONTROL 和 FAMILY 进行关联分析

25.3.1　CASECONTROL 过程的语法结构

可以使用 CASECONTROL 程序进行群体资料的关联研究，即等位基因的拟合优度检验、基因型的拟合优度检验和趋势检验等。该程序的命令格式如下：

```
PROC CASECONTROL < options > ;
       BY variables ;
       TRAIT variable ;
       VAR variables ;
```

以下为 PROC CASECONTROL < options > 中的常用选项。
- ALLELE：指定采用等位基因的病例 – 对照检验方法（等位基因的拟合优度检验）。如果没有选择 3 种检验选项（ALLELE、GENOTYPE 或 TREND），则对这 3 种方法都进行检验。
- GENOTYPE：指定采用等位基因型的病例 – 对照检验方法（基因型的 Pearson 卡方检验）。如果没有选择 3 种检验选项（ALLELE、GENOTYPE 或 TREND），则对这 3 种方法都进行检验。
- NULLSNPS = (variable list)：命名要进行关联分析的位点集合。注意这里只能进行两等位位点关联分析。如果选择 VIF，则所有的两等位位点都选用；如果选择 VIF 和

PERMS = ，那么该选项必须指定；如果没有选择 VIF 或选择了 TALL，那么该选项将被忽略。

- PERMS = number：指定进行病例 – 对照研究时，采用蒙特卡洛仿真的方法代替渐进卡方分布计算 P 值。该数值指定进行仿真的次数，一般会采用大值（1000 或更多）以增强准确性，但是大量的仿真会增加计算时间，特别是大数据集时。当忽略该选项时，将输出采用通过渐进卡方分布得到的 P 值。
- SEED = number：表示在进行仿真方法估计精确 P 值时时产生随机数的初始种子值。该值必须为整数，如果忽略该选项或指定的数小于或等于 0，则默认为系统的时钟时间。当没有采用 PERMS = 方法时，该选项被忽略。
- TREND：指定采用 Armitage 趋势检验方法。如果没有选择 3 种检验选项（ALLELE、GENOTYPE 或 TREND），则对这 3 种方法都进行检验。
- VIF：指定在使用趋势检验时采用方差膨胀因子 λ。该校正只有在进行趋势检验，且各基因为双等位基因时才能采用。
- TRAIT variable：该选项指定在分析中哪些个体是病例组的，哪些是对照组的。该值可以为数值型或字符型，但该变量必须为非缺失的二值变量。

在 CASECONTROL 和 FAMILY 中，疾病信息必须为二值变量，因此首先将该数据中疾病情形未知（本数据中 ra = 0）的数据删除，然后进行分析程序如下（程序名为 SASTJFX25_7.SAS）：

```
data ra;
set markertrt;
if ra = 0 then delete;
run;
proc casecontrol data = ra genocol delimiter = '/' ndata = map genotype allele
trend outstat = cctests;
trait ra;
var var3 – var406;run;
proc print data = cctests noobs;run;
```

部分分析结果如图 25-9 所示。其中，Num Trait1 表示疾病信息值为 1（在此为未受累个体）的数目，Num Trait2 表示疾病信息值为 2（在此为受累个体）的数目。

Locus	Num Trait1	Num Trait2	ChiSq Genotype	ChiSq Allele	ChiSq Trend	df Genotype	df Allele	df Trend	Prob Genotype	Prob Allele	Prob Trend
rs719065	349	1632	2.7501	1.31890	1.24172	2	1	1	0.25283	0.25079	0.26514
rs1986818	349	1638	2.1655	0.30381	0.32260	2	1	1	0.33866	0.58150	0.57005
rs727056	348	1637	7.2354	3.15008	3.01821	2	1	1	0.02684	0.07592	0.08233
rs6922081	349	1638	0.0528	0.02842	0.02881	2	1	1	0.97394	0.86613	0.86522
rs1987326	349	1640	2.8135	2.48405	2.45113	2	1	1	0.24494	0.11501	0.11744
rs1055368	349	1640	0.1515	0.14348	0.13908	2	1	1	0.92707	0.70484	0.70919
rs1013303	349	1640	0.9277	0.01202	0.01248	2	1	1	0.62885	0.91269	0.91106

SAS 系统

图 25-9　CASECONTROL 部分结果

25.3.2　FAMILY 过程的语法结构及其应用

我们可以使用 FAMILY 过程进行家系资料的关联分析，即 TDT、S-TDT 和 STDT 等。该过程的命令格式如下：

```
PROC FAMILY < options > ;
     BY variables ;
     ID variables ;
     TRAIT variable < / AFFECTED = value > ;
     VAR variables ;
```

以下为 PROC FAMILY < options > 中的常用选项。

- COMBINE：在进行 S-TDT 和 STDT 时，使用结合 TDT 的检验模式。首先对满足 TDT 检验条件的家系使用 TDT，然后在剩下的家系中挑选满足 S-TDT(或 STDT)检验条件的家系中使用 S-TDT(或 STDT)。默认时不采用这种结合模式。

- CONTCORR 或 CC：指定进行 TDT，S-TDT 和 RC-TDT 检验时进行连续性校正。默认时不进行校正。

- MULT = JOINT 和 MULT = MAX：指定进行 TDT、S-TDT、SDT 和 RC-TDT 检验复等位位点时采用的模式。当选择 joint 模式时，对该位点的所有等位基因根据等位基因个数相应的自由度均进行统计检验。而选择 max 模式时，当至少有一个基因是显著时，采用最大的一个自由度的统计量进行多重检验校正。默认时采用 joint 模式，当该位点为两等位位点时，该选项无效。

- PERMS = number：指定进行家系关联研究时，采用蒙特卡洛仿真的方法代替渐近卡方分布计算 P 值。该数值指定进行仿真的次数，一般会采用大值(1000 或更多)以增强准确性，但是大量的仿真会增加计算时间，特别是大数据集时。当忽略该选项时，将输出采用通过渐近卡方分布得到的 P 值。

- RCTDT：指定使用 RC-TDT 检验。如果 RCTDT、SDT、STDT 或 TDT 这 4 种检验方法都不选定，则全部进行检验。

- SDT：指定使用 SDT 检验。如果 RCTDT、SDT、STDT 或 TDT 这 4 种检验方法都不选定，则全部进行检验。

- SEED = number：表示在进行仿真方法估计精确 P 值时时产生随机数的初始种子值。该值必须为整数，如果忽略该选项或设定的数小于等于 0，则默认为系统的时钟时间。当没有采用"PERMS ="方法时，该选项被忽略。

- SHOWALL：指示在"Family Summary"表中包含所有的家系和位点。如果忽略该选项，则只有当一个家系的某个基因型有孟德尔遗传错误时才在结果中显示。

- STDT：指定使用 S-TDT 检验。如果 RCTDT、SDT、STDT 或 TDT 这 4 种检验方法都不选定，则全部进行检验。

- TDT：指定使用 TDT 检验。如果 RCTDT、SDT、STDT 或 TDT 这 4 种检验方法都不选定，则全部进行检验。

在 FAMILY 过程中必须使用 ID 选项，并按照以下两种规则中的一种进行先后排列：家系 ID，个体 ID，然后为个体的父母 ID；个体 ID，然后为父母 ID。因此，如果 ID 选项里只有 3 个变量，那么家系 ID 是被忽略的；如果个体的 ID 都是唯一的，那么家系 ID 就是不必要的了。家系 ID 和个体 ID 可以为数值型或字符型的，但是个体 ID 和父母的 ID 必须为同一类型。

同样，在 FAMILY 过程中必须使用 TRAIT 选项来定义性状变量。该变量必须为二值变量，其取值可以为数值型或字符型。默认情况下，在检验中输入数据中的第二个变量认为是受累的。如果想指定不同的值为受累值，可以采用添加/AFFECTED = value 命令来指定受累值。对于数值型的变量，一般指定受累值为 AFFECTED = 1；而对于字符型的变量，一般指定为 AF-FECTED = "a"。

对数据集 ra 中的数据进行以下分析（程序名为 SASTJFX25_8. SAS）：

```
proc family data = ra genocol delimiter = '/' ndata = map sdt stdt rctdt;
        id famid id fa mo;
        var var3 - var406;
        trait ra / affected =2;
run;
```

部分运行结果如图 25-10 所示。其中，第 1 列为位点信息，后面 3 列分别为 S-TDT、SDT 和 RC-TDT 的卡方值，再后 3 列为它们对应的自由度，最后 3 列分别为它们对应的 *P* 值。

	Locus	Chi-Square for S-TDT	Chi-Square for SDT	Chi-Square for RC-TDT	DF for S-TDT	DF for SDT	DF for RC-TDT	Pr > Chi-Square for S-TDT	Pr > Chi-Square for SDT	Pr > Chi-Square for RC-TDT
1	rs719065	0.736244864	1.6	0.34217	1	1	1	0.39087	0.2059	0.55858
2	rs1986818	0.151474661	0	0.02361	1	1	1	0.69713	1	0.87787
3	rs727056	2.381576399	0.8181818182	0.0343	1	1	1	0.12277	0.36571	0.85306
4	rs6922081	0.567707246	0.5	0.0009	1	1	1	0.45117	0.4795	0.97613
5	rs1987326	6.433880839	3.6	0.0541900121	1	1	1	0.0112	0.05778	0.81593
6	rs1055368	1.090358409	1.9230769231	0.07886	1	1	1	0.29639	0.16552	0.77885
7	rs1013303	0.675145392	0.3333333333	0.00003	1	1	1	0.41126	0.5637	0.996

图 25-10　FAMILY 部分结果

25.4　亲缘系数和近交系数

在 SAS/Genetics 中，可以用 INBREED 过程来计算一个家系的亲缘系数或近交系数。该过程有两种模式：一种为假定所有个体属于同一代，另一种为假设家系中的父代为子代的前一代。如果数据中指定性别，也可以按性别分类进行计算。以下为该过程的格式：

```
PROC INBREED < options > ;
        BY variables ;
        CLASS variable ;
        GENDER variable ;
        MATINGS individual - list1 / mate - list <, … > ;
        VAR variables ;
```

以下为常用选项。

- AVERAGE 或 A：对每个家系按性别制作一个平均系数表，与 GENDER 一起使用，该平均为性别组间对亲缘系数和近交系数进行平均。
- COVAR
- C：指定输出亲缘系数，而不是近交系数。
- IND 或 I：对每个后代家系，显示个体的近交系数（近交系数矩阵的对角线）。如果同时选择了 COVAR，那么则输出亲缘系数（亲缘系数矩阵的对角线）。
- INDL：对于复杂家系只显示最后一代个体的系数。
- INIT = cov：指定无关个体的亲缘系数值，默认值为 0。
- MATRIX 或 M：对每一后代家系，显示近交系数矩阵。如果指定了 COVAR，则只显示亲缘系数矩阵而不显示近交系数矩阵。
- MATRIXL：对于复杂家系只显示最后一代的系数矩阵。
- NOPRINT：对分析结果不进行输出。
- OUTCOV = SAS-data-set：指定包含近交系数的输出结果名称。如果同时选择了 CO-VAR，则输出亲缘系数矩阵而不是近交系数矩阵。

```
CLASSvariable;
```

为了分析不重叠家系，必须在 CLASS 语句中设置区分个体代数的值。个体代数值，必须为整数，但是，代数假定按照输入数据中的顺序而不是按照代数值的顺序。在一个家系中，个体表示符是唯一的。当使用 MATRIXL 或 INDL 时，每代应该有唯一的代数，从而使该特殊过程运行。如果代数不是唯一的，那么所有相同的代数值作为同一个。

```
GENDER variable;
```

该语句指定个体的性别变量。性别变量值必须为字符型，'M'表示男性，'F'表示女性。该选项只有在设定 AVERAGE，需要计算性别间的近交系数/亲缘系数的平均值时，或者在输出结果时包含性别信息时才需要使用。程序中对性别使用了如下假定：第一个父代个体通常被认为是父亲，第二个父代个体被认为是母亲，如果某个个体的性别信息缺失或不完整，那么认为是女性，除非该家系为重叠家系，并且该个体作为下一代个体的第一个父代。与这些假设有矛盾的地方将在日志中报告。

● MATINGS individual – list1 / mate – list1 ＜ , ⋯ ,individual – listn / mate – listn ＞;

我们可以通过以上语句指定选定的个体婚配。我们可以中间使用"/"分割婚配的两个个体。同时可以指定多个婚配对，中间用","或"＊"分割。该程序对每对个个体计算它们的近交系数或亲缘系数。例如，通过下面语句指定"DAVID"和"JANE"进行婚配：

```
matings david / jane;
VAR individual parent1 parent2 < covariance >;
```

VAR 需要指定 3 或 4 个变量：第 1 个变量为个体名，第 2 个变量为个体的第一个父代，第 3 个变量为个体的第二个父代，可选的第 4 个变量为已知的个体的第 1 个和第 2 个父代的协方差。前 3 个变量可以为数值型或字符型，但是字符型变量只能识别前 12 个字符；第 4 个变量如果使用则必须为数值型。如果省略该选项，那么程序指定没有指定名称的前 3 列作为个体名和它们的父母。如果数据中还有第 4 个没有名称的变量，则作为协方差变量。

我们采用以下程序(程序名为 SASTJFX25_9.SAS)对上述数据进行分析：

```
data inbreeddata;
set markertrt;
if famid =1001;
if fa^ =0;
keep id fa mo sex;
run;
proc inbreed ind matrix data = inbreeddata;
run;
```

首先选取数据"markertrt"的一部分，只选取第 1 个家系(famid =1001)，把父母的信息未知的个体去掉，因为程序会自动添加它们的父母信息，同时只保留 id、fa、mo、sex 几项，以便分析。我们采用了进行计算近交系数的选项，结果如图 25-11 所示。其中，第 1 列为个体标识符，第 2、3 列为它们的父母标识，最后 1 列 coefficient 即为第 1 列 ID 对应的近交系数。

```
The INBREED Procedure

Inbreeding Coefficients of Individuals

ID    FA    MO    Coefficient

101                    .
102                    .
200   101   102    0.5000
201   101   102    0.5000
210   101   102    0.5000
211   101   102    0.5000
```

图 25-11　INBREED 部分结果

25.5 结果校正和图形输出

25.5.1 平滑处理和多重检验校正

在进行病例对照研究和家系关联分析研究中，一次分析的位点可能有成百上千甚至上万个，这时分析结果总体犯第一类错误的概率就会大大增加，假阳性率也大大增加。为了降低假阳性率并提高分析效能，就需要对分析的结果进行平滑处理和多重检验校正。根据位点及其周围的可能相关位点的 P 值修正该点的 P 值，这样不仅考虑峰值的高度，同时也考虑了峰值的宽度。此时，可以采用 Simes(1986)、Fisher(1932) 或 TPM（2002）等方法。同时因为平滑处理并没有减少假设检验的次数，所以还应进行必要的多重检验校正。

不但可以单独看以上几种分析的结果，SAS/Genetic 还包含了 %TPLOT 宏，可以把之前的几个分析结果整合到一张图中。该图包含不同形状和颜色的符号来表示不同的 P 值。对于单点，输出哈代 - 温伯格平衡检验和关联分析的结果；对于一对位点，输出它们的 LD 分析结果，从而可以更直观清晰地分析这些位点。

25.5.2 PSMOOTH 过程的语法结构及其应用

PSMOOTH 的基本语法结构如下：

```
PROC PSMOOTH < options > ;
     BY variables ;
     ID variables ;
     VAR variables ;
```

以下为 PROC PSMOOTH < options > 中的常用选项。

- BANDWIDTH = number list 或 BW = number list：指示用来进行整合 P 值时的带宽。当带宽设置为 w 时，表示使用原始 P 值左右两侧各 w 个 P 值计算整合的 P 值，即采用一个宽度为 $2w+1$ 的移动窗口。该数列可以用如下几种形式的任意组合：
  - 每个带宽用逗号分割，如 $w1, w2, \cdots, wn$；
  - 一列数值，如 $w1$ to $w2$；
  - 起始值为 $w1$，终止值为 $w2$，中间递增量为 1，如 $w1$ to $w2$ by 1；
  - 起始值为 $w1$，终止值为 $w2$，中间递增量为 i，如 $w1$ to $w2$ by i。

所有这些值必须为正整数，负数将被忽略。一个格式正确的例子为"bandwidth = 1, 2, 5 to 15 by 5, 18"，表示分别使用带宽为 1、5、10、15 和 18 进行 P 值整合，对应的窗口大小分别为 3、5、11、21、31 和 37。

- BONFERRONI 或 BON：对 BY 里指定的 P 值结果进行 Bonferroni 多重校正，该校正在平滑处理之后进行。如果选择 SIDAK，那么将忽略该选项。
- FISHER：指定对原始 P 值使用 Fisher's method 进行整合分析。
- NEGLOG：指定在结果输出时，所有的 P 值，包括原始 P 值和校正后的 P 值，都转化为它们的以 e 为底的负对数。即对每个 P 值，在结果中输出 $-\ln P$，选择该选项多为方便作图的需要。
- NEGLOG10：指定在结果输出时，所有的 P 值，包括原始 P 值和校正后的 P 值，都转化为它们的以 10 为底的负对数。即对每个 P 值，在结果中输出 $-\lg P$，选择该选项多为方便作图的需要。

- SIDAK：对 BY 里指定的 P 值结果进行 Sidak 多重校正，该校正在平滑处理之后进行。
- SIMES：指定对原始 P 值用 Simes' method 进行整合。
- TAU = number：指定使用 TPM 方法时的 τ 值。该值为大于 0 小于等于 1 的值，默认值为 0.05，如果没有选择 TPM，那么该选项被忽略。
- TPM：指定对原始 P 值用 Simes' method 进行整合。

我们对本例 CASECONTROL 的结果进行平滑处理和多重校正，分析程序如下（程序名为 SASTJFX25_10. SAS）：

```
proc psmooth data = cctests out = sm_cctests simes bw = 10;
var ProbGenotype proballele;
id locus; run;
proc print data = sm_cctests; run;
```

该程序使用 simes' 方法，以带宽为 10，对 CASECONTROL 结果 cctests 中的 ProbGenotype 和 proballele 进行整合 P 值，结果存储在 sm_cctests 中，部分结果如图 25-12 所示。

	Locus	Pr > Chi-Square for Genotype Test	ProbGenotype_S10	Pr > Chi-Square for Allele Test	ProbAllele_S10
1	rs719065	0.2528304301	0.1580334981	0.2507895834	0.4175781865
2	rs1986818	0.3386628407	0.1724001797	0.5815044958	0.4555398398
3	rs727056	0.0268440901	0.1867668614	0.0759233066	0.4935014931
4	rs6922081	0.9739368198	0.201133543	0.8661339398	0.5314631465
5	rs1987326	0.2449424505	0.2155002247	0.1150055075	0.5694247998

图 25-12　PSMOOTH 部分结果

25.5.3　%TPLOT 宏及其应用

%TPLOT 宏 的基本语法格式如下：

```
% TPLOT (SAS-data-set , SAS-data-set , variable [, option ] )
```

其中第 1 个数据集为 ALLELE 中的结果，其中包含连锁不平衡检验和哈代 - 温伯格平衡检验的 P 值。用户也可以自己建立一个数据，要求包含 Locus1 和 Locus2 两个变量及连锁不平衡检验 P 值的 ProbChi 变量。Locus1 和 Locus2 要进行排序，从而在作图时横坐标和纵坐标是对应的。

第二个数据集为关联分析的结果，它可以是 CASECONTROL、FAMILY 的结果，也可以是 PSMOOTH 中的结果，用户也可以自己建立一个数据，要求包含 Locus1 和 Locus2 两个变量及连锁不平衡检验 P 值的 ProbChi 变量。Locus1 和 Locus2 要进行排序，从而在作图时横坐标和纵坐标是对应的。数据必须包含 1 个在数轴上的位点变量和接下来图中要分析的包含 P 值的变量。位点变量应该与第 1 个数据集有相同的顺序。

第三部分指定在第 2 个数据集中包含位点 - 性状关联分析 P 值的变量名。

这三部分均为必须设定的，同时还可以使用以下选项：

```
ALPHA = number
```

指定进行位点 – 性状关联分析时的显著性水平。该水平可以作为图中不同符号的 P 值的一个阈值。该值为 0 ~ 1 之间，默认值为 0.05。

我们对 ALLELE 和 PSMOOTH 的结果进行整合作图，其中只对整合后的基因型的 P 值进行了处理，显著性水平设为 0.01，程序如下（程序名为 SASTJFX25_11. SAS）：

```
% tplot(ld, sm_cctests,ProbGenotype_S10,alpha =0.01)
```

图 25-13 所示为部分输出结果。

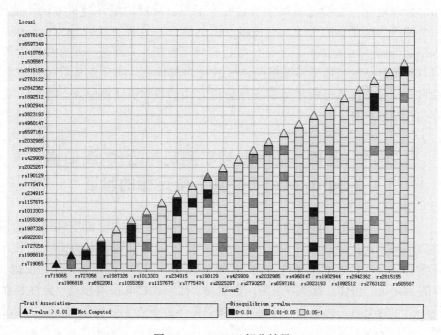

图 25-13　% tplot 部分结果

25.6　本 章 小 结

本章介绍了遗传统计的基本概念，重点介绍了 SAS/Genetics 模块中 ALLELE、HAPLO-TYPE 和 HTSNP 过程的基本情况、语句和各种选项，结合实例介绍了如何利用 CASECONTROL 和 FAMILY 过程进行关联分析的方法，还介绍了亲缘系数和近交系数、结果校正和图形输出等内容。

（李霞　张瑞杰　郭晋）

第26章 遗传流行病学资料的统计分析

如何科学合理地分析遗传流行病学资料呢？显然，常规的统计分析方法不能完全胜任。因为这是一个特殊的医学研究分支，有很多专门的概念和计算方法。SAS/Genetics 模块中的 allele、haplotype、htsnp、casecontrol、family 等过程可以直接用来解决一些常见的遗传资料的分析问题。但有些较复杂的遗传资料需借助 SAS 软件中其他模块提供的计算过程方可得到圆满解决。本章将介绍与遗传流行病学资料统计分析有关的概念、计算原理、用 SAS 实现统计计算的具体方法及结果解释。

26.1 基因、基因型频率测定与哈代-温伯格（Hardy-Weinberg）平衡定律的验证

哈代-温伯格平衡定律：群体（继代）随机交配，在不产生选择、突变和迁移的情况下，基因频率与基因型频率每代保持不变，合子系列频率等于配子系列频率的二项式平方。哈代-温伯格平衡定律是在一种非常理想化的状态下提出来的，有很多假设条件作为前提，如随机婚配、所研究的生物是二倍体、繁殖方法为两性繁殖、代与代之间没有重迭、男性和女性等位基因概率相同、群体的个数是无数的、突变可以被忽略等。但在实际应用中，多数情况下上述条件都满足或者近似满足，因此，人们也经常假定哈代-温伯格平衡定律成立，不过，仍有必要对这一假定进行统计学检验。

26.1.1 问题与数据

【例 26-1】 脂联素是脂肪组织分泌的一种细胞因子，研究显示糖尿病、胰岛素抵抗、肥胖患者有较低的脂联素水平。某研究机构筛查了 65 例正常对照和 78 例代谢综合征患者的脂联素外显子 2Gly15Gly 基因型，其中正常对照组基因型为 TT、TG、GG 的人数分别为 34、26、5；代谢综合征患者组基因型为 TT、TG、GG 的人数分别为 36、33、9。试计算两组人群脂联素外显子 2Gly15Gly 基因型频率，并验证两组人群基因型频率是否符合哈代-温伯格平衡定律。

26.1.2 SAS 程序中重要内容的说明

分析例 26-1 资料的程序如下（程序名为 SASTJFX26_1.SAS）：

```
data a1;
infile "d: \ SASTJFX \ sastjfx26 _1.
txt";
input a1 a2 b1 b2 @@ ;
run;
```

建立数据集
输入变量 a1、a2 为正常对照组人群的两个等位基因，1 代表 T，2 代表 G；b1、b2 为代谢综合征患者两个等位基因

```
Ods html;
proc allele data = a1 prefix = marker
    perms =10000 boot =1000 seed =123;
var a1 a2 b1 b2; run;
Ods html close;
```
调用 allele 过程进行计算，并使用 boot-strap（自助法）的方法估计置信区间，seed 为随机种子数

26.1.3　主要分析结果及解释

The ALLELE Procedure

Marker Summary

Locus	Number of Indiv	Number of Alleles	Polymorph Info Content	Heterozygosity	Allelic Diversity	Test for HWE			
						Chi – Square	DF	Pr > ChiSq	Prob Exact
marker1	65	2	0.3203	0.4000	0.4005	0.0001	1	0.9924	1.0000
marker2	78	2	0.3432	0.4231	0.4401	0.1166	1	0.7328	0.8002

以上给出了哈代-温伯格定律的检验结果，"Test for HWE"中的计算结果显示两个位点基因型频率均符合哈代-温伯格定律。

Allele Frequencies

Locus	Allele	Count	Frequency	Standard Error	95% Confidence Limits	
marker1	1	94	0.7231	0.0393	0.6429	0.7971
	2	36	0.2769	0.0393	0.2029	0.3571
marker2	1	105	0.6731	0.0383	0.5962	0.7500
	2	51	0.3269	0.0383	0.2500	0.4038

以上输出结果给出了位点的基因频率及标准误、置信区间。

Genotype Frequencies

Locus	Genotype	Count	Frequency	HWD Coeff	Standard Error	95% Confidence Limits	
marker1	1/1	34	0.5231	0.0002	0.0249	− 0.0502	0.0507
	1/2	26	0.4000	0.0002	0.0249	− 0.0502	0.0507
	2/2	5	0.0769	0.0002	0.0249	− 0.0502	0.0507
marker2	1/1	36	0.4615	0.0085	0.0252	− 0.0429	0.0578
	1/2	33	0.4231	0.0085	0.0252	− 0.0429	0.0578
	2/2	9	0.1154	0.0085	0.0252	− 0.0429	0.0578

以上输出结果给出了位点的基因型频率及标准误、置信区间。

26.2　连锁不平衡与单体型分析

连锁不平衡（Linkage Disequilibrium，LD）是相临基因位点上等位基因的非随机性相关。当位于某一基因位点上的等位基因与同一条染色体另一基因位点上的某等位基因同时出现的几

率高于或低于人群中因随机分布而使两位点上的等位基因同时出现的几率时，就称这两个位点处于连锁不平衡状态。

单体型是指一条染色体上紧密连锁的多个等位基因的线性排列。SNP 单体型就是不同 SNPs 位点上核苷酸碱基的线性排列，每种线性排列称为一种 SNP 单体型。如果在某一段 DNA 片段上发现了 10 个 SNPs，理论上可能存在 $2^{10} = 1024$ 种单体型，但由于连锁不平衡的存在，实际发现的单体型数目往往远远少于理论上的值。在对人类遗传疾病的研究中，科学家们发现许多人类基因疾病往往不是由单个 SNP 位点引起的，而是由若干个位点上的 SNPs 联合作用导致的，即 SNP 单体型控制着疾病的发生，这就是研究单体型的意义所在。在对 SNP 单体型数据的处理中，需要估计单体型的概率。

26.2.1　问题与数据

【例 26-2】　某研究选取血管紧张素原（Angiotensinogen，AGT）基因启动子区 – 217、– 152、– 20、– 6，内含子 1 的 + 31，共 5 个位点，对 100 例的正常人进行了 SNP 位点基因型检测，数据如表 26-1 所示。计算两两位点间的连锁不平衡参数，并验证 5 个位点是否存在连锁不平衡关系，求得可能存在的单体型，并计算单体型概率。

表 26-1　5 个 SNP 位点的基因型数据

编号	G217 – A	G152 – A	A – 20C	A – 6G	C + 31T
1	A A	A A	A A	A A	C C
2	A A	A A	A A	A A	C C
…	…	…	…	…	…
100	G G	A A	C C	A G	T T

26.2.2　SAS 程序中重要内容的说明

分析例 26-2 中资料的程序如下（程序名为 SASTJFX26_2.SAS）：

```
data a2;
infile'd:\SASTJFX\sastjfx26_2.txt';
input a1 - a10 @@ ;
run;
Ods html;


proc allele data = a2 prefix = SNP haplo = est
corrcoeff dprime;
var a1 - a10; run;
proc haplotype data = a2 ld;
var a1 - a10;
run;
Ods html close;
```

建立数据集
从 .txt 文件读入数据（每个基因位点上都有 2 种碱基，录入数据时，将其分别记为"1"和"2"，比如第 1 行数据录入 1 1 1 1 1 1 1 1，最后 1 行数据录入 2 2 1 1 2 2 1 2 2 2）
调用 allele 过程进行计算，对 SNP 位点进行两位点间连锁不平衡参数计算，显示相关系数
调用 HAPLOTYPE 过程，利用 EM 算法求得各个单体型频率，并验证各个位点间是否存在连锁不平衡。"LD"选项即进行连锁不平衡检验，如果只求得单体形频率，可更换为"EST = EM"

26.2.3　主要分析结果及解释

Linkage Disequilibrium Measures

Locus1	Locus2	Haplotype	Frequency	LD Coeff	Corr Coeff	Lewontin's D´
SNP1	SNP2	1 – 1	0.8200	– 0.0065	– 0.0887	– 1.0000

SNP1	SNP2	1 – 2	0.0500	0.0065	0.0887	1.0000
SNP4	SNP5	1 – 2	0.1585	– 0.0159	– 0.0911	– 0.0911
…	…	…	…	…	…	…
SNP4	SNP5	2 – 2	0.0665	0.0159	0.0911	0.0911

以上给出了 5 个 SNP 位点两两连锁不平衡参数的计算结果。

Haplotype Frequencies

Number	Haplotype	H0 Freq	H1 Freq	Standard Error	95% Confidence Limits	
1	1-1-1-1-1	0.42692	0.54720	0.03529	0.47804	0.61636
2	1-1-1-1-2	0.12394	0.09570	0.02085	0.05483	0.13657
3	1-1-1-2-1	0.12394	0.12392	0.02336	0.07814	0.16970
4	1-1-1-2-2	0.03598	0.01180	0.00765	0.00000	0.02680
5	1-1-2-1-1	0.06950	0.02734	0.01156	0.00468	0.05000
6	1-1-2-1-2	0.02018	0.00516	0.00508	0.00000	0.01511
7	1-1-2-2-1	0.02018	0.00888	0.00665	0.00000	0.02191
8	1-1-2-2-2	0.00586	0.00000	0.00000	0.00000	0.00000
9	1-2-1-1-1	0.02247	0.00567	0.00532	0.00000	0.01611
10	1-2-1-1-2	0.00652	0.04341	0.01445	0.01510	0.07172
11	1-2-1-2-1	0.00652	0.00000	0.00000	0.00000	0.00000
12	1-2-1-2-2	0.00189	0.00092	0.00215	0.00000	0.00513
13	2-1-1-1-1	0.06379	0.01625	0.00896	0.00000	0.03381
14	2-1-1-1-2	0.01852	0.00438	0.00468	0.00000	0.01355
15	2-1-1-2-1	0.01852	0.00000	0.00001	0.00000	0.00001
16	2-1-1-2-2	0.00538	0.01075	0.00731	0.00000	0.02508
17	2-1-2-1-1	0.01038	0.01435	0.00843	0.00000	0.03087
18	2-1-2-1-2	0.00301	0.01555	0.00877	0.00000	0.03273
19	2-1-2-2-1	0.00301	0.03139	0.01236	0.00716	0.05561
20	2-1-2-2-2	0.00088	0.03735	0.01344	0.01100	0.06369

以上输出结果中"H1 Freq"一列对应的结果即为各种可能的单体型频率。

Test for Allelic Associations

Hypothesis	DF	LogLike	Chi-Square	Pr > ChiSq
H0：No Association	5	– 329.44726		
H1：Allelic Associations	19	– 282.76008	93.3744	< .0001

以上输出结果说明了 5 个位点之间存在连锁不平衡，$\chi^2 = 93.3744$，$P < 0.0001$。对于该例，1-1-1-1-1 和 1-1-1-2-1 是最有可能存在的两种单体型。

26.3　多位点基因型与疾病关联分析

26.3.1　问题与数据

【例 26-3】　某研究探讨 β_2 肾上腺素能受体基因（$\beta_2 AR$）的多肽性与中国人哮喘易感性的

连锁关系及对疾病调节作用的重要性。用 PCR/RFLP 法检测 β_2AR 基因编码区第 16、27、164 位多肽性位点及核苷酸 523(C – A)位点(4 个 SNP 位点),对正常对照组 30 例、哮喘病患儿 30 例血液样品进行分析。

表 26-2　正常对照组 30 例 4 位点基因型

受试者编号	性别(M/F)	年龄	A16G	Gln27Glu	T164I	A523C
1	M	5	A A	G G	T T	C C
2	M	6	A A	G G	T T	C C
…	…	…	…	…	…	…
30	M	44	A G	G G	T T	A A

注:实际计算中应增大样本含量。

表 26-3　30 例患儿 4 位点基因型

受试者编号	性别(M/F)	年龄	A16G	Gln27Glu	T164I	A523C
1	M	8.0	A A	G G	T T	C C
2	M	5.5	A A	G G	T T	A C
…	…	…	…	…	…	…
30	M	11.0	A A	G G	T T	C C

注:实际计算中应增大样本含量。

26.3.2　SAS 程序中重要内容的说明

分析例 26-3 中资料的程序如下(程序名为 SASTJFX26_3.SAS):

```
DATA aa;
infile"d:\SASTJFX\sastjfx26_3.txt";      建立数据集
INPUT disease $ (A1 – A8) ($);            以下是输入变量,disease 变量输入 0(无病)、1
run;                                      (有病),基因型为 8 个变量,每对等位基因为 2 个
ods html;                                 变量
proc haplotype data = aa noprint;         调用 HAPLOTYPE 过程,求得 4 个位点与哮喘病之
var a1 – a8;                              间是否存在关联
trait disease;
run;
ods html close;
```

26.3.3　主要分析结果及解释

The HAPLOTYPE Procedure

Test for Marker-Trait Association

Trait Number	Trait Value	Num Obs	DF	LogLike	Chi – Square	Pr > ChiSq
1	0	30	6	– 54.71294		
2	1	30	13	– 73.41111		
Combined		60	13	– 134.99582	13.7435	0.0326

由以上输出结果可知,$\chi^2 = 13.7435$,$P = 0.0326 < 0.05$,说明 4 个位点基因型的不同与疾病的发生之间是存在一定关系的。

26.4　标签 SNP 的确认与 SAS 程序

如果单体型被确认，可以检查那些在单体型中特异的不同于普通单体型的 SNPs，这些特异性的 SNPs 被称为"单体型标签 SNPs（haplotype tag SNPs，htSNPs）"，htSNPs 的意义在于：只用少量的 htSNPs 就能代表单体型区块内绝大多数的常见单体型种类。所以 htSNPs 成为了寻找致病基因的一条捷径。如果某个单体型区块在特定疾病人群中更为普遍，那么在此单体型区块内可找到疾病相关的基因。SAS/Genetics 中提供了 HTSNP 过程对 htSNPs 的选择进行计算。

26.4.1　问题与数据

【例 26-4】　某研究探讨中国人白细胞介素（IL）-13 基因单核苷酸多态性与慢性阻塞性肺疾病之间的关系。调查了 34 个健康吸烟人（IL）-13 基因三个 SNP 位点，分别为：1103C/T、4257G/A、4738G/A，数据已在 SAS 程序数据步中列出，试计算得到 SNP 单体型及概率，并求得 htSNPs。

26.4.2　SAS 程序中重要内容的说明

例 26-4 资料的程序如下（程序名为 SASTJFX26_4. SAS）：

```DATAa;```
```INPUT ID (M1 - M3) ($)@@ ;```
```DATALINES;```
```1C/CG/GG/G 18C/TG/GG/G```
```2C/CG/GG/A 19C/TG/GG/G```
```3C/CG/GG/G 20C/TG/GG/G```
```4C/CG/GG/A 21C/TG/GG/G```
```5C/CG/AG/A 22C/TG/GG/G```
```6C/CG/AG/G 23C/TG/GG/G```
```7C/CG/GG/G 24C/TG/GG/G```
```8C/CG/GG/G 25C/TG/GG/G```
```9C/CG/GG/G 26C/TG/AG/A```
```10C/CG/AG/G 27C/TG/AG/A```
```11C/CA/AA/A 28C/TG/AG/A```
```12C/CG/GG/A 29C/TG/AG/A```
```13C/CG/GG/A 30C/TG/AG/A```
```14C/CG/AG/A 31C/TA/AG/A```
```15C/CG/AG/A 32T/TG/GG/A```
```16C/TG/GG/A 33T/TG/AA/A```
```17C/TG/GG/A 34T/TG/AG/G```
```;```
```ODS OUTPUT HAPLOTYPEFREQ = FREQOUT (KEEP =```
```   HAPLOTYPE FREQ);```
 	
```ODS HTML;```
```PROC HAPLOTYPE DATA = a GENOCOL CUTOFF = 0.0075;```
```VAR M1 - M3; RUN;```
	建立数据集
	以下是输入变量，M1～M3 代表输入 3 个位点基因型，每个位点的 2 个等位基因之间用斜线连接
	
	调用 HAPLOTYPE 过程，求得可能存在单体型及计算单体型概率
	
	利用数组将 HAPLOTYPE 过程计算得到的单体型及其概率重新建立名为 HAPFREQ 的新数据集

```
DATA HAPFREQ;
SET FREQOUT;
ARRAY M{3} $ 1;
DOi = 1 TO 3;
M{i} = SUBSTR(HAPLOTYPE, 2* i -1, 1);
END;
DROP HAPLOTYPEi;
RUN;
PROC HTSNP DATA = HAPFREQ METHOD = im CUTOFF =
    0.05 SEED =123 NOSUMM;
VAR M1 - M3;
FREQ FREQ;
RUN;
ODS HTML CLOSE;
```

调用 HTSNP 过程计算得到标签 SNP

26.4.3　主要分析结果及解释

The HAPLOTYPE Procedure

Haplotype Frequencies

Number	Haplotype	Freq	Standard Error	95% Confidence Limits	
1	C-A-A	0.12518	0.04043	0.04594	0.20442
2	C-A-G	0.04426	0.02513	0.00000	0.09351
3	C-G-A	0.05908	0.02880	0.00262	0.11553
4	C-G-G	0.44795	0.06075	0.32888	0.56702
5	T-A-A	0.04306	0.02480	0.00000	0.09166
6	T-A-G	0.03750	0.02321	0.00000	0.08299
7	T-G-A	0.05210	0.02715	0.00000	0.10531
8	T-G-G	0.19087	0.04801	0.09677	0.28497

The HTSNP Procedure

htSNP Evaluation

Rank	HTSNP1	HTSNP2	PDE
1	M1	M3	0.9814

由以上输出结果可知，第 1、3 个位点可作为 htSNPs，几乎反映了单体型的全部信息。

26.5　一般人群病例对照遗传资料的关联分析

病例对照研究是目前进行疾病关联分析应用最为广泛的设计类型。该方法是在应用家系连锁分析和连锁不平衡分析完成对多基因疾病相关基因在染色体初步定位和精细定位的基础上，通过比较候选位点等位基因型频率、等位基因频率的差异，来判断候选基因与疾病间是否存在关联，从而排除不相关的位点，得到疾病相关位点。根据选择对照的方式，可将病例对照研究设计分为一般人群对照和家系人群对照，本节主要介绍一般人群对照的关联研究。

该研究对照是从病例的源人群中随机抽样得到的，并按照混杂因子与病例进行匹配。通常使用一般 χ^2 检验、Armitage 趋势检验、多元 Logistic 回归分析等统计分析方法。

26.5.1 问题与数据

【例 26-5】 观察血清脂联素(APN)水平及 APN 基因启动子区域单核苷酸多态性(SNP)频率与高血压(HP)及其合并症间的相关性,探讨脂联素基因(aPM1)多态性与 HP 及合并症间的遗传危险因素,并确立一种高效、准确、经济的检测 APN 基因的实用筛查方法,供临床检测应用。脂联素基因 -11377G/C 基因型频率与 HP 的关系如表 26-4 所示,试分析脂联素基因 -11377G/C 基因型是否与高血压病存在关联。

表 26-4 HP 组与对照组脂联素基因 -11377G/C 基因型分布

组别	人数			
基因型:	GG	GC	CC	合计
对照组	2	19	37	58
HP 组	9	77	96	182
合计	11	96	133	240

26.5.2 SAS 程序中重要内容的说明

分析例 26-5 中资料的程序如下(程序名为 SASTJFX26_5. SAS):

```
data a;                                      建立数据集
  input disease $ ;                          以下是输入变量,G1、G2 为脂联素基因 -
  do i =1 to 3;                              11377G/C 的基因型
  input G1 G2 n@@ ;
  do j =1 to n;                              U 代表对照组,A 代表疾病组
  output;
  end;  end;
  cards;
  U
  1 1 2
  1 2 19
  2 2 37
  A
  1 1 9
  1 2 77
  2 2 96
  ;
run;
ODS HTML;
PROC SORT; BY DISEASE; RUN;                  使用 Allele 过程计算两组人群基因型频率是
PROC ALLELE DATA = a                         否服从哈代温伯格平衡定律
  PERMS =10000 BOOT =1000 SEED =123;         调用 CASECONTROL 过程,对病例组、对照组与
VAR G1 G2; BY DISEASE; RUN;                  位点基因型的关联性进行 $\chi^2$ 检验和趋势检验
PROC CASECONTROL DATA = a PREFIX = SNP;
VAR G1 - G2;
TRAIT DISEASE;
RUN;
PROC PRINT HEADING =H; RUN;
ODS HTML CLOSE;
```

26.5.3　主要分析结果及解释

The ALLELE Procedure

DISEASE = A

Marker Summary

Locus	Number of Indiv	Number of Alleles	Polymorph Info Content	Heterozygosity	Allelic Diversity	Chi-Square	Test for HWE		
							DF	Pr > ChiSq	Prob Exact
M1	182	2	0.3113	0.4231	0.3857	1.7044	1	0.1917	0.2547

DISEASE = U

Marker Summary

Locus	Number of Indiv	Number of Alleles	Polymorph Info Content	Heterozygosity	Allelic Diversity	Chi-Square	Test for HWE		
							DF	Pr > ChiSq	Prob Exact
M1	58	2	0.2674	0.3276	0.3179	0.0536	1	0.8170	1.0000

Obs	Locus	Num TraitA	Num TraitU	ChiSq Genotype	ChiSq Allele	ChiSq Trend	df Genotype	df Allele	df Trend	Prob Genotype	Prob Allele	Prob Trend
1	SNP1	182	58	2.18603	1.86607	2.02559	2	1	1	0.33521	0.17193	0.15467

由以上输出结果可以得到，两组人群的基因型概率均符合哈代 – 温伯格平衡定律。高血压疾病的发生与脂联素基因 – 11377G/C 基因型的不同是没有关联的，$\chi^2 = 2.18603$，$P = 0.33521 > 0.05$。当数据不满足哈代 – 温伯格平衡定律时，应使用 Armitage 检验的结果。

在对一般人群病例对照进行关联分析时，需要注意的一个问题，即人群代表性问题。所谓代表性主要是指拟测量的等位基因频率与源人群中的等位基因频率相等，并且这些研究对象最好是通过普查或随机化抽样得到的。通常，获取有代表性的病例样本相对比较容易，而对照的选择就相对比较困难，因此，病例对照研究设计面临的主要挑战就是如何获取与病例相匹配的对照样本。为了确保可以获得合理的关联结论，就必须要求所选择的对照应该具有人群代表性，应与病例来自相同的人群，对照的选择应和病例的选择同期进行等。除此之外，还可以和病例进行种族、地区、年龄和性别等因素的匹配。

26.6　家系数据的关联分析

利用家庭成员作为对照是按祖先起源匹配的最好办法，以遗传背景一致的家庭成员作为对照，可以很好地解决人群分层问题。自 20 世纪 90 年代以来，这种设计在遗传流行病学研究中使用非常广泛。根据家庭成员不同，又可分为几种，分析方法也不尽相同。在 SAS/Genetics 中，对家系数据的关联分析提供了 family 过程，主要针对家系数据进行 TDT、s-TDT、SDT 检验计算。

26.6.1　问题与数据

【例26-6】　某研究探讨 β_2 肾上腺素能受体基因（$\beta_2 AR$）的多肽性与中国人哮喘易感性的连锁关系及对疾病调节作用的重要性。用 PCR/RFLP 法检测 $\beta_2 AR$ 基因编码区第 16 位多态性位点及 IL-4 基因启动子区-589 位多态性位点(2 个 SNP 位点)，对 15 个家系共 69 份数据进行分析，数据如表 26-5 所示。试分析哮喘病是否与 2 个位点存在关联。

表 26-5　哮喘家系样本 ADR 基因第 16 位，IL-4 基因启动子区-589 位多态性位点资料

家系编号	个体编号	父亲编号	母亲编号	性别(M/F)	疾病(1/2)	A16G	589
1	1	0	0	M	2	A G	T T
1	2	0	0	F	1	A A	T C
1	101	1	2	M	2	A G	T T
1	102	1	2	M	2	A G	T C
2	3	0	0	M	1	A A	T C
2	4	0	0	F	1	A G	C C
2	103	3	4	F	2	A A	C C
2	104	3	4	M	2	A A	T C
2	105	3	4	M	2	A A	C C
…	…	…	…	…	…	…	…
15	29	0	0	M	1	A G	T T
15	30	0	0	F	1	G G	T T
15	138	29	30	M	2	G G	T T
15	139	29	30	M	2	G G	T T

注：疾病，2 代表发病，1 代表正常。在实际计算中应增大样本含量，即应再多收集家系资料。

【例 26-7】　某研究机构研究某种复杂的遗传疾病，对 10 个家系进行分析，检测个体 2 个基因的基因型，试分析该遗传疾病与两个基因是否存在关联，进行 TDT、s-TDT、SDT 检验。

表 26-6　10 个家系样本 2 个基因基因型资料

家系编号	个体编号	父亲	母亲	性别	disease	基因 1 的基因型		基因 2 的基因型	
1	1	0	0	1	1	7	8	7	2
1	2	0	0	2	1	.	.	.	.
1	401	1	2	1	1	7	2	7	6
1	402	1	2	1	1	8	2	7	6
1	403	1	2	1	1	7	2	2	7
1	404	1	2	2	2	8	2	7	7
2	3	0	0	1	1	4	4	1	3
2	4	0	0	2	1	.	.	.	.
2	405	3	4	2	1	4	4	1	7
2	406	3	4	2	2	4	4	3	7
…	…	…	…	…	…	…	…	…	…
10	19	0	0	1	1	6	4	2	7
10	20	0	0	2	1	.	.	.	.
10	427	19	20	2	2	4	4	7	2

26.6.2　SAS 程序中重要内容的说明

分析例 26-6 中资料的程序如下(程序名为 SASTJFX26_6.SAS)：

```
DATAaa;                                      建立数据集
infile"d:\SASTJFX\sastjfx26_6.txt";          以下是输入变量，A1、A2 为位点 1 的基因型，
INPUT PED INDIV FATHER MOTHER SEX            A3、A4 为位点 2 的基因型
    $ DISEASE  (A1 - A4) ($);
RUN;
```

```
ODS HTML;
PROC FAMILY DATA = aa
PREFIX = SNP OUTSTAT = AAA TDT;
ID PED INDIV FATHER MOTHER;
TRAIT DISEASE/AFFECTED = 2;
VAR A1 - A4; RUN;
PROC PRINT DATA = AAA; RUN;
ODS HTML CLOSE;
```

调用 family 过程对 2 个位点进行 TDT 检验

分析例 26-7 资料的程序名为 SASTJFX26_7. SAS。

```
DATAaa;
infile "d:\SASTJFX\sastjfx26_7.txt";
INPUT PED ID F_ID M_ID SEX DISEASE A1 - A4;
RUN;
ODS HTML;
PROC FAMILY DATA = aa
PREFIX = MARKER TDT SDT STDT;
ID PED ID F_ID M_ID;
VAR A1 - A4;
TRAIT DISEASE / AFFECTED = 2; RUN;
PROC PRINT; RUN;
ODS HTML CLOSE;
```

建立数据集
以下是输入变量，A1、A2 为基因 1 的基因型，A3、A4 为基因 2 的基因型

调用 family 过程对 2 个基因进行 TDT、sTDT、SDT 检验

26.6.3　主要分析结果及解释

Obs	Locus	ChiSqTDT	dfTDT	ProbTDT
1	snp1	0.44444	1	0.50499
2	snp2	1.33333	1	0.24821

以上是例 26-6 程序的输出结果，表明对于位点 1，$x^2 = 0.44444$，$P = 0.50499 > 0.05$；对于位点 2，$x^2 = 1.33333$，$P = 0.24821 > 0.05$，疾病与 2 个位点均无关联。在本例调查的家系中，大多数家系的孩子都是患病的，这是不能进行 s – TDT、SDT 检验的。

Obs	Locus	ChiSqTDT	ChiSqSTDT	ChiSqSDT	dfTDT	dfSTDT	dfSDT	ProbTDT	ProbSTDT	ProbSDT
1	Marker1	4.80000	7.07688	4.14286	4	6	7	0.30844	0.31380	0.76318
2	Marker2	1.33333	6.38259	7.00000	2	5	6	0.51342	0.27075	0.32085

以上是例 26-7 程序的输出结果，表明经过 TDT 检验、s – TDT 检验、SDT 检验，该遗传疾病与 2 个位点均无关联。

26.7　本 章 小 结

本章主要介绍了 SAS/Genetics 模块中 allele、haplotype、htsnp、casecontrol、family 等 5 个过程计算基因频率、验证哈代 – 温伯格平衡定律、尝试性进行连锁不平衡定位、寻找 htSNPs、对

一般病例对照数据和家系数据进行关联分析，并对每类问题给出实例结合相应 SAS 程序进行了详细的分析，对结果进行了阐释。对于某些遗传统计分析方法，如连锁分析等，需要结合 SAS/IML 模块、SAS/STAT 模块进行计算，本章并未涉及。随着统计学、遗传流行病学、群体遗传学研究的深入，越来越多的遗传统计分析方法不断涌现，各类计算软件也层出不穷，对同一个遗传问题多角度多方法进行计算和验证也已成为人们的共识，期待 SAS 更新的版本提供更多更方便的过程运用于遗传数据分析。

（郭晋）

附 录

附录 A　胡良平统计学专著及配套软件简介

1.《医学统计学与 SAS 应用技巧》简介

胡良平,周士波主编.北京:中国科学技术出版社,15.67 万字,1991(定价:4.20 元)。本书基于 DOS 版 SAS 6.03 软件,介绍了 SAS 应用入门、医学试验设计、常用统计分析、多元统计分析和 VAX SAS 应用入门。

2.《医学统计应用错误的诊断与释疑》简介

胡良平主编.北京:军事医学科学出版社,17.8 万字,1999(定价12.00 元)。本书针对医学科研和医学期刊中常犯的统计学错误,讲解如何识别错误,如何正确选用统计分析方法。

3.《医学统计学内容概要、考题精选与考题详解》简介

胡良平编著.北京:军事医学科学出版社,37 万字,2000(定价22.00 元)。本书简明扼要地概述了医学统计学的主要内容, 精选出 20 套适合检查统计学应用水平的考题,并附有详细的解答。

4.《现代统计学与 SAS 应用》简介

胡良平主编.北京:军事医学科学出版社,1996,2000,2002(定价40.00 元)。本书详细地介绍了各种常用和多元统计分析方法,并给出了手工计算和用 6.04 版 SAS 软件实现统计计算的方法和结果的解释。

5.《Windows SAS 6.12 & 8.0 实用统计分析教程》简介

胡良平编著.北京:军事医学科学出版社,96.9 万字,2001(定价52.00 元)。本书不仅介绍了各种常用和多元统计分析方法, 还着重介绍了 Windows SAS 6.12 & 8.0 的使用方法(含编程法和非编程法),详细介绍了辨析多因素设计类型的技巧和用 SAS 实现试验设计的方法。

6.《医学统计学基础与典型错误辨析》简介

胡良平,李子建主编.北京:军事医学科学出版社,60.4 万字,2003(定价 36.00 元)。本书详细地介绍了学习统计学的策略、所必需的基本知识、常用的描述性统计分析方法和假设检验方法。

7.《检验医学科研设计与统计分析》简介

胡良平主编.北京:人民军医出版社,64 万字,2004(定价65.00 元)。本书紧紧围绕试验设计的三要素和四原则、分析定量资料和定性资料的要领、诊断性试验和一致性检验中的统计分析方法等重要内容, 从正反两方面详细阐述了学习和灵活运用这些知识的方法和技术。

8.《医学统计实用手册》简介

胡良平主编.北京：人民卫生出版社，48.5 万字，2004（定价 30.00 元）。鉴于目前医学科研和医学期刊中存在大量误用和滥用统计学的现象，本书通过分析这些现象产生的根源和实质，有针对性地提出了解决这些问题的对策。

9.《统计学三型理论在试验设计中的应用》简介

胡良平主编.北京：人民军医出版社，50.1 万字，2006（定价 45.00 元）。本书针对"许多人学了多遍统计学仍不得要领，几乎是一用就错"的普遍现象，提出了彻底解决的对策，其精髓就是"统计学三型理论"（简称"三型理论"），即统计学问题基本上都可归结为"表现型"、"原型"和"标准型"，准确把握每个具体问题中的"三型"，将能科学合理地解决科研工作中与统计学有关的实际问题。事实上，统计学中的全部内容皆可运用三型理论来解说，但本书仅关注科研设计，特别是试验设计方面的问题。

10.《医学统计实战练习》简介

胡良平主编.北京：军事医学科学出版社，83.4 万字，2007（定价 66.00 元）。本书收录了作者 21 年来从事统计教学、科研、咨询和培训工作中积累的各种考试真题以及根据审稿的稿件和公开发表的论文中提取的资料改编而成的新题，共有 1000 余道，并给出了每道题的详细解答。

11.《口腔医学科研设计与统计分析》简介

胡良平主编.北京：人民军医出版社，54 万字，2007（定价 65.00 元）。

书中给出了取自口腔医学科研设计和统计分析的大量实例，运用统计学三型理论辨析试验设计、统计描述和统计分析中出现的错误，在给出正确做法的同时，给出了带有原始数据的各种实例，用 SAS 软件演示统计分析的全过程和部分手工计算过程，还给出了估计样本含量的公式、实例和用 SAS 实现计算的方法。

12.《统计学三型理论在统计表达与描述中的应用》简介

胡良平主编.北京：人民军医出版社，55.3 万字，2008（定价 80.00 元）。本书运用统计学三型理论，透过各种具体的统计表达和描述方面问题的"表现型"，揭示其"原型"，进而将"原型"正确地转变为"标准型"，使统计表达与描述方面的问题尽可能得到圆满解决。

13.《科研课题的研究设计与统计分析（第一集）》简介

胡良平主编.北京：军事医学科学出版社，72.5 万字，2008（定价 55.00 元）。本书取材于我国 2006 年 500 多种生物医学期刊中影响因子较高的 23 种期刊，查阅这些期刊中近 3000 篇论著，从中挑选出具有广泛代表性的论著约 300 篇，主要从统计研究设计和统计分析方法选用两个方面，来剖析论著中存在的统计学问题，从而提出我国生物医学科研工作的质量需要进一步提高。

14.《医学统计——运用三型理论分析定量与定性资料》简介

胡良平主编.北京：人民军医出版社，72.3 万字，2009（定价 115.00 元）。本书在统计学思想指导下，运用统计学三型理论，透过各种具体科研问题所呈现的"表现型"，揭示其"原型"，进而将"原型"正确地转变为"标准型"，全面系统地介绍了各种试验设计类型下收集的定量与定性资料的假设检验方法以及用 SAS 软件实现统计计算和结果解释。除常用的定量与定性资料的统计分析外，还介绍了 META 分析方法和高维列联表资料的各种处理方法。

15.《科研课题的研究设计与统计分析(第二集)》简介

胡良平主编.北京：军事医学科学出版社,69.5 万字,2009(定价 56.00 元)。针对科研工作者所写出的学术论文和硕士与博士研究生所写出的学位论文在统计学方面存在很多问题的现实，本书全面介绍了撰写高质量的论文所必需掌握的科研设计知识、统计分析知识和国际著名统计分析系统(SAS 软件)使用知识，并针对生物医学科研领域中一些主干学科的特点，分析了约 15 个主干学科硕士和博士研究生学位论文中存在的统计学错误。从正反两个方面，揭示科研设计和统计分析的重要性，有利于提高科研工作者和研究生的科研素质、科研质量和论文的水平。

16.《医学统计学——运用三型理论进行多元统计分析》简介

胡良平主编.北京：人民军医出版社,41.0 万字,2010(定价 70.00 元)。本书涵盖了现代多元统计分析方法中的绝大部分内容，运用三型理论为指导，对多元统计分析方法进行了科学的分类，有利于实际工作者学习和使用。其内容包括变量聚类分析、主成分分析和探索性因子分析、典型相关分析、结构方程模型分析、无序样品聚类分析和有序样品聚类分析、多维尺度分析、各种设计定量资料的多元方差分析和多元协方差分析、判别分析、对应分析及其 SAS 实现。

17.《心血管病科研设计与统计分析》简介

胡良平主编.北京：人民军医出版社,47.5 万字,2010(定价 60.00 元)。本书内容分正反两个方面，正面讲述统计学中的主要内容，包括统计表达与描述、试验设计、定量与定性资料统计分析、简单相关回归分析和多重回归分析；围绕这些内容，又针对人们误用统计学的实际案例，对差错进行辨析与释疑。无论是正面还是反面内容，基本上都取材于与心血管疾病有关的我国数十种学术期刊中的科研论文。

18.《SAS 统计分析教程》简介

胡良平主编.北京：电子工业出版社,106.5 万字,2010(定价 68.00 元)。本书内容丰富且新颖，实用面宽且可操作性强。涉及定量与定性资料差异性和预测性分析、变量间和样品间相互与依赖关系及近似程度分析、数据挖掘与基因表达谱分析、绘制统计图与试验设计、SAS 语言和 SAS 非编程模块用法。这些内容高质量高效率地解决了试验设计、统计表达与描述、各种常用和多元统计分析、现代回归分析和数据挖掘、SAS 语言基础和 SAS 实现及结果解释等人们迫切需要解决却又十分棘手的问题。

19.《SAS 试验设计与统计分析》简介

胡良平主编.北京：人民卫生出版社,88.8 万字,2010(定价 72.00 元)。本书内容涉及面十分宽泛，由 SAS 软件基础、SAS 非编程模块介绍、SAS 编程法用法介绍、SAS 高级编程技术及其应用和 SAS 语言基础等 5 篇组成，涵盖了 SAS 软件及其语言的基础和高级用法，试验设计、统计表达与描述和统计分析的主要内容及 SAS 实现。

20.《医学统计学——运用三型理论进行现代回归分析》简介

胡良平主编.北京：人民军医出版社,45.2 万字,2010(定价 75.00 元)。本书介绍了现代回归分析方法中的大部分内容，包括多重线性回归分析、岭回归分析、各种复杂曲线回归分析、主成分回归分析、Poisson 回归分析、Probit 回归分析、负二项回归分析、配对和非配对设计定性资料多重 logistic 回归分析、对数线性模型分析、生存分析和时间序列分析。

21.《医学遗传统计分析与 SAS 应用》简介

胡良平，郭晋主编.北京：人民卫生出版社，41.3 万字，2011（定价 36.00 元）。本书结合实例，介绍了如何用 SAS 实现四大类遗传数据的统计分析方法，并介绍了简明遗传学的概念与原理、遗传资料统计分析的原理。

22.《正确实施科研设计与统计分析——统计学三型理论的应用与发展》简介

胡良平主编.北京：人民军医出版社，87.8 万字，2011（定价：139.00 元）。本书全面介绍了如何在三型理论指导下进行科研设计、统计表达与描述、常用统计分析、现代回归分析、多元统计分析和 SAS 实现方法。科研设计部分涵盖了概念、要点、设计类型等；统计表达与描述部分涵盖了统计表、统计图和概率分布等；常用统计分析部分涵盖了一元定量与定性资料的差异性分析；现代回归分析部分涵盖了包括多重线性回归分析、生存分析和时间序列分析等十余种现代回归分析方法；多元统计分析部分涵盖了包括变量聚类分析、判别分析和对应分析等十余种现代多元统计分析方法；以上各部分均涉及如何用 SAS 软件巧妙实现的技术和方法，并有配套软件 SASPAL 方便程序调用。

23.《中医药科研设计与统计分析》简介

胡良平，王琪主编.北京：人民卫生出版社，41.4 万字，2011（定价 36.00 元）。本书结合中医药领域中科研实例，不仅从正面介绍了试验设计、统计表达与描述、统计分析方法及 SAS 实现技术，还对实际工作者在运用前述内容过程中所犯的各种错误进行了辨析与释疑。

24.《临床科研设计与统计分析》简介

胡良平，陶丽新主编.北京：中国中医药出版社，70.7 万字，2012（定价 45.00 元）。本书主要对临床科研设计与统计分析问题进行阐述，同时还用较大篇幅揭示了临床科研课题和论文中的统计学错误，并给出了辨析与释疑。全书中的统计计算均用 SAS 软件实现。

25.《面向问题的统计学—(1)科研设计与统计分析》简介

胡良平主编.北京：人民卫生出版社，119.1 万字，2012（定价 98.00 元）。本书分为 6 篇共54 章，内容涉及消除学习统计学时的心理顾虑、统计思想、三型理论、科研设计、质量控制、表达与描述、单因素设计一元定量与定性资料统计分析、单组设计二元定量资料相关与回归分析和 SAS 语言基础与高级编程技术。

26.《面向问题的统计学—(2)多因素设计与线性模型分析》简介

胡良平主编.北京：人民卫生出版社，97.5 万字，2012（定价 80.00 元）。本书分为 6 篇共52 章，内容涉及多因素试验设计类型及其定量与定性资料的差异性分析和现代回归分析、判别分析、生存分析和时间序列分析，还介绍了多水平模型分析法和综合分析法。

27.《面向问题的统计学—(3)试验设计与多元统计分析》简介

胡良平主编.北京：人民卫生出版社，85.2 万字，2012（定价 65.00 元）。本书分为 5 篇共25 章，内容涉及三类典型的多元数据结构（单组设计多元定量资料、单因素多水平设计多元定量资料、相似或不相似度矩阵)的各种多元统计分析方法,其代表性方法有主成分分析、样品聚类分析、对应分析、多维尺度分析、多元方差和协方差分析。

28.《外科科研设计与统计分析》简介

胡良平,毛玮主编.北京:中国协和医科大学出版社,40万字,2012(38.00元)。本书分为3篇,第1篇统计学内容概要,包括统计表达与描述、试验设计、定量与定性资料的统计分析、简单相关与回归分析、多重线性回归分析与多重 logistic 回归分析;第2篇外科科研中常见统计学错误辨析与释疑;第3篇医学统计学要览,以"问题引导"的形式提纲挈领地介绍了"科研设计要览"与"统计分析要览"。

29.《科研设计与统计分析》简介

胡良平主编.北京:军事医学科学出版社,130.5万字,2012(98.00元)。本书共7篇31章,概述了国内外迄今为止应该涵盖在统计学之中的绝大部分精彩内容:富含唯物辩证法精髓和心理学分析的统计思想、使统计思想具体化并具有可操作性的三型理论、灵活运用三型理论解决科研设计、统计表达与描述、各种简单与复杂统计分析、用国际著名统计分析系统 SAS 实现与前述全部内容有关的计算、结果解释和结论陈述。

30.《呼吸系统科研设计与统计分析》简介

胡良平,鲍晓蕾主编.北京:军事医学科学出版社,53.8万字,2013(55.00元)。本书以近几年出版的与呼吸科研相关杂志为主要的资料来源,在阐述统计学的基本理论、知识和技能的基础上,突出培养统计学思维方法、科研设计能力和应用统计分析方法的能力,以及计算机在处理临床科研资料中的正确应用技术。书中还用较大篇幅介绍了呼吸科研课题和论文中常见统计学错误案例的辨析与释疑、SAS 软件的基础知识和使用技巧。

31.《护理科研设计与统计分析》简介

胡良平,关雪主编.北京:军事医学科学出版社,47.7万字,2013(50.00元)。本书以近几年出版的护理科研相关杂志为主要的资料来源,在阐述统计学的基本理论、知识和技能的基础上,突出培养统计学思维方法、科研设计能力和应用统计分析方法的能力,以及计算机在处理护理科研资料中的正确应用技术。书中自始至终采用"识别错误"、"正确引导"和"归纳总结"的写作思路,实现人们实施护理课题和撰写学术论文中常出现的错误,并对错差逐一进行辨析与释疑;对案例所涉及的统计学基础知识进行系统梳理,从正面加以引导;对有关的统计理论和方法,从原理上进行归纳总结,以便实际工作者不仅知其然,还能知其所以然。

32.《脑血管病科研设计与统计分析》简介

胡良平,贾元杰主编.北京:军事医学科学出版社,50.3万字,2013(58.00元)。本书结合脑血管病临床科研实际,比较全面地介绍了从事临床科研工作所必需的思维方法、统计学基础理论和基本的统计分析技术,内容包括统计思想与三型理论在脑血管病科研中的应用、脑血管病科研基础——统计表达与描述、脑血管病科研设计、脑血管病试验设计、脑血管病临床试验设计、脑血管病调查设计、样本量估计与检验效能分析、常见多因素试验设计类型辨析、定量与定性资料统计分析、简单相关与回归分析、多重线性回归分析与多重 logistic 回归分析。

33.《临床试验设计与统计分析》简介

胡良平,陶丽新主编.北京:军事医学科学出版社,54.7万字,2013(58.00元)。本书结合临床科研和临床试验实际,介绍了临床前研究和临床研究的主要内容,不仅在内容的安排上达到了承上启下的效果,使读者很自然地进入临床试验的情境之中,而且在要点把握上也起到了言简意赅、纲举目张的作用,使读者能在尽可能短的时间内领悟和抓住临床试验的核心和要领。在此基础上,结合作者在国家级新药评审中发现的诸多问题,揭示了新药或医疗器械临床试验研究中的陷阱和识别错误的策略,介绍了如何把握好临床试验研究中的三要素、四原则、设计类型和比较类型的概念、方法和技术要领;进而针对临床试验研究中使用频率最高的设计类型——成组设计,围绕四种比较类型、定量与定性资料、假设检验、样本量和检验效能估计等关键性问题,结合临床实例逐一进行介绍,并对同类问题进行了比较研究。

34.《非线性回归分析与 SAS 智能化实现》简介

胡良平,高辉主编. 北京:电子工业出版社,51.5 万字,2013(定价 39.00 元)。本书概述了回归分析的概念、分类、简单直线、曲线回归分析和多重线性回归分析、复杂固定模式和非固定模式曲线回归分析、单水平和多水平多重曲线回归分析。每种回归分析方法,都介绍了分析目的、数据结构(问题与数据)、切入点(分析与解答)、统计模型(计算原理)、分析步骤(含SAS 实现)。在固定模式单水平非线性回归分析中,涉及的统计模型有二项型和三项型指数曲线模型、Logistic 和 Gompertz 和 Richards 生长曲线模型、Bleasdale – Nelder 和 Halliday 和 Farazd-aghi – Harris 产量 – 密度曲线模型;在非固定模式单和多水平多重非线性回归分析中,涉及的统计模型有二值结果变量定性资料单和多水平 logistic 和 probit 和互补双对数回归模型,多值有序结果变量定性资料单和多水平累积 logistic 和 probit 和互补双对数回归模型,多值名义结果变量定性资料单和多水平扩展 logistic 回归模型和计数资料单和多水平 Poisson 和负二项回归模型。在上述各种情况下,还给出了同类问题的比较研究和 SAS 智能化实现及结果解释。

35.《课题设计与数据分析——关键技术与标准模板》简介

胡良平主编. 北京:军事医学科学出版社,48.5 万字,2014(48.00 元)。本书以"如何做好科研课题"为出发点和落脚点,开门见山,直奔主题,第 1 章从正反两种不同的视角,全面介绍了课题设计的基本概念、关键技术、具体做法和常见错误的辨析与释疑;第 2 章介绍了智源临床研究执行平台,它是一个智能化很高的数据管理和数据分析软件平台,它集数据网络平台录入、随机分组、逻辑核查、与国际著名统计分析软件 SAS 实现无缝对接等功能于一身;第 3章和第 4 章分别介绍了临床试验研究中不可缺少的两个关键技术,即样本含量估计和随机化的 SAS 实现;第 5 章介绍了临床试验数据管理的标准操作规程、质量控制、具体流程和建立数据库的多款软件;第 6～9 章介绍了与高质量完成科研课题密切有关的第二部分内容,即对资料的统计表达描述和各种统计分析。与众不同的是,书中所介绍的统计分析方法几乎都可采用 SAS 智能化实现,免去了使用者在分析过程中很多不必要的担心和麻烦。

36.《SAS 语言基础与高级编程技术》简介

胡良平,胡纯严主编. 北京:电子工业出版社,73.3 万字,2014(定价 59.00 元)。本书全面系统地介绍了国际著名的统计分析系统 SAS 软件的主要内容,包括 SAS 语言基础、SAS 高级编程技术、SAS 9.2 和 9.3 版新增内容及用法简介、用 SAS 实现试验设计及处理病态数据的两个过程简介,其中前两部分是本书的重点。SAS 语言基础部分涵盖了如下内容:SAS 软件介绍、导入访问外部数据、基本 SAS 语言及其应用、常用 SAS 函数及其应用;而 SAS 高级编程技术部分包括如下内容:宏及其应用、SQL 及其应用、ODS 及其应用、数组(ARRAY)及其应用、

IML 及其应用和如何掌握 SAS 语言的核心技术。书中还介绍了 SAS 9.2 和 9.3 版中一些新增过程和新增选项以及部分实用新过程的使用方法和技巧。

37.《医学综合统计设计与数据分析》简介

胡良平,赵铁牛,李长平主编. 北京:电子工业出版社,59.8 万字,2014(定价 45.00 元)。本书作者查阅了医学综合类期刊数十种,以每种期刊近 5 年中刊载的学术论文为研究对象,概括地总结了各类期刊论文中统计学应用的现况和在统计学应用方面存在的问题,先从正面讲解在生物医学和临床科研领域内如何正确使用统计学的理论、技术和方法,又列举了各种期刊论文中经常出现的误用和滥用的典型案例,对案例中出现的差错进行辨析与释疑,从正反两个方面启发和引导广大读者正确运用统计学、提高识别统计学错误的能力。内容涉及统计设计、统计表达与描述、统计分析、SAS 实现、结果解释和结论陈述。最后,又以一章的篇幅,提纲挈领、言简意赅地总结了学习统计学的方法。

38.《基础医学统计设计与数据分析》简介

胡良平,余红梅,高辉主编. 北京:电子工业出版社,50.56 万字,2014(定价 45.00 元)。本书作者查阅了基础医学和医学综合类期刊数十种,以每种期刊近 5 年中刊载的学术论文为研究对象,概括地总结了各类期刊论文中统计学应用的现况和在统计学应用方面存在的问题,先以 10 章的篇幅列举了各种期刊论文中时常出现的误用和滥用的典型案例,对案例中出现的差错逐一进行辨析与释疑,从反面引起广大读者的警觉,目的是用"反面刺激"有效提高广大读者识别统计学应用中可能出现的各种错误的能力,以期达到"吃一堑,长一智"之学习功效;接着又以 5 章的篇幅从正面比较系统地介绍了统计学的核心内容,内容涉及科研设计、统计表达与描述、统计分析方法合理选择和 SAS 实现等关键技术,以"提纲挈领、言简意赅"的写作手法,将统计学本身和使用方法的精华呈现在读者的面前。

39.《实用医学统计学》简介

胡良平主编.胡纯严,李子建副主编. 北京:金盾出版社,22.6 万字,2014(22.00 元)。本书旨在全面介绍医学统计学的基础知识,内容包括第 1 篇医学统计学基础和第 2 篇单组设计及其资料的统计处理。第 1 篇包括 7 章,即试验设计基础(重点讲述其核心技术,即试验设计三要素、四原则、设计类型和质量控制)、统计分析基础与工具(重点讲述统计分析方法概述、SAS 软件简介、SAS 用法简介和 SASPAL 简介)、试验设计关键技术(估计样本含量和进行随机化的方法)、统计资料与基本概念、相对数与分位数、平均指标与变异指标、统计表与统计图;第 2 篇包括 4 章,即与单组设计有关的概念问题、与单组设计有关的区间估计问题、与单组设计有关的假设检验问题和与单组设计有关的相关与回归分析问题。本书内容不仅是医学统计学的重要基础,而且,在写作手法上,注重从实际出发,使读者易学易懂易用。

40.《新概念统计学—统计思维与三型理论在医药领域中的应用》简介

胡良平,张天明主编.李长平,郭晋,田金洲,高颖,柳红芳,吴圣贤副主编. 北京:中国中医药出版社,17.9 万字,2015(定价 29.00 元)。本书以统计思维和三型理论为一条红线,贯穿始终。从此理论开始发挥作用的统计学学科入手,延伸了触角,拓展了视野,将其应用于以医学为主要学科的众多研究领域,涉猎的范围包括统计学、医学、生物学、心理与认知科学。通读本书,具有不同文化素养和知识结构的人都会受益匪浅,因为本书是来自军事医学科学院和中国科学院大学多位硕士研究生关于医药科学的思考而写出的心得,也是他们才华和智慧的一个缩影。用统计思维和三型理论去解读与医药科研有关的问题，不仅可以在认识和解读事物和现象时达到"化繁为简、由表及里"之目的，甚至可以产生"洞见症结、醍醐灌顶"的功效。

41.《内科科研统计设计与数据分析》简介

胡良平,王素珍,郭晋主编. 吕军城,石福艳,任艳峰副主编. 北京：电子工业出版社,72.4万字,2015(定价：58.00 元)。本书作者查阅了多种内科学期刊,以每种期刊近 5 年中刊载的学术论文为研究对象,针对内科学期刊论文中统计学应用的现况和可能涉及的统计学知识,先以 15 章的篇幅从正面比较系统地介绍了开展内科学科研所必需的科研设计知识、统计表达描述知识、常用统计分析和多元统计分析知识；接着结合内科学论文中误用统计学的案例,介绍了"提高医学论文统计学质量的策略"和"内科学医学论文写作要领及应注意的问题"；又介绍了遗传资料的统计分析与 SAS 实现；最后用 4 章篇幅提纲挈领地介绍了临床科研设计、数据探索性分析、统计分析方法合理选择以及临床科研统计学方面常见差错辨析与释疑要览。

42.《应用数理统计》简介

胡良平,胡纯严,鲍晓蕾著. 北京：电子工业出版社,35.2 万字,2015(定价：35.00 元)。本书的内容和写作手法介于"概率论与数理统计"与"医学统计学"或"卫生统计学"之间,可以说,本书是学习"理论统计"与"应用统计"的一座坚实的桥梁。从"待分析的数据是否值得分析"入手,阐释了"应用数理统计"与前面提及的两大类泾渭分明的统计学的区别与联系。书中从试验设计、人为定义、概率分布和抽样分布四个大的方面,介绍了统计计算的基本原理和来龙去脉；又紧紧抓住最小平方法和最大似然法且拥有多种衍生方法的这两大类算法准则,介绍了基于这些准则构造估计方程(即求解统计模型中未知参数的过渡方程)并导出参数估计的方法。为了便于读者学习、理解和正确应用,在必要的统计推导之后,还附上了许多有价值的统计应用问题与解析。

43.配套软件简介

(1)与《现代统计学与 SAS 应用》和《Windows SAS 6.12 & 8.0 实用统计分析教程》对应的SAS 引导程序,即 SASPAL 软件由李子建研制,需要者可发电子邮件联系：lphu812@sina.com。

(2)与对应的 SAS 引导程序,即 SASPAL 软件由胡纯严研制,需要者或有疑问者请发电子邮件联系：valenccia@sina.com。